VENGANZA

TOM BOWER

VENGANZA

Meghan, Harry y la guerra entre los Windsor

indicios

Argentina – Chile – Colombia – España
Estados Unidos – México – Perú – Uruguay

Título original: *Revenge*
Editor original: Blink Publishing
Traducción: Valentina Farray

1.ª edición Marzo 2023

Fotografías de portada: Portada, príncipe Guillermo © Anwar Hussein/Alamy Stock Photo, Meghan Markle © Doug Peters/Alamy Stock Photo, la reina, príncipe Carlos, Camilla, principe Harry y duquesa de Cambridge © Shutterstock, Contraportada: © Tolga Akmen/AFP via Getty Images

ISBN: 978-84-15732-59-4
E-ISBN: 978-84-19497-35-2
Depósito legal: B-1.153-2023

Fotocomposición: Ediciones Urano, S.A.U.

Impreso por: Romanyà-Valls – Verdaguer, 1 – 08786 Capellades (Barcelona)

Impreso en España – *Printed in Spain*

A Tom Mangold

CONTENIDO

PREFACIO

Había llegado. Era el centro de atención. El público, entusiasmado, la aclamaba —y algunos gritaban. Decenas de lentes se acercaban y los obturadores hacían clic. Los dignatarios se inclinaban y algunos adulaban. Los helicópteros sobrevolaban el lugar. Los guardaespaldas permanecían cerca. La policía estaba por todas partes. Inesperadamente, la Meghanmanía estalló. Por fin, Meghan Markle estaba siendo idolatrada. Su ambición de toda la vida se estaba cumpliendo.

En una gélida mañana del 1 de diciembre de 2017, la estrella de la televisión brillaba. Tal y como había prometido su futuro esposo, había heredado el icónico rol de su madre, la princesa Diana. Desde el momento en que salió del reluciente Range Rover negro a las 11:05 de la mañana, los británicos mostraron su amor por la actriz estadounidense de treinta y seis años.

Nottingham es una ciudad a doscientos kilómetros al norte de Londres, famosa por su asociación con la leyenda de Robin Hood. Fue una elección inusual para presentar a Meghan Markle como nuevo miembro de la familia real. La ciudad de la Región de las Tierras Medias Orientales no podía competir con las soleadas playas de California, pero eso era una irrelevancia temporal para la ciudadana de Los Ángeles durante su lento paseo de cuatrocientos metros por el Lace Market hacia el centro cívico[1].

---

1. Nota del editor: Respecto a la traducción de los nombres propios de la realeza, en este libro se ha optado por mantener únicamente los más habituales: Reina Isabel, su consorte Felipe, y los príncipes Carlos, Andrés, Ana, y el de Guillermo. Hemos preferido mantener los apodos de Kate y Harry, así como el de Camilla ya que es la forma en que habitualmente se los conoce en los medios.

«Allí hace más calor», coincidió entre risas con Cori Burns, una de las mil personas que habían esperado durante dos horas. Desde su bolsillo, Meghan le pasó un calentador de manos a un estudiante australiano que se quejaba del frío.

Cerca, la sonrisa de Harry era irreprimible. La mano de Meghan con frecuencia le rozaba la espalda y le apretaba el codo. Su constante sonrisa y sus animados saludos fueron ejemplos de lo mejor de Hollywood. Un breve beso de la pareja desató la histeria. Lo suyo, coincidieron los espectadores, era una pareja de cuento de hadas.

Flores, tarjetas, un oso de peluche, chocolates, dos imanes para la nevera y bolsas de recuerdos locales fueron lanzados a los visitantes. «Meghan se acercó y la abracé», dijo extasiada Irene Hardman, de ochenta y un años, una gran fan de la realeza. «Es un placer conocerte», dijo Hardman a la futura duquesa. «Estoy segura de que vas a tener una vida encantadora con él. Cuida de él por nosotros».

«Eres muy dulce», respondió Meghan, sin saber que sus abrazos y poses para *selfies* estaban prohibidos por la etiqueta real. «Después lloré», admitió Hardman. «Es maravillosa. Son tan genuinos».

«Parece una persona encantadora», dijo Sian Roberts a la cámara de NBC News. «Creo que va a ser muy buena para la familia real». Cerca de allí, un reportero de ABC News balbuceaba sobre el «frenesí de las estrellas del pop». Como era de esperar, muchos estadounidenses estaban fascinados por su nueva asociación con la Corona.

Incluso Raushana Nurzhubalina, una estudiante de Kazajistán, estaba hipnotizada. Había puesto el despertador a las seis de la mañana para conseguir un lugar privilegiado. «Es un gran honor ver a la realeza», dijo a la BBC. «También soy fan de *Suits*, así que es una oportunidad de ver a una estrella de esa serie».

«Necesitamos magia en este momento», gritó un admirador a un periodista mientras la confiada estadounidense y Harry saludaban a la alcaldesa, Bell Edis. «Estoy segura de que podrías ser la princesa del pueblo», dijo la líder cívica de setenta años. «Harry», observó Edis, «se rio y sonrió descaradamente. Había dicho lo correcto».

«¡Felicidades!», gritó un grupo de mujeres. Cuatro días antes, la pareja había anunciado su compromiso. Rompiendo la tradición, la reina había acordado que Meghan entraría por la vía rápida en *The Firm*. «Este es el país que va a ser su hogar ahora», dijo el portavoz del príncipe, Jason Knauf. «Eso significa viajar, conocer los pueblos y las ciudades». La visita a Nottingham fue el comienzo de una gira de seis meses por Gran Bretaña.

Los periodistas de los tabloides británicos destacaron la ropa de moda de Meghan: un abrigo de cachemira azul marino canadiense, un jersey de cuello alto negro austriaco, una falda y botas beige británicas y un bolso de mano escocés. «Tal y como uno se imagina a una princesa moderna», dijo un aficionado a la moda. Horas después de que se publicara la lista de sus conjuntos, sus fabricantes informaron de que se habían agotado las existencias. La noticia alegró a Jessica Mulroney, estilista canadiense y amiga de Meghan. Y un director creativo de un diseñador londinense dijo que «el estilo personal de Meghan tiene una simplicidad que personifica su carácter». Inevitablemente, los comentaristas compararon a Meghan con la duquesa de Cambridge. Kate salió mal parada.

Durante ese día, se cumplieron todas las expectativas. Visitas a un centro de VIH, un instituto que da información sanitaria a los africanos locales, un grupo que da consejos sobre nutrición y Nottingham Contemporary, un centro de «amor, vida y salud». El itinerario presagiaba la rutina que le esperaba a Meghan como miembro de la familia real. Los enfermos de sida, le recordaron a Meghan, eran un objetivo particular de la labor benéfica de Diana. Seguir los pasos de Diana era especialmente importante para Harry y Meghan.

Al caer la noche, la pareja estaba de vuelta en el Palacio de Kensington, durmiendo en la casa de Harry, apropiadamente llamada Nottingham Cottage. Meghan no expresó ningún tipo de arrepentimiento ni de temor por su nueva vida. Al contrario, estaba encantada. Durante años, su destino había sido diferenciarse de la multitud. Repetidamente frustrada tras dejar la universidad, nunca se dejó desalentar por el fracaso. Finalmente, su tenacidad había sido recompensada. Su golpe de suerte se había materializado milagrosamente. Casarse con un príncipe inglés era un premio inesperado para alguien que buscaba el sueño americano: pasar de la oscuridad a la prosperidad respetable.

Un ingrediente esencial de su trayectoria fue que su historia se contara en sus propios términos. Controlar la narración era esencial para su éxito. Como escribió Oscar Wilde, «La verdad rara vez es pura y nunca es sencilla».

La familia real pronto descubriría que las expectativas y ambiciones de Meghan Markle eran bastante diferentes de lo que ellos, y el entusiasta público británico, anticipaban. Durante esas primeras dichosas semanas, solo los cínicos empedernidos se preguntaban si era posible que la monarquía milenaria se pusiera en peligro por esta desconocida actriz estadounidense.

1

THOMAS

«Fue amor a primera vista», dijo Thomas Markle después de que Rachel Meghan Markle, su hija menor, naciera el 4 de agosto de 1981 en el hospital West Park de Canoga Park, Los Ángeles. El padre, de treinta y siete años, sostuvo con orgullo a la recién nacida, a la que a menudo llamaba Flor.

Doria Markle, su esposa de veinticuatro años, estaba durmiendo tras la anestesia para el parto por cesárea. Una vez que Doria se despertó y descubrió que tenía una hija, pronunció que su nombre debía ser Rachel. Thomas prefería Meghan. Como compromiso, la llamaron Rachel Meghan. A los pocos días, Rachel cayó en el olvido. En irlandés celta, Meghan significa guerrera valiente; en galés, perla.

Durante las primeras semanas de Meghan, su padre redecoró con ángeles y hadas el cuarto de baño familiar de su cómoda casa de tres plantas en Woodward Hills. «La expresión de su cara no tenía precio», recuerda Tom Junior, su hijo de un matrimonio anterior. Al ver a Thomas abrazar a Meghan, Tom Junior pudo ver que su padre estaba enamorado: «Mi padre estaba más enamorado de ella que de cualquier otra persona en el mundo, incluida Doria. Se convirtió en toda su vida, en su pequeña princesa».

Mientras Thomas fotografiaba sin cesar a su hija, estaba de acuerdo con Doria en que la pequeña Meghan debía tener todo lo que quisiera. Incluso siendo un bebé, cualquier signo de disgusto debía ser aplacado al instante con regalos. Adorada, su hija estaría siempre segura de que era especial. El amor incondicional de sus padres forjó inevitablemente el carácter y la personalidad de Meghan.

Thomas y Doria se conocieron en 1977 en los estudios de cine de la ABC en Los Ángeles. Con treinta y tres años, Thomas acababa de ser nominado a un Emmy como director de iluminación de la serie *Hospital General*. Como era de esperar, se fijó en Doria, una joven negra de veintiún años, delgada y guapa, aprendiz de maquilladora y con un arete en la nariz.

Al cabo de unas semanas, Doria se mudó a la desordenada casa familiar de Thomas. «No soy el más limpio de los hombres», admitió Thomas. Entre papeles, recuerdos y muebles, criaba a dos hijos adolescentes de un matrimonio anterior, Tom Junior y Samantha. Para Doria, la situación era difícil. Sin embargo, el ambiente era bueno. Tom Junior recuerda cómo los Markle celebraron el Día de Acción de Gracias con el abuelo, la madre y el hermanastro de Doria. «Fue realmente cálido e inclusivo», recuerda Tom Junior. «El tipo de familia que siempre había deseado».

Su decisión de casarse el 23 de diciembre de 1979 fue inusual. En aquella época, menos de un hombre blanco estadounidense de cada mil estaba casado con una mujer negra. «Cuando me casé con Doria», recuerda Thomas, «la gente me preguntó: «¿De qué color será tu bebé?» Yo respondí: «No lo sé y no me importa». Reflexionando, Thomas se dio cuenta de que, en los matrimonios mestizos, el color de los hijos se convierte en una cuestión de identidad propia para los padres. Y la cuestión se discute antes del nacimiento.

Thomas le prometió a Doria amabilidad y estabilidad, sobre todo después de que ella no calificara como maquilladora. Todo estaba preparado para que Thomas comenzara una nueva vida. «Me gusta pensar», escribió Meghan en 1990, a los ocho años, «que se sintió atraído por sus ojos dulces y su afro, además de su amor compartido por las antigüedades».

Sin embargo, desde el principio, las perspectivas de una unión larga y feliz fueron inciertas. Doce años más joven que Thomas, Doria vivía en su propio mundo. Inmersa en las enseñanzas de un gurú del yoga hindú y en las religiones místicas, insistió en que la casara un sacerdote budista, el hermano Bhaktananda, en el templo de la Self-Realisation Fellowship, una réplica del templo indio en Sunset Boulevard. Thomas aceptó con gusto la elección de su esposa. «Yo amaba a Doria», dijo Thomas. «No pensé en lo que duraría. Lo intenté porque quería tener un hijo. Era el primer hijo que me podía permitir. No había tenido suficiente dinero para los otros dos».

Para hacer la vida más fácil, Thomas alquiló una gran casa en una tranquila calle sin salida de Woodward Hills, una zona residencial de clase media blanca bordeada de eucaliptos cerca del parque de Bell Canyon. Las fotografías tomadas poco después del nacimiento de Meghan registraban una familia feliz. Sentados en una mesa con comida cocinada por Doria, Thomas sostenía a Meghan rodeados por Tom Junior y Samantha.

Su felicidad duró poco. Una vez que Thomas volvió a trabajar en turnos de dieciocho horas, aparecieron grietas en su relación con Doria. Los padres de Meghan eran claramente incompatibles.

Antes de llegar a los estudios de la ABC, Doria había ayudado a su padre a vender baratijas y luego se movió por California intentando ser agente de viajes, importadora y, finalmente, diseñadora de ropa, antes de encontrar un trabajo fijo. Thomas dice que un novio la contrató para podar plantas de marihuana en el condado de Humboldt. Después de deshojar los tallos, su novio abastecía a los clientes de Los Ángeles. Como recuerda Thomas con pesar, todo el mundo en Hollywood en aquella época, incluido él mismo, fumaba y consumía drogas, no solo en casa, sino también en restaurantes e incluso en los premios de la Academia.

Mientras Thomas estaba en el trabajo, Tom Junior fumaba cannabis con sus amigos en la casa. Doria también fumaba regularmente cannabis con amigas y, a veces, con Jeffrey, un amigo de su época de instituto. Doria simpatizaba con el problema particular de Tom Junior. Como parte de la política de integración de California, lo llevaban en autobús, sin elección, una hora a través de Los Ángeles a una escuela solo para negros. El niño pelirrojo era golpeado regularmente por otros alumnos. Durante un año, Doria instó a las autoridades educativas locales a aceptar que en su casa había suficiente diversidad. Finalmente, su angustia terminó, pero el daño a su educación fue irreparable.

No había una relación similar entre Doria y Samantha. Doria había comenzado a vender joyas. Su nueva empresa, Three Cherubs[2], irritó a

---

2. Nota de la traductora: La traducción al español de «Three Cherubs» es «tres querubines».

Samantha. El «tres» representaba a Doria, Thomas y Meghan. «¿Por qué no son los Cinco Querubines?», preguntó Samantha. Cada vez más celosa de Meghan y ya frustrada por las dificultades de convertirse en actriz, Samantha, que entonces tenía trece años, le dijo a Thomas que las tareas domésticas de Doria eran insatisfactorias. Según Samantha, Doria ordenaba a su hijastra que limpiara la casa. El resentimiento de Samantha crecía cuando Doria hacía cada vez más fiestas con sus amigas en la casa familiar o conducía hasta el condado de Humboldt para fumar marihuana.

«Doria cambió después de casarnos», admitió Thomas Markle. «No me imaginaba que seguiría fumando tanta marihuana». Incluso cuando Samantha volvía a casa por la tarde con amigos del colegio, encontraba a Doria sentada en bata en el jardín delantero fumando un porro. Doria, coinciden Thomas y Samantha Markle, no era ni amable ni cariñosa. Thomas también descubrió que a Doria le resultaba difícil cuidar de Meghan sola en casa. Y había más.

Samantha recuerda haber visto fotografías de Doria con mujeres tomadas por Thomas en las paredes de su casa. Thomas también sabía que Doria se acostaba con otros hombres. «Doria te está utilizando», le decía Samantha a su padre. La adolescente, enfadada, se marchó de casa.

Al principio, Thomas se negó a intervenir, pero luego también se enfadó con el estilo de vida de Doria. «Simplemente íbamos por caminos diferentes», recuerda sin rencor. «Yo también estaba casado con mi trabajo», admitió. Según la versión de Thomas, la afición de Doria por la marihuana, su vida sexual y su antagonismo hacia Samantha, a la que acababan de diagnosticar esclerosis múltiple, acabaron con el matrimonio.

El acuerdo amistoso, negociado por un abogado, dividió los limitados ahorros de Thomas. La pareja también acordó que, a cambio de no recibir pensión alimenticia, Thomas mantendría siempre a Meghan. La ausencia de rencor se inspiró en la alegría de Thomas por tener una hija pequeña. Hasta entonces su vida doméstica había sido problemática.

Nacido en 1944 en Newport, Pennsylvania, sus padres, Gordon y Doris, podían rastrear sus raíces americanas hasta la Gran Migración desde Inglaterra en 1632. Una rama de la familia Markle se remonta al reinado de Eduardo III, que murió en 1377. Otros antepasados llegaron en el siglo XVIII desde Alemania y Holanda para trabajar como agricultores, mineros y artesanos.

Antes de la Segunda Guerra Mundial, Gordon, el padre de Thomas, había sido propietario de una gasolinera y luego trabajó en una fábrica de zapatos. Tras el servicio militar en Hawái durante la guerra, se convirtió en impresor en una base de las fuerzas aéreas en Harrisburg. Al final del trayecto diario de ochenta y tres kilómetros de ida y vuelta al trabajo desde Newport, volvía a casa abatido. Después de cenar con sus tres hijos —Thomas era el tercer hijo después de Mick y Fred—, Gordon se iba a su habitación a leer revistas pornográficas.

A pesar de su hosco marido, Doris Markle animó a sus tres hijos a disfrutar de lo mejor de la vida al aire libre en Nueva Inglaterra: pescar en el río y recoger alimentos en los campos y bosques. También estaba decidida a que sus hijos tuvieran una buena educación. Mick se incorporó al servicio exterior y Fred a la iglesia como sacerdote.

Thomas, sin embargo, era un temerario. Alto, delgado y conocido como un «tipo simpático», perseguía a las chicas locales. Todos los domingos, como último en la fila de monaguillos de la iglesia episcopal, esperaba a que el sacerdote vertiera las últimas gotas de vino en su boca. Regularmente, salía tambaleándose del edificio. No estaba hecho para la universidad y ya había dejado el colegio.

Empezando como tramoyista en un teatro local, Thomas eligió la iluminación como su especialidad. Al trasladarse a Chicago, trabajó como técnico júnior en una cadena de televisión y en un teatro. En medio de su agitada vida social adolescente, conoció a la desempleada Roslyn Loveless en una fiesta. A los pocos días, Roslyn estaba embarazada y Thomas «hizo lo correcto». Se casaron en 1964. Ambos tenían diecinueve años. Su hija Yvonne, que más tarde se llamaría Samantha, nació ese mismo año y era la hermana mayor de Tom Junior, nacido en 1966. Samantha describiría años después a su madre como «promiscua».

Thomas Markle trabajó duro y también se divirtió mucho. Al final de un largo día en el plató prefería salir de fiesta antes que volver a casa. El tiempo en familia se limitaba a llevar a sus hijos a un partido de béisbol los fines de semana o al estudio de televisión mientras él trabajaba.

«Siempre estaban discutiendo», recuerda Samantha sobre el fracturado matrimonio de sus padres. Thomas se fue de casa, se divorció y se fue a Hollywood. Después de ganarse la vida a duras penas en las cocinas de los restaurantes, finalmente dio un paso adelante.

Viviendo en Santa Mónica y ganando un buen sueldo con la iluminación en ABC, Thomas se enteró de que sus dos hijos tenían problemas. Roslyn estaba de fiesta con una serie de hombres y sus amigas hippies en Albuquerque, Nuevo México. Su madre, se quejaban los niños, no gastaba el dinero que él enviaba para ellos.

Para escapar de su madre, Samantha se trasladó a vivir con Thomas a Santa Mónica y fue seguida por Tom Junior. Su «refugio» era inestable. Trabajando a veces dieciocho horas al día, Thomas Markle se esforzaba por dar a sus hijos un hogar mejor. Ninguno de los dos niños se quejaba, aunque Tom Junior pasaba parte del día fumando cannabis mientras Samantha, vestida ocasionalmente de gótica, desaparecía en los clubes nocturnos antes de llegar por la mañana al colegio local. Thomas hacía lo que podía. Inspirada por sus visitas regulares con su padre a los estudios Sunset Gower, Samantha quería convertirse en actriz de Hollywood. Thomas le consiguió un papel en una serie de televisión, pero las ambiciones de Samantha seguían sin cumplirse.

En 1977, el turbulento pasado de Thomas se reflejaba en la inestable familia de Doria. Divorciadas, vueltas a casar y abandonadas repetidamente por sus parejas, la madre y las abuelas de Doria habían criado a sus hijos sin ayuda. Los antecedentes familiares de ambos no eran excepcionales.

El tatarabuelo de Doria fue un esclavo de William Ragland en Jonesboro, Georgia. Al emanciparse de seis generaciones de esclavitud, según afirmaría más tarde Meghan, se llamó a sí mismo «Wisdo»[3]. Sin embargo, las pruebas sugieren que siguió siendo Ragland. Tras la emancipación, los Ragland trabajaron como asalariados alrededor de la granja original, y solo a principios del siglo xx sus hijos se dirigieron a las ciudades cercanas para encontrar trabajo como portero de sala, camarero y tintorero. En 1954, Alvin Ragland, que sería el padre de Doria, conoció a Jeanette

---

3. Nota de la traductora: En español «*Wisdom*» es «Sabiduría».

Johnson en Cleveland. Jeanette había sido abandonada por su marido con dos hijos. Para sobrevivir, trabajaba como ascensorista en un hotel. En 1956, Alvin y Jeanette se casaron y nació Doria. Poco después, la familia, incluido el hijo de Jeanette, Joseph Johnson, de siete años, empacó sus pertenencias y se dirigió a Los Ángeles.

El hermanastro de Doria, Joseph, recuerda su llegada nocturna a un pequeño pueblo de Texas. Con frío y hambre, les dijeron que no había habitaciones para negros: «La carretera está por ahí. Váyanse. No son bienvenidos aquí».

Una vez instalados en Los Ángeles, Joseph y Doria asistieron a la escuela secundaria Fairfax, predominantemente blanca. Alvin montó una sucesión de tiendas de antigüedades, entre ellas Twas New, y se hizo conocido por llevar una vida alocada, conduciendo coches llamativos y persiguiendo mujeres. La insatisfacción de Doria por su vida con Thomas Markle coincidió con el abandono de Jeanette por parte de Alvin, su padre, por una profesora llamada Ava Burrows. Más tarde se casaron. «La vida es dura», dijo Doria, coincidiendo con su madre Jeanette.

En 1983, tras su divorcio, Doria se llevó a su hija de dos años a vivir con su madre. Al mismo tiempo, Thomas se mudó a un gran granero reconvertido en la avenida Vista Del Mar, un barrio elegante cercano a Hollywood Boulevard. También alquiló un pequeño piso frente a los estudios de la ABC. Las versiones posteriores de que Thomas estaba «plagado de problemas de dinero desde que Meghan era una niña pequeña y esto había contribuido a la ruptura con Doria» eran falsas.

Poco después de la separación de sus padres, Meghan fue inscrita por Thomas en la Little Red School House, una guardería muy apreciada entre los actores de Hollywood. Situada cerca de los estudios de la ABC y de la nueva casa de Doria, los padres de Meghan adoptaron una rutina fija. Los días en que Thomas tenía un turno de dieciocho horas, Doria y Jeanette cuidaban de Meghan. Los días alternos en los que Thomas estaba en reuniones para planificar futuros rodajes recogía a Meghan del colegio. La cuidaba todos los fines de semana.

Moviéndose entre sus padres y sus diferentes formas de vida, Meghan irradiaba felicidad. Con una piel clara y olivácea y el pelo rizado, nadie la identificaba como perteneciente a ninguna raza o cultura en particular.

El racismo no parecía ser un problema, especialmente en la escuela. Aunque había pocos negros en Hollywood Hills, Thomas Markle insiste en que nunca se mencionó la raza en sus conversaciones con Meghan. Doria mencionó un incidente cuando alguien en Woodward Hills había asumido erróneamente que ella era la niñera de Meghan. «No vi ningún racismo en esa zona», insistía Thomas Markle. «Doria nunca se quejó de que le fuera difícil vivir allí por ser negra». Al escribir por primera vez sobre su origen en 2015, Meghan no sugirió que su parentesco mestizo —o «birracial», como escribiría ella— complicara su vida. Elogió a su padre por hacerla sentir aceptada.

«Me encantaba un set de muñecas Barbie», escribió más tarde. «Se llamaba *Heart Family* e incluía una muñeca mamá, una muñeca papá y dos niños. Esta familia nuclear perfecta solo se vendía en conjuntos de muñecas blancas o negras… La mañana de Navidad, envuelta en papel de regalo con purpurina, encontré mi *Heart Family*: una muñeca mamá negra, una muñeca papá blanca y un niño de cada color. Mi padre había desmontado los conjuntos y había personalizado mi familia».

El recuerdo de Thomas es diferente: «Le regalé las muñecas en su cuarto cumpleaños en un parque con sus amigos del colegio. Doria y su madre también estaban allí». Y continuó: «Una madre dijo: "Nunca he visto un juego así en la tienda"». Hasta que Meghan hizo público el regalo treinta años después para ilustrar sus «problemas» con la raza, Thomas Markle no recordaba que Meghan hubiera mencionado nunca el asunto.

En 1986, a Doria le resultaba demasiado difícil cuidar de su hija de cinco años. Cada vez más, Meghan iba después de la escuela a la casa de Ninaki «Nikki» Priddy, la primera y mejor amiga del colegio de Meghan, o era recogida por Thomas y se sentaba en el estudio de televisión mientras él trabajaba.

Alentada por los padres de Nikki Priddy, la profunda relación entre las dos chicas le dio a Nikki una visión única de su amiga: «Siempre quiso ser famosa. Le encantaba ser el centro de atención». Crecer en los platós de rodaje, señaló Priddy, «convirtió a Meghan en una especie de estrella. Nos la imaginábamos recibiendo un Oscar. Practicaba su presentación. Sabía que iba a entrar en el mundo del espectáculo».

La ausencia de Samantha en casa confirmó la impresión de Meghan de que era hija única. Nikki Priddy fue testigo de la consecuencia: «Ella también era dura. Si la molestabas, te lo hacía saber con el tratamiento de silencio. Hubo una vez, cuando teníamos unos siete años, en la que yo había recogido un montón de insectos. Ella no quería jugar con ellos. Nos pasamos dos horas sentadas en los extremos opuestos del jardín, de espaldas la una a la otra, en silencio. Yo siempre era la primera en disculparme. Solo quería que volviéramos a ser amigas. Ella era terca. Ella se mantenía firme».

2

ESCUELA

Justo antes de su noveno cumpleaños, en 1990, la vida de Meghan cambió. Doria anunció que había puesto en marcha Distant Treasures, un negocio de ropa y joyas. Tendría que viajar a los mercados de todo el país. Algo desconcertado, Thomas nunca llegó a entender por qué Doria se ausentaría durante tres semanas, pero no se quejó y aceptó hacerse cargo por completo de su hija. Meghan se trasladó permanentemente al granero reconvertido. La afirmación de que vivía «en un estrecho garaje convertido en apartamento» es inexacta.

En la escuela, Meghan era conocida por su empatía, por ponerse del lado de los que eran intimidados o maltratados. Aunque más tarde revelaría que «de pequeña quería ser el centro de atención», ese año se sentó con su tío Joseph mientras la madre de él, Jeanette, agonizaba. Joseph se dio cuenta de que su sobrina sostenía la mano de su abuela con auténtica dulzura.

Los padres de los amigos del colegio de Meghan fueron fundamentales para su felicidad y estabilidad. Durante los cuatro primeros días de la semana escolar, Meghan solía ir a casa de Ninaki Priddy o de Susan Ardakani, otra amiga, hasta que su padre la recogía. En ambos hogares era testigo de una vida familiar feliz. Los viernes le gustaba ver a Thomas Markle en el plató de los estudios de la ABC de *Hospital General* o de *Casados con hijos*. Introducida en el mundo de las estrellas de la televisión, le encantaba el *glamour*. Y, lo que es más importante, le encantaba la cámara. Posando para divertirse ante el objetivo, se convirtió en una persona diferente. Consciente de que ese cristal brillante se centraba en ella, soñaba, como muchas jóvenes de la meca del cine, con su futuro como estrella de Hollywood.

Su padre alentó los sueños de su hija. Rápidamente se hizo popular entre los actores y el equipo, haciendo bocadillos y consiguiendo autógrafos de las estrellas. «Nadie la rechazaba», se ríe Thomas Markle de la popularidad de su hija. Expuesta al mundo de los adultos en el estudio, Meghan empezó a conocer la política y, en particular, el feminismo estadounidense. Para entonces, la campaña de veinte años encabezada por Betty Friedan, Andrea Dworkin, Jane Fonda y Gloria Steinem había madurado hasta convertirse en un movimiento irreversible con profundas raíces en Hollywood.

A mediados de los noventa, los anuncios de televisión estereotipaban a las mujeres. La empresa estadounidense Procter & Gamble utilizó el siguiente eslogan para promocionar el detergente Ivory Clear: «Las mujeres de toda América luchan contra las ollas y sartenes grasientas». Meghan se enfureció. ¿Por qué las mujeres? ¿Por qué no los hombres? Thomas Markle sabía que miles de mujeres estadounidenses estaban igualmente molestas. Muchas habían enviado protestas a Procter & Gamble. Con el estímulo de su padre, Meghan se subió al carro. Escribió al presidente de Procter & Gamble y también a Hillary Clinton, la Primera Dama. Al igual que otros manifestantes, instó a que el eslogan fuera cambiado a «La gente de toda América».

Tras no recibir respuesta, Thomas escribió cartas de seguimiento exigiendo que la empresa y Clinton reconocieran a su hija. No ocurrió nada. Utilizando sus contactos, Thomas consiguió que Linda Ellerbee, una presentadora de Nickelodeon, un canal de televisión infantil dirigido por Lucky Duck Productions, informara sobre la protesta de Meghan en su escuela. El hecho de verse entrevistada en el reportaje televisivo, acompañado de un clip de recreación de ella «escribiendo» a Clinton, aumentó la confianza de Meghan en sí misma.

Unas semanas después, Procter & Gamble cedió a las miles de protestas y cambió el eslogan del anuncio. Aunque Thomas sabía que la carta de Meghan no había influido en la decisión de los ejecutivos —no había pruebas de que su carta fuera siquiera leída—, la alentó en su convicción de que el cambio era su victoria personal. Contando su historia a las mujeres de los estudios de la ABC, se ganó su popularidad. Le permitieron utilizar un despacho para hacer los deberes. La experiencia sería empleada por Meghan como un hito.

El final de 1990 fue un buen momento para los Markle. Gracias al trabajo duro, Thomas tenía mucho dinero. Veintiséis años después, para obtener un pago de un periodista ansioso, Tom Junior inventó la historia de que su padre había ganado setecientos cincuenta mil dólares en la lotería del estado de California. No hubo ningún «premio» de la lotería, pero Thomas le dio a Tom Junior dinero para abrir una floristería y le compró un coche a Samantha. Los gastos de escolaridad de Meghan eran fácilmente asequibles para él.

En la fiesta del noveno cumpleaños de Nikki Priddy, Meghan fue grabada sentada en una manta roja, con una corona de oro y gritando con una claqueta improvisada: «Toma dos». Dirigiendo a las demás niñas para que se inclinaran y le entonaran «Su Alteza Real», había sido influenciada después de ver una cinta de la boda de cuento de hadas de la princesa Diana. Nikki Priddy se dio cuenta del deseo de su amiga de ser observada: «Meghan siempre quiso ser el centro de atención. Se llevaba el protagonismo».

Sin embargo, en comparación con la vida familiar de sus amigos, a Meghan le resultaba desafiante la tensión entre sus padres. Durante los muchos fines de semana y vacaciones que pasaron juntas en su preadolescencia, y más adelante, Priddy admiró el manejo que Meghan hacía de sus padres para intentar mantener la paz: «Durante casi todo el tiempo que conocí a Meghan, sus padres no estaban juntos. Podía ser difícil para ella. A veces sentía que tenía que elegir un bando. Siempre intentaba asegurarse de que cada uno de ellos fuera feliz». Priddy observó cómo Meghan, preparada como una «mediadora natural», transmitía mensajes: «Eran literalmente cosas como: «Dile a tu madre...» o «Dile a tu padre...». En aquel momento aprendió a controlar sus emociones».

Aunque Meghan mantuvo que el divorcio de sus padres causó menos problemas de lo esperado, Ninaki recuerda que «a veces, uno de los padres necesitaba más atención, así que Meghan se dedicaba a ese padre». Lanzada de un lado al otro entre mundos tan diferentes, cada vez dependía más de sí misma. Pero «Bean», como la llamaba entonces Thomas

—porque le encantaba el libro *Jack y las habichuelas*— siempre podía contar con su protección.

El escudo protector de Thomas se levantó automáticamente tras los disturbios que estallaron en algunas zonas de Los Ángeles en marzo de 1991. Se había difundido una película que mostraba a cuatro policías blancos golpeando a Rodney King, un automovilista negro desarmado. Después de que los policías fueran absueltos de agresión por un jurado, partes de la ciudad estallaron en protesta por el flagrante racismo del veredicto. Las sirenas de la policía sonaron mientras los indignados estadounidenses incendiaban y saqueaban sus barrios.

Aunque los brotes de violencia estaban lejos de su casa, Thomas decidió proteger a Meghan. Durante la tarde en que comenzaron los disturbios, condujo con ella a Palm Springs. Doria se había negado a acompañarlos. «Me siento bastante segura», le había dicho a Thomas en una conversación telefónica. Hay serias dudas de que Meghan viera algún tipo de violencia, ni siquiera los pequeños saqueos en una tienda cercana al estudio de la ABC. En su ausencia, los disturbios se extendieron a los bulevares Sunset y Hollywood. Después de cinco días se levantó el toque de queda y regresaron a Los Ángeles. Meghan pasó por delante de edificios quemados, aunque ninguna casa cercana a su domicilio sufrió daños.

Más de veinte años después, Meghan recordaba una experiencia diferente: «Recuerdo el toque de queda y recuerdo que volví a casa a toda prisa y que en el trayecto de vuelta a casa vi cómo caía ceniza del cielo, olía el humo y veía cómo salía de los edificios y cómo la gente salía corriendo con bolsas y saqueando». También vio «hombres en la parte trasera de una furgoneta con pistolas y rifles». Igualmente memorable fue un árbol familiar fuera de la casa de su padre «completamente carbonizado. Y esos recuerdos no desaparecen».

En esos últimos años, Meghan mencionó que las protestas sacaron «lo bueno de su comunidad», pero debió de referirse a su comunidad inmediata, que era predominantemente blanca. Su versión volvió a cambiar en 2017. Veinticinco años después del suceso, Meghan contaría a *Vanity Fair* que mientras «la ceniza de los incendios de las calles caía sobre el césped de los suburbios… exclamó: «Dios mío, mamá, está nevando».

«No, Flor», respondió Doria. «No es nieve. Entra en casa». Thomas Markle se mostró incrédulo cuando leyó la versión de su hija sobre esos hechos. Meghan, insiste, nunca vio a Doria después de que estallaran los disturbios. Una vez que la recogió del colegio, condujo directamente a Palm Springs.

Según las primeras versiones de Meghan, hubo una experiencia racista especialmente memorable. Mientras conducían juntas, Doria tuvo una discusión con un conductor blanco. Después de que este le gritara insultos racistas, Doria se mostró visiblemente dolida: «Miré a mi madre. Sus ojos se llenaron de lágrimas de odio. Volvimos a casa en un silencio ensordecedor, con los nudillos de chocolate pálidos de tanto aferrarse al volante». Este es el único incidente infantil de este tipo del que Meghan ha hablado públicamente. También ha mencionado sus experiencias al escuchar los relatos de Doria y su abuela sobre las vivencias de su familia en un pasado lejano.

Curiosamente, la raza no se consideraba un problema en la Little Red School, ni en la escuela católica femenina privada Immaculate Heart School, a la que ingresó justo antes de cumplir los doce años. Su «batalla» con Procter & Gamble, descubrió Thomas durante la entrevista, fue una gran influencia para conseguir una plaza en el colegio. Según Thomas Markle, Doria no acudió a la entrevista y solo visitó el colegio una vez antes de la ceremonia de graduación de Meghan.

Fundada en 1906, la misión declarada de la escuela era «celebrar más de un siglo de alimentar el desarrollo espiritual, intelectual, social y moral de las estudiantes mientras se distinguen como mujeres de gran corazón y de recta conciencia». La escuela se enorgullecía de atraer a «jóvenes de gran talento y muy motivadas» de todas las razas y orígenes sociales. Entre los antiguos alumnos se encuentran la actriz Mary Tyler Moore y la personalidad de la televisión Tyra Banks.

El 30 % de la escuela era blanca; la mayoría de los alumnos eran multinacionales, mestizos o negros. «La raza no se mencionaba mucho», recuerda Christine Knudsen, una profesora blanca. «No es un gran problema, simplemente porque nuestra escuela es muy diversa». Como Doria solo fue al colegio una vez, la mayoría asumió que Meghan era italiana. El fotógrafo de la escuela, John Dlugolecki, que la visitaba regularmente, recuerda que, según su experiencia, Meghan nunca se relacionaba con niños afroamericanos y «sus compañeros no la consideraban mulata». Sus amigos más cercanos eran blancos. «Mi autoidentificación se basaba en ser la más inteligente», recordaba antes de ser conocida. Hasta hace poco, nunca sugirió haber sufrido ningún sentimiento de exclusión.

La raza se convirtió en un problema cuando, a los doce años, le pidieron que rellenara en su clase de inglés una casilla para identificar su origen étnico. «Allí estaba yo, con mi pelo rizado, mi cara pecosa, mi piel pálida, mi mulataje, mirando estas casillas, sin querer meter la pata, pero sin saber qué hacer. Solo podía elegir una, pero eso sería elegir a uno de los padres en lugar del otro, y a una mitad de mí misma en lugar de la otra. Mi profesor me dijo que marcara la casilla de caucásico. "Porque ese es tu aspecto, Meghan"», dijo. «Dejé el bolígrafo. No como un acto de desafío, sino como un síntoma de mi confusión. No me atrevía a hacerlo, a imaginarme la tristeza que sentiría mi madre si se enterara. Así que no marqué ninguna casilla. Dejé mi identidad en blanco, un signo de interrogación, absolutamente incompleto, como me sentía yo. Cuando volví a casa esa noche le conté a mi padre lo que había pasado. Me dijo unas palabras que siempre se me han quedado grabadas: «Si esto vuelve a ocurrir, dibuja tu propia casilla».

Para entonces, Thomas había establecido una agradable rutina. Diariamente, durante casi diez años, dejaba a Meghan en la escuela y, al final de la tarde, la recogía o enviaba una limusina para que la llevara al estudio desde la casa de los Priddy o de otro amigo de la escuela mientras él terminaba de trabajar. Vestida con su uniforme escolar, la niña de pelo rizado con un hueco en los dientes delanteros se sentaba en las alas del plató con su uniforme de escuela católica mientras los actores participaban ocasionalmente en el rodaje de las escenas de sexo. «Lo sagrado y lo profano», diría más tarde. «Era un lugar muy perverso para crecer».

Los fines de semana había una rutina de clases de ballet y actuación los sábados, seguidas de «unos sándwiches de pollo y batidos de frutas» en una heladería o en Hamburger Hamlet. Antes de entrar, Thomas siempre compraba el cómic favorito de Meghan, llamado *Archie*. El héroe, un adolescente pelirrojo con pecas, era amigo de Verónica, una chica rica. Durante más de dos años —entre los diez y los doce años— Meghan no solo leía cada semana el número nuevo que costaba un dólar con cincuenta céntimos, sino también un número antiguo y raro que costaba veinte dólares. Después de la comida, Thomas alquilaba viejas películas de baile para verlas en casa.

Algunos fines de semana los pasaba, como en su propia infancia, pescando en el río Kern y en el lago Big Bear. El pescado se cocinaba para la cena. Los fines de semana largos hacían viajes por carretera, incluido uno a la casa de Graceland de Elvis en Memphis, Tennessee. En el Toyota 4 Runner de Thomas había colchones en la parte trasera para Meghan, junto con una televisión y una grabadora de vídeo. «Descubrimos», recuerda Thomas, «que a ella le gustaba la misma música que a mí cuando era niño. Bandas como The Shirelles y todos los grupos de soul; le gustaban todos. Cada vez que parábamos en un área de camiones para comer algo, compraba los casetes».

Thomas también animó a Meghan a ofrecerse como voluntaria para servir comida, especialmente cenas de pavo, a los sin techo en el Hippie o Skid Row Kitchen. María Pollia, la profesora de teología de su colegio, recordaba que Meghan era «inusualmente compasiva». Thomas Markle también podía atribuirse la observación de la directora del colegio, Ilise Faye, de que Meghan era memorable por ser una alumna segura de sí misma, elocuente y proactiva: «No callaba lo que pensaba. Defendía sus valores, a los desvalidos y se convirtió en una líder entre sus amigos».

La compasión y la espiritualidad fueron características dominantes en los primeros años de la adolescencia de Meghan. En verano, la escuela la envió al Centro Espiritual Internacional Agape. Todos los días a primera hora, guiados por el cristianismo «transdenominacional», los estudiantes meditaban y recitaban un mantra de Agape, «Dios está de mi lado». También pasó cuatro días en Kairos, un retiro estudiantil, para debatir sobre la vida y la religión. Como en la escuela, era popular y tenía éxito. En una ceremonia escolar, a los catorce años, habló sobre la religión y las obras de caridad. Tras enviar a un compañero deprimido una nota manuscrita en la que le describía como «fuerte y maravilloso», bendecido con un «hermoso espíritu» que demostraba lo «especial que eres», su nota terminaba diciendo: «Estoy aquí si alguna vez me necesitas». Fue elegida líder de Kairos.

Su empatía también fue recompensada con la elección como presidenta del colegio. Coronada como reina del baile, sus amigos dijeron abiertamente que «siempre estuvo destinada a ser excepcional». Años más tarde, un retrato admirativo de Meghan iría acompañado de una valoración negativa. Mientras que ella se veía a sí misma como «una desvalida», algunos compañeros la llamaban «falsa» porque parecía «perfecta». La evidencia sugiere lo contrario. Siempre luchó, como observó Sonia Ardakani, «con uñas y dientes por las cosas que quería en la vida». Como concluyó Suzy, la hija de Sonia, «Meghan siempre conseguía lo que quería». Nadie dudaba de su sinceridad. Pero su padre la consintió totalmente. «La malcrié», repitió Thomas con tristeza y continuó: «Así que se volvió en controladora en la escuela, en la maestra de ceremonias, y también era controladora en casa».

En años posteriores, Meghan apreció la dedicación de su padre: «La sangre, el sudor y las lágrimas que este hombre (que venía de tan poco en un pequeño pueblo de Pensilvania) invirtió en mi futuro para que yo pudiera crecer y tener tanto», y añadió: «A mi padre —a mi considerado, inspirador y trabajador papá— Feliz Día del Padre». También mostró su gratitud hacia Doria. Como exempleada de una agencia de viajes, Doria se las arregló para obtener billetes baratos de una aerolínea para volar con Meghan a México. El recuerdo más destacado de Meghan de ese viaje parece haber sido una visita a los barrios bajos. Nunca mencionó unas vacaciones con sus padres en Hawái, pagadas por Thomas Markle: «Aunque estábamos divorciados, nos reuníamos a veces».

Años más tarde, cuando cumplió treinta y tres años en 2014, los recuerdos de Meghan sobre su infancia cambiaron: «En mi adolescencia luchaba por encajar, y por lo que eso significaba. En mi instituto había grupos cerrados: las chicas negras y las blancas, las filipinas y las latinas. Como soy birracial, me encontraba en un punto intermedio. Así que todos los días ocupaba mi horario de almuerzo con reuniones —del club de francés, del cuerpo estudiantil, de cualquier cosa que se pudiera hacer entre el mediodía y la una de la tarde— y allí estaba. No para estar más involucrada, sino para no tener que comer sola». Thomas Markle rebatió la versión posterior de Meghan sobre sus años escolares.

En 1993, la seguridad financiera de Thomas se vino abajo. Había prestado gran parte de sus ahorros a un amigo para un negocio de televisión. Se quejó de que le había robado el dinero. También tuvo que hacer frente a una enorme factura de impuestos. Siguiendo el consejo del Servicio de Recaudación de Impuestos de EE. UU., se declaró en bancarrota. Como Thomas seguía ganando un alto sueldo, la vida de Meghan apenas cambió. Aunque ella aseguraba que tuvo que trabajar en Humphrey Yogart, en Beverly Hills, por cuatro dólares la hora y que «creció con la barra de ensaladas de 4,99 dólares de Sizzler», Thomas es tajante: «Nunca trabajó cuando estaba en la escuela. No se lo habría permitido. Y no lo necesitaba». Tampoco sobrevivía con la comida de Sizzler. Comía alimentos frescos de la granja y le encantaban los tacos de pescado, según admitiría más tarde.

Thomas Markle no solo se encargó de que Meghan estuviera bien alimentada, sino que los fines de semana le pagaba clases extra y viajes fuera de la ciudad. Su ambición nunca estuvo en duda. Influida por su frecuente presencia en los estudios, estaba decidida a hacerse famosa. Al entablar amistad con el hijo de un presidente boliviano en la escuela, Meghan presumió durante unos días: «Voy a ser la reina de Bolivia».

Socialmente, daba la impresión de ser reservada. Sus padres, decía, eran estrictos con los novios. Su primer beso, a los trece años, le dijo a Larry King en una entrevista televisiva, fue en un campamento de verano de la iglesia con Joshua Silverstein, que llegó a ser rapero. Meghan, confirmó él, había tomado la iniciativa. Cuando se le permitió conocer a su primer novio, Luis Segura, fue «acompañada» por su hermano Danny Segura. La impresión de que tuvo pocas citas en su adolescencia fue reforzada por sus amigas del colegio Suzy Ardakani y Ninaki Priddy. Con Ardakani, montaba a caballo, patinaba y jugaba a los bolos. Los Ardakani se encariñaron especialmente con Meghan después de que Matt Ardakani, el padre, fuera abatido y paralizado por un veterano de Vietnam trastornado. A menudo, Meghan iba con Suzy a sentarse junto a su cama de hospital mientras el dueño del garaje se recuperaba lentamente.

Al mismo tiempo, su amistad con Ninaki Priddy se hizo más estrecha. En 1996, Meghan viajó con la familia Priddy a Europa. Tras visitar París, se dirigieron a Londres. Las dos chicas se fotografiaron frente al Palacio

de Buckingham. Un año después, la princesa Diana murió en un accidente de coche en París. Con lágrimas en los ojos, las dos niñas vieron a los
príncipes Guillermo y Harry caminar detrás del carruaje de las armas
hacia la Abadía de Westminster, y vieron el zoom de la cámara de televisión sobre las flores blancas en el ataúd de Diana con una tarjeta que
decía «Mamá» escrita por Harry, de doce años. La imagen de los hijos
pequeños de Diana quedó grabada en la memoria de Estados Unidos, así
como el enfado por el trato que recibió de la familia real, especialmente
de Carlos.

Después, los Ardakani y Meghan volvieron a ver una cinta de la boda
de Diana en 1981. Suzy le regaló a Meghan *Diana: su verdadera historia*, el
exitoso libro de Andrew Morton que expuso la ruptura del matrimonio de
Diana. Incluso durante sus veinte años, Meghan guardó su copia de la exposición de Morton en su estantería y mencionó su ambición de quedarse
en Londres durante un mes. Veinte años más tarde diría: «No sabía mucho
sobre él [Harry] ni sobre la familia real». Ninaki Priddy contradijo a su
antigua amiga. Meghan, reflexionó, «siempre estuvo fascinada por la familia real» y por la labor humanitaria de Diana en favor de los enfermos de
VIH y las minas terrestres. Según Meghan misma admitió, su «primer momento de Cenicienta en la moda» fue llevar una «blusa preciosa y unos
zapatos enjoyados» para el desfile de Miu Miu de la escuela. «Significan
mucho para mí», dijo Meghan, «porque me sentí como una princesa».

El teatro era la prioridad de su vida. Alentada por Thomas Markle,
se había involucrado intensamente en las producciones teatrales de su
escuela. Para ayudarla, Thomas se ofreció a montar un decorado profesional en el escenario de la escuela y a construir un tablero de luces.
También le pagó la ortodoncia, eliminando el hueco entre sus dientes
delanteros.

Obedeciendo a su padre, Meghan siempre perfeccionaba sus frases y
obedecía sin rechistar las instrucciones del director. Su consejo más importante, después de ver de vez en cuando los ensayos, era explicarle la
mejor manera de mantener la cabeza, fijar la mirada, mostrar su mejor
perfil y, lo más importante, parecer sincera. La actuación, subrayaba, dependía de la apariencia de autenticidad. La profesora de arte dramático
Gigi Perreau destacó su gran ética de trabajo y sus actuaciones, segura de

sí misma. Los informes de la escuela mencionan su papel protagonista en una obra de *Edipo Rey* que se agotó en tres días y los grandes aplausos que recibió por su actuación en una serie de musicales: *Annie*, *Malditos Yankees* e *Into the Woods*.

Una de las desventajas del éxito de Meghan eran sus intensos celos, especialmente si otra persona conseguía el papel principal. Meghan se irritó especialmente después de que una chica de la escuela fuera contratada por un estudio de Hollywood como actriz y de que otras dos chicas se presentaran a una audición para la película *Rastros de rojo*. «Ella quiere ser la estrella en el escenario», advirtió Thomas Markle, «y la estrella en la vida». Exigió a su padre que pagara a un fotógrafo profesional para que le hiciera una *headshot*[4]. Obedientemente, Thomas hizo circular la foto como una «llamada abierta» a los productores de los estudios de Hollywood. No recibió ninguna respuesta. «Quiero ser actriz», repetía.

Como regalo, Thomas la llevó a la ceremonia de los premios Emmy cuando fue nominado como mejor director de iluminación. Después de pasar por la alfombra roja, la joven de diecisiete años le dijo: «Papá, quiero ser famosa como tú algún día». Thomas asintió. Como muchos en la ciudad, Meghan amaba el *glamour* y las celebridades. Quería que su sueño se hiciera realidad. Haría cualquier cosa para ayudar a que su sueño se hiciera realidad.

Al final de la adolescencia, la actitud de Meghan hacia Thomas empezó a cambiar. En la primavera de 1999, el musical *El juego del pijama* era la nueva obra del colegio. Meghan quería el papel principal pero también quería ir una semana al retiro de verano del colegio. Gigi Perreau, la profesora de teatro, insistió en que Meghan tenía que elegir una cosa o la otra. Meghan se fue al retiro. Indignada porque la profesora le negó un papel en la obra, instó a su padre a no hacer la iluminación. Él ignoró su petición. Furiosa, recordó, ella le gritó que debía obedecer sus deseos. Él se negó. Se mudó a casa de Doria durante unas semanas. «Estaba enfadada conmigo», admitió Thomas, «y se negaba a hablarme».

Conduciendo por Los Ángeles con Ninaki Priddy durante esa discusión, Meghan, de dieciocho años, estaba siendo filmada por Priddy dirigiendo su

---

4. Nota de la traductora: Foto de perfil utilizada para publicidad.

coche con una matrícula «CLASSY Girl», un regalo de un exnovio. A solo cuatro minutos de la casa de Thomas, Meghan le dijo a su amiga: «No vamos a ir allí porque mi padre y yo no nos llevamos bien. Me gustaría parar a ver si tengo algún correo, pero digamos que lo dudo». Meghan no invitó a Thomas a su aparición en la producción de la escuela local de chicos de *Malditos Yankees*. A pesar de su veto, él asistió a la representación y le envió flores entre bastidores. Ella ignoró su gesto. Por primera vez, su padre se dio cuenta de que su hija pretendía escribir las reglas. Esa fue la única obra escolar que vio Doria, según Thomas Markle quien, tras dirigir la iluminación, vio casi todas las actuaciones de Meghan.

El vídeo de Priddy terminó cuando Meghan se dirigió a una audición en un vídeo para la cantante Shakira. Si le daban el papel, la tarifa sería de seiscientos dólares por dos días. Después de la audición, Priddy volvió a filmar a Meghan. «Todas bailamos como mujeres salvajes», dijo a la cámara. «Estaba muy nerviosa de que se me fuera a caer la camiseta porque temblaba mucho». No fue elegida.

La ceremonia de graduación de Meghan en junio de 1999 fue vista con orgullo por Thomas Markle, Doria y la madre de Thomas. Al pronunciar el discurso en la «ceremonia del anillo», el ritual de traspaso de responsabilidades al nuevo curso, Meghan fue premiada por sus éxitos académicos y actorales. En el anuario del colegio, su foto iba acompañada de una cita de Eleanor Roosevelt elegida por ella: «Las mujeres son como bolsas de té, no se dan cuenta de lo fuertes que son hasta que están en agua caliente». Sin duda, admiraba a sus dos padres. Doria, a la que más tarde describió llevando rastas y anillos en la nariz, era un «enriquecedor» espíritu libre. «Podemos divertirnos mucho juntas y, sin embargo, encuentro mucho consuelo en su apoyo».

«Todo lo que haces por mí», escribió en una tarjeta de San Valentín a Thomas, «me ha convertido en lo que soy, y estoy muy agradecida. Todo lo que quiero es hacer que te sientas orgulloso y te prometo que, pase lo que pase, lo haré». A pesar de su gratitud por su generosidad y por pagar unos doscientos mil dólares en concepto de matrícula y gastos, la marcha de Meghan a la universidad creó inevitablemente tensión. Thomas Markle se puso melancólico mientras su hija se preparaba para dejar Los Ángeles.

3

UNIVERSIDAD

Princeton era la primera opción de Meghan. «Es una escuela para niños ricos», pensó Thomas, pero accedió a pedirle a un amigo que ayudara a Meghan a entrar. A pesar de sus buenas notas, fue rechazada. «Estaba descontenta», dijo Thomas. «No le gustaba que la rechazaran». La Universidad Northwestern de Chicago, clasificada entre las mejores para el arte dramático, fue su siguiente y exitosa elección.

Conseguir una plaza para estudiar teatro y relaciones internacionales en Northwestern era la tarjeta de entrada a la élite. Había elegido una universidad privada y muy selectiva, famosa por ser la favorita de los estudiantes blancos ricos y con buenos contactos. No conocía a nadie allí. Al ser admitida, se unió a la hermandad Kappa Kappa Gamma, famosa por sus rubias del Medio Oeste. Se comprometió a ser filántropa, a preocuparse por sus «hermanas» y a cumplir el lema «aspirar a ser». Thomas se ofreció automáticamente a pagar las cuotas anuales de cuarenta y cinco mil dólares.

La vida era buena para Meghan. Le encantaba cocinar, ver películas y estudiar arte dramático. Hizo muchos amigos nuevos, como Lindsay Jill Roth, hija de abogados de Long Island, que se convirtió en su confidente de toda la vida, y Larnelle Quentin Foster, un afroamericano que también estudiaba arte dramático. Con Foster pasaban mucho tiempo juntos en eventos, clases y producciones, ella visitaba con frecuencia su casa de la costa este. Entusiasmada porque su hijo había conocido a una mujer ideal, la madre de Foster, una pastora, no sabía que su hijo era gay. El primer novio universitario de Meghan, Steve Lepore, jugador de béisbol, se trasladó a una universidad de Carolina del Norte poco después de conocerse, con lo que la relación terminó.

Los novios posteriores fueron calificados por una biblia de citas de autoayuda llamada *The Rules* (*Las reglas*), subtitulada *Time-tested Secrets for Capturing the Heart of Mr Right* (*Secretos probados por el tiempo para capturar el corazón del Sr. Correcto*), escrita para mujeres que buscan casarse en el menor tiempo posible. Meghan adquirió un ejemplar poco después de su publicación en 1995 y llevó el libro al campus. Para entonces, ya podía recitar pasajes de memoria. «En cualquier relación», recuerda Priddy, «siempre había un elemento de matrimonio en el fondo de su mente». Juzgaba a cada uno por cómo sería su vida doméstica, como parte de un equipo, «dentro de diez años». Thomas Markle notó el mismo cálculo. Durante sus visitas a Chicago, escuchó a Meghan predecir: «Ese es mi próximo novio». Una vez identificado, sedujo con éxito al hombre. «Lo arregló», observó Thomas con asombro. «Tenía la capacidad de controlar a los hombres». Se dio cuenta de que funcionaba mucho mejor con un hombre cerca. Además, ahorraba dinero mudándose a la casa del novio. Pero a Thomas le extrañaba que de repente se llamara Rachel. Ella se negó a explicar el cambio, pero casualmente estaba de moda la comedia *Friends*, protagonizada por Jennifer Aniston como «Rachel».

Al igual que en la escuela, era trabajadora, empática y siempre estaba dispuesta a ayudar a los menos afortunados. Brilló en sus obras benéficas, como el «Proyecto Zapatilla de Cristal», que proporcionaba vestidos a las adolescentes locales para su baile de graduación, y un maratón de baile de treinta horas para recaudar fondos para los enfermos de cáncer. También sobresalió en las clases de teatro, no por un talento obviamente excepcional, sino por el trabajo duro y la profesionalidad.

Pertinentemente, se resistió a la invitación de la profesora Linda Gates, directora del programa de canto, de estudiar interpretación en un teatro. «Le dije: "Puedes aprender a ser una gran actriz"», recuerda Gates, «pero no estoy segura de que ella quisiera hacerlo. En el teatro aprendes a transformarte y a llegar al público, seis o siete noches a la semana. Una actriz estrella como Meryl Streep, formada en el teatro, puede transformarse completamente y meterse de lleno en un personaje. Pero Meghan se interpretaba a sí misma: una chica guapa, simpática e inteligente. Su punto

fuerte era la empatía». A lo largo de su vida, Meghan nunca mencionó
una representación teatral que hubiera visto o disfrutado. Al igual que
muchos aspirantes a estrellas de cine, pensaba que el teatro estaba muerto. Pero, pertinentemente, sus amigos tampoco recordaban que se entu-
siasmara con un espectáculo destacado en la pantalla.

Para proseguir su carrera cinematográfica, Meghan pidió a Thomas
que le consiguiera un papel hablado en la serie *Hospital General*. Su aparición de cinco líneas se transmitió en noviembre de 2002. Tras dos audiciones más, no le ofrecieron más trabajo. Pero el objetivo principal se
había conseguido. Su breve aparición le permitió obtener el importante
carné del sindicato de actores de cine. A partir de entonces, podría trabajar como actriz. Thomas Markle pagó los seis mil dólares. Su currícu-
lum, según él, no mencionaba que era mulata.

Más tarde, Meghan afirmó que en la universidad se encontró con una
«mentalidad cerrada» sobre su parentesco y el divorcio de sus padres.
«Una compañera de dormitorio que conocí en mi primera semana», recordó, «me preguntó si mis padres seguían juntos. «Has dicho que tu
madre es negra y tu padre blanco, ¿verdad?», me dijo. Sonreí dócilmente,
esperando lo que podría salir de sus labios fruncidos a continuación. «¿Y
están divorciados?» Asentí con la cabeza. «Oh, bueno, eso tiene sentido».
Comprendí la insinuación y me eché hacia atrás; tenía miedo de abrir esa
caja de Pandora de la discriminación, así que me senté sofocada, tragán-
dome la voz». Sin embargo, el profesor Harvey Young, que se dedicaba al
teatro afroamericano en la universidad, no creía que hubiera racismo
entre los quince mil estudiantes del campus. Se limitó a hacer una observación neutra, diciendo: «Meghan era reflexiva y entendía lo que significa
enfrentarse a los prejuicios y la discriminación».

Durante su segundo año, aún sin saber si triunfaría como actriz, Meghan
pidió a su tío Michael Markle, por entonces experto en comunicación del
gobierno estadounidense, que le organizara unas prácticas de cinco semanas como jefa de prensa júnior en la embajada de Estados Unidos en
Buenos Aires. «Odiaba la idea de ser un cliché, una chica de Los Ángeles
que decide ser actriz», explicó más tarde. «Quería más que eso y siempre
me había gustado la política, así que solicité unas prácticas». Thomas
pagó el «programa de estudios». Su hermanastra Samantha afirmaría más

tarde que Meghan no trabajaba realmente en la embajada, sino que estaba en una escuela anexa a la embajada que organizaba las prácticas.

Hacia el final de su estancia, Meghan se presentó al Examen de Oficiales del Servicio Exterior, el preliminar para juzgar si un candidato es lo suficientemente competente para hacer el examen más exigente para entrar en el Departamento de Estado. Tras no mostrar nunca ningún interés por las matemáticas —requisito básico para ser diplomática— suspendió el examen de tres horas. Al año siguiente, volvió a Buenos Aires para encontrarse con un novio. Thomas Markle también pagó ese viaje. Cuando Meghan llamó desde Argentina diciendo: «Necesito quinientos dólares para salir del hotel», él le envió el dinero.

A su regreso de Argentina, decidió que seguiría el cliché: actuar. Más tarde, mencionaría que le presentaron a un agente llamado Drew que, al parecer, quedó impresionado por su actuación en una película de estudiantes. «Vas a ganar dinero», le prometió Drew, «y yo me llevaré diez. Creo que deberías quedarte». Nunca ha podido identificar al tal «Drew».

La graduación de Northwestern en 2003 fue alegre, aunque teñida de ansiedad cuando Meghan se preparó para volver a casa. Los Ángeles era la meca de miles de jóvenes aspirantes a actores. La inmensa mayoría se decepcionaría y acabaría sin dinero. Al menos, ella tenía las probabilidades a su favor. «Mi padre me enseñó a encontrar mi luz», escribió. La contribución de Doria a la carrera de su hija fue un consejo sobre el cuidado de la piel. Beber dos litros de agua al día, sugería, usar un cepillo Clarisonic, aplicar protector solar y hacerse tratamientos faciales.

Financiada por Thomas Markle, Meghan alquiló una casa, compró un coche usado y pidió a su padre que pagara la gasolina. También convirtió su cuarto de baño en un cuarto oscuro porque quería aprender sobre fotografía. Para obtener ingresos adicionales, trabajó a su vez como envolvedora de regalos, como calígrafa de invitaciones de boda y como camarera en Mirabelle, un restaurante de West Hollywood. Los camareros del Mirabelle solían ser actores en paro que buscaban papeles.

Con un portafolio de fotos, que incluía la típica foto de aspirante a actriz con un escote revelador y el vientre abierto, Meghan comenzó la dura rutina de buscar audiciones. A diferencia de sus competidoras, podía citar su aparición en *Hospital General*. Leía las líneas con gusto a los directores de casting con cara de pocos amigos, cuyo rutinario «Gracias» al final no daba ninguna pista sobre el resultado. Había aprendido a controlar sus sentimientos tras el rechazo.

A los ojos de la gente de fuera, su progreso podía parecer escaso, pero, dentro de la industria, incluso unos pocos centímetros de celuloide se consideraban un éxito. Su breve aparición como «chica sexy» en una película llamada *A Lot Like Love*, protagonizada por Ashton Kutcher, y una frase en *Century City* fueron fugaces. Pero le iba mejor que a la mayoría de sus rivales.

Su búsqueda de una relación duradera fue igualmente frustrante. Estuvo seis meses con Shaun, un actor y guionista criado en los Hamptons al que había conocido en Northwestern. A eso le siguieron cinco meses con el actor Brett Ryland. Esto terminó porque aparentemente carecía de la personalidad adecuada. Luego siguieron otros actores, un magnate latino y una noche intrascendente con Simon Rex, una estrella del porno. Cada noche salía diciéndose a sí misma: «Nunca se sabe, esta noche podría conocer al hombre que cambiará mi vida».

En 2004, conoció a Trevor Engelson en un bar de West Hollywood. Alto y con el pelo rojizo, este ambicioso joven de veintisiete años, licenciado en cinematografía por la Universidad del Sur de California, estaba empezando como productor de cine, dirigiéndose a los canales de comedia con los guiones de sus clientes. En su tiempo libre, escuchaba hip-hop, leía con voracidad, viajaba sin parar y, según contó en un *podcast*, su vida giraba en torno al disfrute, explicando: «Soy judío y creo que solo tienes una oportunidad en esta vida. Soy un gigantesco creyente de que toda esta mierda podría llegar a su fin de repente en cualquier momento. Deberías divertirte». Empezó en la sala de posproducción de una agencia de actores antes de ascender a una productora y fue despedido por emprender en secreto una producción independiente. Poco después, Engelson vendió su propio guion cinematográfico, *The Road to Freaknik*, y creó una productora, Underground Films 5190. Engelson miró a sus competidores y pensó: «Que se jodan, seré yo». No quería ser el tipo medio, sino «sacar el billete de lotería y ser especial».

Insensible y seguro de sí mismo, las frases de Engelson en el ruidoso bar impresionaron a Meghan. Presumiendo de haberse divertido y trabajado en exceso —incluso leyendo guiones todas las mañanas a través de la puerta de cristal de su ducha de vapor— ofreció su filosofía de vida: «La esperanza es la mayor moneda que tenemos en este negocio». Luego vino otra de sus máximas favoritas: «No des cinco minutos si no vas a dar cinco años». Diez años más tarde, Meghan entonaba con frecuencia estas dos frases en discursos ante audiencias jóvenes como su filosofía de vida.

Engelson era inteligente y capaz de comportarse con buenos modales, y los antecedentes estables de su familia atraían a Meghan. Se había criado en la comunidad judía de Great Neck, una próspera ciudad de Nueva York. Su padre era ortodoncista y su madre logopeda. Educado en el North High School de Great Neck, Trevor era conocido como «Flowerhead». Sus amigos se llamaban a sí mismos «Mudd Juice Posse». «Trevor era una de esas personas muy deseables con las que querrías tener una amistad», recuerda Larry Pretto, también criado en Great Neck. «Era honesto, leal, respetuoso y con mucha humildad». La actitud de Engelson con las chicas, dijo Pretto, era decente. «No las quería solo como trofeos. Era de la vieja escuela. Si querían ir de compras o salir a algún sitio, las llevaba a la ciudad. Solo quería que se sintieran bien con ellas mismas. Encantaba a todo el mundo».

Otros comentarios fueron menos elogiosos. Lo consideraban descarado, engreído y, definitivamente, no el genio que creía ser. Pero la promesa de estabilidad de Engelson se ajustaba a las necesidades de Meghan. O, lo que es más importante, su ilusión. Como tantos otros atraídos por Hollywood, ella se dejaba llevar por la fantasía de su futuro. No solo la búsqueda de la felicidad, sino también la creencia de que Trevor podría ayudarla, emocional y profesionalmente. Ella quería una vida fácil y liberarse del estrés financiero. A su vez, todo lo relacionado con ella era nuevo para él.

Ninaki Priddy fue una de las primeras en conocer al último novio de Meghan: «Trevor era grande para ella. Estaba muy centrado y tenía grandes contactos. Era una oportunidad para ella de establecer relaciones con agentes. A ella le encantaba estar a su lado e ir a esas cenas. Lo amaba. Era muy cariñoso». Meghan estaba tan enamorada del romance que apenas podía apartar las manos de Trevor. En público lo abrazaba y lo besaba, y adoptando una voz infantil arrullaba: «Trevity-Trev-Trev». Priddy fue testigo de su sensación de triunfo. A cambio, Trevor le dio a Meghan abrazos de oso.

Incapaz de creer en su propia suerte, Trevor dijo a sus amigos que había conocido a «la chica más sexy de California». Al cabo de unos meses, Meghan se instaló en su casa de Hilldale, en West Hollywood. Emocionada por su captura, proclamó: «Tengo mi cepillo de dientes en su armario». Trevor descubrió que su bella mujer era también una diosa doméstica. «Definitivamente, era cuidadosa con tener una vida hermosa», dijo Ninaki. «Tenía un estilo muy específico. Le encantaba su ropa de cama de estilo hotelero: hermosos detalles de ribetes negros en contraste sobre edredones blancos y nítidos. Le encantaba todo lo blanco. Meg era muy perfeccionista. Le gustaba organizar cenas con hermosos menús que complementaban los perfiles de sabor con vinos increíbles».

Priddy describía una imagen idealizada de una noche y no la vida rutinaria de Meghan. Aunque Meghan, al parecer, había encontrado una pareja genuina que simpatizaba con su inseguridad, su realidad como aspirante a actriz era sombría. Mientras se promocionaba en los estudios, las audiciones iban seguidas de un inevitable «Gracias» y un rechazo sin explicación. La supervivencia en Hollywood, lo sabía, dependía de evitar la necesidad de decir o afrontar la verdad, y de negar el rechazo cuando se producía. No había alternativa. Al igual que un adicto a las máquinas tragaperras, tenía que seguir jugando y negarse a abandonar hasta conseguir un éxito.

«Mis veinte años», escribió, «fueron brutales: una batalla constante conmigo misma, juzgando mi peso, mi estilo, mi deseo de ser tan guay, tan moderna, tan inteligente o tan "lo que sea" como los demás. Debía tener unos veinticuatro años cuando un director de casting me miró durante una audición y me dijo: "Tienes que saber que eres suficiente. Menos maquillaje, más Meghan"».

Conduciendo por Los Ángeles en un maltrecho Ford Explorer cuya puerta delantera no se abría —entraba y salía por la escotilla del maletero— acabó apareciendo brevemente en telefilmes como *Love Inc, Deceit* y *The War at Home*. Trevor decidió no incluirla en su última comedia, *Zoom*. Su «comedia» fracasó.

Hollywood, una ciudad más competitiva que compasiva, fue implacable con Trevor y Meghan. En 2006, ambos figuraban entre los miles de desconocidos ansiosos, desesperados y agitados por la insidia y la malicia. Sus narices se apretaban contra el cristal, suplicando con envidia a los magnates de la industria. Cualquier éxito dependería de una mezcla de trabajo duro, talento genuino y suerte inesperada.

Por fin, Meghan obtuvo su oportunidad. Su suerte cambió. Howie Mandel, comediante y presentador del programa de televisión *Deal or No Deal*, vio su cinta de chistes y su audición. Su cuerpo y su aspecto se ajustaban a sus exigencias. Sería una de las veintiséis azafatas vestidas de forma idéntica, con tacones de aguja de cinco pulgadas, metidas en minivestidos ajustados para pronunciar su figura, cada una con un maletín. Su hermanastra Samantha creía que «debían haberle rellenado el sujetador».

Meghan fue contratada desde las 5:30 de la mañana hasta después del anochecer. Se filmaron siete episodios en un día. Cada programa se pagaba a ochocientos dólares. Entre cada episodio se cambiaba de ropa. «Es muy vergonzoso» le dijo a su padre. «Es exposición», la consoló. «Si te descubren, conseguirás otro papel. Llevará tiempo llegar a la cima». Thomas sabía que para llegar al estrellato, Hollywood esperaba que Meghan hiciera cualquier cosa. La humillación era uno de los precios de ganar la fama.

Ante un público estridente y una música a todo volumen, las seductoras azafatas del programa se situaban cerca de los concursantes portando un maletín que contenía entre un céntimo y un millón de dólares. Después de elegir un maletín, los concursantes tenían la posibilidad de «vender» el maletín por una suma fija o continuar con la esperanza de elegir el maletín con un millón de dólares. En medio de una tensión artificial, se instaba a los concursantes a correr el riesgo.

Como siempre en Hollywood, las jóvenes sexis atraían a los hombres ricos y poderosos. Entre los visitantes recibidos en el estudio estaba Donald Trump. En el plató, entre toma y toma, el empresario neoyorquino repartía su tarjeta e invitaciones para visitar sus campos de golf. Algunas chicas aceptaron y más tarde dirían que Meghan no solo rechazó a Trump, sino todas las demás invitaciones. Leyla Milani, una de las otras chicas, afirmaría que Meghan nunca salía después de las funciones, sino que leía los guiones para las audiciones. «Meghan nunca estuvo interesada en las citas casuales. Siempre estaba buscando formar pareja», escribió años después su biógrafo autorizado.

Estos recuerdos fueron desmentidos por Brett Ratner, un exitoso productor de Hollywood de la época. Ratner se enorgullecía de que Hilhaven Lodge, su palacio de Hollywood —famoso por ser la primera casa de Ingrid Bergman en Estados Unidos— fuera en aquellos años «el centro del universo». Orgulloso de decir a todo el mundo: «Soy gordo y judío», Ratner había salido durante dos años con la campeona de tenis Serena Williams. Varias veces a la semana, Ratner organizaba fiestas nocturnas para las estrellas: Johnny Depp, Leonardo DiCaprio, Penélope Cruz y muchos más se arremolinaban en su complejo de la colina. «Venían montones de chicas guapas», recuerda un amigo cercano de Ratner. Entre ellas, todos los fines de semana estaban las chicas de los concursos. Las chicas de la fiesta eran «vulgares y las había a montones». Meghan era una de esas invitadas frecuentes. Entre un grupo de mujeres de aspecto despampanante, algunos invitados inusualmente observadores la recordaban como vestida de forma conservadora y conocida por hacerse pasar por inocente. Sin embargo, solía ser de las últimas en marcharse al amanecer.

Al final del programa *Deal or No Deal*, Meghan había perdido su timidez. Vestida con pantalones cortos y poco más, protagonizó la revista de estilo de vida *Men's Health* haciendo hamburguesas en una parrilla. La campeona del empoderamiento de la mujer describió más tarde esas experiencias como una «cosificación».

Haciendo malabares con su carrera, la vida con Trevor era buena. Ambos disfrutaban viajando al extranjero y comiendo la mejor comida. Volaban a Grecia, México y Tailandia para visitar los restaurantes recomendados. Aunque ella apenas ganaba lo suficiente para cubrir sus gastos, los últimos guiones cinematográficos de Trevor le habían reportado ingresos. El inconveniente era que seguían viviendo al margen de la élite de Hollywood. Los poderosos agentes de Hollywood no sabían siquiera que existían. Tras los rechazos y las pequeñas apariciones que eran descartadas en la sala de edición, Meghan seguía buscando la gran oportunidad.

Una audición de Donna Rosenstein, productora de televisión y directora de casting en ascenso, fue la recompensa a la perseverancia de Meghan. En una serie propuesta, *The Apostles*, interpretaría a una extrabajadora sexual rescatada por un policía cristiano que se enamoraría y se casaría con ella. En el piloto de la serie, Meghan interpretaba el papel de una joven experimentada que discutía con su marido y daba consejos sexuales a sus vecinos. Los estudios Fox rechazaron el piloto. A continuación, participó en el piloto de *Good Behavior*, una serie desenfadada sobre una familia de delincuentes de Las Vegas que intentan ser honestos. También fue rechazada. En su siguiente papel en *90210*, un exitoso remake de la serie Beverly Hills, realizó memorablemente sexo oral en un coche aparcado en una zona pública. Después de dos episodios, desapareció sin dar explicaciones. A continuación, hizo un cameo aspirando cocaína en *The Boys and Girls Guide to Getting Down*. En 2009, apareció en *Get Him to the Greek*. Roger Ebert, del *Chicago Sun-Times*, la calificó de «película fundamentalmente sólida», pero no mencionó a Meghan, que no tenía ningún papel y no se le dio ningún crédito.

Peor aún, su breve aparición en *Fringe*, una película de ciencia ficción, fue eliminada durante la edición. «Eso le rompió el corazón», recuerda Nick Collins, su agente y socio de la Agencia Gersh desde el principio. «Hay personas que se desalientan cuando eso ocurre, y otras que dicen "puedo hacerlo, voy a demostrarlo"». Meghan está en el segundo grupo». En los índices de audiencia de Hollywood, cualquier aparición en una serie, aunque el proyecto fuera rechazado, se consideraba un «éxito». Los agentes de casting se dieron cuenta de su serie de apariciones.

Su recompensa a la tenacidad llegó en 2010. Brett Ratner contrató a Meghan para una aparición de treinta y cinco segundos en su película *Horrible Bosses*. En el papel de repartidora de FedEx, Meghan se mezcló por primera vez con la realeza de Hollywood, como Jennifer Aniston, Kevin Spacey y Donald Sutherland. En el plató de la rentable película, se presentó: «Sr. Sutherland, he oído que voy a enamorarme de usted antes de la hora del almuerzo». Él se rio. «Resistí el gran impulso de chillar», escribió Meghan. Calificando la película con dos estrellas, *The Guardian* la calificó de «comedia ocasionalmente divertida, pero en su mayor parte burda, sin encanto y de mal juicio». A raíz de estas experiencias, Trevor la contrató para pequeños papeles en sus películas *The Candidate* y *Remember Me*. Ambas fracasaron.

A los ocho años de su apuesta por el estrellato, Meghan dejó constancia de los horrores de su vida profesional en *Working Actress*, un blog «anónimo»: «No voy a mentir. He pasado muchos días acurrucada en la cama con una barra de pan y algo de vino. Una fiesta de lástima de una sola mujer. Es horrible y ridículo». Otra noche, continuó: «He tenido que congelar mi afiliación al sindicato de actores, pedir dinero prestado, trabajar en empleos que odiaba, soportar que me trataran como a una mierda en un plató, besar a actores con aliento maloliente y llorar durante horas porque creía que ya no podría soportarlo».

Las razones de su rechazo eran comunes. Hollywood estaba lleno de actrices guapas y ambiciosas, pero muy pocas tenían calidad de estrella. La identidad era fundamental para el éxito cinematográfico. Estrellas naturales como Meryl Streep, Nicole Kidman y Rachel Weisz proyectan una gravedad en la gran pantalla que lleva a los ojos del público fijarse permanentemente en ellas. Meghan carecía de carisma. En la pantalla, no generaba ninguna magia. Aunque era indudablemente atractiva, los directores la encontraron poco emocionante y ordinaria. Creían que las emociones y la curiosidad del público no se verían afectadas por su apariencia. Como la gran mayoría de aspirantes, Meghan representaba sus propios deseos y necesidades, y no los requisitos del papel. Era su propia persona. No podía convertirse de forma convincente en otra persona. Nunca interpretó un papel que pudiera adaptar a sí misma. Al carecer de un misterio natural, siguió siendo una actriz de segunda que se esforzaba por hacer frases sueltas que podían acabar siendo eliminadas en la edición.

Un «no, gracias» tras una audición alimentó la convicción de Meghan de que el director de casting no la había entendido. Tenía que esforzarse más; al día siguiente seguro que sería diferente. En Hollywood, el rechazo no era un estigma ni una humillación. Después de cinco años, su carrete era considerable. Los actores que trabajaban, le aseguraron, obtenían buenos ingresos con un empleo constante.

Una y otra vez, buscó explicaciones a medida que se acumulaban los rechazos. «No era lo suficientemente negra para los papeles negros», escribió, «y no era lo suficientemente blanca para los papeles blancos, lo que me dejaba en un punto intermedio como el camaleón étnico que no podía conseguir un trabajo». En un artículo para *Elle* en 2015, Meghan describió cómo le preguntaban «todas las semanas de su vida, a menudo todos los días» qué era y de dónde venía, ya que la gente se esforzaba por situar su etnia. En lugar de aceptar que no era una actriz destacada, subrayó: «Fue la primera vez que puse nombre a sentirme demasiado blanca en la comunidad negra, demasiado mixta en la comunidad blanca».

Cinco años después, reformuló su historia. En la revista *Allure*, fechó su primera toma de conciencia del «colorismo» durante una clase de estudios afroamericanos en Northwestern.

Thomas lo niega. «La raza nunca fue un problema en la infancia de Meghan», insiste Thomas Markle, «ni en sus años en Hollywood. Me sorprendió cuando ella sacó el tema. Con la excepción del formulario de la etnia en la escuela y un conductor gritando a Doria, Meghan nunca mencionó la raza». Meghan, insiste, «nunca fue desvalida».

Del mismo modo, Thomas Markle insiste en que Meghan nunca culpó al racismo del rechazo en las audiciones. «No surgió el tema», dijo.

A mediados de 2010, Nick Collins envió a su cliente a una audición en un bloque de oficinas de Santa Mónica, en Los Ángeles. Los productores estadounidenses buscaban a una joven atractiva para interpretar a Rachel Zane, una aspirante a abogada incapaz de aprobar los exámenes. En la serie de bajo presupuesto ambientada en un bufete de abogados de Nueva York, Zane tendría un romance con Mike Ross, un joven brillante con memoria fotográfica.

Con el nombre de *Suits*, Aaron Korsh, el guionista de cuarenta y tres años de la posible serie, basó la narración en sus cinco años en Wall Street. Korsh había dejado su banco para trabajar durante ocho años como ayudante de guionista en una productora cinematográfica. A punto de abandonar, se arriesgó a escribir *Suits* basándose en sus experiencias en Wall Street. La lealtad en el seno de una «familia» de empleados fue el contundente tema de Korsh. Los banqueros eran retratados pidiendo que hicieran cosas en la oficina que ofendían su moralidad, pero la lealtad —«una calle de doble sentido»— les obligaba a obedecer.

Tras leer el guion, los productores sugirieron a Korsh que cambiara el drama por un despacho de abogados. Una vez adaptado, los productores iniciaron las audiciones para el piloto. Korsh no tenía «ninguna imagen» para el papel de Rachel Zane, salvo que era inteligente, simpática, mundana, sexy y, para coincidir con el tema de la lealtad, totalmente digna de confianza. Su papel requería que hiciera todo lo posible por ayudar a las personas con las que trabajaba.

El dilema de «lealtad» de Rachel Zane era profundo. Mike Ross, un seductor estafador que se ayudaba únicamente a sí mismo, carecía de toda lealtad. Sin embargo, invocó la lealtad para exigir un favor a la honesta Rachel Zane. Korsh exploró cómo reaccionaría Zane ante el peligro de violar sus límites éticos. El enigma paralelo era si las extraordinarias calificaciones de Mike lo convertían en un mejor ser humano.

Como reflexión de última hora sobre el papel antes de la audición, Meghan se deshizo de un colorido jersey y unos vaqueros y se compró un vestidito negro de treinta y cinco dólares. «Creo que no hice un buen trabajo», se lamentó después, al hablar con Nick Collins. «Realmente quería ese papel».

De vuelta a su oficina de Santa Mónica, Korsh estaba entusiasmado. «Todos nos miramos», recuerda, y pensamos «Sí, ella es la elegida. Creo que es porque Meghan tenía la capacidad de ser inteligente y aguda sin perder su dulzura». Aunque los productores acordaron que buscarían la diversidad en el reparto, Korsh recuerda: «No sabía que Meghan era mulata cuando la pusieron a prueba. Simplemente era la mejor». La confesión de Korsh desafía la queja de Meghan de que su carrera se había visto obstaculizada por su color.

El 24 de agosto de 2010, Meghan rodó el piloto en Nueva York y, como es habitual, esperó a saber si una cadena compraría la serie. A principios de 2011, Meghan recibió la noticia de que *USA Network*, una empresa de televisión por cable, había comprado una temporada de doce episodios. Los años de esfuerzo habían dado sus frutos. Ella ganaría un ingreso regular de cincuenta mil dólares por episodio. Eso supondría seiscientos mil dólares tras nueve meses de trabajo. Reflexionando sobre su pesimismo anterior, explica: «Fue una buena lección de perspectiva. Creo que siempre vamos a ser nuestros peores críticos».

Había una sorpresa. Para ahorrar dinero, el rodaje comenzaría en abril en Toronto y no, como se esperaba, en Nueva York. Todos los miembros del reparto estaban molestos, excepto Meghan. Para desconcierto de los productores, Meghan estaba dispuesta a establecer su hogar permanente en Toronto en lugar de desplazarse como los demás actores desde Los Ángeles. Inesperadamente, también reveló que se quedaría en Toronto más allá de noviembre, una vez terminado el rodaje. Dejar Los Ángeles y a Trevor, dijo Meghan a los productores, no era un inconveniente. No explicó por qué quería dejar Los Ángeles. Un amigo especuló que ella había aceptado que Trevor era «supercursi, como un tipo que lleva zapatillas Adidas (con un traje) a un evento elegante». Otro amigo sugirió que, aunque Meghan podía comprometerse con Trevor, no le gustaba sentirse como su posesión.

Meghan necesitaba tener el control total. Si era necesario, *Suits* sería su carta de salida de la relación.

4

SUITS

Trevor Engelson percibió la tensión. Seis años después de que él y Meghan se conocieran, volaron a Belice para pasar unas vacaciones. Poco después de llegar, él le propuso matrimonio. El matrimonio, creía, aseguraría su relación. A pesar de las cinco horas de vuelo entre Los Ángeles y Toronto, esperaba que los desplazamientos regulares y las llamadas telefónicas minimizaran las barreras. Meghan parecía estar encantada con la idea.

Poco después de decir «sí», Meghan llamó por teléfono a su mejor amiga. «Me llamó inmediatamente», recuerda Ninaki Priddy. «Estaba exultante y me envió unas fotos preciosas. Era el hombre con el que quería tener hijos». Poco después de regresar a Los Ángeles, Meghan se apresuró a ver a Ninaki. «Meghan vino a enseñarme el anillo cuando llegó a casa y estaba muy emocionada. Me pidió que fuera la dama de honor. Nos abrazamos y lloramos. No había duda de su amor por Trevor. Meg me decía que no podía imaginar una vida sin él. Decía que, si le pasaba algo, no podría seguir adelante». Más que nunca, Meghan confiaba en Priddy: «Creo que, cuando eres hijo único, en esa situación tus amigos se convierten en tu familia». En cuanto a Trevor, Priddy estaba segura de que «hubiera hecho lo imposible para que el matrimonio funcionara».

Todos los aspectos de la vida de Meghan estaban cambiando. Para empezar, la vida de su madre se había estabilizado por fin, aunque la causa era inquietante. En marzo de 2011, Alvin, el padre de Doria, de ochenta y dos años, murió tras caerse y golpearse la cabeza contra el pavimento. Ella heredó algo de dinero y su casa en Windsor Hills, una zona de clase media negra. Al mismo tiempo, empezó a estudiar la carrera de trabajo social en la Universidad del Sur de California.

La vida de Thomas Markle también cambió. A los sesenta y siete años se jubiló y, dependiendo únicamente de su pensión, se trasladó a México. En Rosarito, una ciudad costera a solo treinta y dos kilómetros de la frontera con Estados Unidos, pudo vivir de forma barata bajo el sol. Al principio alquiló una cabaña en la playa y luego se mudó a un bungaló en un acantilado sobre el mar. El alquiler era de solo ochocientos cincuenta dólares al mes. El inconveniente de la jubilación era perder su estatus de Hollywood, pero después de pasar cincuenta años rodeado de gente, quería paz. Con el Pacífico rompiendo contra la orilla de la amplia y vacía playa de abajo, vivía entre los restos de toda una vida en Hollywood. «Nunca he sido una persona ordenada», admitió.

Con pocos amigos, este hombre solitario y orgulloso ocupaba su tiempo viendo películas antiguas, paseando por la ciudad y haciendo fotografías. Llamaba regularmente por teléfono a sus dos hijos mayores, especialmente a su hija Samantha. Su relación con Meghan era diferente. «No quiero ir a México», dijo durante una de sus llamadas semanales. Él, a su vez, rechazaba las invitaciones de Meghan para viajar a Toronto. Temía una discusión. Después de ver los primeros episodios de *Suits*, criticó la iluminación del director y toda la producción.

A Meghan no le gustaban sus críticas, recuerda Thomas. «Empezó a hablarme con desprecio. De repente, su voz se tornó imperativa. Me había superado. Daba la impresión de que ya no me necesitaba. Empecé a pensar que ya no entendía a Meghan». La que antes era una criatura compasiva se estaba convirtiendo en una mujer de opiniones firmes y grandes ambiciones. Con el dinero, su sentido del deber y de la obligación empezó a desaparecer. Por fin tenía estatus. La tomaban en serio. Aaron Korsh realmente quería conocerla como persona.

Antes de partir hacia Toronto, Korsh y Meghan habían quedado para comer en el King's Road Café en Hollywood. Para su deleite, Meghan se reveló como una amante de la comida. En el desarrollo de la serie, Korsh decidió que su equipo de guionistas incorporaría su interés en los guiones. La influencia fue doble. Meghan, muy dispuesta a absorber nuevas ideas, estaba especialmente interesada en la representación que Korsh hacía de la lealtad y la autoridad.

Había una salvedad. Aunque por fin se había establecido tras años en la periferia, Meghan era la más joven del reparto. Como sexta actriz de la serie, no se la mencionaría en la publicidad del lanzamiento. Entre otras cosas, porque, según el consenso, no era la mejor actriz de la serie.

Ante la incertidumbre de si *Suits* volvería a emitirse tras la primera serie, Meghan necesitaba una red de seguridad, por si acaso. Como todos los actores, estaba plagada de inseguridad. En busca de trabajo, envió su carrete a Phaedra Harris, la directora de casting de *Dysfunctional Friends* en Hollywood, una comedia de alto nivel. «Era agresiva en el buen sentido», recuerda Harris. «Era muy tenaz y decidida». Se consideró momentáneamente a Meghan para un papel menor, pero el calendario de la película chocó con el de *Suits*. Aunque quería vivir por separado, Meghan no tuvo más remedio que contar con Trevor.

La vida en Toronto no era glamurosa. Y las largas horas de trabajo la hacían muy dura. Cada día, temprano, Meghan era recogida en coche en su pequeña casa alquilada en una calle arbolada del barrio de Annex. El conductor la dejaba en la puerta de un hangar de hormigón del centro. El rodaje de *Suits* era una experiencia familiar. Educada desde la infancia para abrazar a sus compañeros de reparto, al equipo y a los directores, su profesionalidad brilló. «Era amable y dulce», recuerda un productor, «se sabía sus líneas y era fácil hablar con ella».

Durante esos primeros meses, el reparto de *Suits* se convirtió en su «familia sustituta». Dos actores, Rick Hoffman y Gina Torres, se hicieron especialmente amigos. A veces iban a bares y clubes después de un día de rodaje. Pero, por lo general, Meghan volvía a casa para cocinar para sí misma, hacer yoga y hablar por Skype con Trevor, animándole a volar a Toronto. A menudo, admitió, pasaba el tiempo en Internet «buscando amigas». Con frecuencia, llamaba a Ninaki Priddy. «Fue una época emocionante», recuerda su vieja amiga.

Antes de que se emitiera el primer episodio de *Suits*, el 23 de junio de 2011, Trevor publicó un mensaje en Facebook en el que instaba a la gente a ver a su «talentosa prometida». Las entusiastas críticas difundieron la esperanza de que la pequeña audiencia creciera. La emoción de

Meghan se duplicó con su boda, prevista para el 10 de septiembre de 2011 en Jamaica.

Tres semanas antes de la gran fiesta, *The Schmoes Know*, un *podcast* en directo de Trevor con dos amigos, puso de manifiesto la diferencia entre él y Meghan. Bebiendo un trago de una petaca, Trevor describió cómo temía salpicarse el traje al usar un orinal. Uno de sus amigos sugirió que invitaran a Meghan a aparecer en su *podcast*. «Ella es famosa, vete a la mierda», dijo Trevor. El desenfadado, sencillo, desordenado e impuntual Trevor sabía que se casaba con una perfeccionista autodisciplinada.

Poco antes de volar para la celebración en Jamaica, Trevor y Meghan se casaron el 16 de agosto en una ceremonia civil en Los Ángeles. Ni Thomas ni Doria fueron invitados, y la fecha fue deliberadamente clasificada como «confidencial» por la pareja para evitar que personas ajenas —sin una orden judicial— descubrieran los detalles.

Un total de ciento dos invitados, incluidos los padres de Meghan, fueron convocados a una fiesta en la playa durante cuatro días en el Jamaica Inn, famoso por ser el lugar de residencia de Ian Fleming, Marilyn Monroe y Arthur Miller. Meghan reservó las cincuenta y cinco habitaciones y villas. Los invitados pagaron su propio alojamiento. Thomas Markle contribuyó con veinte mil dólares a los gastos, en parte mediante la venta de acciones por un valor de seis mil dólares. «No esperaban el dinero», recuerda Thomas, «pero se lo ofrecí. Es mi hija». A cambio, Meghan y Trevor le dieron un «certificado» para un viaje a cualquier parte del mundo, que no utilizó.

En silla de ruedas y con esclerosis múltiple, Samantha no se presentó voluntariamente. Fue representada por su hija. Ninguno de los familiares de Doria se presentó. Thomas cree que ninguno podría haber pagado el billete y el alojamiento. Además de los amigos de la pareja de Hollywood y Nueva York, había un gran contingente del reparto de *Suits*. La química de trabajar juntos como una «familia» había creado una magia especial. La empatía y la profesionalidad de Meghan se habían ganado el afecto universal. Siempre era la que más fácilmente aceptaba los cambios de horario y los productores apreciaban que nunca se pusiera nerviosa. Para entonces, muchos se dieron cuenta de la estrecha relación entre Meghan y Patrick J. Adams en el papel de Ross. «Crecimos juntos a lo largo de la serie», decía Adams sobre su especial vínculo.

La noche anterior a la ceremonia de la boda, Trevor describió en su discurso durante la cena un libro que había preparado sobre su vida y la de Meghan. La conclusión del libro, dijo Trevor, era su promesa de dar a Meghan «el hogar familiar que nunca ha tenido». Thomas y Doria se quedaron boquiabiertos. «Nos miramos atónitos», dijo Thomas. «Ella había tenido dos buenas familias y todo el amor y la atención que cualquier niño podría desear». Ambos se preguntaron qué le había contado Meghan a Trevor sobre su infancia. ¿Por qué había ocultado su pasado? ¿O por qué había distorsionado sus orígenes? ¿Qué otros «secretos», se preguntaba Thomas, le había contado su hija a Trevor? Por primera vez, Thomas temió que su refrescada relación con Meghan se viera fracturada por sus inexactas declaraciones. Sin embargo, en Jamaica, Thomas Markle no dejaría que las fantasías de Meghan interfirieran en su orgullo, aunque otra característica de ella emergió.

«Controló toda la boda como un sargento», observó. «Había momentos en los que todo el mundo debía estar preparado con sus trajes, para los juegos y para las comidas. No podía entender lo que quería conseguir. Incluso prohibió a todo el mundo hacer fotos». A pesar de sus instrucciones, su querida hija se iba a casar y él desobedeció: «Seguí adelante y tomé fotos».

Ninaki Priddy fue la dama de honor: «Me puse a llorar en cuanto la vi con el vestido. Meg brillaba literalmente de felicidad. Hemos sido como hermanas desde que teníamos dos años, así que sabía que siempre había querido casarse. Verla finalmente hacerlo fue… bueno, fue algo grande. Fue una boda tan conmovedora. Fue tan bonito de ver, fue hermoso formar parte de su día. Se querían mucho. Ella se casó con su amor eterno».

Vestido con un traje blanco comprado por Meghan, Thomas acompañó a su hija con Doria hasta la playa para la ceremonia. El padre de Trevor esperaba bajo la Jupá, el dosel de una ceremonia judía tradicional. Su madre se sentó delante. Los padres de Trevor no estaban contentos de que su hijo no se casara con alguien judío, y, en particular, de que se casara con Meghan. Desde su primera presentación, a ambos les había disgustado el distante interés personal de Meghan. A lo largo de los años, ella no había mostrado ni lealtad ni intimidad a los Engelson. Ninguno de los dos creía que estuviera dispuesta a hacer los sacrificios necesarios para crear un hogar familiar adecuado. Trevor había ignorado su oposición al matrimonio. Dado que su hijo estaba decidido a casarse con Meghan, no había más remedio que sacar lo mejor de la situación.

El padre de Trevor ofició la ceremonia. En sus propios votos, Meghan prometió amar y cuidar a Trevor. Al final, Trevor pisó una bolsa de cristal. Romper el cristal simboliza para el pueblo judío la fragilidad de las relaciones y recordó a Meghan que mantener las relaciones requiere un cuidado especial. Un rugido de aprobación y vítores estalló y la fiesta comenzó. Con música reggae de fondo, los invitados empezaron a beber ron y cerveza y a fumar el cannabis que la pareja repartió a todos en pequeñas bolsas. Sin que los invitados se dieran cuenta, Meghan exigió que se le diera el vídeo oficial de la fiesta. Para sorpresa de Thomas Markle, lo destruyó poco después de la boda. No quería ningún registro visual del matrimonio. Por defecto, solo sobrevivieron las fotos de su padre.

A su regreso a Los Ángeles, la pareja vivió en una pequeña casa de Sunset Boulevard. Mientras Meghan esperaba a saber si *Suits* tendría una nueva temporada, la madre de Thomas Markle enfermó gravemente en Los Feliz, su último hogar en Los Ángeles. Con una demencia creciente y tras un incendio en la cocina, Doris Markle se trasladó a una residencia. Tom Junior se encontró con Meghan durante una visita. «Vi el lado privado de Meghan, una persona genuinamente cariñosa y atenta. Tenía una relación increíble con Doris, aunque no la conocía tan bien». Doris murió el 25 de noviembre de 2011. Los dos hermanos de Thomas Markle conocieron a Meghan y a Trevor por primera vez en el funeral.

Para entonces, Meghan había celebrado la buena noticia de que *American Network* había encargado una segunda temporada. Para celebrarlo, se compró un reloj Cartier de cinco mil dólares. En el reverso tenía grabado «Para M.M. De M.M.»

La segunda temporada atraería a una mayor audiencia, alrededor de un millón de espectadores, en su mayoría jóvenes. Un *cliffhanger* era si Rachel y Mike forjarían una relación íntima. La subtrama se centraba en la vida personal de Mike. Él estaba enamorado de Rachel Zane, pero mantenía una relación con Jenny, que a su vez era la exnovia de Trevor, el antiguo mejor amigo de Mike dedicado al tráfico de drogas. Al final de la serie, Mike y Rachel consumaron su relación.

Meghan empezó a identificarse con el personaje: «Resulta que me gusta mucho Rachel, me encanta lo ambiciosa que es, que siempre intenta coger el toro por los cuernos y que es inteligente. Se ha convertido en alguien a quien podría ver como una amiga, lo que hace que sea mucho más dulce interpretarla». En particular, a Meghan le gustó el hecho de que Rachel tuviera un «conocimiento enciclopédico de la ley», y que fuera para muchos espectadores el «interés amoroso» o el «caramelo para los ojos».

Un nuevo tema introducido por los productores fue la decepción del padre de Rachel por el hecho de que su hija suspendiera los exámenes. Aunque la raza no era un tema polémico en la serie, eligieron a Wendell Pierce, el actor negro, como padre. Contenta de que los productores reconocieran que era mulata, hizo una referencia en la primera serie. «¿Crees que esto es un bronceado de todo el año?» le había preguntado Meghan a su novio. La presentación de Wendell Pierce provocó una respuesta racista de un puñado de espectadores. Un comentario en Twitter decía: «¿Es negra? Antes pensaba que estaba buena». La raza seguía sin ser mencionada por Meghan, aparte de una única protesta en un programa diurno de la televisión canadiense poco reconocido.

Presentándose como Meghan Engelson, volvió a Toronto para rodar la segunda temporada de *Suits*. Regularmente, Trevor llegaba desde Los Ángeles para trabajar desde su casa. Según Priddy, el productor «hubiera hecho lo que sea para que su matrimonio funcionara». Trevor no se dio cuenta de que su mujer, libre de las limitaciones de su pasado en Los Ángeles, evitaba los compromisos diarios del matrimonio. Liberada por su seguridad financiera, Meghan empezó a identificarse con su personaje, Rachel Zane. Llevando faldas de Tom Ford, hablando de contratos y clientes, se estaba convirtiendo en Zane, una mujer empoderada, descarada y profesional. Inevitablemente, su relación con Trevor empezó a cambiar.

Toronto no es una comunidad grande. A diferencia de Los Ángeles, Meghan era un pez grande en un estanque pequeño. Por primera vez tenía un estatus. Empezó a hacer nuevos amigos. Una de ellas era Jessica Mulroney, aspirante a estilista de moda, a la que conoció en un gimnasio. El marido de Jessica, Ben Mulroney, no solo era famoso como presentador de televisión, sino como hijo del exprimer ministro canadiense Brian Mulroney, un pilar de la clase dirigente de Canadá. Naturalmente, Jessica también era amiga de Sophie Grégoire-Trudeau, la esposa de Justin Trudeau, cuyo padre, Pierre, había sido primer ministro de Canadá durante cuatro años. Como miembro parlamentario destacado del Partido Liberal de Canadá, Justin estaba llamado a convertirse en primer ministro. Además, estaba Markus Anderson, un empresario canadiense que acababa de regresar de Londres para abrir una sucursal de Soho House en Toronto, un club de socios para los socialmente ambiciosos amantes de la moda de la ciudad.

La combinación de la vida en el plató, el reconocimiento ocasional en las calles en Toronto y su nueva vida social con las familias dinásticas de Canadá cambiaron a Meghan. Se mezclaba con una élite. En comparación con su lucha económica en Los Ángeles y con un marido bocazas incapaz de darle fama, su nueva vida en Toronto era lo que siempre había soñado. El dinero fue una influencia decisiva. Con un creciente gusto por el lujo, la ropa y las joyas más finas y la promesa de una brillante presencia en la alfombra roja, la celebridad estaba al alcance de la mano. En la ausencia de Trevor, promocionó su importancia a través de Instagram. Lanzando una nueva cuenta el 24 de mayo de 2012, se presentó con imágenes de la revista *Forbes*, además de *Drift* de Rachel Maddow —un libro que describe el equilibrio de poder entre los políticos y los militares de Estados Unidos— y páginas de su guion de *Suits*.

A su regreso a Los Ángeles para vivir con Trevor, Meghan se dio cuenta de que su futuro en Hollywood era sombrío. En el mundo de los paparazzi, las fiestas y los productores seguía siendo desconocida y excluida. Trevor corría la misma suerte. Era un buen hombre —no reconocido ni famoso— que no iba a ninguna parte. En Hollywood, no serían ni famosos ni ricos. Impaciente, empezó a perseguir un sueño alcanzable.

«Hay una Meghan antes de la fama y una Meghan después de la fama», resumió Priddy ojeando un álbum de fotos. Sin disculparse,

Meghan empezó a cancelar los almuerzos con su antigua amiga de Los Ángeles en el último momento, explicando que temía que la reconocieran. Priddy sintió una nueva frialdad: «El tono de su voz, sus gestos, su forma de reír ya no me parecían reales. Su tiempo se volvió cada vez más importante. Cuando estaba en la ciudad, quería que dejaras todo para verla. Si yo estaba ocupada, decía: «¿Por qué no quieres verme? Estoy aquí. Vamos a pasar el rato». En otras ocasiones, rechazaba las sugerencias de Priddy de quedar para comer. Priddy se sintió incómoda. «Fue como si se apagara una luz. Empezamos a hablar menos. Sentí que si cuestionaba su comportamiento me quedaría fuera». Temiendo por su amistad, Priddy prefirió ignorar la verdad. Meghan había cambiado. Se había vuelto tajante, clara e incluso cruel. Más que nunca, sus emociones estaban ocultas.

Trevor se dio cuenta de la transformación de su mujer. Durante las vacaciones que pasaron juntos en Nueva Zelanda y Vietnam, su queja ostensible fue una grave intoxicación alimentaria, tras aceptar la sugerencia de Meghan de probar la comida local. Había un problema más grave. Las vacaciones fueron el acto de apertura de una discusión crítica. A los treinta y un años, bajo la presión de Trevor, Meghan estaba pensando en tener hijos. Él los quería, ella no. Con el avance de su carrera, la maternidad era poco práctica.

En su lugar, buscaba un perro, como escribió, «para que me hiciera compañía en Toronto». En diciembre de 2012, se dirigió a Spot Rescue, una agencia de adopción de mascotas de Los Ángeles que ofrece perros rescatados. Eligió a Bogart, un labrador mix amarillo de seis semanas. Pero había un problema. El mismo perro había sido elegido por otra persona. Para vencer a su competidor, Meghan reclutó a Priddy y a otros amigos para bombardear a la agencia con una cadena de correos electrónicos en su apoyo. El perro, escribió Meghan, tenía garantizada la felicidad en la «Familia *Suits*». «Sentí que estaba jugando la carta de *Suits*», recuerda Priddy, «para intentar conseguir lo que quería. Sentí que se consideraba más importante por estar en la serie. Me dejó un sabor amargo».

Varios días después, Meghan dejó constancia de su éxito en Instagram. Publicando una foto con Bogart en brazos, agradeciendo a la presentadora de televisión Ellen DeGeneres que la enviara a la agencia: «Ayer me dijiste que adoptara a este dulce cachorro y estoy muy contenta de haberlo hecho. Un millón de gracias». Meghan se dio cuenta de que soltar nombres en Instagram aumentaba su importancia. En febrero de 2013, en sucesivos *posts* de Instagram, Bogart fue nombrado por Meghan como una estrella de las redes sociales «bañado en amor».

La biógrafa real Sally Bedell Smith vio la publicación. Su hijo David había comprado al mismo tiempo el cachorro hermano de Bogart. Meghan envió un correo electrónico a David para organizar una reunión de los cachorros en la playa de Malibú. «Reunidos por primera vez», escribió Meghan en Instagram con un vídeo adjunto después de que los perros retozaran juntos durante una hora. «Estaban más que felices. #puppylove #bogart #rescuepup. Oh, Dios mío, ¡qué tiernos!». Un mes después de la fiesta de los perros en la playa, Meghan estaba en Toronto, aparentemente más enamorada de Bogart que de Trevor. Su perro era un tema de conversación ideal cuando paseaba por el cercano parque Trinity Bellwoods.

«Vean *Suits* esta noche… estoy muy orgulloso de mi increíble esposa», publicó Trevor el 24 de enero de 2013, y luego acudió a los Óscar de Los Ángeles sin Meghan. Omid Scobie, el autodenominado portavoz de Meghan, lo interpretó como un desaire.

Scobie es un periodista inusual. Los críticos han destacado que cambió después de trabajar en Japón para *US Weekly*, y Richard Eden, en el *Daily Mail*, sugirió que su edad también ha variado. Algunos dirían que, como editor de la realeza para *Harper's Bazaar*, el angloiraní es un propagandista. Contratado por la revista *Heat*, se hizo amigo de Dan Wakeford, quien se convertiría en el editor de la revista *People* en 2019. Es tratado por algunos medios como el portavoz de Meghan y Harry.

Según Scobie, Meghan siempre había mencionado su sueño de ir a los Oscar, especialmente como estrella. En realidad, se negaba a acompañar a su marido. Trevor, según ella, pasaba todas las noches en los bares, supuestamente para conseguir trabajo. Vivir separados les había hecho incompatibles. «Viviendo el sueño» del éxito de *Suits*, decidió que la exigencia de Trevor de que tuvieran hijos no se correspondía con sus ambiciones. Le dijo a sus amigos en Toronto que no quería tener hijos con él. Su encanto se había agotado. Las expectativas de su relación eran inaceptables. Nadie podía vivir con ella si no era bajo sus condiciones.

A algunos de los que conocían a Trevor no les sorprendió su decisión. Le echaban en cara que a menudo actuaba con presunción. Ella había aprendido mucho de él y su apoyo financiero había sido inestimable, pero no había nada más que absorber, nada más que ganar. Había sido una oportunidad, un matrimonio de iniciación. Él ya no era su familia, o era la última familia que ella había dejado.

El reparto de *Suits* era su nueva familia. Cabe destacar que, en la tercera temporada de *Suits,* sus honorarios aumentaron a setenta y cinco mil dólares por episodio y la serie se amplió a dieciséis episodios. Sus ingresos anuales totales serían de un millón doscientos mil dólares. Por primera vez, existía la perspectiva de los derechos residuales. El dinero le daba derecho a cambiar de opinión y hacer lo que quisiera y cuando quisiera. Con su propio dinero, ella sentía que no tenía ningún deber u obligación con nadie más que con ella misma. En retrospectiva, su matrimonio parecía ser transaccional.

Un sobre de FedEx entregado en casa de Trevor fue un bombazo. Dentro estaba el anillo de compromiso de diamantes de Meghan y su alianza. No había ninguna nota. El fin del matrimonio en la primavera de 2013 llegó «totalmente de la nada», como observó un amigo. Trevor se quedó «con la sensación de ser un trozo de algo pegado a la suela de su zapato».

Buscando explicaciones, algunos sospecharon que Meghan tenía un romance con un actor de *Suits.* ¿Tal vez Trevor también tenía una en Los Ángeles? Pero nada se opuso a la verdad: Meghan había decidido pasar página sin ningún tipo de sentimentalismo por su relación de ocho años. «No nos veíamos y nos habíamos distanciado», explicó Meghan a un amigo. Sabía lo que quería y comprendía quién era. Abby Wathen, una actriz, recuerda que conoció a Meghan por aquella época. «Yo estaba destruida por mi propio divorcio», dijo la actriz, pero «ella estaba empoderada». Al recuperar el control total de su vida, haría con los hombres lo que los hombres habían hecho antes con las mujeres. Engelson era el pasado, e irrelevante.

Meghan llamó a Priddy para anunciarle que su matrimonio de quince meses había terminado. «No creo que ella le diera suficiente oportunidad», dijo Priddy, todavía conmocionada por los acontecimientos cinco años después. «Creo que había un elemento de «ojos que no ven, corazón que no siente» para Meghan. Por la forma en que ella lo manejó, Trevor se sintió muy afectado. Se sintió herido». La separación de Trevor, según Priddy, demostró que «Meghan era calculadora, muy calculadora, en su forma de manejar a la gente y las relaciones. Es muy estratégica en su forma de cultivar los círculos de amigos. Una vez que decide que no eres parte de su vida, puede ser muy fría. Es un mecanismo de cierre que tiene. No hay nada que negociar. Ella tomó su decisión y eso es todo».

Después de reflexionar, Priddy llamó a Meghan, pero las persianas habían caído: «No quiso confiar en mí. Era obvio que ya no era la amiga con la que había crecido. Tenía un nuevo círculo de amigos». Priddy se sintió conmocionada. «El final de nuestra amistad fue como una muerte. Lo lloré durante bastante tiempo».

Buscando consuelo, Trevor llamó a Thomas Markle. Descubrió que Meghan no le había dado la noticia a su padre. Ambos se sorprendieron. «Le expliqué a Trevor que el verdadero amor de Meghan era ser actriz, probablemente más que cualquier otra cosa. Te casas con el negocio, se lo sigo diciendo a la gente. Me casé con el negocio. Meghan se casó con el negocio. Eso arruina muchas de tus relaciones. Creo que lo que hizo fue dedicarse a su programa».

Thomas no le dijo a Trevor una verdad más hiriente: «Meghan te ha superado, igual que me superó a mí». Thomas llamó a Doria. Le dolió que ella ya lo supiera. «Trevor era malo con ella», dijo Doria sin más explicaciones. «Hizo cosas malas». Thomas se quedó perplejo. Meghan, pensó, posiblemente había inventado algo. O él había juzgado mal a Trevor.

La familia Engelson era menos optimista. Devastada por la traición de Meghan a su hijo y a ellos mismos, Leslie Engelson estaba especialmente dolida. La frialdad de Meghan dejó a ambos profundamente descontentos. Su dolor se agravó después de que Meghan publicara fotos de sí misma el 8 de abril en un partido de hockey sobre hielo en el Air Canada Centre. Estaba viendo a Michael Del Zotto, una estrella del hockey canadiense nueve años más joven que ella. Escribió que su afecto por Del Zotto era «el mejor». El 22 de abril, publicó más fotos de ella viendo jugar a

Del Zotto en el Madison Square Garden de Nueva York. Ambos negaban una relación. Leslie Engelson no estaba convencida. En su unido círculo, dijo, las nueras no son infieles. Los Engelson achacaron a Trevor el error de casarse con una chica de familia desestructurada, sin antecedentes normales y sin sentido de la lealtad hacia su nueva familia.

Aunque Trevor se resistió a las invitaciones a dar explicaciones, sí le dijo a un amigo que la vida doméstica con Meghan no tenía ninguna relación con la recatada joven que agitaba los párpados en las pantallas de televisión. Casarse con una actriz «voluble, dramática, gritona y difícil» que exigía un papel en sus películas había sido un reto.

En represalia, los amigos de Meghan retrataron a Trevor como envidioso y resentido por su éxito en *Suits*. Hasta entonces, Trevor había disfrutado de la dependencia de Meghan hacia él. A partir de entonces, especuló Omid Scobie, repitiendo lo que habían dicho sus amigos, Trevor se había negado a «apoyar su carrera de actriz». No la invitó a los Oscar porque «no quería compartir el protagonismo».

Para poner fin al matrimonio, Meghan solicitó el divorcio el 7 de agosto de 2013, alegando «diferencias irreconciliables». Dos semanas más tarde, Trevor recibió los papeles. Ninguno de los dos contrató a un abogado para negociar su acuerdo de divorcio. Se separaron sin ningún acuerdo económico. El caso finalizó el 7 de marzo de 2014. Meghan se quedó con Bogart.

En los meses posteriores al divorcio surgió un Trevor diferente. Durante algunos meses salió con Charlotte McKinney, una modelo rubia de *Men's Health*. Finalmente, se casó con Tracey Kurland, la hija de un multimillonario. Se le veía con frecuencia paseando por Los Ángeles en un Porsche especialmente llamativo. «Irrelevante aún rodeado de estrellas», decían los conocedores de un hombre cuya fama era su asociación con Meghan.

Meghan no mostró ningún signo de remordimiento por los sentimientos inevitablemente heridos de Trevor. A los treinta y dos años, era libre. Libre de toda la carga emocional de sus padres, de su matrimonio y de su trabajo en Hollywood. Dos años más tarde describiría su siguiente paso: «Creas la identidad que quieres para ti, como hicieron mis antepasados cuando les dieron la libertad». Añadió: «Sueño a lo grande, pero la verdad es que no tenía ni idea de que mi vida pudiera ser tan increíble. Soy la chica más afortunada del mundo, sin duda alguna».

Al reflexionar, algunos decidieron que Meghan se estaba reinventando. «Me encanta mi personaje», dijo Meghan a Larry King en una entrevista televisiva emitida en un canal digital para promocionar la tercera temporada de *Suits*. «Rachel Zane es ambiciosa y atrevida». Sin quererlo, Aaron Korsh, el creador de la serie, estaba remodelando la personalidad de la actriz. «Veo a Rachel», dijo Meghan, «como una buena amiga. La adoro, soy casi una fan. Rachel es como la mejor amiga perfecta, que tiene un armario del que siempre tomo prestadas cosas en mi vida personal». Como dijo más tarde, «la ambición» era lo que ella y Rachel Zane tenían en común.

«Este año soy parte del espectáculo de caballos y ponis», escribió en su blog anónimo sobre el lanzamiento de *Suits* por parte de *American Network* a posibles anunciantes en Nueva York. «Desplegarán la alfombra roja a lo grande porque me quieren en el programa: "el talento", nos llaman». Claramente emocionada por su introducción a los vuelos de primera clase, los chóferes y los hoteles de lujo, continuó: «Esto es parte del trabajo y es jodidamente increíble. Si te dedicas a la televisión, date cuenta de que ya te has vendido y coge tu gran y lujoso sueldo, porque ahora puedes. Enseñar los dientes blancos (ejem, carillas) y caminar por la alfombra con tu cuerpito sexy (ejem, Spanx) es parte de la descripción del trabajo al que te apuntaste cuando firmaste en la línea de puntos».

En su fantasía, la desconocida actriz se imaginaba a sí misma como una celebridad que se enfrentaba a la tarea del reconocimiento y a que la acosaran para hacerse fotos. En realidad, poco había cambiado desde que dejó la escuela. Ansiaba la fama y una nueva relación.

Como parte de la promoción de la cadena de cable en julio de 2013, Meghan y Patrick J. Adams, alias Mike Ross en *Suits*, fueron entrevistados por Larry King en una pequeña y oscura habitación de un hotel barato de Nueva York. Meghan tenía un aspecto inusualmente poco atractivo, con el pelo grasiento, la ropa desarreglada y los ojos cansados. A lo largo de la entrevista miró con adoración a Adams. Mientras Adams describía su personaje como un cruce entre Mark Zuckerberg y Steve Jobs, Meghan se acercaba más a su compañero de reparto. Ante una pregunta directa, Adams negó rotundamente a King que él y Meghan tuvieran una relación sexual. King claramente no creyó a Adams. Meghan sonrió.

Ese mismo año, llegó a Europa con una misión.

5

PERSECUCIÓN

Meghan voló al otro lado del Atlántico en noviembre de 2013 para conseguir contratos de trabajo... y a la caza de un hombre. Para promocionarse, había contratado a Sunshine Sachs, una agencia de relaciones públicas de Los Ángeles famosa por la gestión de crisis y conocida por representar a Ben Affleck, Bon Jovi, Aerosmith, Leonardo DiCaprio, Justin Timberlake, Jennifer López, Snoop Dogg y Natalie Portman. La empresa desmintió los reportes que afirmaban que habían representado al magnate del cine Harvey Weinstein en 2015.

Ken Sunshine, un ex consultor político de sesenta y nueve años convertido en publicista, era un demócrata con buenos contactos que había trabajado para una serie de candidatos a la presidencia y a la alcaldía, como George McGovern, Mario Cuomo, el joven Bill de Blasio, y orgullosamente para los Clinton. La agencia se promocionaba a sí misma como un grupo de gestión de crisis, y sus detractores se burlaban de que Sunshine fuera soleado de nombre pero turbio de hechos.[5] «No jugamos a lo seguro, no somos refinados», dijo Ken Sunshine. «Damos nombres y luchamos contra los medios de comunicación cuando es necesario». La agencia fue acusada de retocar las entradas de sus clientes en Wikipedia para eliminar el material negativo,

Entre los socios de confianza de Sunshine estaba Keleigh Thomas Morgan, una mujer de mediana edad de aspecto agradable. Sunshine Sachs

---

5. Nota de la traductora: La traducción al español de la palabra «*Sunshine*» es luz solar o rayo de sol.

cobraba unos siete mil quinientos dólares al mes por transformar a una actriz desconocida en una celebridad mundial. Entre sus primeros intentos de convertir a Meghan en una estrella estaba una aparición en enero de 2013 en una «celebración» de la revista *Elle* en West Hollywood de las mujeres en la televisión. La cobertura mediática del evento solo hizo una breve mención a Meghan Markle.

La primera parada de Meghan fue el Trinity College de Dublín. Los organizadores estudiantiles de la Sociedad Filosófica de la universidad habían enviado cientos de invitaciones a celebridades para que intervinieran en su conferencia anual. Entre los oradores anteriores estaban Angela Merkel, Joe Biden y Nancy Pelosi. Entre las escasas respuestas de ese año estaba la de Meghan. Aceptó la invitación. Algunos estudiantes se mostraron escépticos de que el público se sintiera atraído por escuchar a la desconocida «Rachel Zane».

Temiendo una decepción, decidieron de antemano concederle la medalla de plástico Bram Stoker en lugar del prestigioso Patronato de Honor. Los pesimistas demostraron estar equivocados. En la conferencia llena de gente, Meghan cautivó a los estudiantes con un jersey, unos vaqueros pitillo desgastados, unos tacones de aguja negros y un bolso de Louis Vuitton. Está claro que *Suits* tenía un público de culto. Los estudiantes admiraron la indisimulada autoidentificación de Meghan con Rachel Zane: «Tiene capas y está humanizada. Aunque parece tan segura de sí misma, realmente tiene todas esas inseguridades y vulnerabilidades, y yo me identifico con eso como mujer, y creo que los fans también lo harán». Al final, se dirigió a Dicey's, un lugar popular entre los estudiantes, para promocionar las bebidas E2.

La siguiente parada fue Londres. Neil Ransome, agente publicitario del Insanity Group, había sido contratado para negociar la publicidad de Meghan en los tabloides. Antes de su llegada, Ransome se había puesto en contacto con docenas de periodistas de cotilleo y del mundo del espectáculo. Fue universalmente ignorado. Nadie había oído hablar de Meghan Markle ni de *Suits*. Después de «molestar» incesantemente a Katie Hind, una reportera júnior del *Sunday People*, un periódico de circulación comparativamente pequeña, Ransome consiguió que aceptara a regañadientes conocer a Meghan.

En una noche fría, las dos mujeres bebieron Prosecco en la azotea del hotel Sanctum Soho. Con su simpatía, Meghan admitió que no le gustaban los hombres estadounidenses y que había descartado encontrar un marido en Canadá. Por el contrario, le gustaba que los ingleses llamaran a las mujeres «*darling*» y que fueran «fanáticos de los cumplidos». Esperaba tener la oportunidad de conocer al inglés adecuado, decía. No en vano, proclamaba, era «excelente» creando contactos. Había desarrollado esa habilidad «hasta convertirse en un arte». Hind quedó perpleja.

Inesperadamente, Meghan preguntó a continuación a Katie Hind por Ashley Cole, el futbolista del Chelsea y de Inglaterra. Orgullosa, Meghan mostró una foto de Cole en su iPhone. Cole, explicó Meghan, la había seguido en Twitter y habían intercambiado mensajes. El consejo de Hind fue contundente. Cole era infamemente infiel a su mujer, era poco fiable y conocido por su estilo de vida errático. Hind observó que el rostro de Meghan se tornó «abatido» y «decepcionado». Extrañamente, Cole negó haber intercambiado mensajes con Meghan. Recordó que el elenco de *Suits* le envió un mensaje diciendo que le gustaba y él envió un agradecimiento. A partir de entonces, Cole afirmó que no pasó nada. La presentación de Meghan de Cole como posible novio, sugirió, era una fantasía. Los famosos amigos futbolistas de Cole recuerdan una versión diferente. Meghan, había presumido Cole ante esos compañeros de equipo, le perseguía.

Con ello, Meghan y Hind, ambas de treinta y dos años, hablaron de su problema común. Estaban solteras y buscaban una relación permanente. Ninguna de las dos tenía una solución. La noche terminó con Meghan regresando a su hotel cercano y Hind señalando que la estadounidense ansiaba publicidad. Sin embargo, a pesar del entusiasmo de Meghan, Hind decidió que no valía la pena mencionarla en su periódico. Ella no era una historia.

La noche siguiente fue la gran oportunidad de Meghan. Había volado a Londres para ser copresentadora de una gala televisiva con el modelo Oliver Cheshire, a quien no conocía. En la alfombra roja de Leicester Square, Meghan sonrió. En ese momento, agarrando la mano de Cheshire, no había nada que deseara más que ver su foto aparecer en los periódicos sensacionalistas del día siguiente. Rogó por la publicidad. Los editores rechazaron su petición. Sus lectores no tenían interés en la seño-rita Nadie.

Dentro del cine, Meghan conoció a Lizzie Cundy, una personalidad de la televisión amante del *glamour*. Tomando una copa, Meghan confesó que Hollywood era brutal y que no había conseguido abrirse camino. Su ambición era aparecer en un *reality show* inglés como *Made in Chelsea*, y quería un novio inglés. «¿Conoces a algún famoso?», preguntó. «Estoy soltera y me encantan los hombres ingleses. ¿Conoces a algún hombre que esté libre?» Una vez más, mencionó a Ashley Cole. «Me sigue en Twitter». El propio matrimonio de Cundy con un futbolista había fraca-sado. No le gustaba Cole. Meghan parecía decepcionada. Al final de la noche, Meghan regresó a su hotel sola. Sus llamadas a los paparazzi y los esfuerzos de Ransome solo produjeron una mención de pasada en una columna de chismes del *Daily Mail*. No había ninguna fotografía.

La única buena noticia fue que Nick Ede, un intermediario pagado por Sunshine Sachs para reservar su aparición en la gala televisiva, tam-bién le había organizado un encuentro con Jonathan Shalit, un exitoso y simpático agente de televisión. «Quiero ser una celebridad televisiva como Gordon Ramsay», le dijo Meghan a Shalit en su oficina. O bien, se ofreció, estaría encantada de aparecer en cualquier otro programa de te-levisión no guionizado. Shalit estaba entusiasmado. Era encantadora, guapa y admirada por la escasa audiencia de *Suits*. Ignoraba que, aunque a Meghan le gustaba comer bien, sus habilidades culinarias eran limita-das. Aparte de la sopa de verduras hecha en la batidora, sus especialidades eran la pasta, el pollo asado, las hamburguesas a la barbacoa y el filete. El resto de la comida la compraba ya hecha. En lugar de cocinar, se imaginó que iba a protagonizar un programa de televisión para recorrer el mundo probando comida. Un breve vídeo en el que probaba pepinillos en Brooklyn para Ora TV puso de manifiesto sus limitaciones. No había ni magia ni magnetismo. La idea del programa se evaporó.

Sin inmutarse, Shalit organizó una audición para *Strictly Come Dan-cing*. A regañadientes, se negó. Atada a un contrato de *Suits* durante nueve meses del año, el calendario coincidía con el rodaje en Gran Bretaña. De-cepcionado, Shalit se despidió. Meghan regresó a Toronto sin un nuevo trabajo ni un nuevo hombre.

6

INFLUENCER

En agosto de 2014, con motivo de su trigésimo tercer cumpleaños, Meghan publicó una seductora foto lateral en toples bajo el título «*Birthday Suit*[6]». Su autojustificación por la «autoobjetivación» era pertinente: «No veo la belleza y el empoderamiento como cosas separadas. La autoafirmación y los derechos de la mujer los pongo en la sección de belleza». La foto fue el punto culminante de un año de trabajo para reinventarse como *influencer*.

Sin saber cuánto durarían sus ingresos de *Suits*, y siendo inusualmente cuidadosa con el dinero, Meghan había registrado una serie de sitios web —*Posh Beauty, Spoon Me Fork Me, Lalitots* y *Foodiepup*— para aprovechar su celebridad. La idea no era original. Meghan había observado cómo la realeza de Hollywood —incluidas Angelina Jolie y Emma Watson, famosa por su papel en la serie de películas de *Harry Potter*— se convertía en *influencers* rentables. La habilidad de Meghan consistía en absorber y copiar a quienes admiraba y también aprender de sus errores. Con su nueva proximidad a los aspirantes a *influencers* de Toronto en Soho House, siguió el intento de Sophie Trudeau de establecerse como «activista de la igualdad de género» y embajadora de la iniciativa «*I Am A Girl*»; y observó cómo Jessica Mulroney se tambaleaba en su búsqueda de una identidad online. Se dio cuenta de que el truco estaba en crear una marca.

---

6. Nota de la traductora: La expresión «*Birthday suit*» significa literalmente «traje de nacimiento» y se usa para decir que alguien está «desnudo/a». Como la palabra «*birthday*» significa también cumpleaños Meghan hace un juego de palabras en su publicación en las redes sociales.

A través de una narración de sus opiniones y su estilo de vida, promovió causas y celebridades de moda con aprobación y elogios. Como parte de la mezcla, promocionaba ropa y los cosméticos a cambio de una comisión. Como autoproclamada «adicta a la inspiración», cobraba a los fabricantes por asociarse con una estrella de la moda de gran valor. Durante el primer año, ninguno de sus sitios web despegó.

Su siguiente idea fue *The Tig*, llamada así por el vino italiano Tignanello y diseñada por Jake Rosenberg, el diseñador de origen canadiense de la revista *Coveteur*. Meghan se describió a sí misma como «la editora jefe de mi marca de estilo de vida», un sitio web para hacer alarde de riqueza, ropa de lujo, un estilo de vida glamuroso para la jet set y bienestar. «*The Tig*», escribió, «es un eje para los paladares más exigentes— los que tienen hambre de comida, viajes, moda y belleza… y es un caldo de cultivo de ideas y emociones, para un estilo de vida inspirado». Registrada en 2014 como producto de Frim Fram Inc, una empresa californiana, *The Tig* se lanzó en mayo de 2014.

La rutina de Meghan consistía en salir temprano por la mañana hacia el estudio y, tras un día de rodaje de *Suits*, dirigirse al gimnasio. Al volver a casa, pasaba la tarde buscando ideas en Internet. La asidua investigadora buscó pasajes en las revistas de alto nivel, *Economist,* y de bajo nivel, *Darling*. Buscó ideas en otros sitios web, pidió productos gratuitos a marcas de lujo como Hermès a cambio de promocionar sus bolsos y envió un sinfín de correos electrónicos a famosos para que comentaran y respaldaran el sitio. Para ganar credibilidad, necesitaba que la asociaran con las estrellas, a ser posible con una fotografía que demostrara su amistad. La fuerza de la cazadora de famosos consistía en aprovechar cualquier oportunidad y no aceptar nunca un «no» como respuesta.

Al participar en un partido de fútbol benéfico en una playa artificial cubierta en el Pier 40 de Nueva York, en el río Hudson, conoció, entre otras jugadoras, a Serena Williams, la campeona de tenis individual de veintitrés torneos de Grand Slam. Según la versión de Meghan en su página web, «congeniamos inmediatamente, nos hicimos fotos, nos reímos y charlamos no de tenis ni de actuación, sino de cosas de chicas a la antigua. Así comenzó nuestra amistad». Curiosamente, no apareció ninguna foto de Meghan con Williams en *The Tig*. Brett Ratner, el productor de cine de Hollywood y novio de Williams durante un tiempo, nunca la oyó mencionar a Meghan. Aunque nunca se había visto a Meghan con una raqueta de tenis en la mano, escribió que ella y Serena estaban unidas por «nuestra infinita ambición».

Asimismo, consiguió que le presentaran a Ivanka Trump, la hija del magnate inmobiliario de Nueva York. «Cuando tomemos una copa», dijo a sus seguidores, «me aseguraré de pedir lo mismo que ella, porque esta mujer parece tener la fórmula del éxito (y de la felicidad) al dedillo». Los «hermosos diseños» de zapatos, muebles y ropa de Ivanka fueron luego abrazados en *The Tig*. No se mencionó el rechazo de Meghan a la invitación de Donald Trump para salir de fiesta con él mientras trabajaba en *Deal or No Deal*. Tampoco se mencionó el reportaje de la revista *Variety* que anunciaba la quinta temporada de *Suits*. Meghan había vuelto a figurar en el sexto y último lugar de la lista de reparto. La audiencia, sin embargo, aumentaba hacia los tres millones.

Para construir su perfil de estrella amante de la vida, Meghan dio con una fórmula probada. Escribió «revelaciones» íntimas y personales que, mezcladas con coloridas fantasías, no guardaban una relación totalmente fiel con la verdad. Presentándose como una diosa de Hollywood, mencionó su amor por la buena comida, las «copiosas cantidades de rosado», los cócteles de tequila picante y el whisky puro. Describiéndose a sí misma en un posteo como una «santa hippie», despreciaba los restaurantes de lujo y se comprometía a ser una buena compañía, «abrazando cada pequeño segundo».

Estipuló su hombre ideal. Vestido con una camisa de lino, lo visualizó descalzo en una playa, comiendo un trozo de pizza e invitándola a una copa de camino a casa. Los regalos de lencería por parte de él eran «siempre agradables». Sé una audaz aventurera, aconsejaba: «Creo que es importante dejarse llevar por los golpes y disfrutar de cada minuto. Si te hace reír, eso ayuda». El resultado fue un sitio web que reflejaba a una mujer de convicciones con sensibilidad comercial, una aventurera con un sentido del humor quizás limitado.

En ese trigésimo tercer cumpleaños, recordó sus luchas como adolescente y como actriz. Resumió su receta para ser feliz como mujer soltera: «Tienes que saber que eres suficiente. Un mantra que ya está tan arraigado en mí que no pasa un día sin que lo escuche sonar en mi cabeza. Que dos kilos perdidos no te harán más feliz, que más maquillaje no te hará más guapa, que la ya icónica frase de Jerry Maguire —"Tú me completas"—, francamente, no es cierta. Estás completa con o sin pareja. Eres suficiente tal y como eres. Así que, para mi cumpleaños, esto es lo que me gustaría como regalo: quiero que seas amable contigo misma. Quiero que te desafíes a ti misma. Quiero que dejes de cotillear, que pruebes una comida que te dé miedo, que compres un café para alguien solo porque sí, que le digas a alguien que le quieres... y que luego te lo digas a ti misma. Quiero que encuentres tu felicidad. Yo la encontré. Y nunca me sentí tan bien. Soy suficiente».

El sermón de *The Tig* no siempre reflejaba del todo su propia vida ni, en ocasiones, sus valores personales. Como empresa puramente comercial, entendió su mercado y cómo compartimentar entre su vida real y la vida de fantasía que ofrecía a su creciente número de seguidores, que ahora se acercaba a la marca de los cien mil. La fantasía era su único punto de venta. Lo más destacable de la lista que Meghan compuso en su *Guía para vivir bien* fue la entrada bajo el epígrafe «No negociable»: «Bondad».

Ese verano conoció a Cory Vitiello, un restaurador de Toronto famoso por sus hamburguesas y su clientela. Este apuesto hombre de treinta y cinco años recibía en el Harbord Room a los famosos de Hollywood que estaban rodando en Toronto. Vitiello era conocido por salir con varias mujeres canadienses conocidas, entre ellas Belinda Stronach, una glamurosa y multimillonaria empresaria y política. El 10 de julio de 2014, después de comer en su restaurante con el reparto de *Suits*, Meghan escribió una crítica efusiva en *The Tig*. Cory fue apodado «mi chef favorito».

Poco después, Vitiello terminó una relación y empezó a salir con Meghan. Juntos alquilaron una casa de tres habitaciones en el distrito Annex de la ciudad. A través de Cory, la vida y el alma de muchas fiestas y buscado por muchas mujeres, Meghan fue presentada a «todo el mundo» en Toronto. Rápidamente, se convirtió en un elemento de la vida social de la ciudad. Pertinentemente, Cory Vitiello nunca apareció en *The Tig*. En la naturaleza transaccional de las relaciones de Meghan con hombres y mujeres, mantener a Cory en el anonimato era compatible con su propia búsqueda de la fama.

7

EL IRLANDÉS

Pocos británicos fueron más famosos en el verano de 2014 que el golfista norirlandés Rory McIlroy. El 10 de agosto, poco después de ganar el Open Championship en Gran Bretaña, el joven de veinticinco años ganó por un golpe el PGA Championship en Kentucky. A las dos de la mañana del día siguiente en Nueva York, McIlroy entró en el hotel Fitzpatrick, en la calle 57 y la avenida Lexington. Todos los que le vieron en los días siguientes recuerdan al campeón de golf como «caliente, caliente, caliente». Estuvo de fiesta sin parar por Manhattan durante veinticuatro horas con su séquito. Sin descanso, a continuación voló en un jet privado a través del Atlántico hasta Manchester para recoger un premio en Old Trafford. Tras más celebraciones con los futbolistas del United, regresó a Manhattan para aparecer en televisión y unirse a Tiger Woods para promocionar las grandes marcas de golf. El 19 de agosto ya buscaba diversión para relajarse. McIlroy acababa de separarse de su prometida rubia, la tenista danesa Caroline Wozniacki, y se decía que andaba detrás de las morenas.

La moda en Estados Unidos en ese momento era el reto del cubo de hielo. Personalidades famosas se nominaban entre sí para empaparse de agua helada con el fin de recaudar fondos para la investigación de la enfermedad de la neurona motora. Los famosos se promocionaban publicando un vídeo de su prueba. Inesperadamente, McIlroy nominó a Meghan para empaparse de hielo. No por casualidad, Meghan se encontraba en casa de un amigo cerca del hotel Fitzpatrick, donde McIlroy tenía una suite. Aceptó el reto, con la condición de que Rory acudiera al apartamento de su amigo y le echara personalmente el cubo por encima en el balcón.

Después de publicar el vídeo, los dos fueron al hotel de Fitzpatrick a tomar una copa. El propietario del hotel, John Fitzpatrick, les vio en el pequeño bar. El irlandés, de cincuenta y cuatro años, era conocido como presidente del American Ireland Fund, como gran promotor de una Irlanda unida, como filántropo que donaba millones a organizaciones benéficas y como amigo y donante de los Clinton. Había sido el anfitrión de sus actos de recaudación de fondos en Nueva York desde 1991. Famoso por destilar encanto como benefactor de la hospitalidad, el soltero empedernido era fotografiado con frecuencia acompañando a mujeres hermosas, y famoso por darles generosos regalos, especialmente tacones de aguja Louboutin. La atención de los medios de comunicación agrandaba su ego.

«Estaba en el bar de mi hotel», recuerda Fitzpatrick, «y vi a Rory McIlroy. Me acerqué y estaba con Meghan Markle. Yo era un gran fan de *Suits*. Sarah Rafferty, la protagonista de la serie, se convirtió en una buena amiga». Fitzpatrick invitó a la pareja a cenar en Cipriani. A medianoche, mientras el golfista y Meghan eran fotografiados sentados muy juntos, Fitzpatrick era el anfitrión de una fiesta de veinte personas.

A la mañana siguiente, McIlroy llegó al campo de golf de Ringwood, a cincuenta kilómetros de distancia, para jugar una nueva competición. Peor parado después de una noche agitada, cayó en el puesto ciento uno. Sin embargo, se negó a dormir como de costumbre cerca del campo de golf para estar preparado al día siguiente. En su lugar, condujo de vuelta a Nueva York para ver a Meghan. Su rendimiento se resintió. «No estaba concentrado», confesó. «Estaba disfrutando».

De vuelta a Toronto al final de la semana, con Cory Vitiello, Meghan se deshizo en halagos hacia el golfista en *The Tig*:

«Ah, sí. Rory McIlroy. El Rory McIlroy. De quien se dice (y se afirma a gritos) que es el golfista más importante del mundo, amado por Tiger, respetado por Palmer, y vertedor de agua helada sobre mi cabeza para el *ALS Ice Bucket Challenge*. Ese Rory McIlroy. Es una fuerza que tiene la propensión a trabajar duro y a festejar mucho —disfrutando de intensos entrenamientos para sustanciar su título, abrazando noches de sorbos de

Opus One (su audaz e impresionante elección de vino) y complaciendo en cenas de grupo en Cipriani— para el equilibrio, por supuesto. Sin embargo, más allá de su ética de trabajo y juego, la cualidad más entrañable de este hombre es su carácter, tan real y honesto, que aprecia una simple sonrisa, que nunca rehúye una foto con sus fans, que disfruta de un plato de pasta con ragú de ternera y que expresa un amor por sus padres que rara vez se ve en hombres de su edad. O a cualquier edad, para ser sinceros. No solo es auténtico... es real. Y quizás eso es lo que hace que sea aún más apreciado. Es un favorito de la crítica y de los fans —por una buena razón—, ha nacido y se ha criado en Holywood (Irlanda), muy lejos de mi ciudad natal, Hollywood (California), y sin embargo, él podría ser el impulsor de su propio Paseo de la Fama de Hollywood. Me imagino que estarían encantados de erguir ese bulevar dorado en su honor. El *Tig Talk* de hoy es con el cortés, elegante y siempre talentoso Rory McIlroy, quien, por cierto, tuvo la amabilidad de no poner las dos bolsas llenas de hielo que compré en el cubo. Por eso le estoy muy agradecida».

Deseosa de utilizar su estrecha relación para promocionarse, animó a los medios de comunicación a publicar fotografías de McIlroy y ella. Como admitiría más tarde, «de vez en cuando preparaba una foto para un paparazzi o dejaba que se filtrara información a la prensa».

Ante la pregunta de Cory Vitiello sobre si mantenía una relación con McIlroy, Meghan insistió en que su tiempo juntos era inocente. Él le creyó. En ese momento, anticipó que se encontraría con McIlroy y Fitzpatrick de nuevo en Dublín ocho semanas después.

Meghan había presionado mucho para ser invitada a la conferencia One Young World en Dublín. Sabía que la fama en Hollywood se potenciaba con la filantropía y el activismo. Para asegurarse su primera plataforma, pidió a Misan Harriman, un fotógrafo anglonigeriano, que le hiciera un favor. El amigo de Harriman, el campeón de tenis Boris Becker, estaba a punto de dirigirse a más de mil jóvenes en una conferencia de One Young World en Dublín. ¿Podría Becker, preguntó Harriman, conseguir un hueco para Meghan?

Becker presentó a Meghan a su agente, Gina Nelthorpe-Cowne, una glamurosa sudafricana afincada en Londres. Su especialidad era negociar apariciones de personajes famosos en conferencias, anuncios y campañas.

Tras haber contratado a otro cliente, Bob Geldof, para que hablara en Dublín, estaba en condiciones de pedir a la organizadora de la conferencia, Kate Robertson, que le diera un hueco a Meghan. La actriz quería hablar sobre la igualdad de género y el «cambio positivo».

A Robertson le pareció bien la idea. Nadie, ni siquiera ella, conocía a Meghan Markle. Eso cambió después de hablar con su hija. La joven fan de *Suits* se entusiasmó al instante. Meghan fue contratada. A diferencia de las estrellas, Meghan no recibiría honorarios, solo gastos. Entusiasmada con su viaje, envió un mensaje a un amigo irlandés de McIlroy: «Apunta algo. Me voy para allá del 14 al 17 de octubre. Que tengas una noche maravillosa X MM».

«Cuando llegué a la habitación del hotel de Meghan en Dublín», recuerda Nelthorpe-Cowne, «ella llevaba un albornoz de toalla y el pelo recogido. Congeniamos. Nos abrazamos como si nos conociéramos de toda la vida. Era encantadora, cálida y agradable». Nelthorpe-Cowne comprendió el evidente propósito de Meghan en Dublín: promocionar su perfil, aumentar sus ingresos y convertirse en una persona influyente.

Nelthorpe-Cowne se dio cuenta de que su nueva clienta caminaba con gracia sobre unos tacones de diez centímetros y abrazaba a los que la deseaban, además de ser guapa y carismática. Meghan había perfeccionado el arte de saludar con dos manos. Hizo que todo el mundo sintiera que era la única persona en la sala. Incluso los invitados estrella, como Mary Robinson, expresidenta de Irlanda, y Kofi Annan, exsecretario general de las Naciones Unidas, se sintieron atraídos por el destello de su atractiva sonrisa y su guiño de un ojo. Nelthorpe-Cowne también quedó encantada. En cuanto a Meghan, al ver a los políticos famosos en primera fila cuando comenzó su discurso, su autoestima se disparó.

Al identificarse como mujer mulata, habló de su infancia, de la tarea de la escuela en la que debía identificar su raza y de su sentimiento de exclusión. Sin embargo, no dio muestras de haber sufrido personalmente el racismo, ni mencionó la discriminación, y no cuestionó la condición de mujer mulata en una sociedad blanca. Más bien, aceptó los valores europeos. No intentó describir una misión personal ni ofrecer un programa para cambiar el mundo. La totalidad de su discurso consistió en instar a su público a admirar su propia experiencia personal y adoptar su mantra de unión.

Nadie podía rebatir esos sentimientos. Los entusiastas aplausos, especialmente de los políticos de la primera fila, confirmaron que su actuación había sido bien recibida. En su mente, como describió más tarde, había sido elevada a las filas de los poderosos. Eso explica su inusual reacción al dirigirse al ascensor del hotel. Un joven le indicó amablemente que entrara delante de él. «No necesito eso», le espetó ella, soltando una diatriba al sorprendido hombre hasta el final del trayecto.

Al fondo estaba Cory. Había volado desde Toronto con Meghan, algunos sugieren que en un Netjet pagado por Rory McIlroy. Le presentaron como un famoso chef. Todo el mundo coincidió en que era algo callado. Claramente, no era como Gordon Ramsay.

Esa misma noche, el viernes 17, Meghan salió del hotel para cenar con Rory McIlroy en el restaurante de lujo Fade Street Social. Se la vio con cara de «enamorada», mirando fijamente a McIlroy. «Se sentaron uno al lado del otro con un aspecto muy acogedor y charlaron toda la noche», informó Alexandra Ryan en una columna de cotilleo del periódico. Esa fue la tercera noche de Meghan en Dublín. En una noche anterior, John Fitzpatrick describía su cena con ella, y más tarde dio a entender que ella y McIlroy se habían conocido en secreto. Los amigos irlandeses de Meghan supusieron que ella y McIlroy también se habían reunido sin ser vistos, antes durante su visita.

No es de extrañar que el informe del periódico molestara a Cory Vitiello. De nuevo desafió a Meghan. «¿Me estás engañando?», le preguntó enfadado. Meghan negó rotundamente que hubiera traicionado a Cory. Ella y McIlroy eran solo amigos, dijo. Una vez más, él le creyó. Su agente llamó a Ryan para que rectificara. «Están locamente enamorados», escribió Alexandra Ryan al día siguiente sobre Meghan y Cory. «Los dos estuvieron muy unidos todo el tiempo que pasaron en Irlanda». Meghan se sintió aliviada. El golfista no era su futuro, y Cory seguía siendo su carta de entrada en Toronto.

Antes de que los dos volaran a París para pasar el fin de semana, Gina Nelthorpe-Cowne prometió a su nueva clienta un futuro apasionante como «activo de exhibición». Organizaría compromisos remunerados para Meghan como conferenciante y negociaría un acuerdo para que fuera el rostro de una importante marca de moda o de cuidado de la piel. «Quiero ser la cara de L'Oreal», declaró Meghan con seriedad. «Tengo unas piernas de un kilómetro». Su relación se selló con un beso. En los correos electrónicos que enviaba a Gina para agradecerle su apoyo, Meghan firmaba sus mensajes: «Enviando amor, abrazos y besos XOXOXO, MM».

———

De vuelta en el Soho House de Toronto, el «escuadrón de chicas» de Meghan crecía en número e importancia. El marido de Sophie Trudeau había sido elegido líder del Partido Liberal y se preveía que se convertiría en el primer ministro del país. Martina Sorbara, cantante y nueva amiga, era hija de un político canadiense. Y Jessica Mulroney seguía buscando el reconocimiento como personalidad de las redes sociales. Su búsqueda de la fama, que incluía una asociación con una cadena de supermercados, había fracasado, pero su relación con Meghan se había fortalecido.

Muchos no podían entender el apego de Meghan a Mulroney. Se la consideraba un poco como una WAG[7], la esposa de un futbolista que busca *glamour*. La amistad de Meghan con Mulroney, observó Shinan Govani, el principal diarista del periódico de Toronto, era el resultado de «un mal juicio o porque no había nadie más». Había otra característica que no se veía. Meghan sufría una terrible envidia por la riqueza, la apariencia y el éxito social de la otra mujer. Lo que en la escuela y en Hollywood se consideraba una ambición sana se había transformado en celos. Cada vez más, la envidia marcaba gran parte de su vida.

Meghan consideraba al grupo de Soho House como aliados de algo más que una actriz. Los aplausos de los políticos a su discurso en Dublín confirmaron su nueva importancia: «Quiero utilizar mi estatus de actriz para tener un impacto tangible». Internet fue fundamental para sus planes. Además de promocionar productos en *The Tig* a cambio de regalos o pagos, le gustaba contagiar la alegría a sus seguidores.

---

7. Nota de la traductora: Del inglés «*Wives and Girlfriends*», WAG se utiliza para hablar de las parejas de los futbolistas.

«En caso de que nadie te lo haya dicho hoy —escribió una noche a sus lectores— te mereces pizza y un amor infinitos, y tienes un trasero muy bonito». En su opinión, todo el mundo debería ser libre de elegir su propia realidad y sus valores. La atracción sexual se hacía cada vez más presente en su página web. Al mismo tiempo, se volvía intolerante con las ideas que no coincidían con las suyas. Tenía poca paciencia con los valores de los demás. En su mundo, simplemente se enfadaba con la gente que se negaba a estar de acuerdo con ella.

Lo más importante para ella era su imagen. Convencida de que estaba en la cúspide de la fama internacional, se había preocupado por el personaje de Rachel Zane. Constantemente, absorbía la visión que Aaron Korsh tenía de Zane, la oportunista aguerrida con una extraordinaria capacidad de manipulación. Para su deleite, Korsh insertó sus propios intereses personales en el guion. Zane se convirtió en una amante de la comida. También aceptó limitar el número de escenas de amor con ella vestida solo con un sujetador.

Korsh también introdujo a Meghan en el mundo de la ropa más cara. Llamando a Meghan «Zorrita», Jolie Andreatta, la diseñadora de vestuario de la serie, vistió a la actriz con Dior, Prada, Burberry y otras marcas similares. Para muchos espectadores, el centro de atención de la serie eran los trajes. Meghan atribuyó a Andreatta la influencia en su forma de entender la moda, especialmente el poder de las camisas blancas, las faldas lápiz de Tom Ford y la importancia de «The Fit (el calce)». Para su decepción, Andreatta dijo en una entrevista que Meghan no era su actriz favorita para vestir.

Cualquier crítica alarmaba a Meghan. Buscando en Internet, leyó que un puñado de espectadores había protestado porque Zane estaba a punto de iniciar una aventura. Le alarmaba que ella, Meghan Markle, fuera culpada personalmente. Temía que su propia reputación se viera amenazada por su representación en *Suits* como una «mujer infiel». Preocupada por las posibles consecuencias, suplicó a Korsh que pusiera fin a la historia y a la aventura. Korsh aceptó, consciente de que no solo estaba escribiendo una buena historia, sino también dando forma al carácter y la personalidad de Meghan en la vida real. Extrañamente, Meghan afirmaría más tarde: «No leo la prensa, ni siquiera he leído lo que han escrito sobre *Suits*».

Absorbiendo la interpretación de Korsh sobre la lealtad y el juego de poder, Meghan se sintió complacida de representar un papel en lo que consideraba su «verdadero yo», el molde compasivo que él estaba creando. Al final de cada día de rodaje, al ver las enormes cantidades de comida que se tiraban, organizaba su distribución a los indigentes de Toronto.

En esa nueva imagen, Meghan puso su estatus por encima de la realidad. Quería un reconocimiento más amplio. Durante el otoño de 2014 protagonizó *When Sparks Fly* para Hallmark Channel TV, sobre una periodista que descubre sorpresas al hacer un reportaje en su ciudad natal. La película fracasó. A continuación, para obtener más exposición como activista y filántropa, se apuntó a un viaje patrocinado por el Pentágono con un grupo de artistas estadounidenses que volaban en el Air Force Two entre las bases militares de EE. UU. en España, Italia, Turquía y Gran Bretaña.

Encabezados por el jefe del Estado Mayor Conjunto, el general Martin Dempsey, las familias del servicio en cada parada estaban desconcertadas. La descripción biográfica de Meghan, en la que se mencionaba que estaba «activamente implicada en el ámbito sociopolítico», que había «trabajado» en la embajada estadounidense en Buenos Aires y que «ahora colabora estrechamente con las Mujeres de las Naciones Unidas», no causó ninguna impresión en el público. Pocos sabían su nombre o entendían su picante discurso sobre *Suits*, y parecía dolida cuando se le pedía que cantara, especialmente *White Christmas*.

Su ancla durante todo este tiempo fue Cory Vitiello. Disfrutó de la vida en Toronto en parte gracias a él. Joanne Vitiello, su madre, estaba convencida de que Meghan era una santa. A diferencia de los Engelson cinco años antes, Joanne acogió a Meghan como futura esposa potencial de su hijo. Al principio, Meghan parecía tentada. En diciembre de 2014 voló con Cory a Florida para la Semana del Arte de Miami. Invitada por Markus Anderson a alojarse en el Soho Beach House, estaba como siempre a la caza de contactos.

Anderson le pidió que se sentara durante el almuerzo junto a Misha Nonoo, una aspirante a diseñadora de moda, hija de padre bahreiní y madre inglesa. «Soy muy espiritual», dijo una vez Nonoo. «Medito dos veces al día y me encantan los baños de sonido y la sanación con sonido».

Nonoo, escribió Meghan más tarde en *The Tig*, era «el tipo de mujer que adoras al instante». Al igual que Meghan, Nonoo estaba ansiosa por escalar el difícil camino hacia la cima. Y, para admiración de Meghan, Nonoo había dado un paso adelante en el mundo. En una boda de tres días en Venecia se había casado con Alexander Gilkes, un viejo amigo de Eton de los príncipes Guillermo y Harry. Meghan se convenció de que el aparentemente rico marido británico de Nonoo era un tipo ideal para ella.

Poco después de Navidad, Meghan voló a Los Ángeles con Vitiello. Alojada en casa de otra actriz de *Suits*, invitó a Thomas y Doria a comer. Durante un día agradable, ella dio a ambos padres un regalo de cinco mil dólares. Thomas conoció a Cory por primera vez. «Solo un tipo agradable. No es especial», concluyó Thomas. Cory olvidó rápidamente el evento. Siete semanas después, Cory no aparecía en el post de San Valentín de Meghan en *The Tig*.

«Este Día de San Valentín», escribió, «estaré con amigos, corriendo frenéticamente por las calles de Nueva York, probablemente bebiendo algún cóctel extrañamente rosado y saltando sobre montículos de hielo en mis zapatos nuevos por las calles nevadas del West Village. Pero esos zapatos, por cierto, fueron mi regalo para mí misma. Porque he trabajado duro, porque no voy a esperar a que alguien me compre las cosas que codicio (ni quiero hacerlo) y porque quiero tratarme tan bien como trato a mis seres más queridos. Porque soy mi propio *funny Valentine*».

De forma pertinente, conjuró una fantasía para describirse a sí misma como soltera y con un «bajón». La solución, explicó tras charlar con sus «hermanas esposas de *Suits*», era el amor propio. Debía darse a sí misma el mismo amor y aceptación, concluyó, que mostraba a los demás. «Decidí ser mi propio San Valentín».

Meghan había decidido que su futuro a largo plazo no estaba con Cory. Había puesto sus miras más altas. Nueva York, decidió, era la clave de su ambición. Quería emular a sus ídolas, Angelina Jolie y Emma Watson.

8

HILLARY

«A menudo acompañaba a Meghan por Nueva York», recuerda John Fitzpatrick, «y a menudo se alojaba en mi hotel de Manhattan». Fitzpatrick comprendía la ambición de Meghan: quería conocer y pasar tiempo con los famosos. Automáticamente, la invitaba a los mejores restaurantes, especialmente a Le Bilboquet, pronunciado por Fitzpatrick como «Bill Buckley». Se enorgullecía de ser uno de los restaurantes más *snobs* de Nueva York, en el Upper East Side, y la gente tenía que rogar por una mesa para sentarse cerca de actores famosos o incluso de Bill Clinton.

Para Meghan, entre los muchos atractivos del hotelero neoyorquino estaba su estrecha relación con los Clinton. En 2015, acogió con orgullo la campaña de recaudación de fondos de Hillary en la ciudad mientras buscaba la presidencia en las elecciones del año siguiente. Como exsenadora de Nueva York y secretaria de Estado, nadie estaba mejor conectada que Hillary Clinton.

Para entonces, Meghan se había centrado en Emma Watson y en su papel de embajadora en el programa de ONU Mujeres. Meghan se propuso conseguir el mismo nombramiento. Fitzpatrick podría ayudar. Una solicitud de la oficina de Hillary Clinton a Phumzile Mlambo Ngcuka, directora de ONU Mujeres en la sede de Nueva York, consiguió la presentación vital que Meghan buscaba. Elizabeth Nyamayaro, una empleada zimbabuense de la campaña de las Naciones Unidas para promover los derechos de las mujeres y erradicar la desigualdad de género para 2030, llamó por teléfono a Meghan y le preguntó si le gustaría convertirse en «defensora de la participación política de las mujeres» en África. Esa era exactamente la oportunidad que Meghan quería.

Nyamayaro se vestía con ropas extraordinarias y, con su inconfundible voz, dominaba una sala. Nunca esperó quedarse callada en un rincón. Tampoco lo haría Meghan. Desde el principio se dieron los ingredientes para un desacuerdo entre estas dos. Nyamayaro sugirió que Meghan hiciera una semana de prácticas en Nueva York y que luego protagonizara un vídeo promocional en el que se defendiera el liderazgo femenino. Para adaptarse a su horario, se rodaría en Toronto. Nyamayaro pidió a Matt Hassell, director creativo de la agencia de publicidad KBS, que volara a Nueva York desde Toronto para conocer a la «famosa» que protagonizaría el vídeo.

En medio del secretismo sobre la identidad de la celebridad, Hassell se preguntaba quién podría ser. ¿Meryl Streep u otra estrella de Hollywood? Cuando Nyamayaro reveló que se trataba de Meghan Markle, Hassell se quedó boquiabierto. «¿Quién?», se preguntaron él y su productora Brenda Surminski. Ninguno de los dos había oído hablar de Meghan ni de *Suits*. «Maravilloso», repitieron amablemente, cuando Meghan se unió a la conversación por Zoom.

Al presentar a la actriz, a los dos ejecutivos de publicidad les llamó la atención la insistencia de Meghan en que ella, la estrella, tuviera el control. Su ilusión de grandeza continuó durante el rodaje del vídeo en el George Brown College de Toronto. Todo el mundo, al parecer, estaba allí para servirla. Solo Nyamayaro se negó a hacerlo. A lo largo del día no se pusieron de acuerdo sobre el guion. El vídeo se rodó, pero el resultado fue prácticamente inservible.

No obstante, en febrero de 2015 Meghan voló con Nyamayaro catorce mil quinientos kilómetros desde Nueva York hasta Ruanda, un país sin salida al mar en el centro de África, para hablar a las mujeres sobre la importancia de la igualdad de género.

Ruanda fue escenario de una tragedia atroz. A principios de la década de 1990, una guerra civil genocida entre dos tribus —los tutsis y los hutus— había terminado tras la brutal muerte de unos ochocientos mil civiles tutsis. Paul Kagame, un oficial del ejército tutsi, había salido en 2000 del baño de sangre para convertirse en presidente del país, recibiendo el 90 % de los votos populares. En 2015, Kagame fue ampliamente acusado de ser cómplice de asesinatos en masa. Muchos de sus oponentes políticos habían aparecido muertos, no solo en Ruanda sino en toda África, y los refugiados hutus en el vecino Congo estaban siendo masacrados por el ejército ruandés.

Sin embargo, liderados por el exprimer ministro británico Tony Blair, muchos en la comunidad mundial presentaron a Kagame como un demócrata africano modelo. La ONU, al igual que Blair, ignoró un informe de 2014 del Departamento de Estado estadounidense sobre la opresión asesina en Ruanda. Del mismo modo, descartaron las audiencias del Congreso estadounidense en 2015 sobre la propensión de Kagame a asesinar a sus oponentes.

Como lectora habitual de *The Economist*, Meghan conocía la reputación de Kagame, pero si quería congraciarse con Nyamayaro no tenía más remedio que apoyarlo. En opinión de Nyamayaro, Kagame fue el responsable de convertir a Ruanda en un «modelo ejemplar de liderazgo femenino para todos los países». En su admiración por el dictador, Nyamayaro describió a las mujeres políticas de Ruanda como «fenomenales». No reconoció que las diputadas se limitaban a refrendar los edictos de Kagame.

Por eso, en su primer discurso en Ruanda, Meghan elogió al presidente: «Necesitamos más hombres así». Durante una semana en la que se reunió con mujeres políticas ruandesas, se mostró emocionada porque el 64 % de los senadores ruandeses eran mujeres. No mencionó que uno de los motivos era el asesinato de hombres ruandeses durante el genocidio tribal. Tan intimidadas como los hombres, las mujeres políticas no cuestionaron el lujoso estilo de vida de su líder. Viajando por todo el mundo en su gran jet privado, Kagame se alojaba en hoteles de dos mil dólares por noche, mientras que el salario medio diario de sus compatriotas era de dos dólares.

Como ángel de la misericordia, Meghan no cuestionó la generosidad del presidente. Pasó la noche en un lujoso ambiente con aire acondicionado y visitó el mísero campo de refugiados de Gihembe para preguntar a las angustiadas mujeres cómo afrontaban la vida. Sus respuestas apenas fueron enumeradas. De vuelta antes de que cayera la noche en Kigali, la capital, dejó constancia en su cuenta de Instagram del viaje: «Este tipo de trabajo me alimenta el alma». No parecía preocuparle el contraste de que a poca distancia la gente empobrecida apenas sobrevivía. «Mi vida pasa de los campos de refugiados a las alfombras rojas», escribió en *The Tig*. «Elijo ambos porque estos mundos pueden, de hecho, coexistir».

En su siguiente viaje a Londres, Meghan habló con Gina Nelthorpe-Cowne sobre Elizabeth Nyamayaro como «una verdadera amiga». A través de la ejecutiva de la ONU, explicó, estaba segura de conseguir una mayor exposición pública. «Me tomo muy en serio lo de ser un modelo para las mujeres jóvenes», explicó. En poco tiempo, esperaba que Nyamayaro la ascendiera de defensora de la ONU a embajadora de la ONU, el mismo rango que Emma Watson.

En septiembre de 2014, como embajadora de la ONU para las mujeres, Watson lanzó la campaña HeForShe en la sede de la ONU en Nueva York. Su apasionado discurso sobre la igualdad de género acaparó los titulares mundiales. Phumzile Mlambo-Ngcuka elogió a Watson: «Estamos encantados y nos sentimos honrados de trabajar con Emma, que creemos que encarna los valores de ONU Mujeres». Soñando con el mismo estrellato, Meghan escribió en su blog *Working Actress*: «Trabajo muchas horas, viajo por la prensa, mi mente memoriza. Mi mente da vueltas. Mis días se desdibujan. Mis noches son inquietas. Mi pelo se acicala, mi cara se maquilla, mi nombre se reconoce, mi medidor de estrellas sube, mi vida cambia».

Gina Nelthorpe-Cowne se dio cuenta del cambio. Su agencia había conseguido que Meghan se alojara gratis en el Dorchester de cinco estrellas de Park Lane. Aunque era desconocida, Meghan insistió en que se la registrara con un alias. Poco después de confirmarse la reserva, Meghan anunció que no podía alojarse en ese hotel. El propietario, el sultán de Brunei Hassanal Bolkiah —cuya colección Dorchester incluía el hotel Beverly Hills de Los Ángeles y el Le Meurice en París—, había sugerido recientemente que los adúlteros y los homosexuales debían ser castigados según la sharía y que las mujeres que abortaban debían ser azotadas públicamente. Se encontró otro hotel dispuesto a proporcionar alojamiento gratuito a cambio de que Meghan aceptara promocionarlo. «Ella protegía su imagen», dijo Nelthorpe-Cowne, «y no quería hacer nada que la comprometiera».

Sin embargo, las noticias en Londres fueron decepcionantes. A pesar de que Nelthorpe-Cowne no dejaba de proponer a los clientes que le dieran charlas —destacando a Meghan como una mujer fuerte, emprendedora y profunda—, fue rechazada. La razón era siempre la misma: ella era desconocida, y *Suits* también. Sin un perfil, le decían a Meghan, no podría atraer la atención de los medios británicos y, por tanto, no la contratarían para compromisos. Meghan no ocultó su frustración.

Tras consultar con su agente y sus publicistas, Meghan vio una oportunidad. Hasta entonces había mencionado públicamente la raza en dos ocasiones: una en diciembre de 2012 en el Tercer Concierto Anual de Witness Uganda en Los Ángeles, y otra en un vídeo contra el racismo para la organización benéfica estadounidense Erase the Hate. En su historial publicado no hay ningún otro ejemplo en el que haya mencionado públicamente el racismo. De hecho, en sus apariciones durante la primera serie de *Suits*, apenas se mencionó su condición de mulata, entre otras cosas porque la mayoría de los espectadores pensaba que era blanca. Ella decidió que eso debía cambiar, especialmente después de que su padre negro en la ficción fuera introducido en la segunda temporada de *Suits*. Tras reconsiderar su pasado, decidió que se presentaría sinceramente como una superviviente del racismo.

El reto era encontrar una plataforma para lanzar su cambio de marca. Eligió la revista *Elle* de Estados Unidos. Un testigo presencial describió cómo Meghan entró en la oficina de *Elle* y conoció a Justine Harman, una de las editoras de la revista. En un momento de su conversación, Meghan trató de congraciarse y se ofreció a escribir las tarjetas de mesa de la boda de Harman. Después de presentar con éxito su idea para un artículo, Meghan hizo su remate. Sugirió a *Elle* hacer un viaje a la isla de Malta en busca de sus raíces mulatas.

En algún momento del pasado lejano, recordó, la abuela Markle mencionó que la tatarabuela irlandesa de su padre, Mary Bird, vivió en Malta con un soldado inglés llamado Thomas Bird. Se casaron y nació un hijo en Malta en 1862. Para dar mayor atractivo a la historia, se dice que Mary Bird fue empleada como cocinera en 1856 en el castillo de Windsor.

Harman no tenía motivos para cuestionar a Meghan ni su sugerencia de viajar a Malta con Gina Nelthorpe-Cowne. La revista *Elle* acordó con la autoridad turística maltesa que, a cambio de un viaje gratuito, el artículo publicado por Meghan no solo describiría los orígenes de Meghan en la isla, sino que también promocionaría la comida, el vino y las playas locales, y sería el telón de fondo de una sesión fotográfica de moda.

«Este viaje», escribió Meghan poco después, «ha sido sobre todo para tratar de entender de dónde vengo, mi identidad. Hay algo tan bonito en encajar una pieza del puzle. Antes de venir, la gente me decía: «Cuando vayas a Malta, todo el mundo se parecerá a ti», y yo empecé a decir: «Oh, Dios mío, sí que encajo», y es la sensación más bonita».

Para sorpresa de Nelthorpe-Cowne, en el momento en que desembarcaron en la isla Meghan decidió no encontrar su ascendencia blanca. No era de extrañar. Meghan no tenía «ascendencia» en Malta. El soldado del siglo xix Thomas Bird se casó con Mary McCue en Donnybrook, Dublín, en enero de 1860 (excluyendo claramente cualquier empleo en el Castillo de Windsor). Bird fue destinado con su esposa a la India y brevemente a Malta. Poco después de nacer un hijo se trasladaron a Canadá, donde Thomas murió. Mary volvió a casarse y se convirtió en Mary White. Thomas Markle rebatiría que su madre hubiera conjurado la historia sobre la conexión de los Markle con Malta.

¿Se preguntaba Nelthorpe-Cowne si Meghan tenía la intención de buscar a sus antepasados? Ella lo dudaba: «Todo lo que hace está cuidadosamente comisariado y planificado de forma meticulosa». El alma sensible que buscaba sus raíces fue sustituida, por lo que Nelthorpe-Cowne identificó como «ante todo, una mujer de negocios». El dinero, concluyó Nelthorpe-Cowne, era la prioridad de Meghan.

Durante el viaje, en el que se visitaron restaurantes y viñedos, Kurt Arrigo, un conocido fotógrafo local contratado por las autoridades turísticas maltesas, fotografió a Meghan en numerosos lugares con incontables cambios de ropa. Durante esos días, Meghan habló con Gina sobre su marca como aficionada a la comida, como experta en belleza y moda y como defensora del bienestar. Durante su estancia en Malta, no habló de raza, ni de política, ni de su padre, y nunca mencionó a Serena Williams ni a todas las demás celebridades que decía en su página web eran sus amigas.

A su regreso a Londres, Meghan le dijo a Nelthorpe-Cowne: «Eres muy especial para mí. Tenemos una amistad especial». Para entonces,

Nelthorpe-Cowne admitió que «había caído bajo el hechizo de Meghan, como todo el mundo. No solo desprende calidez y sinceridad, sino que te hace sentir que eres la única persona del mundo que importa. Es una chica de chicas y habíamos compartido muchas historias».

Por desgracia para las autoridades turísticas maltesas, el artículo publicado por Meghan en *Elle* no mencionaba a Malta. Los restaurantes, los vinos y las playas de la isla fueron olvidados. Las fotografías de Arrigo no se utilizaron.

En un artículo muy bien escrito para la revista titulado *Meghan Markle: I'm More Than An «Other»*, Meghan introdujo lo que llamó «la dicotomía» de ser mulata en respuesta a la invitación de *Elle* «para compartir mi historia». Aunque fue su propia iniciativa contar su historia, escribió: «Seré sincera, estaba asustada». Aunque ya había insinuado en las redes sociales su origen, «hoy decido ser más valiente, profundizar un poco más y compartir con vosotros una imagen mucho más amplia». Volvió a contar las tres historias conocidas: las muñecas Barbie, la casilla de etnicidad del cuestionario escolar y la estudiante de Northwestern comentando su origen. Se quejó de «este mundo de no encajar, y de albergar mis emociones tan fuertemente bajo mi piel étnicamente indeterminada». Afirmaba que era una forastera que ocupaba «una zona turbia... una bruma en torno a la forma en que la gente conectaba conmigo», concluyó: «Aunque mi herencia mestiza puede haber creado una zona gris en torno a mi autoidentificación, manteniéndome en ambos lados de la valla, he llegado a aceptarlo... para expresar mi orgullo de ser una mujer mulata fuerte y segura de sí misma».

Curiosamente, aunque mencionó en un post de *The Tig* en 2015 que había viajado a Malta a petición de *Elle*, la referencia a *Elle* fue eliminada en 2017. El artículo de *Elle* fue utilizado por Nelthorpe-Cowne como palanca para invitar a treinta compradores potenciales de la marca Meghan a Home House, un club privado en el centro de Londres. Meghan apareció en un debate con Emmanuel Jal —un niño soldado sudanés y músico— hablando sobre el feminismo y el empoderamiento de las mujeres. No mencionó la raza. El resultado fue decepcionante. El público la rechazó por considerarla poco interesante. L'Oreal y todas las demás firmas de cosméticos rechazaron la invitación para presentar a

Meghan como rostro de su marca. El único rayo de esperanza fue la oferta de un posible contrato de una empresa de relojes suizos poco conocida.

En la reunión, Meghan no estaba dispuesta a escuchar las malas noticias. Nelthorpe-Cowne prometió seguir intentándolo.

Según la pregunta, Meghan se había topado con un obstáculo o había llegado a una bifurcación en su carrera. John Fitzpatrick acudió al rescate. Invitó a Meghan a la recepción del Día de San Patricio, el 17 de marzo de 2015, en la Casa Blanca. La noche anterior, Fitzpatrick había sido el anfitrión de la cena anual del American Ireland Fund para doscientas celebridades irlandesas y estadounidenses. La descripción de Fitzpatrick de su relación con Meghan parecía ser precisa: «Ella estaba saliendo con un chef famoso que iba y venía [y] estaba como saliendo con alguien». Y continuó: «Oficialmente no estaba saliendo con ella, éramos mejores amigos».

A bombo y platillo, Meghan entró en la Casa Blanca con Fitzpatrick, un momento realmente emocionante para todos los estadounidenses. «Esta es mi amiga Meghan. ¿La conoces?» preguntó Fitzpatrick a Ryan Tubridy, un popular presentador irlandés de radio y televisión. También conoció a Stephanie Roche, entonces jugadora de fútbol americano del Houston Dash, con quien más tarde inauguraría el consulado irlandés de la ciudad.

Su presentación más memorable fue con Barack Obama. El presidente se acercó a conocer a Fitzpatrick y habló con Meghan. «Ella estaba encantada», dijo Fitzpatrick. Desde la Casa Blanca, la pareja se dirigió al Hotel Willard, sede de Fitzpatrick. Un puñado de importantes agentes del poder irlandeses habían sido invitados a su recepción antes de ir a la residencia del embajador irlandés para una noche de fiesta. Para sorpresa de Fitzpatrick, llegaron más de treinta amigos. Le pidió a Meghan que le ayudara a servir las bebidas. «Se puso detrás de la barra», recuerda con cariño. Gracias a Fitzpatrick, Meghan regresó a Toronto con ánimos para su futuro.

En marzo de 2015, Meghan tenía buenas razones para creer que estaba en una trayectoria ascendente. No solo se reunía con la aristocracia del partido demócrata, sino que, con el apoyo de Hillary Clinton,

Elizabeth Nyamayaro había aceptado que interviniera en una conferencia de ONU Mujeres en Nueva York. Esa semana, ONU Mujeres organizaba dos conferencias. La conferencia principal para personalidades, en la que había intervenido el año anterior Emma Watson, se celebró en la sede de la ONU. Una segunda reunión para niños y personalidades menores se celebró el 10 de marzo en un teatro fuera de Broadway.

Nyamayaro dijo a Meghan que podría intervenir en la segunda conferencia como defensora de ONU Mujeres para el liderazgo y la participación política de las mujeres. Una de las oradoras principales sería Priyanka Chopra, la actriz india y antigua Miss Mundo. Otros que se dirigirían a los dos mil asistentes serían el Secretario General de la ONU, Ban Ki-moon, y Hillary Clinton. Aunque el nombre de Meghan no figuraba en el comunicado de prensa ni en la publicidad del programa, Meghan invitó a su madre al «evento más importante de mi vida». Tenía previsto emular el estrellato de Emma Watson como feminista. Hubiera afirmado que Julia Roberts le inspiró para ser actriz.

En su breve discurso, Meghan recitó con fluidez la historia de su protesta de la infancia ante Procter & Gamble, la respuesta que recibió de Hillary Clinton y cómo ella sola había cambiado la campaña de Procter & Gamble. «Fue en ese momento cuando me di cuenta de la magnitud de mis acciones. A la edad de once años, había creado mi pequeño nivel de impacto al defender la igualdad». Nadie dudó de su probable autocomplacencia.

Tras los elogios por su logro, denunció la escasa representación de las mujeres en los parlamentos. Refiriéndose a su visita a Ruanda, dijo: «Siempre he querido ser una mujer que trabaja. Y este tipo de trabajo es el que alimenta mi alma y alimenta mi propósito». Más polémicos fueron sus elogios al presidente Kagame. Dijo sobre un hombre acusado de atrocidades: «Necesitamos más hombres así». Repitió los sentimientos feministas de Emma Watson. «Estoy muy orgullosa», concluyó, «de ser una mujer y una feminista, y esta noche estoy muy orgullosa de presentarme ante ustedes en este día tan significativo que nos sirve para recordar lo lejos que hemos llegado, pero también para celebrar el camino que tenemos por delante».

El público aplaudió con entusiasmo. Ban Ki-moon se puso en pie y le estrechó la mano. Después, Meghan describió el evento como un punto de inflexión en su vida. En los años siguientes, muchos tuvieron la impresión de que había hablado en el auditorio de la Asamblea General de las Naciones Unidas junto a Emma Watson. Pocos se dieron cuenta de que Watson no habló ante la ONU ese año y que Meghan se había dirigido a un público secundario.

Poco después, Meghan instó a Elizabeth Nyamayaro a que le presentara a Emma Watson. Nyamayaro se negó. Sin desanimarse, Meghan pidió a Elizabeth Nyamayaro que la ascendiera a embajadora de la ONU. Phumzile Mlambo Ngcuka, la directora sudafricana de ONU Mujeres, lo dudó. No ayudó a la solicitud de Meghan el hecho de que, aunque hablaba de política, filosofía e ideología, su aparente pasión omnímoda por el empoderamiento de la mujer se centraba en realidad en autopromoción y el empoderamiento de Meghan Markle. Sea cual sea el motivo, Nyamayaro rechazó la petición de Meghan de ser ascendida a embajadora. Meghan dimitió de HeForShe y cortó sus vínculos con ONU Mujeres. Sin embargo, a pesar de esta ruptura no publicitada, siguió citando públicamente su experiencia en ONU Mujeres como prueba de su filantropía. Las personas ajenas a la organización nunca vislumbraron la verdad sobre la ruptura ni los motivos.

En opinión de Meghan, ambos funcionarios de la ONU habían subestimado su importancia. Para entonces, las publicaciones de *The Tig* atraían a casi un millón de seguidores en Instagram y ella tenía más de doscientos cincuenta mil seguidores en Twitter. Habiendo superado el hito de las mil publicaciones en *The Tig*, era por fin una mujer de negocios hecha a sí misma.

Como *influencer* dependiente de los regalos, la ropa prestada y los pagos por las promociones de productos, obtuvo honorarios por avalar varias marcas conocidas: maquillaje de Bobbi Brown, moda de Lanvin, abrigos de Sentaler y Reitmans (el principal minorista de moda del mercado medio de Toronto). Acompañada de atractivas fotografías de sí misma, presentaba sucesivamente un colorete rosa llamado *Orgasm*, a ella misma en la cama con sus dos perros Bogart y Guy, descritos como «*nuggets*» y su «equipo», y describía viajes al extranjero con amigos y visitas a restaurantes. Citando a Amanda Chantal Bacon y a Gwyneth Paltrow, recomendó enérgicamente Moon Dust, una mezcla de hierbas, extractos de plantas y minerales, para «mejorar vigorosamente tu belleza, cerebro, cuerpo, energía sexual, sueño y espíritu». Aplaudió la ashwagandha como «una raíz que ayuda a la tiroides». Se olvidó de añadir que la raíz estaba avalada por el Kama Sutra para mejorar la satisfacción sexual. De vez en cuando mencionaba que, mientras paseaba por el parque cercano, sus perros atraían admiradores.

Para personalizar *The Tig*, las promociones se vieron reforzadas por los recuerdos de Meghan: «Nací y crecí en Los Ángeles, una chica californiana que vive según el principio de que la mayoría de las cosas se pueden curar con yoga, la playa o unos cuantos aguacates. Estoy siendo sarcástica, claramente». Se refirió a su «sensibilidad hippie-californiana de todo lo que es limpio y ecológico». Se describió a sí misma como «con muchas opiniones, ambiciosa y con un profundo deseo de lograr el cambio». Lamentablemente, dijo: «No soy muy alta, así que cuando me pongo una falda corta tengo que ser muy consciente... Ser uno mismo es lo más bonito que puede ser una persona».

Haciendo de la vida de soltera en Toronto una virtud, se presentaba en YouTube como una gran cocinera que disfrutaba en restaurantes españoles, italianos y otros locales. Para mantenerse en forma, corría nueve kilómetros y medio al día, hacía yoga con calor y pilates, y le gustaba la acupuntura y la terapia de ventosas. Empezaba el día con una taza de agua caliente con una rodaja de limón, un poco de avena en granos mezclada con almendras, plátanos, sirope de agave y leche de soja, y luego se tomaba un batido.

Como humanitaria y «ciudadana global» dedicada al «autoempoderamiento» de las mujeres, y opuesta al Brexit y a Donald Trump, aconsejó: «Viaja a menudo, perderte te ayudará a encontrarte a ti misma». En cuanto a ella misma, habló de su brillante carrera para cumplir su «genuino» deseo de utilizar su fama para hacer del mundo un lugar mejor. La prueba de su influencia, según ella, era su amistad con tantas celebridades.

Como «relacionista de talla mundial», Meghan disfrutó de la exhibición de nombres en *The Tig*. Mencionó con frecuencia que había conocido a Serena Williams; se sintió «orgullosa» de su amiga Millie Mackintosh, la «heredera de Quality Street» y estrella de *Made in Chelsea*, a la que había conocido en Soho Farmhouse, y, tras una reciente cena de pasta y ragú de ternera, habló de su íntimo amigo Rory McIlroy como «no solo es una auténtica estrella, sino que es una persona auténtica. Cortés, con clase y con mucho talento». En el período previo a las elecciones presidenciales de 2016, también elogió a su amiga Ivanka Trump como «asombrosamente bella... pero tan increíblemente astuta e inteligente que no solo se ha hecho un hueco bajo la famosa notoriedad de su padre Trump, sino que, sin duda, ha creado su propio imperio. Es tan fácil criticar a las chicas que provienen de familias privilegiadas... pero siempre recuerdo que Ivanka es diferente».

Para superar su desgracia de no conocer suficientes celebridades, nombró a las que nunca conoció, incluyendo a Elizabeth Hurley: «Gracias, Liz, por hacerme aspirar a actuar como una dama y sentirme como una mujer»; y, de manera similar, a Heidi Klum, «la mujer más bella que he visto nunca... El tipo de chica con la que querrías tomar una copa». Se cuidó de no mencionar a las personalidades que conoció a través de John Fitzpatrick. Los Clinton y los irlandeses no verían con buenos ojos las referencias efusivas en su blog. Su relación con Fitzpatrick permaneció en secreto. Cory Vitiello permaneció invisible.

Había un inconveniente. Toronto no era el lugar más natural para conocer a celebridades internacionales con regularidad. Gracias a los restaurantes de Cory se había convertido en una experta en comida, y con el costoso vestuario de *Suits* se había convertido en una *fashionista*. A través de Cory se había abierto camino en los ritmos de la ciudad, pero Jessica Mulroney era una fuente de presentaciones aún mejor. La ambiciosa relacionista había dado a Meghan la oportunidad de conocer a la clase dirigente de Canadá: los Thomson, los Weston y los Rogers.

Sin embargo, ninguno de ellos pudo proporcionarle el avance que deseaba más allá de Canadá. La fama de Hollywood seguía siendo esquiva.

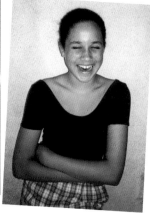

Thomas Markle, un aficionado a la fotografía, capturó cientos de momentos de su amada «Flor» o «Bean», como llamaba a su hija Meghan. Habiendo respaldado emocional y económicamente a Meghan hasta su primer matrimonio, Thomas se sintió afligido cuando ella cortó su relación con él tras su boda con Harry.

© Thomas Markle

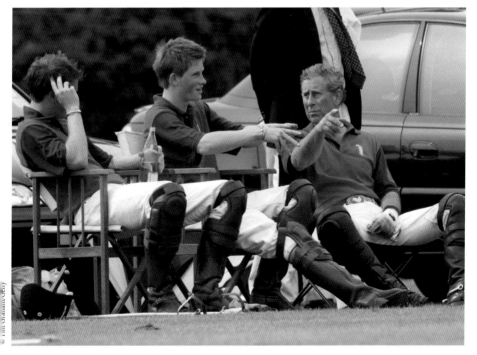

A pesar de las felices fotografías de Harry y Guillermo con la princesa Diana y el príncipe Carlos, los primeros años de sus vidas estuvieron marcados por las discusiones de sus padres y su amargo divorcio.

A la derecha: Harry no podía comprender la cercana relación de Diana con los medios de comunicación. Culpó a los medios por la muerte de su madre.

Debajo: El príncipe Harry fue controlador aéreo avanzado durante el conflicto de Afganistán, hasta que un periódico alemán reveló su puesto.

© Michel Dufour/Getty

© Tim Graham/Getty

La relación de Meghan con Trevor Engelson (arriba a la izquierda), su primer esposo, fue cercana hasta que ella se mudó permanentemente a Toronto para filmar *Suits* en 2011. Su matrimonio duró menos de dos años. Su novio de Toronto, Cory Vitiello (arriba a la derecha), un reconocido chef, se sintió aliviado cuando su relación con Meghan terminó. Durante su relación, Vitiello sospechaba de la cercana relación entre Meghan y el golfista Rory McIlroy (debajo).

El discurso de Meghan en la conferencia de ONU Mujeres de 2015 marcó el inicio de su encrucijada por ser considerada una activista mundial. Se distanció de la ONU menos de dos años más tarde.

Meghan y Gina Nelthorpe-Crowne, quien en ese momento era su agente, en un viaje a Malta. Gina luego contaría cómo su clienta la ignoró repentinamente.

Durante su estancia en Toronto, Meghan creó amistades cercanas con Jessica Mulroney (arriba) y Misha Nonoo (a la derecha). Ambas son miembros prominentes de la escena social de Toronto.

El crédito de presentar a Meghan y Harry es atribuido a Violet Von Westenholz, quien conoció a Meghan en Wimbledon en 2016.

A través de John Fitzpatrick, un magnate hotelero irlando-americano que reside en Nueva York, Meghan conoció a los Clinton en 2015. Fitzpatrick, un amigo cercano de Meghan, ayudó a que Hillary Clinton se convirtiera en una aliada clave en la lucha de Meghan por la fama. Hillary apoyó la condena de Meghan a la familia real.

9

PUNTO DE INFLEXIÓN

Entre los actores de Hollywood, Lori Sale es una agente aguerrida y elocuente muy conocida, famosa por conseguir contratos de marketing y marcas para sus clientes. A principios de 2015, Rick Genow, un abogado de entretenimiento de Hollywood, se puso en contacto con Sale. El abogado le explicó que representaba a Meghan Markle, la actriz y creadora de *The Tig*. Preguntó si Sale podría conseguir un contrato de marca para su cliente, que tenía su sede en Toronto.

Sale nunca había oído hablar de Meghan ni de *Suits*, pero llegó a la conclusión de que incluso una actriz de un programa de televisión por cable que era una celebridad menor podía ser ubicada. Después de conocer a la actriz, Sale presentó su nuevo cliente a Jeannie Vondjidis-Miller, directora de marketing de Reitmans, el mayor minorista de ropa femenina de Canadá. La empresa, con noventa años de antigüedad, ofrecía ropa barata en sus setecientas tiendas a una clientela envejecida y en declive. La llamada de Sale se produjo justo cuando Vondjidis-Miller estaba reflexionando sobre quién debía encabezar su campaña para revitalizar la marca.

La idea de que Meghan Markle, la joven celebridad amante de la moda, fuera una «embajadora de la marca» ya había sido planteada por Marc Lanouette, un ejecutivo de Tank, la agencia de publicidad de la tienda. En medio de la exitosa quinta temporada de *Suits*, Meghan ya había convencido a la tienda para que promocionara sus prendas en *The Tig*. En consecuencia, Sale presionaba para negociar un contrato de dos años que comenzaría en junio de 2015. Por nueve días de trabajo —el rodaje del anuncio, las sesiones de fotos, el lanzamiento y la promoción en televisión— Meghan cobraría ciento sesenta y dos mil cien dólares, más el 7 % de los *royalties* de la venta de todos los productos asociados a su campaña.

Este fue un momento decisivo para Meghan. Sabía que ninguna estrella de Hollywood seria se asociaría con Reitmans, una marca cuya ropa cuesta menos de cien dólares canadienses. Y por solo quince mil dólares al día. Después del impuesto sobre la renta y la comisión del agente, se quedaría con la mitad de esa cantidad. Ansiaba ser el rostro de Ralph Lauren, no de Reitmans. Esa opción la eludía. Al menos, nadie fuera de Canadá vería la campaña.

El rodaje comenzó el 6 de agosto. Meghan se registró en el hotel Ritz de Montreal. Una lista de exigencias la precedió. Pidió en su habitación y en el rodaje zumos verdes, verduras y agua embotellada de «alta gama». Evian y Fiji fueron rechazadas en favor de una marca de diseño. El rodaje de dos días fue bien, pero terminó con una nota amarga. El coche para llevarla de vuelta al aeropuerto no estaba reservado. Meghan explotó, pero llegó a su vuelo. Se calcula que la campaña —anuncios de televisión, vallas publicitarias y redes sociales— aumentó las ventas de Reitmans en más de un 15 %. La empresa dijo a Sale que utilizaría a Meghan al año siguiente.

Meghan tenía buenas razones para sentirse semiexitosa. El *Tig*, ONU Mujeres y Reitmans le habían dado una sensación de éxito. Pero no era suficiente. Como había dicho sobre la constante lucha de Rachel Zane por sobrevivir y triunfar al principio de la quinta temporada, en medio de los conflictos de emociones y lealtades divididas cuando Mike Ross fue condenado por fraude, «Rachel no está dispuesta a ceder, nunca se rinde. Puede que esté enamorada, pero esto no la apartará de su objetivo final».

El trabajo duro había asegurado un avance en la carrera de Meghan. El lado negativo era que cada pequeño éxito iba acompañado de una decepción en el escenario mayor. Hollywood la rechazó repetidamente.

El año anterior, la directora de casting Anna Kennedy había invitado a Meghan a una audición en Los Ángeles. Reg Traviss, un director británico, buscaba una protagonista femenina para *Anti-Social*, un descarnado *thriller* policíaco con sede en Londres. Agotado por el calor de

Los Ángeles, Traviss fue impresionado al instante por la fría y encantadora Meghan. Contratada para el rodaje, llegó a Londres en medio de la acritud porque su demanda de billetes transatlánticos en primera clase y alojamiento de lujo fue rechazada. Traviss se quejó de que ella no había sido de ayuda en ningún sentido durante el rodaje. Gregg Sulkin, su coprotagonista más joven, también descubrió que, a pesar de su estrecha relación, Meghan era muy exigente. Los presagios para cuando se terminó la película en 2015 eran malos.

En ese mismo viaje a Londres, acudió con Gina Nelthorpe-Cowne a una pequeña reunión en la que intervino Emma Watson, su heroína y modelo a seguir. Al final, pidió conocer a Watson. La actriz rechazó la petición. El desaire fue mortificante. En retrospectiva, Gina no se sorprendió. El desaire de Watson no se mencionó cuando Meghan describió su papel en la ONU en *The Tig*. «Estuve en Londres», escribió a sus seguidores, «para apoyar a Emma Watson en su iniciativa *HeForShe* para ONU Mujeres». La habilidad de Meghan era ocultar los contratiempos, incluso describiendo a Elizabeth Nyamayaro como «mi mentora». La lección de Hollywood estaba arraigada: no admitir nunca el rechazo, ser positiva y seguir intentándolo.

La realidad de su vida en 2015 era una lucha por subirse y mantenerse en el vertiginoso carrusel. Su imperativo era ganar más dinero. Necesitaba un avance. Con la ayuda de Lori Sale, consiguió una serie de apariciones patrocinadas: un almuerzo con Cable Telecommunications en Chicago; la mención de su nombre en Marchesa Voyage para Shop Style, y apariciones en eventos para Air Canada, Equinox y en un proyecto de autoestima en el Día Internacional de la Niña organizado por Dove en Toronto. Por cuarenta mil dólares, Dove esperaba que Meghan llegara, «hiciera una pose social» y hablara «promocionalmente» a los delegados de Dove.

Uno de los momentos destacables no pagados del carrusel fue la invitación de Markus Anderson para celebrar la apertura de Soho House en Estambul. Sin dejar de posar para las fotos con otros invitados, se sintió decepcionada porque, a diferencia de las celebridades de la fiesta, ella no aparecía en las fotos publicadas por los medios de comunicación.

El anonimato de Meghan más allá de Toronto le resultaba irritante. Incluso el fabricante de relojes suizo seguía considerando si contratar a Meghan. En un intento de persuadir al director general, ella y Gina Nelthorpe-Cowne esperaron en el salón de un hotel londinense para realizar otro lanzamiento. «Iba vestida de punta en blanco, con un aspecto impresionante», observó Nelthorpe-Cowne. Meghan pidió a un camarero una especialidad de té. Servido en una taza de estilo alemán, Meghan miró la jarra que era familiar en los festivales de cerveza y exclamó: «No puedo tomar esto. Esto va con mi marca personal. Lléveselo». El camarero volvió con una taza y un plato de porcelana. La reunión terminó sin un contrato.

Semanas más tarde, regresó a Londres para ver una versión preliminar de *Anti-Social*. «Es horrible», le dijo un amigo al final del visionado privado. «Es realmente mala y una vergüenza para ti». Meghan estuvo de acuerdo en que la película, su decimotercera aparición breve, estaría mejor enterrada. Se negó a rendirse. «Nunca he querido ser una esposa trofeo», había dicho sinceramente. Ganar dinero era su prioridad.

Thomas Markle había notado el cambio en su hija. Desde que había contribuido a la boda de Meghan se había quedado sin dinero. Meghan había compensado sus problemas financiando en parte la compra de un coche nuevo (el resto lo pagó con un préstamo) y le ayudó a mudarse de casa. Su última petición por escrito provocó una llamada telefónica desde Toronto. «Lo he comprobado con Andrew», dijo Meghan refiriéndose a su gerente de negocios, «y te he dado veinte mil dólares en los últimos dos años».

«Me sorprende que lleves un control tan estricto del dinero», espetó Thomas, tambaleándose al ver que ella sabía «hasta el último centavo» que le había dado. En comparación con los quinientos mil dólares que había gastado en su educación, dijo que «los veinte mil dólares son una gota en el océano». Meghan permaneció en silencio, pero su enfado era evidente. Su sugerencia de que Thomas volara a Toronto fue rechazada por él. Con sus ingresos fijos, no podía pagar el billete.

El enfriamiento de la relación y su falta de voluntad para visitar Canadá sentenciaron los preparativos de Meghan para la Navidad de 2015. Las vacaciones las pasaría con la familia de Cory Vitiello. Joanne Vitiello hizo de anfitriona para su gran familia con la esperanza de que su hijo y Meghan se casasen pronto. Meghan cumplía todos sus requisitos. «Muy inteligente, muy brillante, muy cariñosa y muy sincera», dijo. Joanne Vitiello no había notado las tensiones en la relación.

Cory estaba cansado del comportamiento de *prima-donna* de Meghan. Al entrar en los restaurantes exigía una mesa especial —el derecho de toda actriz famosa— y su forma de mencionar nombres cada vez que volvía de Nueva York se estaba volviendo insufrible. «No eres Nicole Kidman», le espetó.

También estaba su aparente falta de voluntad para permitir cualquier tipo de publicidad sobre su relación. Cuando una revista le pidió que nombrara a cinco personas a las que invitaría a una cena, mencionó a los chefs estadounidenses Anthony Bourdain y Mario Batali, a Gwyneth Paltrow, a Jamie Oliver y a una amiga. No a Cory. Irritantemente, incluso aparecía como invitada célebre en el programa de televisión *Chopped Junior* de la Food Network como experta que elogiaba la «comida verdaderamente fresca» que le recordaba lo que había comido mientras crecía en California. Cory había servido para asegurar esa aparición, pero no sintió que hubiese sido agradecido por su ayuda. La homilía de Meghan de que la «amabilidad» era «no negociable» parecía haberse olvidado.

Por su parte, aunque infeliz, Cory era incapaz de poner fin a la relación. En privado, Meghan no podía ocultar su propia impaciencia.

10

RUANDA

La segunda visita de Meghan Markle a Ruanda, en enero de 2016, fue notablemente diferente a su primer viaje.

Para fortuna de Meghan, Matt Hassell, director creativo de KDS en Toronto, responsable de la campaña de ONU Mujeres, había caído bajo su hechizo. Algunos dirían incluso que estaba enamorado de ella. Cuando una organización benéfica cristiana evangélica, World Vision Canada (WVC), le habló a Hassell de su búsqueda de una celebridad para promocionar su trabajo en Ruanda, este insistió en que Meghan era ideal. Lara Dewar, directora de marketing de WVC y fanática de *Suits* —la serie llevaba ya cinco años— también se mostró entusiasmada. Estuvo de acuerdo en que Meghan podía ser nombrada «embajadora».

Brenda Surminski, productora de KDS, llamó a Meghan. En treinta minutos, la actriz había aceptado viajar a Ruanda para promover el proyecto de World Vision de construir pozos de agua en aldeas indigentes. Esto sería una especie de venganza después de la negatividad de los ejecutivos de la ONU. Surminski produciría la película de su visita. Las dificultades surgieron poco después de que Meghan hubiera firmado el contrato y Surminski comenzara a planificar el viaje.

La actriz insistió en volar a Ruanda en primera clase y en ser acompañada por Gabor Jurina, un fotógrafo de moda canadiense. Michael Goyette, estilista estadounidense de peluquería y maquillaje, también figuraba en la lista de viajeros con Gabor. «Solo Michael», explicó Meghan, sabe cómo trabajar con mi pelo negro». Naturalmente rizado, había utilizado un tratamiento llamado Kerotin para crear el sedoso aspecto liso de su cabello. Las exigencias de Meghan hicieron que los costes superaran con creces el presupuesto. World Vision decidió que Surminski, la productora de la película, ya no podía viajar a Ruanda.

En dos mini furgonetas con aire acondicionado, Meghan y su equipo, formado por tres ejecutivos de marketing de World Vision, un cámara canadiense y un ejecutivo de cuentas de publicidad, y varias maletas con una selección de trajes de moda, fueron conducidos durante noventa minutos desde el mejor hotel de cinco estrellas de Kigali hasta Gashora. Durante generaciones, las mujeres y los niños de la aldea habían caminado todos los días varios kilómetros para llenar sus bidones en un río sucio. El resultado era una enfermedad constante. La puesta en marcha de un pozo, financiado por World Vision para suministrar agua potable, fue un acontecimiento importante, marcado por la llegada de Meghan en enero de 2016.

Para sorpresa de los aldeanos, después de que Meghan fuera filmada con los niños jugando bajo el agua limpia que salía del grifo, desapareció con Gabor Jurina. Durante horas, Jurina fotografió a la actriz, perfectamente peinada, abrazando, apretando y sonriendo con los niños del pueblo. A cada pose le seguía un cambio de ropa. «Meghan es una verdadera humanitaria», decía Lara Dewar. Hablando de la «autenticidad» de Meghan, Dewar alabó su implicación con los niños, dejando que se sentaran en su regazo para el gusto del fotógrafo.

Una vez que regresó a la aldea, Meghan fue filmada admirando a los niños que pintaban imágenes de sus vidas en papel suministrado por la organización benéfica. El Proyecto Acuarela, concebido por el personal de Matt Hassell, ilustró el valor del trabajo de la organización benéfica para suministrar agua potable. Extrañamente, Dewar afirmó erróneamente que Meghan fue la «creadora» del proyecto. A lo largo de los cuatro días que duró el viaje, Meghan se mostró impecablemente considerada con el equipo de acompañantes. Se aseguró de que no se repitiera su experiencia en la ONU.

De vuelta a Toronto, Meghan organizó una fiesta para recaudar fondos para otro pozo. Gracias a ella, los Mulroneys y otras estrellas de Toronto acudieron a Lumas, una galería del centro de la ciudad, para ver las pinturas de los niños. Su dinero, explicó Meghan a los invitados, permitiría a más niños del pueblo ir a la escuela en lugar de pasarse el día acarreando agua. «Esta agua no es solo una fuente de vida para esta comunidad», dijo Meghan en el comentario del vídeo, «sino que puede ser realmente una fuente de imaginación creativa y de sueños y de esperanza en algo aún más grande de lo que pueden imaginar. Te sentirás muy bien al final del día sabiendo que has sido parte de eso».

Esa noche, sus esfuerzos recaudaron quince mil dólares canadienses, suficientes para construir otro pozo. El objetivo se había logrado. Al final, Surminski quedó desconcertada. El hecho de que los famosos utilizaran una desolada aldea africana como telón de fondo para las sesiones de fotos de moda era «inentendible». Meghan, concluyó, había «orquestado oportunamente el viaje para hacerse pasar por filántropa». Además, sus ambiciones eran muy evidentes. Estaba «en un camino con visiones de que algo bueno sucedería al final, pero su destino era desconocido». Gabor Jurina publicó las fotografías de moda en su página web. Ocho meses después, tendrían más valor.

El viaje a Ruanda coincidió con el final de la quinta temporada de *Suits*. El clímax de la serie iba a ser Rachel Zane a punto de casarse con Mike Ross. En el último momento, se cambió el guion. Ross ingresó en prisión por fraude y le dijo a Zane que no podía casarse con ella. El rodaje de la sexta temporada había comenzado y la séptima estaba a punto de ser encargada. Los honorarios de Meghan para la séptima temporada se incrementaron a ciento setenta y cinco mil dólares por episodio. La estrella, Gabriel Macht, que interpretaba a Harvey Specter, cobraba medio millón de dólares por episodio. A pesar de la tranquilidad que suponía la mejora de sus honorarios, Meghan intuía que la «vida» de Rachel Zane se acercaba al final. Pocas series de televisión llegaban a durar siete temporadas y el final sería repentino. Aunque eso resultó ser excesivamente pesimista —la cadena encargó otras dos temporadas—, Meghan estaba nerviosa por su destino profesional. Cuando terminara su contrato, debería relanzar su carrera de actriz.

Las tradiciones de Hollywood dictaminaban que la transición de un actor de la televisión a películas era muy difícil. Una vez que el público había identificado a un actor con un personaje, este necesitaba una ausencia para restaurar su «anonimato» y recuperar el interés del público.

En Hollywood, George Clooney fue aclamado como un actor prácticamente único, un precursor de esa transición. Otros, como Jennifer Aniston, le seguirían, pero se habían convertido en estrellas mundiales. Identificada por la pequeña audiencia como Rachel Zane, Meghan pasaría apuros económicos durante un periodo inactivo mientras la misma audiencia «olvidaba» a Zane. No podía esperar mucho trabajo en televisión y su escasa experiencia en los cinco años anteriores le confirmaba que no recibiría una gran bienvenida en Hollywood. Tenía que replantearse su vida.

Una oportunidad llegó durante un viaje a Nueva York. Para promocionar *Suits* reapareció en el programa de Larry King. En una actuación preparada de antemano, expuso su conocida presentación. En primer lugar, su exitosa campaña contra la publicidad de Procter & Gamble, los elogios al presidente Kagame y su campaña para empoderar a las mujeres: «Quiero ser feminista y también femenina... No importa cómo te veas, debes ser tomada en serio... Solo sé fiel a ti misma».

Las demás frases repetían los mensajes de *The Tig* para tranquilizar a las mujeres: «Eres más fabulosa si haces algo de valor en este mundo... Debes ser amable contigo misma... Habla contigo como si fueras tu propia mejor amiga... Tienes que defenderte». Retratándose a sí misma como modesta, frugal y poco exigente, reveló que le gustaba asumir riesgos, pero que era vulnerable y estaba sola: «No tengo un mentor. Necesito mucha ayuda». Por último, aconsejaba a los espectadores: «Si vale la pena cinco minutos, dale cinco años». Pocos se habrían dado cuenta de que estaba repitiendo la frase de Trevor Engelson. Lo que decía era siempre muy predecible.

Una vez más, John Fitzpatrick proporcionó a Meghan un bienvenido descanso de la rutina de Toronto. El hotel de tres estrellas Fitzpatrick, en el centro de Manhattan, no era el tipo de lugar en el que a Meghan le gustaba dejarse ver. En pleno invierno, ella preferiría haber estado sosteniendo su copa en el Carlyle o en el Mark. La marca Meghan estaba relacionada con el lujo en la ropa, comida y viajes. Hizo la excepción porque Fitzpatrick se había convertido en su pasaporte al corazón de la clase política estadounidense. El charlatán filántropo irlando-estadounidense le ofreció la oportunidad de romper con la rutina de su vida en Toronto.

El 17 de febrero de 2016, Fitzpatrick organizaba otra recaudación de fondos para Hillary Clinton. Treinta afluentes irlando-americanos estaban divirtiéndose con Bill Clinton en su apartamento privado. Nadie se sintió insultado por el hecho de que Hillary no pudiera separarse de su campaña. Muchos también estaban encantados de que Fitzpatrick hubiera invitado a Liam Neeson, la estrella de *Michael Collins*, un drama de Hollywood sobre el líder revolucionario irlandés. Para Fitzpatrick, que apoyaba una Irlanda unida, Neeson/Collins era un héroe. Ansiosa, Meghan aceptó fotografiarse entre Neeson y Fitzpatrick. Para su desgracia, la foto, mal iluminada, no reflejaba su belleza. Además, dijo mucho sobre la insignificancia de Meghan el hecho de que la estrella de Hollywood insistiera más tarde en que nunca la había conocido. A pesar de la fotografía, no tenía un solo recuerdo de ella. Meghan seguía siendo olvidable, pero no olvidó el evento. Salir entre los famosos en el mundo de los Clinton era un incentivo para seguir adelante.

Poco después de la visita a Nueva York, Meghan voló a las Islas Caimán. Gina Nelthorpe-Cowne le había organizado un discurso en la conferencia anual de una empresa financiera. Que la contrataran para el evento había sido una venta difícil. La principal ventaja de Meghan era su bajo coste. Como desconocida, sus honorarios eran de quince mil dólares, más gastos, y un billete de avión en clase *business*. Su solicitud de primera clase fue rechazada. Aunque Meghan solo podía pronunciar el mismo discurso sobre los derechos de la mujer que había pronunciado en la ONU en 2014 y en todas las ocasiones desde entonces, Nelthorpe-Cowne prometió una buena actuación.

Una vez acordado el contrato, Meghan instó a Nelthorpe-Cowne a que se encargara de incluir a Jessica Mulroney en el viaje con cargo al cliente. «Es mi mejor amiga», dijo Meghan, «y la necesito como esteticista y estilista». Y lo que es más importante, Meghan necesitaba que Mulroney le diera seguridad como confidente. El deseo de Meghan se cumplió. A lo largo del viaje, Meghan preguntó repetidamente a Mulroney: «¿Qué puedo hacer después de dejar de actuar?».

Meghan se enfrentaba no solo a un reto profesional, sino a una crisis personal. A los treinta y cinco años, quería tener hijos. Aunque Cory Vitiello era un buen hombre y sería un buen padre, se consideró que no era adecuado como padre del hijo de Meghan. Cory era un chef con pocas ambiciones en un país que ella percibía como poco glamuroso, y sus horizontes eran demasiado limitados. «Solo puedes hablar de una receta una cierta cantidad de veces», informó un amigo, haciendo eco del sentimiento de Meghan. «Y luego no hay nada más». Aunque la importancia social de Cory en Toronto había impulsado el estatus de Meghan, el valor del chef había disminuido. Él no podía promover las ambiciones de Meghan. Ella quería una verdadera celebridad, muchos millones de dólares y gloria personal.

Sus importantes visitas a Nueva York sellaron el destino de su relación. Después de cada viaje, él maldecía su ego como una «maldita escaladora social fuera de control». Ella retrocedía. Para Meghan, la vida con Cory, al igual que con Trevor, se había vuelto insatisfactoria. Solo viviría con Cory bajo sus condiciones. Después de un divorcio evitaría otro error. En repetidas ocasiones, le preguntó a una amiga si debía terminar la relación porque, según reveló, ya no amaba a Cory.

Los intentos de encontrar un nuevo novio durante el año anterior habían fracasado. En varias ocasiones se había intercambiado mensajes con Matt Cardle, ganador del programa de televisión *The X Factor*, sugiriéndole que se conocieran. Sus intentos terminaron cuando Cardle conoció a la mujer con la que finalmente se casó. Los acercamientos a otros famosos solteros mientras ella vivía con Cory seguían siendo desconocidos para el chef. A pesar de sus sospechas, Cory tuiteó ese mes: «Estoy muy orgulloso de mi chica». Profesionalmente, seguía en el mismo punto de la cinta. World Vision la había vuelto a nombrar embajadora mundial, y también podía esperar una segunda temporada de rodaje de su propia colección de ropa Reitmans. Con su rostro en las carteleras publicitarias de la ciudad y en las redes sociales, sería famosa entre los canadienses. Pero, como siempre, eso no era suficiente.

«Quiero tener éxito en casa», repitió durante el viaje a las Islas Caimán. Temía que el regreso a Los Ángeles acabara en una decepción. Nelthorpe-Cowne le ofreció una solución. «Ven a Londres», sugirió. La mejor esperanza de Meghan, explicó Nelthorpe-Cowne, era abrirse paso en Gran Bretaña y, con la fuerza de ese éxito, regresar a Los Ángeles. «Te presentaré a Matthew Freud», dijo Nelthorpe-Cowne, aunque secretamente temía que la consolidada agencia de relaciones públicas Freuds no estuviera interesada en una actriz desconocida. «Freuds podría crear tu marca en Gran Bretaña», continuó Nelthorpe-Cowne.

La palabra «marca» despertó el interés de Meghan. «Está bien», aceptó. «Pero no quiero quedarme mucho tiempo. Quiero volver a Los Ángeles. Quiero tener éxito en Los Ángeles, mi hogar». Había otro incentivo. Mudarse a Londres resolvería el problema de Cory. La ruptura definitiva con él se dilataba en el tiempo.

Algunos miembros del equipo de *Suits* notaron que el tono de Meghan durante el rodaje de la sexta temporada era más agudo, ligeramente agresivo. Como reflejo de su frustrada ambición, sus perspectivas después de la serie se estaban paralizando. Además de *The Tig*, solo existía *The Game*, una edición de coleccionista de un libro australiano editado por Samantha Brett. Cuarenta «mujeres pioneras», incluida Meghan, habían descrito sus vidas.

En su sección, Meghan recordó cuando era una colegiala que ayudaba en el comedor social de Skid Row, en Los Ángeles. María Pollia, su profesora de teología, «me había dicho que la vida consiste en poner las necesidades de los demás por encima de tus propios miedos... Recuerda que alguien nos necesita, y que tu acto de dar/ayudar/hacer puede convertirse realmente en una gran acción cuando pones tu mente en ello». El sermón de su profesora, dijo, «se ha quedado conmigo toda mi vida». También escribió que para ganar dinero cuando era adolescente había atendido a clientes en Humphrey Yogart en Beverly Hills por cuatro dólares la hora. Thomas Markle se quedó perplejo cuando leyó eso. «Nunca trabajó mientras estaba en la escuela», insistió.

La representación de su empobrecida juventud fue creciendo a medida que se iba integrando en el círculo de los Clinton y los demócratas. A principios de abril voló a Nueva York para asistir a otra de las celebraciones de John Fitzpatrick en su hotel en vísperas de las elecciones primarias. Doscientos simpatizantes vitorearon a los dos Clinton en el bar decorado con banderas irlandesas. Meghan expresó su apoyo a Hillary Clinton en el programa de televisión *The Nightly Show* de Toronto. En el mismo programa condenó a Donald Trump como «divisivo» y «misógino», un perdedor de votos entre las mujeres por «el tipo de mundo que está pintando». Trump, dijo ella, «ha hecho que sea fácil ver que realmente no quieres eso». Instó a los estadounidenses a votar por Hillary Clinton. Su opinión no provocó ningún comentario registrado en las redes sociales.

Meghan había llegado a un punto de inflexión. Después de pasar unos días con Cory en Nueva York, estaba segura de que su relación había terminado. Sospechaba que sería difícil sacarlo de la casa que habían alquilado conjuntamente y que las malas lenguas de Toronto harían su agosto. Además, su frustrante fracaso a la hora de encontrar una carrera interesante que siguiera a *Suits* y su fastidio con la vida en Canadá confluyeron durante dos días en Montreal en la primavera de 2016.

11

REITMANS — TOMA 2

El 13 de marzo, Meghan voló a Montreal para el segundo rodaje de Reitmans. Al entrar en el lugar —un antiguo restaurante llamado Auberge Saint-Gabriel— para la jornada de rodaje, la tensión era incómoda.

El contrato por ocho días de trabajo suponía para Meghan doscientos dos mil seiscientos veintiocho dólares, más un 7 % de royalties. El presupuesto total de cuatro millones de dólares canadienses, que se basó en la credibilidad de Meghan en el mundo de la moda, se presentó como «aspiracional sin ser alienante». Jeannie Vondjidis-Miller, directora de marketing, describió a Meghan como la «portavoz nacional» de Reitmans. «Queríamos a alguien con una perspectiva definida», dijo. Muy pronto, muchos de los miembros del equipo creativo asociado a la campaña se sintieron agotados por la perspectiva de Meghan.

Las discusiones sobre el concepto del anuncio —o el argumento— habían comenzado en febrero. El anuncio de treinta y cinco segundos para la campaña de verano se llamaba «La etiqueta». Meghan, los directores creativos contratados por la agencia Tank y John Grammatico, el director de la película, no estaban de acuerdo con el «concepto» que terminaba con Meghan pronunciando el eslogan «Reitmans... de verdad». Durante varias semanas, Meghan había expresado su descontento con el guion de Tank: un hombre guapo saca a Meghan a bailar en una fiesta para poder leer la etiqueta de su vestido. ¿Podría una mujer tan bella llevar realmente un vestido de Reitmans?

«¡En serio, esto no tiene sentido!», exclamó Meghan sobre el guion. «Soy una americana atrevida y si mi nombre va a estar en algo, voy a dar mi opinión». La directora de cuentas de Tank, Emmanuelle Thaon, y la directora creativa, Sophie Gaudet, se mostraron reacias a hacer cambios. En su opinión, Meghan no ofrecía ninguna idea alternativa que mereciera la pena, aparte de sugerir que una localización caribeña con un presupuesto de Hollywood sería mejor. A juicio de Meghan, los ejecutivos de la agencia de publicidad habían prometido a Reitmans más de lo que podían cumplir con el presupuesto.

El 4 de marzo las discusiones llegaron a su punto álgido. Tras feroces intercambios, se introdujeron algunos cambios en el guion, pero Meghan volvió a rechazarlos. «Se ha abierto camino con una máquina de demoliciones y no ha dicho ni una sola palabra amable», se quejó uno de los miembros del equipo. Nadie se enfrentó a ella. Cuando la discusión llegó a su punto álgido, Meghan cortó la línea telefónica. Esa noche, John Grammatico, un director conocido por ser un profesional sin ego, envió un correo electrónico a la directora creativa de Tank. Le instó a acordar una solución para evitar costosos enfrentamientos que hicieran perder el tiempo durante el propio rodaje. Meghan, sugirió Grammatico, no estaba del todo equivocada. La agencia estaba centrando el anuncio en la marca Reitmans y en el vestido. Como todas las estrellas, Meghan quería que el foco de atención fuera ella misma. «Necesita que la halaguen», escribió, «y tiene razón. Los famosos quieren ser los héroes».

La solución fue «poner a Meghan al mando, porque es guapa y famosa y tiene el control». En lugar de que el hombre mire a la marca, sugirió Grammatico, debería mirar a Meghan. A regañadientes, el director creativo aceptó. Grammatico reescribió el guion. Su guion tenía garra. Al final de su baile, unas mujeres desconocidas pero celosas que observaban a los bailarines intentaban echar un vistazo a la etiqueta del impresionante vestido de Meghan y se enfrentaban a ella. Cuando se daba la vuelta en la pista de baile, les decía a las mujeres con una sonrisa: «Reitmans… de verdad». La solución de Grammatico fue aceptada. Pero la semilla de la discordia ya estaba sembrada. Un año después de la primera campaña, Meghan estaba descontenta de que su «marca» estuviera ligada a Reitmans. No solo estaba asociada a una marca de baja calidad, sino que su nueva ropa era decididamente poco atractiva. Además, creía que merecía algo mejor. Para demostrar su importancia, exigía un trato especial adicional. Descontenta de que su suite ejecutiva de mil quinientos treinta dólares canadienses por noche en el hotel Place d'Armes de Montreal fuera solo un dormitorio principal, un salón y un tocador, Meghan exigió que la agencia le reservara una suite más grande en el hotel Gault, más caro. «Ella insiste», dijo su agente. El equipo de producción se resistió. «Quiere fotos de las habitaciones del hotel y de las habitaciones que le han asignado en el plató», gritó su agente.

A continuación, Meghan exigió que la registraran en el hotel con un alias, Jane Smith. «Su identidad debe mantenerse en secreto», dijo su agente, Lori Sale. «Meghan no quiere ser molestada por el personal del hotel, los otros huéspedes o los fotógrafos». El equipo de producción estaba desconcertado. Nadie en el Montreal francófono conocía a Meghan. Finalmente, el hotel rechazó la petición. Registrada con su propio nombre, ningún paparazzi se reunió fuera del hotel.

Dentro de la habitación del hotel, las quejas de Meghan alcanzaron otro nivel. Ignorando los arreglos florales, las botellas de su vino favorito e incluso un bolígrafo de caligrafía especial cuidadosamente colocado en las mesas, criticó el albornoz y las zapatillas Tempurpedic del hotel. Quería Dior. El té no era la mezcla adecuada y el zumo verde vegano estaba caliente.

La llegada de Meghan al plató a las 7:10 de la mañana fue anticipada. «Allí viene la princesa», dijo un asistente. Meghan entró en el restaurante con cara de circunstancias, evitando el contacto visual con el equipo. Su agente había exigido que solo los pocos designados en el plató estuvieran autorizados a hablar con ella. Esa orden se había transmitido a los cincuenta y ocho miembros del equipo de producción canadiense. Con una sonrisa forzada, desapareció en el piso de arriba, en su camerino. El murmullo entre los miembros del equipo de producción fue venenoso: «Es una falsa».

Se habían asignado dos horas para completar su peinado y maquillaje y, a petición suya de última hora, para pintarse las uñas. Animadamente durante esa sesión, Meghan habló de la vida con Félix, su peluquero de confianza. La manicurista, una mujer de unos treinta años, se unió a la conversación. Según los implicados, Meghan se mostró grosera y desagradable. La manicurista se quedó atónita. Se hizo el silencio mientras se

terminaban las uñas. La manicurista fue despedida. Salió del local llorando. «Esa situación inusual me causó estrés», confesó más tarde. «Todavía
me persigue».

A lo largo del día, Meghan apareció para sus fotos escoltada por su
séquito —Félix, el peluquero, y Marco, el maquillador— y luego volvió a
su habitación. Ambos tenían órdenes de no separarse de ella. Un miembro del equipo señaló que «siempre estaba harta, suspirando, resoplando
y poniendo los ojos en blanco. Trabajar con ella era muy duro». Otro
observó que se mostraba «supercariñosa» con Félix y Marco y, a los pocos
segundos, se dirigía al equipo y se mostraba «superdesagradable». La ropa
de marca propia de Reitmans que se esperaba que llevara, dijo Meghan,
era insatisfactoria. Definitivamente inferior a la de Chanel.

Las quejas de Meghan provocaron que los miembros del equipo se
burlaran a sus espaldas. «Está aquí por su ego, no por el arte», dijo otro
miembro del equipo poco impresionado con su actitud. En ocasiones, se
negaba abiertamente a seguir las indicaciones de John Grammatico o le
pedía que cambiara su ángulo. Grammatico explicaba pacientemente sus
intenciones. Nadie se atrevía a contradecir a Meghan. Mantener sus puestos de trabajo dependía de satisfacer sus exigencias. El único consuelo era
la actuación de Meghan. Delante del objetivo se transformaba en un icono cálido y glamuroso. La cámara la amaba y ella amaba a la cámara.

Lo malo fueron las discusiones. Al final de las doce horas de rodaje,
el equipo terminó para evitar el pago de horas al triple. Se habían preparado diecisiete planos en el *storyboard*. Debido a los desacuerdos, Grammatico no pudo grabar dos planos críticos.

Al día siguiente, el ambiente se deterioró. La nueva ubicación era un
loft de la calle Saint Pierre. Durante doce horas, Meghan rodaría un vídeo
de consejos de moda para la página web. Como los requisitos técnicos
eran menores que para un anuncio, el equipo de iluminación y sonido
era notablemente menor. A las 7:10 de la mañana llegó Meghan, dando a
entender a algunos que no estaba convencida de la campaña. Para satisfacer otra de sus exigencias, el personal de vestuario había comprado un
par de caros zapatos de ante beige de Aquazzura elegidos por Meghan.

Desde su camerino, se oyó a Meghan quejarse de la producción, la ropa,
el estilo y el guion. En particular, insinuó que Jeannie Vondjidis-Miller, la

ejecutiva de marketing de Reitmans, carecía de sentido de la moda. Como represalia, los miembros del equipo empezaron a hablar en francés. «Meghan se sintió ofendida», recuerda una persona. «Se lo tomó como algo personal».

Durante el rodaje, le preguntaron a Meghan: «¿Qué mujer canadiense te inspira?». Se rio y pidió ejemplos. «Ninguna me inspira», respondió. «No puedes obligarme a decir algo que no quiero o en lo que no creo».

De nuevo, nadie se atrevió a desafiar a la estrella, excepto John Grammatico. «No me gusta la toma», se quejó Meghan. Al principio, sus peticiones de cambios en los ángulos fueron rechazadas. Hacia el final del día, Grammatico cedió. «Como sea…», suspiró, y obedeció. Al final, se daban miradas cargadas de tensión.

«¡Corten!», gritó el asistente exactamente a las siete de la tarde. El agente de Meghan ya había llamado para avisar de que su cliente no iba a rodar ni un minuto más. Tenía prisa. No dio los habituales «Gracias» o «Hasta luego». Meghan se marchó. Para sorpresa del personal de vestuario, se olvidó de dejar los zapatos Aquazzura. Por error, salió del apartamento con ellos puestos. «Es la última vez que trabajamos juntos», murmuró Grammatico con precisión.

«Es un placer sufrir contigo», refunfuñó un ejecutivo de cuentas a un camarógrafo. «Definitivamente es la persona más mala que he conocido. Solo digo», publicó en Facebook Jean Malek, el tercer director. Otra mujer del equipo fue más específica. Como fan de *Suits* y de Meghan desde hace mucho tiempo, tenía muchas ganas de trabajar con la actriz: «En cambio, pensé que era una matona llena de un complejo narcisista que hizo que todo el mundo caminara de puntillas, así como que los equipos de la agencia y de la producción trabajaran las veinticuatro horas del día bajo un tremendo estrés sin ninguna demostración de aprecio. La mayoría de las veces haciendo críticas sarcásticas, condescendientes y degradantes».

Las consecuencias amenazaron el tercer día de rodaje: Meghan iba a modelar unos vaqueros Reitmans. Para rescatar la campaña, el presidente de ventas de Reitmans, Walter Lamothe, se reunió con Lori Sale en un hotel de Los Ángeles. Durante el rodaje, dijo Lamothe, Meghan se había maquillado y había despotricado contra el equipo, el personal creativo y los ejecutivos de Reitmans. «Está fuera de control», dijo uno de ellos. El problema, explicó Lamothe, era si Meghan estaba dispuesta a cumplir el contrato y promocionar la gama en televisión.

Su agente llamó a Meghan. «Ese tipo de comportamiento no volverá a ocurrir», le dijo. La agente ordenó a su cliente que enviara disculpas escritas a mano y que cumpliera su contrato. No hubo disculpas, pero, ante la insistencia de Meghan, se contrató a otra productora para el tercer día de rodaje.

Como era de esperar, el miedo que generó Meghan hizo que algunos miembros de su equipo fueran reacios a describir sus experiencias. Jeannie Vondjidis-Miller, a la que se vio en el segundo día de rodaje reducida a lágrimas y que abandonó Reitmans tras el rodaje, llegó a otro extremo. Recientemente describió su relación con Meghan como «excelente. Disfruté mucho de la colaboración y su aportación fue bien recibida. Fue amable, atenta y se comportó como una profesional».

Los espectadores nunca se darían cuenta de la agitación asociada a la producción. Enamorada de la cámara, Meghan se convirtió en una persona diferente durante los breves minutos de rodaje. El resultado del anuncio, muy bien rodado, retrató a Meghan en su mejor momento. Una película separada del trabajo de Meghan para diseñar cuatro vestidos para la gama Meghan Markle fue profesional. Su representación encajó de forma extraña con sus comentarios posteriores sobre haber visto el rodaje de *Married with Children* con su padre veinte años antes: «Vi cómo se cosificaba a las mujeres y supe que no quería que se me viera de esa manera». Un comentario en Facebook sugería que la campaña de Reitmans la había hecho caer en la misma trampa: «Parece que está entrando en un plató porno. Ni siquiera podemos ver bien el vestido». Durante un programa especial de televisión, Jessica Mulroney estuvo de acuerdo. Llamó a uno de los trajes «un vestido de pose porno con un lazo en el coño».

Durante la postproducción de los anuncios, Meghan envió innumerables comentarios y peticiones sobre cambios en el color de su barra de labios y su cintura. Una petición relativa a una fotografía en la que aparecía sentada con las sandalias abiertas generó especial alegría: «Por favor, arréglame los pies; la gente me masacra en Internet por [sic] mis pies, tristemente. Tengo una cicatriz en el pie izquierdo y el derecho no es el más bonito (dedo largo, etc.), si pudieras arreglarlo para que no distraiga de la toma sería increíble. Es una tontería, lo sé. Pero confía en mí...».

Para lanzar la nueva campaña en Toronto, Reitmans organizó un almuerzo el 5 de abril para periodistas de moda. La posible presencia de Jessica Mulroney hizo que Meghan se pusiera histérica. La decoración de la mesa, las flores y el menú, gritó a su agente Lori Sale en Los Ángeles, eran terribles. «¿Qué dirá Jessica Mulroney?», se lamentaba. Sale señaló que su pequeño público de Los Ángeles nunca había oído hablar de Mulroney.

En televisión, Mulroney elogiaba los *leggings* de piel sintética y el poncho de mezcla de cachemira de Reitmans. En el mismo programa en directo, Meghan promocionó la ropa fabricada por Forever 21. La empresa fue criticada por pagar a sus trabajadores en Los Ángeles tan solo cuatro dólares por hora, y una media de siete dólares por hora, y obtuvo una puntuación de dos sobre cinco en «Prácticas laborales éticas», y en «Esfuerzos para reducir los residuos».

Una vez que el polvo se asentó, Reitmans estaba satisfecho. Los anuncios se atribuyeron el aumento de sus ventas en más de un 20 %. Olvidando su enfado, Meghan habló del anuncio de televisión y de las carteleras publicitarias con su cara por todo Canadá como algo que le cambió la vida. «Es un gran momento», dijo.

12

LIMBO

La amistad con los famosos unió a Meghan y a Markus Anderson, gerente de Soho House en Toronto, en una causa común. Ambos buscaban a personas famosas para mejorar su fortuna profesional.

Esa búsqueda fue especialmente importante para Meghan en la primavera de 2016. Como preparación para otro viaje a Londres en junio, necesitaba más contactos en la capital. Conociendo la importancia que Meghan concedía a los famosos, Anderson le presentó a la princesa Eugenia, hija del príncipe Andrés y Sara Ferguson. Al igual que sus padres, Eugenia apreciaba los regalos y codearse con los ricos y famosos. Tras el encuentro, Meghan se planteó llamar a la princesa durante su próxima visita a Londres. Eugenia era de las que podía ayudarla.

Antes de que el rodaje de *Suits* se interrumpiera por las vacaciones de verano, Meghan y Cory volvieron a discutir cómo terminar su relación. Él tendría que mudarse de su casa común. Algunos pensaron que ella se estaba cubriendo las espaldas. Otros creyeron su posterior explicación de la ruptura que era que Cory «no quería sentar la cabeza». En realidad, Cory se sentía aliviado de que ella hubiera tomado la iniciativa antes de marcharse a Europa.

Tal y como se había acordado, Nelthorpe-Cowne había conseguido con dificultad alojamiento gratuito en el hotel de cinco estrellas Carlton Tower, en Knightsbridge. A cambio de posar para la portada de la revista del hotel y otras publicidades promocionales en *The Tig* y sus cuentas de Instagram y Twitter, podría quedarse una semana.

«Mi colega y yo nos dirigimos a su habitación en el Carlton», recuerda Nelthorpe-Cowne, «y en el camino había un loro sentado en una jaula. Meghan miró al loro y miró a mi colega y dijo: "No puedo quedarme aquí por culpa del loro"».

La descripción de la escena por parte de la «colega» fue más colorida: «Meghan se puso completamente furiosa. Fue realmente desagradable».

Meghan se marchó inmediatamente. Nelthorpe-Cowne organizó el alojamiento en el Hotel Soho. «Me di cuenta de que tenía toda la razón», dijo Nelthorpe-Cowne. «Los animales salvajes deben estar en la naturaleza y no en jaulas».

Una vez instalada en su habitación, Meghan bajó a almorzar con el codirector de Nelthorpe-Cowne y un agente literario muy respetado, Adrian Sington, y su asistente. Semanas antes, Meghan había pedido a Sington que redactara una sinopsis para un libro propuesto por ella basado en *The Tig*. Titulado *Think Beautiful*, el propósito de Meghan era potenciar su marca promocionando los productos, restaurantes y lugares que aparecían en su página web para ayudar de forma integral a las mujeres a superarse. Tras su arrebato en el hotel, Sington no sabía cómo se comportaría Meghan. A lo largo de los meses anteriores, muchos en la agencia habían empezado a desconfiar de su cliente. Pensaban que el humor de Meghan era imprevisible. Llamaba regularmente a la agencia para exigir que se hicieran reservas en restaurantes o eventos en previsión de su llegada a Londres. Inevitablemente, cancelaba o cambiaba sus exigencias. Durante esas llamadas telefónicas, Sington se sintió perturbado por lo que presenció. Vio a una mujer joven reducida a las lágrimas por lo que ella llamaba «el tono pasivo agresivo de Meghan».

En esta ocasión, Meghan se sentó tranquilamente a comer. Su metabolismo requería la cantidad adecuada de comida en un momento preciso. Pero, mientras comía, dirigió en silencio su veneno hacia Sington. Su sinopsis, dijo Meghan, contenía un capítulo propuesto llamado *Cómo ser una mejor mujer*. El capítulo se centraba en las opciones de la mujer para mejorar su atractivo sexual.

Meghan, dijo Sington, se enfureció con él. Se quejó de que había introducido el sexo en su propuesta. Él se sorprendió. Meghan publicaba regularmente mensajes en *The Tig* recomendando pociones y poses para asegurar el interés de un hombre. Pero Meghan seguía un patrón ya conocido. En esta ocasión, su ira se dirigía al experimentado agente. Parecía deleitarse en humillar a la gente. Su razón de ser, concluyó Sington, parecía ser manipular a los hombres. Se preguntaba, ¿sería el resultado de su «terrible envidia»? Al final de la comida, ella se fue a su habitación. «Es una de las personas más desagradables con las que hemos tratado», dijo Sington más tarde a Nelthorpe-Cowne. Para entonces, Meghan también había dicho a la agencia: «Olvida el libro y olvídate de él. No quiero volver a estar en la misma habitación que él».

Esa misma tarde, Meghan volvió a reunirse con el fabricante de relojes suizo. Finalmente, se acordó un contrato de promoción. El contrato, de completarse, podría llegar a tener un valor de quinientos mil dólares.

Por la noche, Meghan volvió a hablar con Nelthorpe-Cowne sobre la búsqueda de un inglés para casarse. De nuevo mencionó al futbolista Ashley Cole. Nelthorpe-Cowne se sorprendió. No solo había oído hablar del desagradable pasado de Cole, sino que en una reciente entrevista con la revista *GQ* Meghan había explicado cómo un hombre podía impresionarla con amabilidad, confianza y encontrando la línea correcta entre lo gracioso y lo vulgar. No le gustaban los hombres que pasaban demasiado tiempo en el baño, pero le encantaba cómo «los británicos se visten para el frío». Ashley Cole cumplía pocos de sus requisitos, pero hacía sospechar, a pesar de sus negativas, de una relación.

A continuación, Meghan se dirigió al Mediterráneo para pasar unas semanas en Ibiza y Amalfi con Markus Anderson, Jessica Mulroney y Misha Nonoo. Los cuatro eran espíritus afines, cada uno de ellos anhelaba formar parte de la jet set. La emoción de subirse a un avión privado y volar a cualquier parte del mundo por encargo era uno de sus sueños.

En realidad, el día a día de Meghan era totalmente convencional. No había peligro, ni riesgo, ni amenaza para su supervivencia. Ella no era parte de un conjunto notable. Su vida era una actuación para un público limitado en un pequeño escenario. Formando parte de la multitud, pasaba por las terminales aéreas, los taxis y los hoteles en un anonimato casi total. Sus problemas eran conocidos por todos los actores desconocidos y solteros de treinta y tantos años: el miedo a la soledad y la inseguridad personal y económica.

Profesionalmente, no podía quejarse de un potencial insatisfecho. Nunca se había esforzado por ser diferente, ni por rebelarse, ni por juzgarse a sí misma frente a espectaculares actuaciones teatrales. Daba la impresión de ser una persona satisfecha consigo misma. Rara vez confesaba su falta de confianza en sí misma. Su autocrítica se limitaba a las superficialidades cosméticas. En *The Tig* nunca insinuó una curiosidad intelectual o un mundo interior. Nunca se la oyó sufrir ninguna inquietud por vencer un nuevo reto. La mayor influencia en su vida hasta ese momento parecía ser el personaje creado por Aaron Korsh, Rachel Zane, una ambiciosa, fluida, sexy y superficial *fashionista* con pasión por la comida.

El matrimonio, y la búsqueda de una pareja bien financiada, era lo más importante en las conversaciones de los veraneantes en las playas del Mediterráneo y durante las comidas. Para entonces, el matrimonio de Misha Nonoo estaba en crisis. Había descubierto los inconvenientes de pertenecer a la clase alta británica. Aunque Alexander Gilkes presumía de ser amigo de los príncipes Guillermo y Harry, de la princesa Eugenia y de Madonna, su perspicacia financiera era poco impresionante. Su negocio no era rentable. Nonoo temía que cualquier acuerdo de divorcio estipulara que ella le pagara dinero.

Meghan también fue testigo de los peligros de las finanzas. Su padre estaba a punto de declararse en quiebra por segunda vez. En septiembre de 2016 debía a una empresa de tarjetas de crédito treinta mil dólares y más del doble de impuestos. La deuda de la tarjeta de crédito se había disparado con intereses del 28 %. Como era de esperar, Meghan estaba preocupada por su propia seguridad financiera y por encontrar un marido.

Encontrar a Meghan un inglés adecuado se convirtió en una cuestión urgente. Sus perspectivas se discutieron después de aterrizar en Hidra, una isla al sur de Atenas. Su mejor amiga, Lindsay Roth, organizaba una despedida de soltera de fin de semana antes de casarse con un actuario británico. El príncipe Harry surgió en la conversación. Nonoo lo había conocido a través de Gilkes. Harry era ciertamente elegible, pero tenía fama de ser un poco irresponsable con las mujeres.

Desde Grecia, Meghan se dirigió a Londres para promocionar *Suits* y a sí misma. Una vez más se encontró con Lizzie Cundy. De nuevo hablaron de la posibilidad de que Meghan apareciera en un programa similar a *Made in Chelsea*. También reafirmó su eterno interés por los ingleses. Una vez más, Cundy no pudo ofrecer a nadie adecuado.

Meghan había sido contratada para vestir de Ralph Lauren durante la quincena de Wimbledon. El torneo comenzó el 27 de junio. Por suerte para Meghan, la recién nombrada publicista de Ralph Lauren era Violet von Westenholz, una *socialité* de treinta y un años con buenos contactos. Su padre, Piers, decorador de interiores y anticuario, era un viejo amigo de la esposa del príncipe Carlos, Camilla. Durante las visitas de fin de semana de Carlos a la casa de campo de Westenholz en Hertfordshire y durante las vacaciones familiares conjuntas, sus hijos Violet y Harry habían jugado juntos. Durante una conversación con Westenholz en Wimbledon, Meghan mencionó esa conexión. Con su empatía, convenció a Violet, un alma sensible, para que organizara una cita a ciegas con Harry. Antes de aceptar, Westenholz envió a Harry fotos de Meghan.

Meghan también había quedado con Piers Morgan ese mismo día, el atrevido exeditor de periódicos. Durante las semanas anteriores habían intercambiado varios mensajes en Twitter. A Morgan le impresionó la actuación de Meghan en *Suits* y ella, como siempre, estaba dispuesta a persuadir a los periodistas británicos para que la tomaran en serio... y crear un perfil.

Se reunieron en la taberna Scarsdale de Kensington, el pub favorito de Morgan. Según cuenta, disfrutaron de su conversación. Meghan pidió a Morgan que la invitara a *Good Morning Britain*, su programa televisivo de desayuno. Su respuesta entusiasta, ella lo sabía, no era un compromiso. Al subir a un taxi después de noventa minutos, él se despidió pensando que ella se dirigía a un club de Mayfair. No tenía ni idea de a quién esperaba conocer durante su visita.

Solo en retrospectiva se dio cuenta de que, en última instancia, se dirigiría a una audición en la que se le exigiría su actuación más convincente.

Poco después, en un lenguaje notablemente animado, Harry aprobó la sugerencia de von Westenholz de reunirse con Meghan.

Una vez acordado el encuentro, Meghan pidió a Markus Anderson que reservara una sala privada en el Soho House de Londres. En la víspera de su encuentro, Meghan envió a su padre una nota que terminaba así: «Te quiero con todo mi corazón ahora y siempre. Con amor, Bean». Como ella siempre le había enviado una tarjeta de San Valentín, a él no le sorprendió el cariño.

El viernes 1 de julio, a la hora de comer, Meghan y Gina Nelthorpe-Cowne se encontraron en The Delaunay, un restaurante de moda en Aldwych, cerca de Covent Garden. Para su pesar, Nelthorpe-Cowne no pudo informar de ningún éxito en el lanzamiento de la carrera de Meghan en Londres.

Sorprendentemente, Meghan parecía no estar interesada. Antes de que empezaran a comer, susurró: «Esta noche tengo una cita».

«¿Con quién?», preguntó Nelthorpe-Cowne. No pudo oír la respuesta: «Meghan susurró en voz tan baja que tuve que pedirle que lo repitiera». Cuando lo hizo, Nelthorpe-Cowne se mostró incrédula. «No podía creer lo que estaba oyendo, pero creo que ella tampoco podía creerlo. Las dos estábamos muy emocionadas. Le pregunté en broma si sabía en qué se estaba metiendo y me dijo: "Bueno, va a ser una experiencia y al menos será una noche divertida"».

Contemplando a su cliente, Nelthorpe-Cowne pensó: «Vi lo impresionante que era y solo pensé: "Es imposible que él pueda resistirse a ella"».

Mientras Meghan seguía susurrando emocionada, Nelthorpe-Cowne interrumpió: «¿Sabes lo que estás haciendo? ¿Sabes algo de él?».

Meghan respondió: «He buscado a Harry en Google. He leído en profundidad sobre su vida». A Nelthorpe-Cowne no le quedó ninguna duda de que Meghan había investigado cuidadosamente todos los aspectos de Harry y su vida pasada. Entendía perfectamente al hombre que estaba conociendo: necesitado de atención, volátil, infeliz y buscando un alma gemela.

«Entendí lo que quería», recuerda Nelthorpe-Cowne. «Su sueño de conseguir un príncipe estaba incluso escrito en uno de sus antiguos blogs». En la boda de Kate con el príncipe Guillermo en 2011, Meghan había escrito: «Las niñas sueñan con ser princesas. Y las mujeres adultas parecen conservar esta fantasía infantil. No hay más que ver la pompa y las circunstancias que rodean la Boda Real y las interminables conversaciones sobre la princesa Kate».

Nelthorpe-Cowne salió del restaurante con un pensamiento: «Meghan está soñando a lo grande».

13

UN PRÍNCIPE CON PROBLEMAS

En 2016, el príncipe Harry era un joven de treinta y un años herido, inseguro y subempleado. Durante los quince años anteriores se había hecho famoso en los medios de comunicación por ser un fiestero salvaje. Sin embargo, a pesar de una serie de incidentes —disfrazarse de nazi para una fiesta, llamar «paki» a un compañero cadete de Sandhurst y atacar borracho a un fotógrafo a la salida de un club nocturno—, Harry siempre fue perdonado tras las disculpas de un portavoz del Palacio de Buckingham.

A diferencia de su padre, Harry era ampliamente adorado como un buen muchacho al que muchos hombres y mujeres querían proteger. Pero más allá de la mirada del público, en los últimos meses Harry se había tornado solitario y desamparado. Al ver la felicidad de Guillermo con Kate y sus dos hijos, se había vuelto vulnerable. La investigación de Meghan Markle sobre Harry puso de manifiesto las razones de su infelicidad, pero ni siquiera ella podría haber comprendido la profundidad de su desesperación antes de que se conocieran.

La pérdida de un padre es una tragedia para cualquier niño. La pérdida suele ser mitigada por el amor del progenitor superviviente, por los abuelos y, a veces, por un padrastro o madrastra. Pero en 1997, cuando Diana murió poco antes de su decimotercer cumpleaños, Harry se sintió inusualmente desamparado.

Durante toda su infancia, Diana había tolerado los problemas de su hijo. Sin limitaciones, el joven Harry era conocido por el personal de su madre como un opositor que hacía lo contrario de lo que se le decía.

A medida que crecía se volvía cada vez más indisciplinado. Su padre y su familia extendida observaba impotente cómo el chico se negaba a comportarse y rechazaba la educación. Después de que intentara sin éxito aprobar su examen de ingreso en Eton, sus familiares reconocieron que la ignorancia de Harry se estaba convirtiendo en arrogancia. Esa realidad se ocultó durante el funeral de Diana.

La imagen del niño afligido caminando detrás del féretro de Diana por Londres evocó una sentida simpatía en todo el mundo. Harry diría que el funeral tuvo un profundo efecto. «Creo que lo más duro fue la caminata», dijo Guillermo en 2017. «Fue una caminata muy larga y solitaria. Fue ese equilibrio entre el deber y la familia, y eso fue lo que tuvimos que hacer». El ancla de Harry durante los meses siguientes fueron sus abuelos, su padre Carlos y su cariñosa niñera, Tiggy Legge-Bourke. «Él estaba ahí para nosotros», dijo Harry a sus veinte años sobre Carlos. «Hizo lo mejor posible y se aseguró de que estuviésemos protegidos y cuidados. Pero, ya sabes, estaba pasando por el mismo proceso de duelo».

La relación más importante de Harry era con Guillermo. Dos años mayor, Guillermo era más inteligente pero, como hermano mayor, más afectado por la tempestuosa relación de sus padres.

«Te odio, papá. Te odio tanto», le gritó a Carlos mientras presenciaba otra discusión con Diana. «¿Por qué haces llorar a mamá todo el tiempo?».

Sin perdonar a Carlos, Guillermo explicó a Harry la realidad del adulterio de su padre. Ambos culpaban a Camilla de la infelicidad de su madre y de la destrucción del matrimonio de sus padres. Les molestaba que, tras el divorcio de sus padres, Carlos hubiera dedicado su tiempo a apuntalar su tambaleante estatus y a consolidar su relación con Camilla. Tras la muerte de Diana, los intentos de Carlos de establecer una relación estrecha con sus hijos se vieron socavados por su adulterio. Guillermo se mostró abiertamente antagónico con Carlos; mientras que Harry, tras ingresar en Eton en su segundo intento, se mostró algo más tolerante. Ambos evitaron durante algún tiempo encontrarse con Camilla cuando esta se alojaba en Clarence House, la casa londinense de Carlos. Su antipatía se reavivó después de que se culpara a Camilla de la marcha de Tiggy Legge-Bourke.

Unidos por el divorcio, la tragedia y la ira, la supervivencia de los hermanos recaía en su mutua dependencia. Guillermo, que cuidaba de Harry desde el día en que nació, era tan infeliz como su hermano. Maleducado en la escuela, «*Basher Wills*[8]» no podía resistirse a hacer valer sus privilegios, a veces de forma violenta, recordando a los demás su destino como futuro rey.

Buscando la paz y la aceptación, Carlos toleró esa audacia. Pasando su tiempo con Camilla o fuera de sus obligaciones oficiales, Carlos hizo la vista gorda a sus caprichosos hijos adolescentes. Había habilitado un sótano en Highgrove para sus fiestas de fin de semana. En su ausencia, el club, famoso por su generoso suministro de alcohol y su tolerancia a las drogas, contaba con el impulsivo Guillermo como anfitrión, con el apoyo de Harry. Siempre que surgían problemas, Harry asumía la culpa para proteger al heredero y ocultar su explosivo temperamento.

En el año 2000, después de que Guillermo dejara la escuela para pasar un año sabático, «Hash Harry[9]», de quince años, rebautizó el sótano de Highgrove como Club H. El anfitrión se hizo famoso por el exceso de alcohol y tabaco. Dos años más tarde, después de que Guillermo empezara a estudiar en la universidad de St. Andrews, el *News of the World* intervino ilegalmente un teléfono móvil, descubrió las fiestas de Highgrove y proclamó: *Exclusiva mundial: la vergüenza de las drogas de Harry*. El titular del periódico en enero de 2002 era un tanto artificioso. Probablemente, Guillermo fue más culpable que Harry, pero, como insistió el asesor de Carlos, Mark Bolland, «Guillermo tiene que parecer perfecto y Harry tiene que soportar la presión». Al proteger al heredero, Harry no protestó. A Guillermo le gustaba tener el control y Harry aceptaba acríticamente el poder de su hermano.

Sin embargo, la falta de honestidad del periódico le irritó. Harry sabía que el *News of the World*, convencido de que Carlos no era su padre, buscaba un mechón de su pelo para comprobar si el ADN coincidía con

---

8. Nota de la traductora: En inglés, «*basher*» es una persona que acosa físicamente a otros.

9. Nota de la traductora: Apodo que se otorgó al príncipe Harry por su afición al cannabis.

el de James Hewitt, que fue novio de Diana durante cinco años. El periódico fracasó, y el Palacio de Buckingham desestimó la sugerencia explicando que su romance había comenzado más de un año después del nacimiento de Harry. Pero su propia legitimidad preocupaba a Harry. Algunos en el palacio estaban convencidos de que Diana sí tuvo un amante no identificado después del nacimiento de Guillermo y que ese hombre, y no Carlos, era el padre de Harry. Se sabe que tuvo un romance con Barry Mannakee, su oficial de protección en 1985, el año después del nacimiento de Harry. Aún no se sabía si también tuvo un amante a finales de 1983.

Los rumores inquietaron a Harry, entre otras cosas porque, aparte de Carlos, había otras cargas embarazosas. Hasta la publicación en junio de 1992 del libro de Andrew Morton, *Diana: Her True Story*, pocos creían que Carlos hubiera abandonado a Diana o que esta fuera infeliz. Como Diana era rica y hermosa, no había muchos que pensaran realmente que sus problemas pudieran ser tan graves.

El Palacio de Buckingham desconfiaba de la veracidad del libro hasta que *The Sun* publicó una cinta sonora de Diana, alias «Squidgy», hablando con James Gilbey, un novio casado, y el *Sunday Mirror* publicó una cinta de Carlos hablando con Camilla en los términos más morbosos y sexuales. Entre las ocurrencias de Carlos estaba su broma de que podría acabar como un Tampax con su «suerte de ser arrojado por un retrete... y quedar atascado».

La sensacional representación de Diana, sola y angustiada, perjudicó a Carlos. A partir de entonces, los escándalos de la familia real rara vez salieron de las portadas. En rápida sucesión, el príncipe Andrés y Sarah Ferguson se separaron, la princesa Ana se divorció de Mark Phillips, y el 9 de diciembre de 1992, Diana y Carlos se separaron legalmente. Mientras las ruinas del castillo de Windsor seguían siendo reparadas tras un incendio, la biografía autorizada de Jonathan Dimbleby sobre Carlos y su documental televisivo de 1994 no solo confirmaron la larga relación del heredero con Camilla. También llevaron a la exposición del romance de cinco años de Diana con el capitán James Hewitt, que había terminado en 1991.

En la Batalla de los príncipes de Gales, Diana marcó el último penalti en una entrevista en *Panorama* en noviembre de 1995. «Éramos tres en este matrimonio», dijo a la BBC, «así que éramos demasiados». Ni Carlos ni Diana tuvieron en cuenta el daño que estas entrevistas causaron a sus hijos, lo que justificó la queja de Harry años más tarde: «Todo tipo de penas y mentiras e ideas erróneas te atacan desde todos los ángulos».

Los hermanos crecieron convencidos de que los medios de comunicación habían matado a su madre. La santa Diana, en su opinión, fue destruida por los periodistas que la persiguieron sin descanso. Durante años, los *paparazzi* habían perseguido y provocado a su madre para obtener beneficios. Una sola fotografía podía valer miles de libras. Ella había sido víctima de la deshonestidad de ellos.

Ninguno de los dos príncipes quiso aceptar que Diana jugara con los medios de comunicación en su propio beneficio. Con frecuencia, avisaba a los fotógrafos sobre su paradero y posaba para las fotos. Escudándose en su engaño, colaboró con entusiasmo con los periodistas para vengarse de Carlos, especialmente con Andrew Morton, Richard Kay del *Daily Mail* y Martin Bashir. Sus motivos eran complejos y estaban sembrados durante su propia e infeliz infancia y más tarde, mientras intentaba recoger los pedazos de su naufragada vida. Ninguno de los hijos comprendió lo que los allegados a Diana presenciaron: la autodestrucción sin remordimientos de su madre.

Eran demasiado jóvenes para entender sus relaciones íntimas con una serie de hombres atrevidos. Lo más espectacular es que su profunda infelicidad la había llevado a tomar una extraña decisión en el verano de 1997, y a confiar en Mohamed Al-Fayed, el deshonesto empresario egipcio dueño de Harrods. Algunos culparían a las ansias de publicidad de Diana. Otros explican que su reacción a la perpetua avalancha de acusaciones de que era inadecuada, incompetente, enferma mental e infiel a su marido fue responder a las críticas de frente, en lugar de permitir que sus críticos y los medios de comunicación triunfaran.

Nadie subestimó la emoción de la propia Diana por el interés mundial que despertaba. Era un icono que desprendía un *glamour* y una belleza impresionantes. Su magia y su misterio se intensificaban cada vez que se encontraba con los enfermos y los tristes. Al verse a sí misma como una víctima que buscaba compañeros para compartir y aliviar su sufrimiento, eludía cualquier descripción universalmente acordada. Polémica en vida, dejó un inquietante legado.

Ya con veinte años, Guillermo visitó a la familia y los amigos de su madre para tratar de llenar las lagunas sobre Diana. Harry se resistió a ese inquietante tour. Prefirió creer la ficción de Hollywood de que su madre había sido asesinada por la implacable persecución de los paparazzi en el túnel de París. «Creo que fue un caso clásico de no pienses en tu madre», explicaría más tarde, «y en la pena y el dolor que conlleva, porque nunca vas a traerla de vuelta y solo te va a entristecer más. Mi forma de lidiar con ello era, básicamente, ignorarlo, bloquearlo».

Años después de la muerte de Diana, Harry recordaba que se quejaba a su padre de la agitación que sufría en la escuela como miembro de la familia real y del legado de una familia rota. Profundamente infeliz, Harry destruía voluntariamente la propiedad de otros chicos en Eton, cortando en una ocasión el estuche de un compañero. «Bueno, así fue para mí», le dijo Carlos, «así será para ti». Harry observó: «Eso no tiene sentido. Que tú hayas sufrido no significa que tus hijos tengan que sufrir».

A lo largo de su vida, Harry olvidó que Diana también fue víctima de una familia rota. Su propia madre, alias «The Bolter[10]», abandonó a Diana a los nueve años por otro hombre. Diana pasó su destrozada infancia alternando entre sus padres egoístas. Y mientras Harry estaba en la escuela, Diana tuvo un sinfín de aventuras, a menudo con hombres casados.

En medio de esa vorágine emocional, Harry solo obtuvo dos *A levels*[11]. Después de cinco años en Eton, el colegio más conocido de Gran Bretaña, Harry obtuvo una nota B en arte y una nota D en geografía. La mayoría de los alumnos de Eton esperarían obtener al menos tres A. Los resultados de Harry reflejaban su historial atascado en el fondo de su clase. No apto para la universidad, necesitaba una carrera. «Me pasé muchos años dando vueltas sin hacer nada y no quería crecer», admitió. Enfadado y sensible, sus amigos toleraban su deseo de ser el más travieso del grupo. Sin saber qué hacer, Harry se dejaba ver con frecuencia en los clubes nocturnos, especialmente en el Boujis de Kensington, con «rubias

---

10. Nota de la traductora: En español «La desertora»

11. Nota de la traductora: *Advanced Level* o *A Levels* es el nombre de un grupo de títulos de carácter optativo que pasan los estudiantes en Inglaterra, Gales e Irlanda del Norte al final de los dos últimos años de la enseñanza secundaria.

de sociedad», y se marchaba de madrugada, a veces cubierto de vómito tras una pelea de borrachos con sus amigos. Un pub le prohibió la entrada por haber llamado a un camarero «*fucking frog*[12]». Pesimista y cínico, maldijo a los medios de comunicación por informar de esos incidentes.

La mayoría de las chicas le causaban poca impresión hasta que en 2004 conoció a Chelsy Davy, una atractiva, inteligente e independiente graduada universitaria de una familia de agricultores de Zimbabue. Ambos eran fiesteros que disfrutaban de las drogas, la bebida y el sexo. Davy descubrió su necesidad de tener una novia que también pudiera ser como una madre. «El problema es», dijo Harry más tarde al general Richard Dannatt mientras tomaba una copa en el Palacio de Kensington, «que no soy como cualquier otro joven. Es difícil ser normal».

Guillermo evitó esos problemas. En 2004 no buscaba a alguien que sustituyera a Diana. Mantenía una profunda relación con una compañera de estudios en la Universidad de St. Andrews, Kate Middleton, y estaba anclado en su tranquila familia de clase media, «normal». Seguro de sí mismo como estudiante, también entendía las expectativas de ser un heredero. Durante sus años escolares en Eton, iba los domingos a comer con la reina y el príncipe Felipe en el Castillo de Windsor. Durante esas tardes, la monarca había dado suaves consejos a su nieto, orientándole para que se resistiera a la controversia. No debía ser entrometido como su padre, ni atraer las críticas con un gusto por el lujo ostentoso.

En cambio, nadie parecía dispuesto a resolver la cruda miseria de Harry. Permanentemente frustrado, parecía alternativamente encantador, mimado, mal educado, simplón y exigente. Encerrado en el Palacio de Kensington, no podía escapar de la camisa de fuerza de la realeza: la formalidad del personal y sus rígidas exigencias. Incluso sus amigos tenían dificultades para definir sus intereses en la vida.

La salvación de Harry fue el ejército. En 2005 solicitó el ingreso en la academia militar de Sandhurst. Sus examinadores se quedaron perplejos por sus respuestas infantiles en el examen de ingreso. Si no hubiera sido el príncipe, habría sido rechazado. «Estar en el ejército», dijo más tarde, «fue el mejor escape que he tenido. Sentí que realmente estaba logrando

---

12. Nota de la traductora: Frase despectiva para referirse a una persona francesa.

algo. Comprendí profundamente a todo tipo de personas de diferentes orígenes y sentí que formaba parte de un equipo».

Su transformación comenzó con su destino secreto a la provincia afgana de Helmand en 2007 como controlador aéreo de vanguardia. «No era un príncipe, solo era Harry», dijo, recordando su alegría por ser el Oficial Wales. Desde detrás de los altos muros del Campamento Bastión no veía nada del país, excepto durante las misiones para matar al enemigo, disparando en redadas desde el helicóptero. Las órdenes se cumplían, pero él no podía saber si los muertos eran desventurados inocentes o combatientes talibanes. No podía entender las complicaciones de aquel país, ni considerar la imposibilidad del plan Aliado de construir una nación viable y liberal. Harry nunca cuestionó su misión militar.

Diez semanas después de su llegada, su destino fue filtrado por una revista alemana. La amenaza a la seguridad era inmanejable. Tuvo que ser evacuado precipitadamente. «Me sentí muy resentido», dijo, añadiendo otra razón para aborrecer a los medios de comunicación después de que los periódicos publicaran fotografías suyas en 2012 jugando al billar desnudo con chicas de *striptease* en Las Vegas. «Demasiado soldado, poco príncipe», bromeó Harry con pesar.

Su formación como piloto de helicóptero del ejército le llevó a una segunda misión de veinte semanas en Helmand. A regañadientes, dejó el ejército en 2015. Contrariamente a la versión propagada por el autodenominado «portavoz» de los Sussex y editor real de *Harper's Bazaar*, Omid Scobie, de que había tomado una «dura decisión» de abandonar, Harry no tuvo elección. Su falta de cualificación académica le impedía seguir ascendiendo.

El regreso de Harry a la vida civil y la reanudación de las funciones reales se vieron perjudicados por la decisión de Chelsy Davy de poner fin a su relación. Después de sus salvajes años juntos, ella quería sentar la cabeza, pero no como miembro de la familia real. Las reglas inflexibles, las restricciones, la exposición y las expectativas eran inaceptables para ella. Quería una vida normal.

Al principio, Harry reavivó su relación con una aspirante a actriz, Cressida Bonas, hija de Lady Mary-Gaye Curzon, que era una de las mujeres más bellas de su generación. Al igual que Harry, Bonas se interesaba por las enfermedades mentales. Ella también dejó en 2014 a Harry, un hombre que siempre temía a los fotógrafos y exigía protección. Ambas mujeres, como otras que Harry conoció, descubrieron que él carecía de clase, era poco romántico, poco serio, malhumorado e imperioso. A lo largo de su relación, se había comportado sin generosidad. En una indirecta a su compromiso con Meghan, Bonas publicó un mensaje junto a un dibujo de un niño y una niña en unos columpios: «No importa lo educado, talentoso, rico o genial que creas que eres, la forma en que tratas a la gente al final lo dice todo». Añadió el comentario: «La verdad».

Volver a la vida civil después del ejército fue más difícil de lo que Harry esperaba. Encontrar un trabajo que mereciera la pena junto a sus deberes reales agravó lo que él llamaba el «caos total» causado por sus problemas personales.

Había reconocido sus problemas por primera vez tres años antes, en 2012. «No sabía lo que me pasaba», dijo más tarde. «Probablemente había estado muy cerca de un colapso total en numerosas ocasiones». Y añadió: «Cualquiera puede sufrir problemas de salud mental, [incluso] un miembro de la familia real». Antes de dejar el ejército en 2014, Guillermo había sido su salvador: «Mi hermano fue una gran bendición. No paraba de decir: "Esto no está bien, no es normal, tienes que hablar de las cosas"». Siguiendo el consejo de Guillermo, visitó a un terapeuta. «Una vez que empecé a hacer terapia», dijo más tarde, «fue como si la burbuja explotara». El terapeuta avivó su ira.

Al igual que Diana, Harry encontró un respiro a su tormento ayudando a otros enfermos. En 2013 creó una competición atlética y deportiva internacional para soldados heridos, especialmente los que habían servido en Irak y Afganistán. Llamados Juegos Invictus para los «Inconquistables», se ganó la admiración de los antiguos militares. Escuchó con sinceridad a los menos afortunados que él. «Tengo un trabajo que me encanta», dijo un hombre que se sentía necesitado. Su talento natural para empatizar durante las visitas reales, al igual que su madre, rompió las barreras con el público en general. Abrazando a los niños, riendo y bromeando con los deportistas, Harry había encontrado una salida a sus emociones.

Su carrera contra Usain Bolt durante una visita a Jamaica reforzó la popularidad de la monarquía, cuyo cenit fue marcado por el Jubileo de Diamante de la reina en 2012. El guitarrista Brian May tocó en el techo del Palacio de Buckingham y la reina apareció en una película con James Bond, el actor Daniel Craig, entrando en paracaídas en los Juegos Olímpicos de Londres de 2012. Dos mil millones de espectadores habían visto la boda de Guillermo y Kate el 29 de abril del año anterior. La reina Isabel se convirtió en la celebridad más conocida y admirada del mundo. Harry, el encantador príncipe, se convirtió en el segundo miembro más popular de la realeza después de la reina.

Entre los miembros de la realeza hubo un alivio adicional por el hecho de que Harry y Guillermo estuvieran tan unidos. Y lo que es mejor, el público vio a Harry reírse con Guillermo y Kate en el escenario para defender la Royal Foundation, una organización benéfica creada por el trío para sus causas especiales, especialmente la salud mental. Harry describió su principal papel en la vida como apoyar a Guillermo como rey.

Más allá de los Juegos Invictus y de sus deberes ceremoniales, el propósito de Harry seguía siendo esquivo. Algunos especularon que estaba resentido con su hermano. Tal vez lamentaba haber sido el chivo expiatorio de Guillermo durante su adolescencia. Otros creían que estaba celoso de que Guillermo estuviera felizmente casado y tuviera dos hijos. Algunos se preguntaron después del nacimiento del príncipe Jorge si se había desestabilizado, ahora que su responsabilidad como «recambio» había desaparecido. Su importancia dentro de la familia real disminuiría sin duda. La presión de la vida pública, reveló, era intolerable. «Cada vez que estaba en una habitación con un montón de gente, que es bastante a menudo», dijo, «me cubría el sudor... mi corazón latía... bum, bum, bum... literalmente, como una lavadora».

En mayo de 2016, Roya Nikkhah, la corresponsal real del *Sunday Times*, conoció a Harry durante los Juegos Invictus en Orlando. Le llamó la atención que el príncipe encantador y divertido que había conocido a lo largo de los años se hubiera «convertido en un rebelde hosco y atormentado».

Durante su conversación, Harry presentó la línea oficial —«adoro absolutamente a mi abuela y asumiría todo lo que ella quiere que hagamos»— pero también reveló su melancolía. «La idea de la familia y el matrimonio», dijo, «sería absolutamente fantástica». Encontrar una esposa, admitió, se vio obstaculizado por las pocas «oportunidades de salir y conocer gente». Cinco años después, fue más sincero: «Estaba pensando que no quería este trabajo. No quería estar allí».

En retrospectiva, muchos se dieron cuenta de que Harry buscaba escapar.

El viernes 1 de julio, Harry estaba en Francia con su padre, su hermano y David Cameron, el primer ministro. Visitaron el lugar de la batalla de Somme para conmemorar el centenario del inicio de la batalla.

Al final de un día solemne, el grupo regresó a Londres. Harry salió a toda velocidad del aeropuerto de Northolt en dirección al Soho, sin saber cómo cambiarían su vida las horas siguientes.

14

LA CAPTURA

Harry nunca había oído hablar de Meghan Markle, pero confiaba en el criterio de su amiga de la infancia Violet von Westenholz. No perdería nada por quedar con la desconocida actriz para tomar una copa. Un amigo cercano diría más tarde que la única pregunta que Harry hizo con mucho cuidado a von Westenholz fue sobre la apariencia de Meghan. ¿A qué se refería cuando habló del pasado de Meghan? Su biografía en Google era seductora.

La búsqueda de Meghan en Google fue más meticulosa. Como maestra de la investigación online para *The Tig*, buscó instintivamente información en Google. Descubrió que el príncipe, amante de la diversión, había adoptado la compasión de Diana como apoyo a sus propias necesidades emocionales. No solo había creado los Juegos Invictus, sino que también estaba involucrado en Sentable, una organización benéfica que creó en memoria de Diana para ayudar a los enfermos de VIH en Lesoto. Está claro que salvar a los animales de África también era importante para él. Sus dos visitas a Ruanda resultarían útiles. Su activismo filantrópico era una ventaja.

Conocer a Harry el 1 de julio de 2016 llegó en un momento crítico para Meghan. A punto de cumplir los treinta y cinco años, le comentó a Gina que su reloj biológico estaba en marcha. Quería tener hijos. Si todo iba bien, ella podría cumplir su ambición de ser una celebridad mundial. Ella sabía exactamente cómo, durante su conversación podía tranquilizarle. «Ella era la elegida», reveló Harry más tarde. «La primera vez que nos vimos».

A la mañana siguiente, Meghan llamó a Gina Nelthorpe-Cowne. «Es encantador, adorable y todo un caballero», le dijo.

«¿Volveréis a veros?», preguntó Nelthorpe-Cowne.

«Espero que sí. Nos despedimos de forma amigable».

Al final de la conversación, Nelthorpe-Cowne compartió la emoción de Meghan: «Las dos estábamos en el cielo, como adolescentes, por la noticia».

«Nos volveremos a ver», le dijo Meghan a Gina Nelthorpe-Cowne durante un almuerzo. «Es realmente encantador», suspiró.

El 3 de julio, Meghan publicó en Instagram una foto de dos caramelos Love Heart con el mensaje «Bésame» y «Corazones de amor en Londres». Sus amigos entendieron las circunstancias y el clímax de la relación de cuatro días. La mañana del 4 de julio, vestida de Ralph Lauren, volvió a Wimbledon. Agradeció a Violet von Westenholtz la presentación. Después de ver a Serena Williams ganar su partido contra Svetlana Kuznetsova, condujo directamente a Heathrow para volar de vuelta a Toronto para el rodaje de *Suits*. «Estoy muy triste por dejar Londres», publicó poco antes de partir.

Dos semanas después, Harry voló en secreto a Toronto. Se quedó una semana en casa de una amiga de Meghan, probablemente Jessica Mulroney. Como Cory seguía compartiendo su casa, la situación para Meghan era complicada pero manejable.

Como había investigado cuidadosamente la vida de Harry, Meghan sabía exactamente cómo hacerle sentir querido y apreciado. Mientras le mirara con intenso afecto y confianza, no desencadenaría su inseguridad o paranoia. Para asegurarle que era admirado por sí mismo, le decía lo que quería oír, especialmente sobre la importancia de sus ambiciones y principios. Libre de miedos y sospechas, Harry sucumbió ante una persona que le ofrecía mucho más que afecto. «Creo que muy pronto», dijo Meghan más tarde, «cuando nos dimos cuenta de que íbamos a comprometernos el uno con el otro, supimos que teníamos que invertir el tiempo y la energía y lo que fuera necesario para hacerlo realidad».

Naturalmente, no podía mantener la relación en secreto. Aunque Harry le había advertido de la necesidad de guardar silencio para darles tiempo a establecer su relación lejos de los focos mediáticos, se lo dijeron sus amigos más cercanos de Toronto, y también a Thomas Markle. «Papá», dijo ella a principios de mes, «he conocido a un chico nuevo y me gusta mucho». Al día siguiente, reveló: «Papá, es inglés». En la cuarta llamada de julio, dijo: «Papá, es un príncipe».

Al final de la semana, tras su regreso a Londres, Meghan estaba convencida de que su hechizo estaba lanzado y la relación con Harry quedaría sellada. Le dijo a Cory que su romance había terminado. Ajeno a las circunstancias, se sintió aliviado. Los últimos meses habían sido desagradables. Empacando sus pertenencias, se mudó a mediados de julio a un apartamento con Richard Lambert, un amigo de origen británico conocido en Toronto como propietario de bares y clubes nocturnos. Meghan se quedó en la casa, eliminando la evidencia de la presencia de Cory. Esperó la primera visita de Harry a su casa.

Casualmente, durante esas semanas le hicieron preguntas sobre Gran Bretaña en un concurso de televisión. No es de extrañar que la californiana no pudiera responder a lo que significa «manzanas y peras» en la jerga de Cockney (escaleras), ni que no pudiera identificar los tres animales nacionales de los reinos británicos (el león, el unicornio y el dragón). «¿Se supone que debo saber eso?», preguntó. Nadie entendió la relevancia de su pregunta.

Cuatro semanas después de conocer a Harry, Meghan emprendió una gira relámpago. Primero, a Nueva York, a principios de agosto, para la boda de Lindsay Roth, que coincidió con su trigésimo quinto cumpleaños. Desde allí, voló a Italia con Jessica Mulroney para pasar unas breves vacaciones en Positano. Luego se dirigió a Ruanda como embajadora de World Vision. Por último, regresó a Londres por primera vez desde que conoció a Harry en junio.

Durante el almuerzo, Meghan mostró a Gina Nelthorpe-Cowne fotografías de los famosos gorilas de espalda plateada de Ruanda, antes de entrar en materia. «Las cosas van muy bien», reveló y añadió: «Me pidió que fuera a Botsuana». Nelthorpe-Cowne se mostró incrédula. «Comprendí enseguida —recordó— que Meghan hipnotizaría a ese joven de corazón roto que vimos tras el ataúd de su madre. Estaba casi tan emocionada como ella por su conquista. Cualquiera que fuera llevado a Botsuana en esas circunstancias se enamoraría». Reflexionando, Nelthorpe-Cowne recuerda haber previsto problemas.

«¿Tienes idea de lo que estás haciendo?», preguntó ella. Harry, explicó, estaba claramente pensando en el matrimonio. «¿Te das cuenta de que no podrás hacer más películas? Los deberes reales serán tu vida». «Gina, ahórratelo», espetó Meghan. Nelthorpe-Cowne se sintió sorprendida por la dureza de la voz de Meghan. Levantando la mano, Meghan continuó: «Para. Cállate. No quiero oír nada negativo. Es un momento feliz para nosotros». Detenida, Nelthorpe-Cowne miró la dura furia en los ojos de Meghan. En ese momento, no comprendió toda la importancia de lo que estaba ocurriendo. El plan de Meghan estaba funcionando. Harry estaba atrapado en su red. Años más tarde, Meghan trató de mostrarse prudente al ir a Botsuana. «¿Es una locura irse así?», preguntó supuestamente a sus amigos. «No era algo que hubiera hecho antes», escribió Omid Scobie. Esa representación de tímida incertidumbre era apenas convincente. Sabía que cualquier relación con Harry —aunque terminara abruptamente— la convertiría en una supercelebridad.

Botsuana, dijo Harry, era su segundo hogar. Geoffrey Kent, el exitoso empresario de viajes y director del equipo de polo de Carlos, le enseñó el país en 1997. Tras la muerte de Diana, el joven afligido se enamoró del olor de la sabana africana y de la rica vida animal de Botsuana. Desde Botsuana había volado con Carlos a Pretoria para conocer a Nelson Mandela. Su acompañante, Mark Dyer, antiguo oficial de la Guardia Galesa y ayudante de Carlos, se convirtió en el mentor de Harry. A partir de entonces, Harry pasó muchos agostos en el sur de África. Visitó con frecuencia Botsuana y Malaui para trabajar en programas de cuidado de elefantes y rinocerontes. El 6 de agosto de 2016, el periódico *The Sun* informó de su presencia en Natal. Había asistido a la boda de George McCorquodale, un primo, en la que el alcohol fue invitado de honor.

Dos semanas después, Meghan voló a Botsuana para pasar unas segundas vacaciones en la selva con Harry. Viviendo en secreto en un campamento de tiendas de campaña con vistas a un río y a exuberantes colinas, sus cinco días estuvieron llenos de observación de los animales salvajes, nadando y comiendo. Siguiendo los pasos de Chelsy Davy y

Cressida Bonas, era la cuarta novia que Harry llevaba a Botsuana. Al igual que ellas, Meghan era el tipo de persona a la que Harry podía confesar sus secretos. Podía enamorarse de ella porque podía salvarle de lo que temía de sí mismo. «Fue absolutamente increíble llegar a conocerla tan rápidamente», dijo Harry más tarde. Aquellos días fueron «cruciales para asegurarme de que nos conocíamos de verdad». Cuando regresaron a Londres habían acordado que en el futuro, manteniendo su relación en secreto, no deberían pasar separados más de dos semanas.

A su regreso a Londres, Meghan llamó inmediatamente a Gina Nelthorpe-Cowne —desde la casa de Harry en el Palacio de Kensington— para quedar a comer ese día. Poco después de sentarse, Meghan sacó su teléfono. «Me mostró las fotos más maravillosas de los dos. Estaba claro que ya estaban enamorados», dijo Nelthorpe-Cowne, concluyendo: «El trato estaba sellado. Harry y Meghan sabían que estarían juntos». Cualquier duda fue barrida por Meghan: «Estoy enamorada. Eufórica. Es el padre adecuado para mis hijos».

En una ráfaga de charla de chicas, la conversación reveló su preocupación por pasar suficiente tiempo con él. Necesitaba, explicó Meghan, evitar que Harry se escapara. No iba a dejar que se escapara.

«Bueno, ya sabes lo que te espera», dijo Gina Nelthorpe-Cowne con una voz deliberadamente comprensiva. «Esto es serio. Es el fin de tu vida normal, el fin de tu intimidad… de todo».

Meghan sonrió.

«Supe entonces», recordó Nelthorpe-Cowne, «que se casarían».

«Vale, me alegro por ti, Meghan», dijo. «Hazme un favor. Utiliza tu plataforma para salvar el medio ambiente».

«Sí, lo haré», respondió Meghan.

Su intimidad se evaporó de repente. Meghan, temía Nelthorpe-Cowne, ya no era una verdadera amiga. Centrada en lo que quería, no iba a escuchar nada que le hiciera sombra.

Naturalmente, Meghan no reveló todos sus sentimientos a Nelthorpe-Cowne. Como diría un año después sobre el matrimonio con la familia real: «No lo veo como una renuncia a nada. Lo veo como un cambio. Es un nuevo capítulo». Como se hizo evidente en los meses posteriores, el compromiso de Harry y su discurso sobre el deber y la abnegación no eran atractivos para la actriz. La idea de que habría serias restricciones en su vida como miembro de la familia real no se le había ocurrido. «Vamos a cambiar el mundo», dijo Meghan solemnemente a Nelthorpe-Cowne. «Con Harry a mi lado, podemos cambiar el mundo».

Habiendo jurado guardar silencio, Nelthorpe-Cowne no contó a nadie, ni siquiera a su marido, las revelaciones que le hizo Meghan. Los medios de comunicación desconocían totalmente la relación.

A finales de septiembre de 2016, Meghan fue contratada por Nelthorpe-Cowne para dirigirse a mil trescientos delegados en la Cumbre One Young World en Ottawa. Anunciada como una de las «líderes jóvenes más brillantes de todo el mundo», Meghan figuraba como «defensora de la mujer de la ONU para el liderazgo y la participación política de las mujeres» y «embajadora global de World Vision». Como es habitual, Meghan instó a su agente a generar publicidad en torno a su discurso. «También quiero que me fotografíen con Justin Trudeau y Kofi Annan», dijo a Nelthorpe-Cowne. «Es muy importante. Muy importante».

Para satisfacer sus demandas, Nelthorpe-Cowne también organizó que Meghan apareciera en una edición especial de Vanity Fair como «joven líder excepcional». Meghan estaba sentada con las «líderes» elegidas en un minibús fuera del centro de conferencias, esperando a ser conducida a la sesión de fotos. Al ver a Meghan a través de la puerta abierta, una joven reportera le hizo una pregunta benigna. «Habla con mi agente», dijo Meghan. «Gina. Resuelve esto». Nelthorpe-Cowne se sintió «sorprendida y un poco conmocionada». Hasta ese momento, Meghan siempre había sido cálida y complaciente con todo el mundo. Meghan había cambiado. «Solo era feminista cuando le convenía», concluyó Nelthorpe-Cowne.

De vuelta al hotel, Meghan tenía una nueva demanda. Cuando se conociera su relación con Harry y pasara más tiempo en Londres, explicó, necesitaría un equipo especial de relaciones con los medios. «Quiero que te encargues tú, Gina», dijo Meghan. Como no tenía dinero, prosiguió, y la promoción sería inconmensurable, esperaba que su agente trabajara sin cobrar. Gina se negó amablemente. No era una agencia de relaciones públicas y carecía de personal y experiencia. Sin embargo, podía prometer a Meghan que, una vez que se conociera la conexión con Harry, su atractivo comercial, especialmente en Estados Unidos, aumentaría. Meghan se sintió insultada por el rechazo de Nelthorpe-Cowne a su propuesta.

Esa noche, Meghan se fotografió con Justin Trudeau, el primer ministro de Canadá. Inesperadamente, Kofi Annan había dejado Ottawa ese mismo día, perdiéndose la cena. La oportunidad de la fotografía se perdió. Nelthorpe-Cowne vio cómo su cliente se enfurecía. A la mañana siguiente, Meghan anunció que no pronunciaría su discurso. Regresaba inmediatamente a Toronto. Los directores de *Suits* requerían una filmación urgente.

«Pero has aceptado dar un discurso», imploró Nelthorpe-Cowne. «Lo dejaré en tus manos. Eres mi agente. Arréglalo».

En medio de su reprimenda, una joven la interrumpió. «¿Es que esta gente no tiene modales?», preguntó Meghan. «Ni siquiera me saludó».

Avergonzada, Gina Nelthorpe-Cowne se apresuró a volver a su habitación y, por primera vez en su larga carrera, rompió a llorar. Desde que Meghan y Harry se convirtieron en pareja, se dio cuenta de que su cliente se había convertido en una mujer diferente: «Hubo un gran cambio después de eso».

El cambio fue en parte influenciado por la obsesión de Harry con la importancia de la protección, los guardaespaldas y el estatus privilegiado. Con regularidad, Harry viajaba en primera clase en vuelos comerciales a Toronto. Con una gorra de béisbol, se escabullía del avión sin ser visto hasta un coche que le esperaba en la pista. Mientras vivía en la casa de Meghan, los guardaespaldas se sentaban a todas horas en un todoterreno aparcado cerca. Los mismos guardaespaldas le escoltaban a las tiendas locales y por la ciudad.

En semanas alternas, Meghan volaba a Londres. A su llegada a Heathrow recibía un trato especial organizado por Harry. La primera en desembarcar era conducida a un centro VIP para realizar el trámite de ingreso al país y luego era llevada en un coche con chófer hasta Londres. Allí se alojaba en Nottingham Cottage, la casa de dos dormitorios de Harry dentro del Palacio de Kensington, un recinto aislado y vigilado cerca de Kensington High Street.

Estos privilegios influyeron en su reacción ante un encuentro en la sala VIP del aeropuerto de primera clase en un viaje de vuelta. Un funcionario de la aerolínea le pidió que se cambiara de asiento para dejar paso a un grupo de dignatarios colombianos. Sin protestar, recogió su maleta.

En el futuro, se prometió, nadie le pedirá que se mueva.

15

EXPOSICIÓN

En la vida de Meghan Markle, pocas cosas sucedieron por casualidad. Más allá de las sonrisas empáticas, había una mujer que desconfiaba de la espontaneidad y le gustaba controlar todos los aspectos de su vida. A finales de septiembre de 2016, nada era más importante que su relación con Harry.

Decidió que su historia pasada necesitaba un ajuste. El 9 de octubre de 2016, una agencia de relaciones públicas de Los Ángeles cambió su entrada en Wikipedia. Se eliminó la referencia al programa de juegos *Deal or No Deal,* junto con la descripción de que llevaba el maletín número veinticuatro. El técnico también eliminó la referencia a ser modelo de moda. Se insertó una sección titulada «trabajo humanitario». En ella se describían sus visitas a Ruanda y Afganistán, y su discurso en Nueva York para United Nations Women y *The Tig.*

Dos semanas después, Meghan envió a Gina Nelthorpe-Cowne un correo electrónico en el que le anunciaba el fin de su carrera como actriz y comercial. Su contrato quedaba rescindido. Nelthorpe-Cowne se sintió decepcionada: «Me di cuenta de que significaba perderla como amiga y como cliente». El momento de Meghan había sido cuidadosamente planeado.

Harry estaba de vuelta en Toronto. El sábado 22 de octubre, Meghan le llevó a una fiesta de Halloween en Soho House. Vestidos con disfraces, fueron con su prima Eugenia y su novio. Como admitió Meghan más tarde, los cuatro «nos escapamos… para pasar una noche divertida en la ciudad antes de que el mundo supiera que éramos pareja». La noche anterior, Meghan había publicado una foto de sí misma en Instagram con una calabaza y una foto de su «cita secreta de Halloween». La mayoría de los asistentes a la fiesta no dudaba de que Meghan estaba «sacando del armario» a Harry. Por sus propias razones, quería que la relación se hiciera pública. En los medios de comunicación, algunos lo llamarían «la mayor historia desde la abdicación».

Camilla Tominey, del *Sunday Express,* reveló el romance el 30 de octubre. Alertado desde Londres, Harry salió de la casa de Meghan en Toronto sin ser visto esa misma mañana y se dirigió al aeropuerto antes de que llegaran los periodistas. «Tiene algo de verdad», el palacio confirmó sobre la sensación mundial que creó un frenesí frente a la casa de Meghan. Salió, sonriendo a una multitud de fotógrafos, y se dirigió al estudio de *Suits.*

Poco después, publicó más fotos suyas en *The Tig.* Entre ellas había fotos de dos visitas a Londres, de ella misma en la granja del Soho, en Oxfordshire, y fotos que mostraban que ella y Harry llevaban pulseras idénticas. En otros *posts* aparecían un rompecabezas y una taza de té. Otra los mostraba a los dos abrazando bananas con la leyenda «Que duermas bien, X». Los periodistas recibieron numerosas pistas sobre la ropa y los accesorios que llevaba Meghan. Cien mil nuevos seguidores se apuntaron a su cuenta. «princesa Meghan Markle», preguntó uno, «¿qué banana es Harry?». Está claro que a Meghan no le preocupaba su privacidad en ese momento concreto.

Esa mañana, en Los Ángeles, Ninaki Priddy, la más antigua amiga de Meghan, dama de honor en su boda jamaicana y víctima del abandono de Meghan, sonreía. La larga fascinación de Meghan por la familia real le había dado el premio definitivo. Releyó el post de Meghan en *The Tig*: «Las niñas sueñan con ser princesas, y las mujeres adultas parecen conservar esta fantasía; basta con ver la pompa y las circunstancias que rodean la boda real y las interminables conversaciones sobre la princesa Kate».

Los medios de comunicación británicos estaban extasiados. «Últimamente Harry ha estado más feliz de lo que ha sido en muchos años», informó *The Times.* La prensa sensacionalista se puso en marcha. Al unísono, los medios de comunicación estadounidenses gritaron que la familia real había tenido suerte. Meghan, proclamaba un periódico estadounidense, era la «princesa feminista de nuestros sueños». El sitio web del Palacio de Buckingham estaba de acuerdo: Meghan estaba «orgullosa de ser mujer y feminista». Inevitablemente, los medios de comunicación se lanzaron al instante a la caza de la verdad sobre la desconocida actriz. Los primeros informes fueron positivos. Los profesores y antiguos alumnos de Los Ángeles se deshicieron en elogios hacia ella. En Toronto, los Reitman no podían creer su suerte. La noticia coincidió con el lanzamiento de la colección de Meghan. El hecho de que Meghan dijera «Reitmans... de verdad» impulsó las ventas.

Solo un día después, el tono de los medios de comunicación cambió. Los periodistas llamaron al destartalado apartamento de su padre en Hollywood. En la puerta abierta, una mujer embarazada explicó que él estaba de viaje en México. «No hay forma de contactar con él», dijo. «Nunca sé cuándo va a volver».

Encantada de que su padre viviera en una zona remota al norte de Rosarito, donde era improbable su descubrimiento, Meghan telefoneó a Thomas Markle. «No te metas en líos», le ordenó. Para entonces Doria estaba asediada por los periodistas. Meghan ordenó a Doria que no dijera ni una palabra. Supuestamente, algunos periodistas ofrecieron a Doria dinero por una entrevista, intentaron entrar en su casa ilegalmente y la acosaron mientras caminaba por la acera. Doria no dijo nada. Más tarde, se apostaron guardias frente a su casa.

Para entonces, los periódicos informaron de que Thomas Markle se había declarado en bancarrota dos veces y que varios años antes Doria también se había declarado en bancarrota con deudas de tarjetas de crédito de cincuenta y dos mil setecientos cincuenta dólares. El hermanastro de Meghan, Tom Junior, también se había declarado en quiebra. Entonces todo empeoró para Meghan. Sin considerar las consecuencias, no llamó a Samantha Markle ni a Tom Junior, ni a ninguno de los Ragland. El precio por prescindir de su familia extendida fue inmediato.

Samantha Markle concedió una serie de entrevistas a los medios de comunicación, aunque más tarde afirmaría haber sido mal citada. En *Radar Online*, un sitio web estadounidense, Samantha criticó a Meghan por su «falta de apoyo emocional y financiero» hacia su padre desde que se convirtió en una actriz famosa. «Cuidado, Harry», dijo Samantha al *Daily Mail*. «La familia real», dijo, «estaría horrorizada por lo que [Meghan] ha hecho a su propia familia. La verdad mataría su relación con el príncipe Harry. Él no querría salir más con ella porque lo dejaría mal parado en la opinión pública». En el *Mirror*, Samantha calificó a Meghan de «trepadora social prepotente». Más tarde añadió que Meghan era «una trepadora social con una debilidad por los pelirrojos». En *The Sun*, Samantha proclamó que «su comportamiento no es digno de un miembro de la familia real». Meghan, dijo, «es narcisista y egoísta». Meghan y Samantha no se habían visto desde la graduación de Samantha en 2008. Una foto las mostraba sonriendo juntas ocho años antes.

Al principio, Tom Junior contradijo a Samantha. «Meghan no le dio la espalda a todos en la familia», dijo. «Ella ha trabajado muy duro para llegar a donde está». Pero luego su actitud cambió y se sumó al ataque. Meghan telefoneó a su padre. Le pidió que ordenara a sus dos hijos que dejaran de hablar. «No puedo detenerlos», dijo Thomas Markle. «También son mis hijos».

Inevitablemente, «la familia en guerra» provocó un nuevo estallido en las redes sociales. Los titulares digitales eran escabrosos. Uno de los menos ofensivos fue la descripción de Meghan como «cazafortunas». Otro crítico se quejó de que sus últimos retratos de promoción de Reitmans habían sido retocados para darle una cintura más pequeña, unos pechos más grandes y le habían quitado un lunar en el labio. Entre los clips más vergonzosos de Pornhub figuraba una escena de *Suits* en la que aparecía en sujetador y besando a otro actor, un sospechoso vídeo en el que aparecía en topless en un yate y una foto inventada en topless.

Mientras los *trolls* de las redes sociales hacían estragos, los periodistas tradicionales se bloquearon. Los medios de comunicación esperaban que Harry se casara con una chica *Tatler* con un padre con título. La incredulidad ante la posibilidad de que una actriz californiana de treinta y cinco años se convirtiera en una consorte obediente provocó unos reportajes escabrosos. Página tras página describían las escenas de sexo en *Suits*, especulaban sobre su divorcio y cuestionaban su pasado. Tanto Trevor Engelson como Cory Vitiello guardaron un silencio sepulcral. Los acercamientos a los otros exnovios de Meghan produjeron pocas novedades.

Ante esa falta de cooperación, los medios de comunicación se ensañaron con los efusivos elogios de Meghan en 2013 a la estrella del hockey sobre hielo Michael del Zotto. ¿Le había sido infiel a Trevor Engelson?, se preguntaban. «Cuando Meghan conoció a Harry», dijo un anónimo, «le mandé un mensaje a Trevor y le dije: "Tiene tus sobras"». Hollywood también guardó silencio. Pocos habían oído hablar de Meghan, y los que la habían rechazado tras las audiciones se negaron a hablar. Todos estaban de acuerdo en que no era el momento de hacerse una nueva enemiga. La excepción fueron algunos miembros del reparto de *Suits*. Cantaron en voz alta sus alabanzas.

En ese ambiente febril, el *Mail Online* publicó un artículo titulado *La chica de Harry es (casi) de Compton: La casa de su madre, marcada por las pandillas, ha sido revelada ¿Irá el príncipe a tomar el té?* El artículo mezclaba varios estereotipos raciales, lamentando el barrio de Los Ángeles de Doria, Crenshaw, y sus «destartaladas casas de una sola planta», y enumerando las estadísticas de criminalidad de la zona.

Después de una semana, incluso *The Sun* sintió simpatía por Meghan. Bajo el titular *Démosle una oportunidad a la chica de Harry*, el periódico insistió en que «la pobre chica no tiene ninguna posibilidad. La están masacrando desde todos los ángulos antes de que la relación despegue».

Harry creía que tenía buenas razones para temer a los medios de comunicación. A principios de ese año se había quejado de que todas las chicas con las que se reunía habían sido bombardeadas por los periodistas. Mientras se preocupaba por cómo proteger a Meghan ante «la invasión masiva que inevitablemente va a sufrir su intimidad», el *Daily Mail* también mostraba cierta simpatía. «La tragedia de Harry», escribió Jan Moir, «es que ninguna chica en su sano juicio se casaría con él». Después de los ataques de Samantha, Moir se compadeció de «la pobre chica» lanzada al foso del tabloide. Meghan, sospechaba, seguramente seguiría a Chelsy Davy y Cressida Bonas y huiría para disfrutar del feliz anonimato y evitar «una sentencia de por vida en una corte real… corroída por un interminable apetito de noticias reales» y «enfrentamientos con mensajeros sanguinarios».

Proféticamente, Moir advirtió que, si la pareja finalmente se casaba, su relación llevaría «al desánimo y a ser despojado de todos los títulos reales y la dignidad». La buena noticia, señaló Moir, fue que, en la fiesta de Halloween, Harry «demostró su madurez dejando su uniforme nazi en casa».

Sin que los medios de comunicación ni el público lo supieran, Meghan se alojaba en Nottingham Cottage. Todos los días leía los periódicos y veía los reportajes de la televisión. A finales de semana estaba muy afectada. Sin pretenderlo, Harry declaró más tarde a la BBC: «Al principio nos golpearon tanto con un montón de falsedades que tomé la decisión de no leer nada, ni positivo ni negativo».

Meghan fue más sincera. Después de examinar los sitios web, se sintió «enferma» por la narrativa que la castigaba como una escaladora social «del gueto» cuyo objetivo era casarse. Eso «no tiene sentido». Se dijo que ella «nunca se había centrado en eso». Insistiendo en que necesitaba protección contra los tabloides que querían destruir su reputación, Meghan ordenó a su publicista norteamericano que la describiera como una víctima desconcertada por las noticias falsas. Harry sabía que ningún periodista se lo creería. Temiendo perder a la chica de sus sueños, y a su futura esposa, estaba angustiado.

Meses antes, al inicio de su relación, Harry había asumido que la carrera de actriz de Meghan la había preparado para el inevitable interés de los medios. A diferencia de Chelsy Davy, Meghan dijo que podía afrontarlo. Durante más de diez años había buscado la publicidad de los tabloides. Ser mencionada en cualquier periódico, aunque fuera al final de la página, era su sueño. Por fin estaba en juego, y en las primeras páginas.

Para desgracia de Meghan, no comprendió que la publicidad de Hollywood consiste en favores, acuerdos mutuos, pagos y periodismo deshonesto. El Palacio de Buckingham carecía de esas palancas sobre los periódicos británicos. El placer de Fleet Street era publicar la cruda realidad sin el encubrimiento cosmético de Hollywood. Además, el palacio no tenía ninguna influencia más allá de Gran Bretaña, especialmente frente a los medios de comunicación social, frecuentemente despiadados e inexactos. Meghan prefirió sugerir que no entendía esas limitaciones. En su lugar, identificó el «trasfondo racial» de los periódicos. La curiosidad de los medios de comunicación y el cuestionamiento de la idoneidad de su origen para ser miembro de la realeza fueron condenados como racistas.

Al principio, solo un tabloide había descrito a Meghan como «no perteneciente al estilo de chicas rubias de sociedad» con las que Harry solía salir. Días más tarde, Rachel Johnson en el *Mail on Sunday* fue más concisa: «La madre de la señorita Markle es una afroamericana con rastas de una zona marginal de Los Ángeles, pero incluso la solterona más agria tiene que admitir que la actriz de treinta y cinco años es extremadamente agradable a la vista». Y añadió: «Genéticamente, está bendecida. Si hay algún problema por su supuesta unión con el príncipe Harry, los Windsor espesarán su acuosa y delgada sangre azul, la piel pálida y el pelo pelirrojo con algún rico y exótico ADN». Dos de los miles de comentarios eran abiertamente racistas. En muchos de los demás comentarios se leían matices racistas.

Las quejas de Meghan a Harry sobre los medios de comunicación no eran diferentes a las de sus anteriores novias, excepto que sus quejas eran sobre el racismo generalizado. «Meghan», escribiría más tarde Omid Scobie, que a menudo se describía a sí mismo como anglo-iraní, «no quería ser definida por [la raza]». Inmediatamente se contradijo al citar el artículo de Meghan en *Elle*: «Decir quién soy, compartir de dónde vengo, expresar mi orgullo de ser una mujer mulata fuerte y segura de sí misma». Hasta el reciente auge de Black Lives Matter, Meghan había guardado un relativo silencio sobre la raza, pero su postura cambió tras asociarse con organizaciones benéficas internacionales. Al defender su condición de mulata, sus críticos decían que Meghan se unía a quienes criticaban a los blancos.

Llamada la «primera princesa negra», atrajo el apoyo enfático de las mujeres negras estadounidenses. En Internet, se regocijaron: «¡Ve a por la corona, hermana!» Otros eran más cautelosos. Creían que las mulatas disfrutaban de ventajas que los hombres blancos negaban a las mujeres negras. «Meghan Markle es el tipo de negra —escribió Elaine Musiwa en *American Vogue*— que la mayoría de la América blanca de derecha desearía que todas pudiéramos ser, si es inevitable que exista gente negra». Musiwa identificó especialmente la «familiaridad de las mulatas con la cultura blanca. Se nota en su forma de comportarse». Al haber desencadenado estas emociones contradictorias, la agitación deleitó, irritó y confundió a Meghan alternativamente.

La relación Harry/Meghan se adentró en un territorio desconocido. Los reportajes de relaciones anteriores siempre se centraban en el origen de la chica, pero nunca en su raza. Igualmente inusual, ninguna novia anterior tenía un pasado tan colorido como Meghan. Pero lo más pertinente era el activismo político de Meghan. Algunos periodistas detectaron al instante que introducir a una estadounidense intransigente en la familia real garantizaba problemas. Además, Meghan estaba convencida de que ella, y solo ella, debía controlar su imagen y la narrativa de los medios de comunicación sobre sí misma. En dos semanas, la relación Harry/Meghan se transformó en una batalla sin precedentes entre la pareja y los medios de comunicación.

Las personas cercanas a Harry creían que desde hacía tiempo albergaba la fantasía de que una mujer le dijera lo que tenía que hacer. En su búsqueda de simpatía maternal, Meghan prometió ser una figura materna comprensiva, además de una amante adorable. Por primera vez en su vida, Harry estaba dispuesto a obedecer a una mujer. Para asegurarse la lealtad de Meghan, se transformaría para estar a la altura de sus expectativas.

Por su parte, Meghan ya sabía que estaba presionando a un hombre deseoso de venganza contra los medios de comunicación y su familia. Sus relaciones personales se habían visto perjudicadas por el hackeo telefónico del *News of the World*, sobre todo cuando sus periodistas aparecieron de repente durante sus reuniones supuestamente secretas con Chelsy Davy. Aún más pertinente, él culpaba a los medios de comunicación de la muerte de Diana. Sintiéndose «profundamente decepcionado» por no haber podido proteger a su madre, declaró la guerra a su enemigo —los periódicos— para proteger a Meghan.

Nada podía hacerse sin la asistencia de su ayudante clave, Jason Knauf, un neozelandés de treinta y cuatro años contratado por el palacio procedente del Royal Bank of Scotland. Siguiendo el protocolo del palacio, Knauf había dominado el procedimiento estándar para bloquear las preguntas de los medios de comunicación sobre Meghan. No habría entrevistas, ni información sobre su vida privada, ni comentarios sobre ninguna controversia. Solo después de una considerable discusión, el palacio aceptó una concesión. «Este va a ser su hogar ahora», reveló Knauf. Contrariamente a la queja posterior de Meghan de que Knauf y su personal eran «aficionados, que aprenden sobre la marcha y dan bandazos», él seguía el dictamen tradicional de que los miembros de la realeza «no se quejan, no dan explicaciones». Más allá de eso, la tarea de Knauf era aconsejar y proteger a Harry de las trampas y de sí mismo. El publicista cayó en el primer obstáculo.

Ansioso por complacer, Knauf carecía tanto de autoridad como de experiencia para razonar con Harry que los medios de comunicación británicos nunca han venerado acríticamente a la realeza. Lo natural para Knauf hubiera sido recordarle a Harry que Carlos había sufrido muchas más humillaciones que Meghan, desde Diana, la cinta de Tampax, *Spitting Image* en televisión y una serie de libros, especialmente el de Paul Burrell, el ayuda de cámara de Diana. Camilla también había sido ridiculizada sin piedad. En respuesta al enfado de Harry por no tolerar un sufrimiento como el de su madre, Knauf no respondió que la fuerza y el atractivo de su madre era su capacidad para burlarse de sí misma. Para persuadir a Harry de que amortiguara su ira y se apartara de la confrontación con los medios de comunicación, se requería la sofisticación de la edad y la sabiduría. Incapaz de convocar el apoyo de Carlos o de la reina, Knauf sucumbió a la furia de Harry.

Para apaciguar la ira de Meghan, Knauf accedió a emitir un comunicado en nombre de Harry en el que se condenaba a los medios de comunicación por su descripción de Meghan. Harry dictó los sentimientos para que Knauf los plasmara en una declaración. Insertando a Knauf en un dilema, Meghan exigió que la declaración reflejara el paralelismo entre su posible destino y el de Diana. Knauf sugirió que sobredramatizar la situación de Meghan sería contraproducente, pero Harry era inflexible. Si no se satisfacía el deseo de Meghan de ser equiparada a Diana, insistió Harry, probablemente la perdería. Knauf accedió.

Para reforzar su ataque, Harry pidió apoyo a Guillermo. Su hermano dudó. Atacar a los medios de comunicación era peligroso. Harry también temía, se estaba comprometiendo demasiado rápido con Meghan. Al fin y al cabo, seguía siendo una novia más. Para pesar de Guillermo, Harry estaba obedeciendo las órdenes de Meghan. Eso era imprudente. Harry era inflexible. A pesar de su malestar, Guillermo capituló. «El duque de Cambridge», rezaba el borrador de la declaración, «comprende absolutamente la situación relativa a la privacidad y apoya la necesidad del príncipe Harry de amparar a sus allegados».

En el comunicado final emitido por Harry el 8 de noviembre, cinco meses después de conocer a Meghan, se denunció a los medios de comunicación por orquestar una «ola de abusos y acoso», por su «sexismo y racismo descarados» hacia Meghan y el «bombardeo de casi todos los amigos, colaboradores y seres queridos de su vida». Harry se quejó de «la difamación en la primera página de un periódico nacional, el trasfondo racial de los comentarios y el sexismo y racismo descarados de los *trolls* de las redes sociales y los comentarios de los artículos web». El comunicado continuaba: «A los que responden que esto es «el precio que tiene que pagar» y que «todo esto es parte del juego», él está en total desacuerdo. Esto no es un juego, es la vida de ella y la de él… Debería detenerse antes de que se produzca más daño».

Los medios de comunicación —y gran parte de la opinión pública británica— se quedaron perplejos. Ni Harry ni Meghan eran jóvenes inocentes. Desde 2011, Meghan se había expuesto a los medios de comunicación. Los periodistas señalaban con sorna que quienes vivían de Instagram se arriesgaban a «morir» por él. Del mismo modo, Harry había hecho alarde de sus fiestas internacionales. A pesar de la cordialidad del público hacia él, no cabe duda de que era un privilegiado: se embolsaba millones de libras de dinero público cada año y disfrutaba de espectaculares casas y comodidades. No podía esperar los beneficios de la realeza y, al mismo tiempo, la privacidad de la gente normal. Harry también experimentó una inusual reacción. Los periódicos comentaron por primera vez que la pareja había jugado la carta de la raza. Los reportajes sobre Meghan y su pasado fueron interpretados por ellos como racismo.

Dos días más tarde, el 10 de noviembre, Richard Kay, redactor jefe de la realeza en el *Daily Mail*, paseaba fuera de la oficina de su periódico en Kensington High Street. Para su sorpresa, vio a Meghan. Hasta entonces, nadie se había dado cuenta de que estaba en Londres. Siguiéndola desde la tienda de alimentación más cara de Kensington, con una abultada bolsa adornada con el lema «Alivia la pobreza», hasta el Palacio de Kensington, Kay llegó a la conclusión de que, si Harry y Meghan vivían juntos, su relación era más seria de lo que nadie había imaginado.

De forma reveladora, Meghan confirmó las sospechas de Kay. A pesar de su nuevo enfado con las redes sociales, publicó una foto suya en Instagram con un collar con la «M» y la «H» y su perro con un jersey con la bandera del Reino Unido. «Mi copa rebosa», dijo Meghan a un periódico de Vancouver, «y soy la chica más afortunada del mundo». Se describió a sí misma como una «chica común con aspiraciones», una «americana atrevida» y mencionó que su madre siempre le había advertido que se vistiera de forma menos sexy porque nunca debía «dar la leche gratis». Los funcionarios del palacio estaban tan confundidos como los periodistas, incrédulos. Meghan estaba castigando y a la vez alimentando a los medios de comunicación.

Temiendo lo peor, por amarga experiencia, el palacio intervino para controlar la vida de Meghan. A Aaron Korsh se le dijo que presentara todos los futuros guiones de *Suits* a Nick Collins, el agente de Meghan. A partir de entonces, los guiones se enviaron al Palacio de Kensington para su aprobación. Las órdenes de cambio de palabras fueron enviadas desde Londres a Los Ángeles. La demanda más importante se refería a la última escena de Meghan en su «boda» con Mike. El palacio ordenó que no se tomaran fotografías de Meghan con un vestido de novia. Entre los rodajes, debía llevar siempre una chaqueta sobre el vestido.

El ambiente en el estudio cambió. Algunos actores y el personal descubrieron que la actitud de Meghan se endurecía de vez en cuando. A veces llegaba tarde y su empatía se transformaba en una actitud casi arrogante. Meghan había cambiado notablemente con respecto a los primeros días, cuando celebraba una reunión de oración con el reparto de *Suits* antes de comenzar el rodaje. Los guionistas de *Suits* se tomaron una licencia con las últimas palabras de Zane antes de decir «sí, quiero». Pensando en Harry, Meghan le dijo a su marido Mike en el escenario: «Eres el hombre más fuerte que he conocido y me haces más fuerte… eres el marido que siempre he querido y no puedo esperar a empezar nuestra aventura juntos».

Harry también parecía haber cambiado. Antes, en privado, parecía «tenso e irritable». Sin embargo, en una serie de entrevistas con Angela Levin, la periodista fue testigo de un Harry más relajado sobre su papel en la vida. Durante las visitas a las escuelas para niños desfavorecidos, los hospitales para militares heridos y los centros de emergencia, se mostró inusualmente accesible. Bromista y compasivo, se ganaba el aplauso universal.

Durante esas semanas, Harry se reunió con Carlos y Camilla en Clarence House. Según la versión de Harry, la conversación alternó entre la seriedad y las bromas y tocó tres temas. En primer lugar, le dijeron a Harry que Meghan debía seguir con su carrera de actriz. Segundo, que no se podía esperar que Scotland Yard pagara automáticamente la protección de su novia durante las veinticuatro horas del día. Y, en tercer lugar, según Harry, alguien especuló sobre el «aspecto» de su futuro hijo. En una versión, Camilla comentó: «¿No sería divertido que tu hijo tuviera el pelo afro pelirrojo?» Harry se rio. Posteriormente, la reacción de Meghan a esa conversación convirtió la diversión de Harry en furia.

Cuatro años más tarde, Harry describió las secuelas de esas conversaciones como «realmente duras» e «incómodas». Pero ninguna de sus anteriores novias había renunciado a su trabajo ni había sido protegida por la policía. Harry también sabía que los limitados ingresos de Carlos procedentes del Ducado de Cornualles significaban que la asignación anual para él nunca superaría el millón y medio de libras, una cantidad considerable para la mayoría de los estándares. Por último, en su opinión, cualquier especulación familiar sobre la apariencia del niño era (lamentablemente) vista por sus mayores como algo ligero. Una conversación con Meghan cambiaría esa suposición. Más importante aún, y sin decirlo, Harry sabía que su papel como miembro de la realeza disminuiría en una década. Su salvación sería Meghan. Bajo ninguna circunstancia podía perderla.

En la siguiente llegada de Meghan a Londres, Harry se encontraba en la pista de Heathrow con una escolta policial. Ante su insistencia en que los racistas suponían un peligro, se asignaron dos agentes del SO14 para proteger a la visitante. Tras su conversación con Carlos, la petición de Harry de un guardaespaldas femenino para Meghan había sido aprobada y se estaba tramitando. Meghan salió a toda velocidad del aeropuerto en dirección a Kensington. Este era el estilo de vida de supercelebridad que siempre había anhelado.

Gina Nelthorpe-Cowne fue una de las primeras en darse cuenta del cambio. En un mensaje amistoso de rutina pidió permiso a Meghan para utilizar una fotografía de la cumbre juvenil de Ottawa. En lugar de su habitual aprobación personal, los abogados de Meghan rechazaron la petición. Al otro lado de Londres, Millie Mackintosh, la estrella de la televisión, se encontró aislada de su amiga.

Lizzie Cundy también descubrió la nueva realidad. «Oh, Dios mío», le había enviado un mensaje a Meghan. «Me he enterado de lo de Harry». Meghan había respondido: «Sí. Intentaremos quedar». A partir de entonces, no hubo respuesta a los mensajes de Cundy. «Fui literalmente ignorada por ella», confesó Cundy. «Se deshizo de todos».

Para su sorpresa, Piers Morgan también fue ignorado. «Meghan Markle», dijo más tarde, «es una actriz profesional obsesionada consigo misma que ha conseguido el papel de su vida y está decidida a exprimirlo al máximo. Se ha pasado la mayor parte de los últimos veinte años adulando a la gente hasta que ya no le sirven para nada, y luego los ha borrado de su vida con el aerógrafo sin siquiera decir: "¡Adiós, perdedor!" Lo sé porque yo fui uno de ellos».

En ese momento, ninguna de esas personas se dio cuenta de que no eran casos aislados, sino parte de un patrón. Meghan, dirían algunos, era «quisquillosa», desechando a quienes no compartían su «visión». Incluso Thomas Markle fue reprendido. «¿Qué te parece la nueva serie?», le preguntó sobre *Suits* durante una conversación telefónica. «Me gustaría si pudiera verte», contestó Thomas. «Está tan mal iluminado». Meghan explotó. «Se enfadó conmigo y terminó la llamada», recordó Thomas.

Poco después de que la relación de Harry y Meghan saliera a la luz, Harry invitó a Meghan a unirse a su cacería de fin de semana en Sandringham. Con el permiso de la reina, había invitado a dieciséis amigos para que llegaran a la hora de la cena el viernes por la noche, hicieran la cacería el sábado y se marcharan después del almuerzo del domingo. La mayoría de los invitados eran viejos amigos de Eton con sus esposas o novias. Todos ellos trabajaban en bancos internacionales y casas de subastas o eran propietarios de fincas y entrenadores de caballos de carreras. Todos estaban unidos por supuestos, principios y lealtades comunes.

Como en otros fines de semana de cacería, Harry esperaba un sinfín de bromas, chistes y mucha bebida. No había previsto la reacción de Meghan. Sus bromas sobre el sexismo, el feminismo y la transexualidad rebotaron por los salones y comedores. Sin dudarlo, Meghan retó a todos los invitados cuya conversación contravenía sus valores. Según los amigos de Harry, una y otra vez les reprendía por el más mínimo matiz inapropiado. Nadie estaba exento. El mundo de Harry no sería su mundo. Más allá de los oídos de Harry, los amigos cuestionaron «cuán progresista» era Meghan. Concluyeron que Meghan era una aguafiestas. Carecía de sentido del humor. Conduciendo a casa después de la comida del domingo, los mensajes de texto resonaban entre los coches: «¡Oh dios mío! ¿Qué pasa con ELLA?», decía uno; «Harry debe estar jodidamente loco», y «Es una pesadilla total» se leía en otros.

Embobado, Harry no era consciente de la reacción de sus amigos. A finales de 2016, Harry también dio por sentado que Meghan y Kate serían firmes amigas. Parecía no haberse dado cuenta de que Meghan no tenía nada en común con Kate Middleton, aparte de que ambas procedían de familias trabajadoras con aspiraciones.

Kate nació en 1982 en el seno de una familia de clase media acomodada. Su padre, Michael, era un antiguo agente de vuelos de BA que conoció a su madre, Carole, entonces empleada como secretaria de British European Airways, en Heathrow. Criada en una vivienda social, la madre de Carole, hija de antiguos mineros en el condado de Durham, había comprado una pequeña casa y alentado las ambiciones de Carole. A los treinta y dos años, Carole se había casado, había dado a luz a tres hijos y había montado un negocio a domicilio en la casa familiar de Berkshire. Party Pieces ofrecía de todo para fiestas infantiles. Regularmente, los niños Middleton llevaban paquetes a la oficina de correos local.

Admirada como una dura mujer de negocios, Carole fue acreditada como especialmente astuta después de que Kate conociera a Guillermo en dos fiestas de adolescentes. Cuando descubrió que Guillermo se había matriculado para estudiar historia del arte en la universidad de St. Andrews,

Carole acordó que su hija se cambiara de Edimburgo a St. Andrews, se matriculara en el mismo curso y se tomara un año sabático para que ambos fueran contemporáneos. A partir de entonces, Kate mantuvo una feliz pero a veces tensa relación de ocho años como novia de Guillermo.

Durante esos años, marcados por rupturas, pausas e indecisiones en su relación con Kate, Guillermo pasaba los fines de semana y las vacaciones en el Mediterráneo con los Middleton, una familia sólida, sin pretensiones y discreta. Los amigos de los Middleton insistirían en que los padres eran inocentes, a merced de las grandes familias de Norfolk enfadadas porque sus elegibles hijas habían sido ignoradas por Guillermo. Pero, a pesar de las invitaciones de la reina a Kate para visitar Sandringham y de Carlos a Clarence House, Guillermo se negó a ser presionado para casarse. Mientras los medios de comunicación se burlaban de «Waity Katie[13]» e imitaban a su madre dando instrucciones de evacuación del avión porque había trabajado en una aerolínea, Guillermo seguía teniendo presente la miseria de sus propios padres.

En noviembre de 2010, a los veintiocho años, Guillermo finalmente le propuso matrimonio. La boda, seis meses después, fue un éxito espectacular con una importante audiencia televisiva mundial. Las estridentes celebraciones en el Palacio de Buckingham terminaron con una nota premonitoria. A las dos de la madrugada, Harry, muy desmejorado, se dirigió al micrófono para anunciar que la fiesta había terminado por orden de su padre. Los recién casados partieron en un Fiat Uno.

Meghan se alojó en Nottingham Cottage en un momento particularmente delicado para los Cambridge. Para minimizar su tensa relación con Carlos y construir una familia normal protegida de la presión del palacio, Guillermo se había trasladado en 2011 con su familia a Anmer Hall, adyacente a la finca de Sandringham en Norfolk. Cinco años después, los Cambridge regresaron a Londres. Los dos hijos de Guillermo estaban a punto de empezar el colegio y la inminente jubilación del

---

13. Nota de la traductora: Apodo otorgado a Kate Middleton por los medios de comunicación que se burlaba de su relación con Guillermo: tras ocho años como pareja, aún no le pedía matrimonio.

duque de Edimburgo obligaba a los Cambridge a asumir más obligaciones reales. Su casa, 1A Kensington Palace, repartida en veintidós habitaciones con dos cocinas, estaba justo enfrente de la casita de dos dormitorios de Harry.

En esas primeras semanas, Meghan disfrutó de la pompa y la ilusión del poder aristocrático. Supuso que los Windsor no podían ignorar su éxito profesional. En comparación con la actriz californiana, que había superado con éxito los traumas del divorcio de sus padres y había sobrevivido a la lucha por establecer su carrera, Kate parecía haberse deslizado suavemente hacia la cúspide de la sociedad británica. Unos cuantos contratiempos no podían compararse con la humillación de la insegura actriz, de repente consciente de que el fracaso de la película *Anti-Social* estaba a punto de ser reestrenada en Londres. Un tráiler recortado la presentaba saliendo de una ducha para besar a un novio.

La desprolijidad del pasado de Meghan —padres divorciados, el zoo de Hollywood, su propio matrimonio fallido, años impetuosos en Toronto e innumerables relaciones— contrastaba con la apariencia de la fría confianza de Kate. Como futura reina, parecía algo distante y recelosa. En realidad, Kate era tímida y sin pretensiones. Algunos dirían que su reticencia reflejaba a una mujer sin los mismos intereses que Meghan. Era probable que se produjera un enfrentamiento entre las dos mujeres.

Durante las primeras semanas, cualquier tensión pasó desapercibida. A petición de Harry, para consolidar a Meghan en la familia, los funcionarios del palacio fomentaron rápidamente la impresión de que la estrecha relación de Kate con Harry ampliaría automáticamente el trío hasta convertirlo en los Cuatro Fantásticos.

Para facilitar la transformación, Harry fue retratado por Miguel Head, su publicista, como un hombre reformado que disfrutaba de una estrecha relación con Carlos, que también «se lleva muy bien con el príncipe Guillermo». Harry, un hombre con un «encanto genuino» y un «poder hipnóticamente seductor» hacia las chicas, fue retratado como relajado por no ser un futuro rey. Ya no era el niño «travieso», sino que se le promocionaba como la superestrella de la caridad «que se toma en serio sus deberes reales».

Para fortuna de Harry, todo el mundo asumía que era respetuoso y leal. En las ceremonias, rara vez parecía displicente o cansado. Más bien, había un encanto natural y una curiosidad sincera en todos los que conocía. En colaboración con Guillermo, dirigió el Concierto para Diana en Wembley, en el que participaron estrellas como Elton John y Tom Jones. Había creado los Juegos Invictus y Sentebale, la organización benéfica de Lesoto que ayudaba a los niños enfermos y a los enfermos de VIH. Más tarde, con Guillermo y Kate, creó una organización benéfica para la salud mental, Heads Together. Si había alguna diferencia entre Harry y Guillermo, se superaría, con la ayuda de Kate, mediante la cooperación. Atrapado en el entusiasmo por Meghan, Hugo Vickers, un experimentado biógrafo de la realeza, dijo al *Daily Telegraph*: «Que se case con ella».

Los conocedores no estaban tan seguros. Harry, según ellos, estaba influenciado por el estilo de vida californiano de Meghan. Aunque ya no era una lectora apasionada —*El ruido y la furia*, de William Faulkner, dijo que era el libro más «influyente» que había leído—, le había regalado *Ocho pasos para la felicidad* y *El manifiesto de la motivación*, dos libros estadounidenses sobre la inspiración y las decisiones de la vida. Él parecía haber absorbido su mensaje. Poco a poco, su lenguaje se había vuelto menos inglés, menos militar.

Algunas de sus salidas eran inusuales. Harry había organizado una visita al Museo de Historia Natural después de que estuviera cerrado. Meghan, explicó, quería estar en comunión con los dinosaurios en privado. Cualquier duda sobre su influencia se disipó poco después. Harry despreció abiertamente a Donald Trump como «una grave amenaza para los derechos humanos». Un enigma persistente era cómo Harry conciliaría su recién descubierto liberalismo californiano con su afición a la caza de faisanes y perdices. La respuesta era que Harry haría cualquier cosa para impresionar a su novia.

El 24 de noviembre de 2016, mientras Harry representaba a la reina en Santa Lucía, Meghan estaba en Los Ángeles para pasar el Día de Acción de Gracias. Para celebrar la festividad invitó a su padre y a su madre a cenar. En lugar de reunirse en casa de Doria, Harry había acordado con Arthur Landon, un antiguo amigo de la escuela e hijo de un antiguo oficial del ejército británico enriquecido por su relación con el sultán de Omán, que Meghan utilizara la casa de Hollywood de los Landon. Situada en un enorme terreno, la impresionante mansión estaba vacía. Thomas llegó con dos tartas de nueces mientras Meghan y Doria cocinaban el pavo. Ni Thomas ni Doria habían entrado nunca en una casa tan lujosa. Aunque ambos padres estaban impresionados por el nuevo estatus de su hija, no había nada particularmente inusual en la reunión. Desde su divorcio, Thomas y Doria se habían reunido con regularidad. De vez en cuando, en sus viajes de regreso a Los Ángeles, Thomas y Doria «se reencontraban» durante la noche en la casa de Doria, donde ella le preparaba una comida y le lavaba la ropa.

Durante la cena, su conversación de seis horas se limitó a hablar de los viejos tiempos. Meghan no reveló nada sobre su nueva vida o sus planes, y ninguno de los dos padres le preguntó sobre su futuro. La cena fue brevemente interrumpida por una llamada telefónica de Harry. De forma superficial, el príncipe deseó a Thomas un feliz Día de Acción de Gracias. No dijo nada acerca de reunirse con él. Al final de la comida, Thomas rechazó la invitación de Meghan para pasar la noche y condujo de vuelta a México. En retrospectiva, creyó que su hija «aún no había alcanzado el punto de creerse superior». Tampoco sugirió que se imaginara viviendo en Gran Bretaña o casándose con Harry.

Al final de su gira oficial de dos semanas por el Caribe, Harry rompió el programa publicado y, en lugar de volar de vuelta a Londres desde Barbados, se dirigió a Toronto. El incumplimiento del protocolo por parte de Harry fue ignorado, aunque la exhortación de Meghan en *The Tig* a sus seguidores para que redujeran las emisiones de combustible para proteger a la «buena madre Tierra» pareció extraña para una pareja que había cruzado el Atlántico cuatro veces en cinco semanas y que tenía reserva para pasar el año nuevo en el Círculo Polar Noruego.

Durante la visita prenavideña a Londres, a Meghan no le faltó publicidad. Los periódicos informaron favorablemente de que ella y Harry pasaron quince minutos comprando un árbol de Navidad en Battersea. También se les vio en un teatro viendo la premiada *El curioso incidente del perro a medianoche*. Un periódico publicó fotografías de Meghan cuando era niña. Fueron compradas a Tracy Dooley, su excuñada por matrimonio con Tom Junior. Según Dooley, Meghan era «encantadora» y «siempre estaba de buen humor». Tom Junior coincidió: «Siempre será nuestra princesa... Es una persona muy generosa».

La única que dudó abiertamente fue Jan Moir, del *Daily Mail*: «¿Realmente esperas que Meghan —le preguntó retóricamente a Harry— deje su carrera y se mude al Reino Unido?», Harry, especuló, podría seguir al duque de Windsor al exilio.

Voces anónimas recordaron que Diana y Sarah «Fergie» Ferguson fueron alabadas al principio de su andadura real como un soplo de aire fresco. Fergie resultó ser un riesgo terriblemente malo.

16

CONTRATIEMPOS

Meghan pasó la Navidad de 2016 en un hotel de Santa Mónica. Thomas y Doria se unieron a ella allí. Thomas todavía estaba radiante por el mensaje de Meghan en el Día del Padre en junio. Superpuesto a una foto de él con ella cuando era un bebé, escribió:

«Feliz Día del Padre, papá. Sigo siendo tu vaquerita y, a día de hoy, tus abrazos siguen siendo los mejores de todo el mundo. Gracias por mi ética de trabajo... por la importancia de las notas de agradecimiento escritas a mano y por darme la firma de la nariz Markle. Te quiero mucho, Bean».

Al final de la cena, Meghan le dijo a su padre: «Quédate aquí esta noche». Él se negó. Condujo de vuelta a México, sin saber que sería la última vez que vería a su hija.

A finales de enero, Meghan se llevó el susto que tanto temía. Mientras rodaba la séptima temporada de *Suits* en Toronto, se enteró de que el *Daily Mail* había publicado fotos de su boda con Trevor (publicadas por primera vez en una revista estadounidense), junto con un retrato poco halagador de la familia Markle. En contraposición a la imagen cariñosa presentada por Tracy Dooley un mes antes, los Markle eran retratados como infames por la borrachera, las peleas y la bancarrota. Tom Junior, dos veces casado, en bancarrota y un gran bebedor, no se dirigía a su padre ni a su hermana. Samantha, la hermanastra de Meghan en silla de ruedas, fue descrita como una madre de tres hijos divorciada dos veces que también había estado en bancarrota y había perdido la custodia de sus hijos. El pasado de Doria estaba rodeado de misterio. Aunque actualmente trabajaba como «terapeuta de adultos mayores» en una organización benéfica de Los Ángeles, los registros mostraban que se había enfrentado a un desahucio mientras estaba desempleada. Nadie podía explicar por qué Meghan había vivido durante sus años escolares con Thomas. ¿Dónde estuvo Doria, se preguntaban los periodistas, durante esos diez años?

Otros periódicos fueron más positivos. En el *Daily Telegraph*, Allison Pearson se preguntaba: «¿Soy yo o el príncipe Harry y Meghan Markle son absolutamente adorables y una fuente de fascinación infinita?… No puedo esperar a la duquesa Meghan…». El *Daily Mail* comparaba de forma aplastante a la «desaliñada» y «estirada» Kate, que nunca trabajó después de la universidad, con la «glamurosa» actriz.

Una vez más, la actitud de Meghan hacia los medios de comunicación dictó su relación con Harry. Ansiaba la publicidad, pero solo bajo sus condiciones. Cualquier reportaje o fotografía que no fuera totalmente acrítico y aprobado personalmente por ella y sus publicistas californianos se consideraba hostil. El control total era esencial. Parecía no estar dispuesta a aceptar que sus exigencias fueran inútiles en Londres.

Un día Meghan estuvo dispuesta a dejarse guiar por Jason Knauf y los expertos en medios de comunicación del palacio, pero otro día rechazó sus consejos. Una llamada telefónica de Knauf le aconsejó que llevar su collar con la «M» y la «H» solo animaba a los fotógrafos y a los medios de comunicación. Eso era precisamente vulnerar la privacidad que ella buscaba. Al borde de las lágrimas y completamente angustiada, llamó a una amiga y le dijo: «No puedo ganar. Hacen como si yo tuviera la culpa de esas fotos, parece que las estoy alentando. No sé qué decir». Según un admirador, «se sentía condenada si lo hacía y condenada si no lo hacía». Para algunos en palacio, el tormento emocional de Meghan parecía irracional. Pero a Harry, la angustia de Meghan le hizo volverse cada vez más paranoico. Cualquier informe adverso provocaba críticas salvajes a su personal.

Un momento fundamental ocurrió durante su viaje a Jamaica en marzo de 2017 para celebrar la boda de Tom «Skippy» Inskip, el amigo de Eton de Harry que había estado presente durante el revolcón al desnudo de Harry en Las Vegas. Harry voló en clase económica *premium* desde Londres; Meghan llegó desde Toronto en el jet privado de una amiga.

Unos cuarenta invitados, entre los que se encontraban los amigos más antiguos de Harry, se reunieron para la fiesta de tres días en el hotel Round Hill de Montego Bay. Todos los padres que asistieron recordaron con cariño haber dado a Harry pastel de patatas y consuelo durante su adolescencia. El grupo, muy unido, esperaba con impaciencia conocer a Meghan. No tardaron en sentirse decepcionados. No solo se quejó de la comida, sino que se comportó como una «princesa», negándose a hablar con los amigos de Harry. «No se interesó por nosotros», dijo una madre.

Dado que era el primer evento importante en el que Meghan y Harry aparecían juntos, era seguro que los medios de comunicación se interesarían por ellos. Aislado en la villa más apartada del complejo, Harry vio a un fotógrafo entre los arbustos. Se llenó de ira. Los amigos de Harry estaban desconcertados por su arrebato especialmente violento, teniendo en cuenta la frecuencia de incidentes similares en su vida. Sus sospechas sobre Meghan aumentaron; el sentimiento era mutuo. A Meghan le disgustaban Inskip y su grupo. Sus bromas y su actitud hacia el mundo eran inaceptables para ella. Las fotografías nunca se publicaron.

Durante las semanas siguientes, los amigos de Harry coincidieron en que se estaba precipitando demasiado hacia el matrimonio. Inquietos por la influencia que la mujer que había entrado repentinamente en su vida tenía sobre Harry, sus instintos les advertían que tuvieran cuidado con la intrusa. Varios compartieron sus temores con Guillermo. Inskip fue uno de los primeros en decirle a Harry que fuera precavido. «Es mejor estar seguro», dijo. Guillermo fue el siguiente en hablar. «No sientas que tienes que apresurarte», le dijo a su hermano. «Tómate todo el tiempo que necesites para conocer a esta chica». Después de todo, él había conocido a Kate durante ocho años antes de proponerle matrimonio.

Furioso por la actitud de su hermano, Harry se lo contó a Meghan. Ambos coincidieron en que fueron víctimas del racismo. Guillermo, despotricó Harry, era un snob. Una acusación extraña, ya que Kate era de clase media como Meghan. Pero el enfado de Harry estaba muy arraigado. Hacía tiempo que le molestaba la superioridad de Guillermo y el hecho de que estuviera a punto de convertirse en el sexto sucesor. «Yo no soy el importante», había dicho una vez. Abrumado por su sentimiento de inferioridad, sus relaciones con Inskip y Guillermo se estaban rompiendo.

Más allá de palacio, pocos entendían las intenciones de Harry. Durante los seis meses anteriores, desde la revelación de su romance, Harry y Meghan impidieron que el público entendiera bien su relación. Las ocasionales noticias de los periódicos y las publicaciones en las redes sociales nunca iban acompañadas de una fotografía significativa que los mostrara como pareja.

Cuatro meses después de instalarse en el Palacio de Kensington, Meghan estaba más segura de sí misma. Calculó que cualquier escepticismo sobre su idoneidad quedaría apaciguado. Decidió ignorar el temor de los funcionarios a que una actriz californiana con pasado no aceptara las severas restricciones impuestas a los miembros de la familia real.

La visita de Meghan a la India en enero de 2017 para World Vision ilustró el problema. Encabezando una valiosa campaña dirigida a cien millones de niñas obligadas a no ir a la escuela mientras tienen la menstruación, denunció con sincera convicción en un discurso a los hombres conservadores de la India que negaban a las niñas las toallas sanitarias. Condicionadas por la discriminación, dijo, las niñas faltan a la escuela y sufren una pobreza innecesaria.

Antes de partir hacia la India, Harry no advirtió a Meghan. Si bien su campaña era aceptable para una actriz, era totalmente inapropiado que un posible miembro de la familia real suscitara polémica entre los hombres de un país de la Commonwealth que no creían ser opresores. Los funcionarios de palacio no se quedaron callados. A la vuelta de Meghan a Londres, un funcionario le explicó que tendría que aceptar restricciones. Meghan sonrió y rechazó cualquier consejo. Había decidido que no quería convertirse en una *royal* silenciada. Sus dos visitas a Ruanda y una a la India se seguirían citando como prueba de su «gran implicación en la labor filantrópica y el activismo».

Casi un año después de que la pareja se conociera, Meghan decidió que debía ser presentada adecuadamente al público. El príncipe estuvo de acuerdo. Se tomarían una foto en un partido de polo. El 6 de mayo, Meghan estaba junto a Mark Dyer, ahora propietario del pub The Sands End de Fulham, y su esposa estadounidense, Amanda Kline, viendo jugar a Harry en Ascot. Al terminar el partido, los fotógrafos obtuvieron el ángulo adecuado para grabar a la pareja besándose. Cinco semanas después, las revistas estadounidenses publicaron fotografías de Meghan con un aspecto decididamente sensual para promocionar *Suits*.

Teniendo en cuenta su nueva vida y la necesidad de refrescar la serie, Aaron Korsh, el guionista de *Suits*, planeaba escribir la salida de Meghan de la serie al final de la temporada del 2017. Las noticias para Meghan de su agente Nick Collins no eran alentadoras. Ningún productor de cine le ofrecía ningún papel importante y ningún director serio de Hollywood hablaba de contar con Meghan en su película o nueva serie de televisión. Tal y como se temía, su carrera como actriz estaba estancada. Sus ingresos a partir de 2017 caerían en picado.

Al mismo tiempo, un funcionario del palacio le advirtió que *The Tig* no era adecuado para alguien que vivía en el Palacio de Kensington. En los tres años anteriores había publicado más de dos mil mensajes y cien artículos de revistas y periódicos sobre ella para casi un millón de seguidores. A principios de abril, se dirigió a esos fieles: «Después de casi tres hermosos años en esta aventura con vosotros, es hora de decir adiós a *The Tig*. Lo que comenzó como un proyecto de pasión… se convirtió en una comunidad increíble de inspiración, apoyo, diversión y frivolidad. Habéis alegrado mis días y llenado esta experiencia de tanta alegría… Sigue encontrando esos momentos de descubrimiento de *The Tig*, sigue riendo y asumiendo riesgos, y sigue siendo "el cambio que deseas ver en el mundo"». Y añadió: «Sobre todo, no olvides nunca tu valor. Como te he dicho una y otra vez: tú, mi dulce amiga, eres suficiente».

Aunque su seguridad financiera era frágil, la terminación de su arraigo en Hollywood no fue definitiva. Aunque ella dimitió como directora de su empresa, Frim Fram Inc, Andrew Meyer, su director comercial en Freemark Financial, y Rick Genow, su abogado, siguieron siendo directores. Por si acaso.

Mientras tanto, en medio de otra crisis real en desarrollo, el futuro de Meghan estaba siendo considerado por los funcionarios de palacio. Guillermo había sido criticado por esquiar en Suiza en lugar de asistir a un servicio del Día de la Commonwealth en la Abadía de Westminster, y el comportamiento del príncipe Andrés era aún más preocupante. Vetado en 2011 para representar a Gran Bretaña como embajador comercial después de una sucesión de quejas sobre su comportamiento grosero, «Air Miles Andy» fue expuesto por los medios de comunicación por sus notorios gastos de viaje y por tomar préstamos de empresarios inadecuados.

Peor aún, la exposición de su relación con el pedófilo estadounidense condenado, Jeffrey Epstein, avergonzaría a la reina. Aunque la fotografía de los dos hombres paseando por el Central Park de Nueva York había sido publicada por el *News of the World* en febrero de 2011, la condena de Epstein por pederastia en 2007 había resurgido para su escrutinio en Florida en 2017. La mala conducta en serie de «Randy Andy» fue investigada por Christopher Geidt, el alto y autoritario secretario privado de la reina que llevaba los zapatos negros más pulidos de Whitehall. No se sabía a dónde llevaría esto.

La mayor preocupación de Geidt, compartida por el príncipe Felipe, era el riesgo que Carlos suponía para la monarquía. La imagen de Carlos como adúltero y entrometido anticuado, según palacio, debía transformarse. Para hacerse popular, Carlos debía abstenerse de la controversia y emerger como un discreto modernizador con un toque popular. Para ello, Carlos sabía que necesitaba la ayuda de Guillermo y Harry.

Al convocar a sus dos hijos, el objetivo de Carlos en su reunión era predecible. Desde que el príncipe Felipe dijo en la reunión de la familia en 1996 que, para sobrevivir, la monarquía debía achicarse, Carlos había intentado reducir el número de personas que aparecían en el balcón del Palacio de Buckingham. Entre los primeros en ser recortados después de 2002 estaba el príncipe Andrés y sus hijas. En 2012, Carlos había limitado el número a solo seis: la reina, Carlos y Camilla, Guillermo y Kate, y Harry. En los años siguientes, siempre hubo dudas sobre si la versión reducida sobreviviría. ¿La presión de los miembros menores de la realeza obligaría a Carlos a permitirles reaparecer en el balcón? Ese argumento resurgió en agosto de 2017.

Con la jubilación de Felipe, y en previsión de que la reina asumiría menos obligaciones públicas, el futuro de la monarquía recaía en Guillermo y Kate. La pareja debía ser promovida como un punto de referencia para la nación. Con el tiempo, también se pediría a sus hijos que representaran a la monarquía. En ese escenario, Harry estaría muy comprometido durante los próximos diez años y luego, a medida que sus obligaciones reales disminuyeran, sería libre de seguir su propia vida. Harry aceptó el plan sin mencionar sus frustraciones. Organizar sus obras de caridad y protagonizar algunas reuniones públicas no era satisfactorio a largo plazo. Vivir en una pequeña casa en el Palacio de Kensington estaba perdiendo su encanto. La vida con Meghan prometía una vía de escape. Geidt sospechaba que Harry, con la influencia de Meghan, buscaba un futuro alternativo.

Se avecinaba la emisión de un introspectivo documental televisivo realizado por Guillermo y Harry sobre Diana. Esto seguramente causaría problemas, poniendo de manifiesto la incapacidad de Geidt para coordinar, y mucho menos controlar, a los cuatro príncipes: Carlos, Harry, Guillermo y Andrés. Temía que sus travesuras dificultaran la protección de su intimidad y pudieran perjudicar a la monarquía. Una exposición excesiva corría el riesgo de reducir el respeto del público por la familia real. Demasiado tarde, Geidt descubrió que Harry había sido animado por Meghan a «compartir su verdad» sobre su estado mental.

Harry reveló por primera vez su angustia mental en un evento de Heads Together en el Palacio de Kensington el 25 de julio de 2016. «Cualquiera», dijo a la audiencia, «puede sufrir problemas de salud mental, [incluso] un miembro de la familia real». Para animar a otros a hablar de su salud mental, el joven miembro de la realeza se mostró cómodo consigo mismo y con su papel: un hombre seguro de sí mismo, encantador y cada vez más amable, relajado al saber que el público estaba de su lado. Su talento consistía en hacer sentir a la gente que era uno de ellos. Alabado por muchos por su valor y honestidad, pocos se dieron cuenta en 2016 de que el aparentemente «divertido» príncipe había buscado ayuda psiquiátrica. Había empezado a boxear para controlar su agresividad.

Harry tocó una fibra sensible. La simpatía del público aumentó. Meghan añadió una vuelta de tuerca. Animado por Meghan a sustituir su vieja rigidez británica por una confesión honesta, Harry se ofreció a Bryony Gordon, una periodista británica del *Daily Telegraph*, como una víctima atormentada que abordaba el impacto catastrófico de la muerte de Diana en su vida. Ignorando las preocupaciones de Geidt, desnudó su «caos total» desde 2012 ante una mujer que confesó haber sufrido también problemas personales: alcoholismo, depresión y drogadicción.

«No sabía lo que me pasaba», dijo a Gordon. «Probablemente había estado muy cerca de un colapso total en numerosas ocasiones». Agradeció a Guillermo que le instara a buscar ayuda psiquiátrica. La vida había mejorado «una vez que pude compartir mi carga con otra persona». El análisis que reveló no fue sorprendente: «Perder a mi madre a los doce años y, por lo tanto, restringir todas mis emociones durante los últimos veinte años ha tenido un efecto bastante grave no solo en mi vida personal, sino también en mi trabajo... Mi forma de afrontarlo fue meter la cabeza en la arena, negándome a pensar en mi madre, porque ¿serviría de algo? Solo te va a entristecer». Trabajar para Invictus y conocer a los soldados heridos le ayudó a dejar de lado sus propios problemas para escuchar a los demás. Le querían por escuchar sus problemas. Más tarde añadió: «Quedarse callado solo iba a empeorar las cosas». Hablar de sus problemas personales se había convertido en una prioridad.

La promesa de Harry de realizar futuras confesiones alarmó a Geidt. El daño potencial, decidió el alto funcionario, requería un plan de acción. Actuó con la suposición generalizada de que permanecería en el cargo hasta la muerte de la reina.

Para reafirmar la incuestionable autoridad de la reina, Geidt convocó a los quinientos miembros del personal de la realeza de toda Gran Bretaña a una reunión en el Palacio de Buckingham el 4 de mayo. El pretexto era el último compromiso oficial del príncipe Felipe, de noventa y seis años, su compromiso número veintidós mil doscientos diecinueve, que sería en agosto. Geidt dijo a su audiencia que la jubilación de Felipe era «una oportunidad para hacer una pausa, reflexionar y volver a centrarse en la familia». Las relaciones discordantes entre los miembros de la realeza y su autocomplacencia, insinuó, tenían que terminar. Todos debían trabajar para servir a la reina. Todos los palacios estarían sujetos al veto de Buckingham. Coordinar las cortes del Palacio de Buckingham, el Palacio de Kensington y Clarence House había sido una ambición incumplida durante años.

La reacción de dos príncipes a la iniciativa de Geidt fue hostil. Su intento bienintencionado resultó contraproducente. Por interés propio, Carlos y Andrés se unieron en la indignación. Ninguno vio a Geidt como un aliado. Ambos pidieron a la reina que despidiera a su secretario privado. Su madre era demasiado débil para resistirse. La desaparición de Geidt coincidió con sus sospechas sobre la influencia de Meghan en Harry.

Ni siquiera Geidt había previsto la confesión autodestructiva de Harry a Angela Levin para la revista *Newsweek* el mes siguiente. «¿Hay alguien de la familia real —preguntó Harry a la periodista— que quiera ser rey o reina? No lo creo, pero cumpliremos con nuestros deberes en el momento adecuado». Hablando en nombre de Guillermo y de él mismo, colocó a los hermanos juntos en un pedestal: «Estamos involucrados en la modernización de la monarquía británica. No lo hacemos por nosotros mismos, sino por el bien del pueblo».

Eso fue una sorpresa para quienes criticaron a los hermanos tímidos en el trabajo por cumplir solo una fracción de los compromisos de otros miembros de la realeza, incluidos sus abuelos. Aún más frívola fue la advertencia de Harry de que una familia real «ordinaria» le quitaría el misterio a *The Firm*. «Es un acto de equilibrio difícil», pontificó. «No queremos diluir la magia. El público británico y el mundo entero necesitan instituciones como esta».

Resulta novedoso que Harry, como experto constitucional, sugiera que él y Guillermo decidirán el destino de la monarquía: «Queremos asegurarnos de que la monarquía perdure y nos apasiona lo que representa», dijo. «Pero no puede seguir como hasta ahora con la reina. Habrá cambios y presiones para que se haga bien». Sugirió que la reina respaldaba su derecho a decidir el futuro. «La reina… nos dice que nos tomemos nuestro tiempo», dijo. «La monarquía es una fuerza para el bien y queremos continuar con la atmósfera positiva que la reina ha logrado durante más de sesenta años, pero no trataremos de sustituirla».

A continuación, Harry se volvió introspectivo. «A veces tengo la sensación de vivir en una pecera, pero ahora lo llevo mejor… Ahora estoy animado y lleno de energía y me encantan las actividades benéficas, conocer a la gente y hacerla reír». Después de decir que no deberían haberle pedido que caminara detrás del ataúd de su madre —«A ningún niño se le debería pedir eso»—, confesó sobre su vida posterior. «Me decía: "Dios mío, sácame de aquí ya"».

Harry pasó entonces a su revelación más significativa. Destacando que su papel de «repuesto» había desaparecido, admitió: «Siento que solo hay una pequeña ventana en la que la gente se interesa por mí antes de que [los hijos de Guillermo, el príncipe Jorge y la princesa Carlota] tomen el relevo, y tengo que aprovecharla al máximo». Anticipándose a la insignificancia, repitió su esperanza de hacer algo de su vida o de plantearse dar la espalda a los privilegios, porque «quería salir» de la familia real para vivir una «vida normal».

Este era un nuevo Harry. Liberado por Meghan, se despreocupó voluntariamente de las consecuencias de su «verdad». Incluso sus elogios a *The Crown*, el popularísimo drama de ficción de Netflix sobre su abuela y la Casa de Windsor, rompieron la línea sobre la fabricación sistemática de la serie. «Es genial, pero me gustaría que hubieran parado al final de la primera temporada», dijo Harry. Este es el mismo Harry que exigió privacidad y que dijo: «Creo que un leopardo puede cambiar sus manchas».

La entrevista de *Newsweek* fue alabada como honesta y sincera, y pocos cuestionaron abiertamente la sabiduría de Harry. Su confesión fue un telón de fondo al documental televisivo de los hermanos, *Diana, nuestra madre*. Presentado por Guillermo, el heredero explicó que veinte años después de su muerte muchos no conocían a la persona real. Los espectadores fueron testigos de la emoción, el dolor y la ira de los hermanos, especialmente hacia Carlos. A pesar de las feroces discusiones entre padre e hijo, Guillermo se negó a mencionar a Carlos en la película. Los hermanos culparon a Carlos y a Camilla de la miseria y la muerte de su querida madre.

Los peores temores de Christopher Geidt se habían materializado. Las divisiones entre los tres palacios eran irreconciliables. Los índices de popularidad de Carlos y Camilla cayeron bruscamente, y la esperanza de Carlos de que Guillermo y Harry aceptaran apoyar a Camilla como futura reina volvía a ser incierta.

En medio del malestar, Geidt se marchó el 31 de julio de 2017. Al leal funcionario le siguió la renuncia de Samantha Cohen, una secretaria privada adjunta de origen australiano que llevaba casi veinte años en palacio. El titular de la noticia era *Problemas en palacio tras la renuncia de la mano derecha de la reina*, anticipando el caos.

El sucesor de Geidt, Edward Young, su corpulento adjunto, no estaba tan bien considerado. Al principio, Young cometió un error fundamental.

En lugar de insistir en que, en interés del bienestar de la monarquía, los planes de Geidt para la coordinación entre los palacios eran una condición no negociable para que aceptara el cargo, permitió que los príncipes tomaran el control. A partir de entonces, Young carecía de autoridad para influir en la estrategia de los medios de comunicación de los demás palacios.

En medio de esos cambios sísmicos, nadie de fuera de Londres había captado aún la importancia de la influencia de Meghan. Para la mayoría seguía siendo invisible. Pero en Nueva York, Jane Sarkin, editora de artículos de *Vanity Fair*, comprendió bien las ambiciones de la californiana.

17

VANITY FAIR

Jane Sarkin propuso a Graydon Carter, el famoso redactor jefe de la revista, que ofreciera a Meghan no solo una entrevista en la ilustre revista, sino también la garantía de aparecer en la portada. Carter, famoso por ser un hombre adelantado a los acontecimientos, nunca había oído hablar de Meghan ni de *Suits*. Sin embargo, estaba convencido de que la última novia de Harry estaba destinada a cambiar la familia real. Cuando llegó la llamada, Meghan estaba extasiada.

El mensajero fue Keleigh Thomas Morgan, socio de Sunshine Sachs, la agencia de relaciones públicas de Los Ángeles. Después de los años de lucha de la agencia para que Meghan se hiciera notar, el envite de *Vanity Fair* demostró que su relación con Harry no tenía precio.

Para Meghan, la noticia de Keleigh Thomas Morgan fue electrizante. Sabía que miles de aspirantes a Hollywood habían suplicado a Graydon Carter el reconocimiento de *Vanity Fair*. Conseguir la foto de la portada era el premio definitivo, un aval de celebridad perdurable. Ella sería mundialmente famosa para siempre. La increíble bonificación fue la oferta de la revista de que Peter Lindbergh, el famoso fotógrafo de moda alemán, pasara un día con Meghan en un estudio de Londres.

Vivir con Harry ya había transformado su vida. El reportaje podría incluso impulsar a Harry a anunciar su compromiso, retrasado, según Harry, hasta la aprobación formal de la reina a su regreso de Balmoral en otoño.

Harry le propuso matrimonio a Meghan en Nottingham Cottage una noche mientras ella cocinaba pollo asado, arrodillándose para pronunciar la tradicional oferta. Ella no podía esperar a decir «sí». Harry le regaló un anillo que había encargado, con dos de los diamantes de Diana engastados en oro amarillo de Botsuana. Estaba especialmente orgulloso de su diseño. Meghan no ocultó su emoción, aunque estaba secretamente decidida a que el anillo fuera rediseñado lo antes posible.

A continuación, Harry llamó a Thomas Markle para pedirle su aprobación. «Sí, siempre y cuando no levantes la mano contra ella», respondió Thomas. En menos de cinco minutos la conversación había terminado. Thomas juró guardar el secreto. Harry no sugirió que se reunieran antes de la boda.

El compromiso era desconocido para Keleigh Thomas Morgan, ya que dio una respuesta cuidadosamente medida a *Vanity Fair*. Por supuesto, Meghan estaría encantada, pero «no quiere un artículo sobre ella. Debe representarla como una gran actriz y especialmente como activista y filántropa». La entrevista presentaría a Meghan al mundo. Y, añadió Thomas Morgan, la clavija de la entrevista debería hacer hincapié en el episodio número cien de *Suits*. Harry, reveló, solo había aceptado el artículo porque, como declaró Meghan, los productores querían celebrar el centenario de *Suits*.

Para entonces, la relación de Meghan con algunos actores de *Suits* era problemática. Había estallado una discusión sobre Sarah Rafferty. Meghan había pedido a Lori Sale, su agente de *merchandising*, que considerara la posibilidad de representar a Rafferty, una pelirroja mayor que ella, para contratos de promoción comercial. Las dos se reunieron y Sale se mostró entusiasmada. Al enterarse de la noticia, Meghan llamó y acusó a Sale de conflicto de intereses.

Sale estaba perpleja. No solo Meghan le había pedido que representara a Rafferty, sino que las dos actrices no eran competidoras. El comportamiento de Meghan no encajaba con su reciente alegato en un programa de televisión sobre la autoestima y ser «amable con uno mismo, y no ser tan sentencioso ni tan antipático: yo no trataría así a mi mejor amiga». Sale fue la última en descubrir la naturaleza de la sinceridad de Meghan. Era dos personajes, uno oculto y otro ficticio, con una desconcertante tendencia a pasar de idolatrar a menospreciar a una amiga.

Una vez más, se acusó a Meghan de ser manipuladora, una crítica que varios actores de *Suits* compartían pero que no revelaron a personas externas. El comportamiento de Meghan siguió siendo un secreto entre la familia de *Suits*, y era desconocido para el equipo de *Vanity Fair*.

Sam Kashner, editor colaborador de la revista desde hacía tiempo, fue el encargado de realizar la entrevista. Conocido por sus portadas de alto nivel sobre Jennifer Lawrence, Nicole Kidman, Rosamund Pike y Lee Radziwill, la hermana de Jacqueline Onassis, Kashner había vivido anteriormente en Toronto. «No sé quién es esta mujer y nunca he oído hablar de *Suits*», dijo Kashner a su editor antes de volar a Toronto a finales de junio.

En contra de la afirmación de Omid Scobie de que Meghan quería «decirle al mundo que estoy enamorada» y que hizo la «entrevista con la bendición de Harry», Kashner llegó bajo la lluvia torrencial a la casa de Meghan sabiendo que su entrevistada estaba bajo estrictas órdenes tanto de Harry como de Keleigh Thomas Morgan. Consciente de que Diana y Sarah Ferguson se habían destruido a sí mismas en las entrevistas, Harry había ordenado a Meghan que mantuviera un silencio hermético sobre temas delicados: Donald Trump, la raza, su relación y, especialmente, él mismo. Él no debía ser mencionado.

A las 12:30, Kashner vio a Meghan preparar el almuerzo en una pequeña cocina. En el mercado local, explicó, se vendía un maravilloso quiche, queso de cabra, verduras y panes especiales. «He hecho una tarta», añadió. Mientras ella entraba y salía, atizándole con preguntas sobre su escuela, su matrimonio y su trabajo, Kashner empezó a percibir una inversión de papeles. Siempre consciente de la ocurrencia de Janet Malcolm de que el periodismo es seducción seguida de traición, sintió que Meghan era la seductora.

Al mirar a su alrededor, Kashner se dio cuenta de que las paredes de la cocina estaban cubiertas de fotos de ella misma y de los libros apilados en la mesa de centro eran guías ilustradas y libros de historia de Londres. «Solo faltaba la A-Z de las calles de Londres», pensó, sin saber si ella había leído realmente algún libro sobre Gran Bretaña. Incluso antes de sentarse a comer, Kashner se sintió incómodo. Ambos sabían que había mucho en juego en la entrevista, y ambos comprendían que el tema crítico de Harry había sido vetado.

Meghan habló, se dio cuenta, sabiendo que tenía el boleto ganador, pero evitando dar una impresión de triunfalismo. Sin embargo, mientras hablaba de «mi discurso ante las Naciones Unidas» y de su éxito como niña de once años contra Procter & Gamble, Kashner pensó para sí mismo: «Es difícil saber si es auténtica. Es una actriz». No tenía motivos para dudar de su versión de que «todos los días, después del colegio, durante diez años, iba al plató de *Casados con hijos*, que era un lugar realmente divertido y perverso para que una niña con uniforme de escuela católica creciera». Kashner no podía saber que Thomas Markle insistía en que la visita al estudio era su regalo del viernes. Tampoco podía saber que cuando entendía que ella había pasado su «último año» trabajando en la embajada de EE. UU. en Argentina, habían sido solo cinco semanas.

«No eres el típico periodista», dijo Meghan tímidamente durante el almuerzo. «Me gustas, sobre todo por tu tartamudez». En el breve silencio que siguió, Meghan no comprendió que Kashner sentía que le estaban tomando el pelo. Era un juego del gato y el ratón, razonó, y ella estaba calculando cómo aprovechar las cartas jugadas. «Ella conoce los objetivos que quiere alcanzar», pensó. «No conseguirá su objetivo siendo sincera», concluyó.

Después de comer, ella se quitó los zapatos. Al subir las piernas al asiento, Meghan se relajó visiblemente y, para Kashner, parecía sexy. Este era el momento de indagar y curiosear.

«Háblame de Harry», dijo Kashner, sin esperar respuesta.

«Somos pareja. Estamos enamorados», respondió Meghan inesperadamente al dispositivo de grabación.

Claramente preparada, se negó a responder cuando le preguntaron: «¿Qué significa el amor?» En cambio, le preguntó a Kashner sobre su matrimonio.

Finalmente, dijo: «Estoy segura de que habrá un momento en el que tendremos que presentarnos y contar nuestras historias, pero espero que la gente entienda que este es nuestro momento. Esto es para nosotros. Es parte de lo que lo hace tan especial, que es solo nuestro. Pero somos felices. Personalmente, me encantan las grandes historias de amor».

Justo en el blanco. Kashner se mostraba tranquilamente eufórico. Y ella añadió: «Sigo siendo la misma persona que soy. Nunca me he definido por mi relación». Quería que él supiera que era una mujer independiente que no se definía por su relación con Harry.

Inesperadamente, llegó Markus Anderson. Su conversación se vio interrumpida. «Quería que conocieras a algunos de mis amigos», explicó Meghan sobre el gerente de Soho House que estaba en la puerta, con una botella de vino en la mano. Desconcertado, Kashner se quedó perplejo mientras los dos se enzarzaban en una conversación incomprensible. «Me sentí manipulado, orquestado», recordó.

Después de un tiempo, Meghan volvió a su conversación y a su agenda: su trabajo para las mujeres. Para su desgracia, Kashner no estaba convencido. «Los actores que hacen un "buen trabajo" son resbaladizos», pensó, percibiendo que había algo raro en *The Tig*, una operación comercial, que operaba junto a la caridad. «La prueba», pensó, «será si va a Ruanda y a la India después de casarse».

«Markus te llevará al aeropuerto», ofreció Meghan. «No, cogeré un taxi», respondió Kashner, ansioso por escapar. Durante los días siguientes llamó a quienes Meghan le había recomendado como amigos. Serena Williams negó ser amiga de Meghan, sino solo una conocida. Le dio una cita enigmática: «Tienes que ser quien eres, Meghan. No puedes esconderte».

El malestar de Kashner aumentó. Poco después de regresar a Nueva York, Meghan le envió un frasco de especias del mercado. «La falsedad de Meghan», decidió.

Según Peter Linbergh, la sesión de fotos en una azotea londinense fue una «delicia», a pesar de la negativa de Meghan a mostrarse sexy. No solo se negó a quitarse la ropa, sino que insistió en que debía lucir «modesta». Sus pecas, insistió, no debían ser retocadas. Una camisa blanca estándar y un vestido de baile de tul blanco y negro, creía ella, ganarían la aprobación de palacio. En cambio, el hito de su vida puso en peligro un mito.

Sunshine Sachs había exigido a la revista que satisficiera la exigencia de Meghan de ser presentada como filántropa y activista, sin tener en cuenta un problema: los escrupulosos investigadores de *Vanity Fair* no pudieron encontrar ninguna prueba de la filantropía y el activismo global de Meghan. Los editores de *Vanity Fair* descubrieron que los que están en el punto de mira de la opinión pública a veces tienen dificultades para estar a la altura de la publicidad que se crean a sí mismos. «La filantropía de Hollywood es la filantropía de las relaciones públicas», observaba a menudo Graydon Carter. La filantropía de los actores, en su opinión, es más superficial que un compromiso profundo. Lo que otros llamaban el Zeitgeist liberal de Hollywood, seguir la corriente. Al final, la fábula amenazaba con consumir a la persona. Keleigh Thomas Morgan daba la impresión de que esperaba que esa realidad fuera pasada por alto.

Al leer la entrevista completa de Kashner, el editor de *Vanity Fair* «sabía que el artículo era un gran golpe maestro para la revista». El conocido y ensayado perfil sobre el dilema de marcar la casilla de la raza en la escuela, las muñecas mulatas y los disturbios de Los Ángeles tenía buen color, pero su revelación era sensacional: «Somos pareja. Estamos enamorados» era garantía de titulares de primera plana. La entrevista de Meghan llevó a la familia real a aguas inexploradas. Intencionadamente, había revelado su plan maestro.

Cuando se imprimió la revista, Meghan estaba celebrando su trigésimo sexto cumpleaños con Harry en Botsuana. Acompañada por un equipo de guardaespaldas, había viajado como la realeza y fue atendida como la princesa que pronto esperaba ser.

Meghan había llevado a Botsuana un ejemplar de *Pride*, una revista de pequeña tirada dirigida a mulatos y negros británicos. La revista incluía una entrevista con ella. En ella describía su lucha contra los prejuicios raciales y la importancia del empoderamiento femenino mediante el nombramiento de mujeres en puestos de responsabilidad. Como «mujer de color», dijo a la revista, se sentía «obligada» a hablar de su condición de medio negra. *Vanity Fair*, imaginó, lanzaría su mismo mensaje por todo el mundo.

A principios de septiembre, Sunshine Sachs y el Palacio de Buckingham recibieron ejemplares de la revista antes de su publicación. La impresionante fotografía de Meghan en la portada fue cubierta por el titular *Está loca por Harry*. El descaro sin precedentes de Meghan tomó por sorpresa al Palacio de Buckingham y electrizó a los medios de comunicación británicos. Como un trueno, la entrevista provocó reacciones sensacionales: Meghan había utilizado su relación con Harry para promocionarse. La hollywoodización de la familia real había sellado el destino de Meghan como prometida de Harry.

A las pocas horas, Meghan llamó a Ken Sunshine y Keleigh Thomas Morgan. Histéricamente, describió la furia del Palacio de Buckingham por *Está loca por Harry*. Sunshine Sachs, dijo Meghan, debería haberse asegurado de que sus comentarios sobre Harry fueran eliminados. ¿Por qué no se centró en su filantropía y activismo?

Ken Sunshine temía que Meghan despidiera a su agencia. Desconcertado por el enfado del Palacio de Buckingham, llamó al director de la revista para lanzarle lo que imaginaba que era la amenaza definitiva. «Vas a tener que lidiar con la reina en esto», dijo. Imaginó que la monarca, furiosa, al igual que Trump, cogería el teléfono y reprendería al editor. El editor se quedó perplejo. Meghan, le dijo a Ken Sunshine, «no consiguió la portada en su propio nombre o como feminista, sino por la persona con la que probablemente se casará».

Desestabilizada por el furor, Meghan envió un mensaje de texto a Kashner: «Dolida y deprimida». Poco después, le llamó: «Estoy muy decepcionada contigo porque pensé que esto podría haber sido una verdadera amistad. Ahora no creo que eso pueda suceder». Insinuó que Kashner había «estropeado el trato» con Harry.

Kashner estaba desconcertado. ¿Cómo podía odiar un descarado artículo de propaganda? Entonces se explicaron sus sentimientos. Por supuesto, ella odiaba el título *Está loca por Harry* porque estaba promoviendo su filantropía. También le enfureció que se omitiera su batalla de la infancia con Procter & Gamble. Kashner se resistió a revelar que los verificadores de hechos de *Vanity Fair* habían decidido categóricamente que su historia era falsa. Después de consultar a Procter & Gamble y a historiadores de la publicidad, los encargados de comprobar los hechos concluyeron que no había pruebas de que el incidente hubiera ocurrido. Tampoco había pruebas, como afirmaba Meghan, de que hubiera recibido una respuesta de Hillary Clinton. Sin que Kashner lo supiera, Thomas Markle sabía que tanto Hillary Clinton como Procter & Gamble habían ignorado las cartas de Meghan. Su «campaña» era ficticia, inventada por un padre que la adoraba.

«Se quejaba porque no la presentaban como ella quería», recuerda Kashner. «Exigía que los medios de comunicación hicieran lo que ella esperaba. Me sentí manipulado y traicionado». Sin embargo, *Vanity Fair* aceptó una «corrección». Meghan insistió en que había conocido a Harry en julio, no en mayo. La revista publicó el cambio pero colaboró sin saberlo con una cortina de humo sobre su relación inspirada por Meghan. Meghan insistió en el cambio. Se especuló que hasta mediados de julio seguía viviendo con Cory Vitiello.

Cuando se calmó el enfado, Meghan reconsideró su destino. Los productores y el reparto de *Suits* estaban «asombrados» de que un actor de su serie de culto, con apenas un millón y medio de espectadores, hubiera llegado a la portada de *Vanity Fair*. Su única decepción fue que la relación real no mejoró los índices de audiencia. Ni por asomo.

En el lado positivo, Harry se mantuvo totalmente fiel. Como concluyó Sarah Vine, columnista *del Daily Mail*, Meghan «marcó su casilla» y caracterizó su relación como «un nuevo capítulo».

La pregunta retórica de Vine quedó sin respuesta. ¿Imaginaba Meghan que unirse a los Windsor era solo otro «capítulo picante» en su vida pero en «un escenario más grande»?

Invertir la narrativa era imposible. A través de Kashner, Meghan había dejado claro al Palacio de Buckingham que no estaría dispuesta a obedecer sus reglas. El protocolo era irrelevante para ella. A diferencia de las otras jóvenes que se casaron con los Windsor, ella no guardaría silencio.

En Londres, la familia de Harry y sus asesores de alto nivel se mostraron subyugados. No se trataba, como algunos afirmarían más tarde, de una cuestión de manejo o mala gestión de Meghan por parte de palacio. No se podía hacer nada. El príncipe enamorado ignoró las advertencias de que Meghan auguraba problemas para el palacio.

18

CENTRO DE ATENCIÓN

A principios de septiembre de 2017, Kate reveló que estaba esperando su tercer hijo. Propensa a las enfermedades durante el embarazo, redujo sus apariciones públicas. Como el artículo de *Vanity Fair* había aumentado las sospechas de los Cambridge sobre Meghan, la actriz descubrió que su vecina del Palacio de Kensington tenía aún menos tiempo para ella.

Para entonces, Harry había presentado a Meghan a las dos hermanas de Diana, Jane y Sarah, y a su mejor amiga Julia Samuel. Harry supuso que la familia y los amigos de Diana verían una similitud entre Diana y su prometida. Ambas, dijo, compartían los mismos problemas. Se sintió decepcionado. Nadie estuvo de acuerdo en que su vulnerable madre tuviera algo en común con su novia. Y, lo que era más incómodo para él, pensaban que Meghan no encajaría en la familia real.

Su malestar fue expresado por Charles Spencer, hermano de Diana. A petición de Guillermo, Spencer intervino. Tres veces casado, Spencer advirtió a su sobrino que reconsiderara su prisa por casarse. Su consejo provocó una amarga reacción.

«Eso iba a ser muy duro», reflexionaría Harry más tarde sobre el establecimiento del lugar de Meghan en la familia. Una de sus preocupaciones recurrentes era la falta de dinero si se casaban. Aunque Harry recibía anualmente alrededor de un millón y medio de libras de Carlos, a Meghan le habían aconsejado que siguiera actuando para complementar sus ingresos. En ese momento, Meghan sabía por su agente Nick Collins que sus perspectivas como actriz eran limitadas. Omid Scobie, su biógrafo oficial, resumiría con precisión su salida de Hollywood. «Quería una carrera más significativa», escribió. «Podría hacer mucho más con su plataforma». Su frustración se mantuvo. Estaba muy cerca de sellar su futuro, pero nada era oficial.

Harry no demostró la tensión cuando llegó a Toronto para la tercera edición de los Juegos Invictus, que reúne a atletas heridos de diecisiete naciones durante ocho días. El artículo de *Vanity Fair*, y la coincidencia de que la ciudad fuera también el hogar de Meghan, transformaron el evento en un circo mediático. Antes de que comenzaran los juegos, los publicistas de Harry se aseguraron de que su interés personal por la depresión y el suicidio fuera señalado por los medios de comunicación. De manera obediente, informaron de que sus encuentros en la ciudad habían puesto de relieve las enfermedades mentales y la importancia de la campaña Heads Together de la Fundación Real para ayudar a los enfermos. La siguiente sesión fotográfica también contó con la aprobación de Harry.

La llegada de Meghan a la zona pública del estadio el 25 de septiembre con Markus Anderson fue cuidadosamente planificada. De forma melodramática, Harry insistió en que un detective de Scotland Yard estuviera cerca. Meghan estaba allí no solo para consolidar su relación con Harry, sino también para mostrar su visión como futura esposa de Harry.

Para ayudar a la diseñadora Misha Nonoo, lució una clásica camisa amplia blanca de la nueva colección de su amiga. Elogiada por algunos por llevar unos vaqueros desgastados para suavizar el *look*, otros criticaron los desgarros deliberados en la tela que sugerían: «Me importa un bledo». Las mujeres consideraron que el estilo fresco y minimalista de Meghan —su pulido *look* informal— era reproducible con su propio armario. El «efecto Meghan», señaló con satisfacción, provocó un aumento espectacular de los pedidos de la ropa y las gafas de sol que llevaba. Su relación con Harry prometía considerables beneficios comerciales.

Los medios de comunicación desconocían entonces la admiración de Meghan por Carolyn Bessette, la esposa de John Kennedy Jr. Aunque la publicista de moda y el hijo del ex presidente habían fallecido en un accidente aéreo en 1999, ella seguía siendo un icono de estilo. Meghan ya había decidido que su vestido de novia debía seguir el modelo de Bessette. Otros trazarían un paralelismo con la desconocida Bessette que atrapó al príncipe soltero más deseado de Estados Unidos.

Después de establecer su presencia, Meghan incitó a Jason Knauf a coreografiar la fotografía crítica. Con los medios de comunicación en el lugar, Harry y Meghan llegaron de la mano para ver un partido de tenis. Con una mirada de adoración, Meghan posó junto a Harry, tocándolo y acariciándolo mientras las cámaras hacían clic incesantemente. El trabajo de su vida la había preparado para ese momento. Cinco días después, obtuvo su recompensa.

Justo un año antes, Meghan había suplicado a Gina Nelthorpe-Cowne que le arreglara una oportunidad para hacerse una foto con Justin Trudeau. Ahora, no solo Trudeau, sino también Melania Trump, la esposa del presidente, y Barack Obama con Joe y Jill Biden, estaban en el palco de Harry en el estadio.

«¿Cómo va lo de Meghan?», le preguntó Obama a Harry, poco antes de que la acompañaran al palco. La filtración de ese intercambio a los medios de comunicación, y la organización de los fotógrafos para ver a Doria riendo con Harry en el palco, confirmaron el estado de Meghan. El mensaje al Palacio de Buckingham desde Toronto fue inflexible. Sus planes de matrimonio eran irrevocables.

«Ven a Toronto y ayúdame», le dijo Meghan a su padre. Él dudó. No podía permitirse un billete y los gastos. Pudo oír el enfado de Meghan cuando su petición fue rechazada. Sin embargo, después de ver que su hija había posado para una foto con Doria, le preguntó si, en caso de volar al norte, también podrían posar juntos «para quitarme la presión».

Al principio, Meghan estuvo de acuerdo y se ofreció a pagar el billete. «Solo viene a hacerse la foto», le dijo Doria a Meghan. A las pocas horas, Meghan le dijo a su padre que no debía venir. Thomas estaba desconcertado. No sabía que Doria había volado semanas antes a Londres para conocer a Harry. Meghan no le había invitado.

Sin sospechar de su hija y su madre, Thomas buscó la reconciliación entre sus hijos. Con buenas intenciones, dio el número de teléfono de Meghan a Samantha. La reacción de su hija menor fue nuclear. Meghan gritó con furia por la línea a México y cambió su número de teléfono. Sus llamadas a Thomas disminuyeron notablemente. Mirando al Pacífico desde su bungaló, Thomas Markle se esforzó por reconocer el comportamiento de su hija.

Poco después, Meghan rodó sus últimas escenas para *Suits*. Dejaba la actuación profesional para siempre. Entre los que se despidieron de ella estaba Wendell Pierce, el «padre» de Rachel Zane durante cuatro años. «Siempre tendrás un amigo en mí», le dijo a Meghan. Nunca volvió a saber de ella, dijo después. Él también fue abandonado.

19

COMPROMISO

Para complacer a Harry, la reina accedió a abandonar siglos de tradición. Meghan entraría por la vía rápida en la familia real antes de la boda. Dos semanas después de que terminaran los Juegos Invictus, el 12 de octubre, Harry presentó a Meghan a la reina en el Palacio de Buckingham. Entre té y sándwiches, la monarca aprobó formalmente el compromiso de su nieto. La anciana, de noventa y un años, no tuvo elección. Al parecer, ya había conocido a Meghan en Windsor Park. En un encuentro fugaz e inesperado, Meghan afirmaría haber realizado una reverencia chapucera no ensayada. Durante el encuentro formal en el palacio, Harry describiría cómo los corgis de la reina, que durante los treinta y tres años anteriores le habían ladrado, se pusieron a los pies de Meghan y movieron la cola. Meghan describió la escena como «muy dulce».

Un mes más tarde, Meghan terminó de empaquetar sus pertenencias en Toronto y voló a Londres para comenzar su nueva vida, o «capítulo» como ella prefirió llamarlo. Entrar con éxito en la familia real requería esfuerzo e imaginación. La mayoría de los recién llegados habían sido derrotados. No solo Diana y Sarah Ferguson habían sido expulsadas, sino que el primer marido de la princesa Ana, Mark Phillips, y su familia habían sido ignorados. Incluso los Middleton habían sido desairados por varias mujeres de la corte hasta que Guillermo exigió un mejor comportamiento.

Meghan fue la beneficiaria de esos errores de apreciación. En previsión del anuncio formal del compromiso, los funcionarios del palacio acordaron que, para facilitar su transición a la familia, necesitaba orientación sobre las restricciones aceptadas por todos los miembros de la familia real. Harry aseguraba que había advertido a Meghan: «Ya sabes en qué te estás metiendo. Es un asunto importante y no es fácil para nadie».

Si es así, nadie le preguntó directamente a Meghan si entendía que la monarquía británica solo había sobrevivido —con el apoyo del 70 % de los británicos— tratando de mantenerse sobriamente incontrovertida. Nadie le explicó que los monárquicos no eran conscientes de que la mayoría de los cambios realizados para garantizar la modernización y la supervivencia de la Corona habían sido imperceptibles. Pero entonces, nadie recuerda que Meghan hiciera alguna pregunta detallada antes de que se anunciara oficialmente el compromiso el 27 de noviembre de 2017.

A las diez de la mañana, con un vestido de cincuenta y seis mil libras de Ralph & Russo, marca preferida por Naomi Campbell y Jennifer López, Meghan entró en el Jardín Hundido del Palacio de Kensington. Con Harry radiante, los fotógrafos tuvieron tiempo de hacer su mejor foto. Observaron los ojos de Meghan fijos en su prometido y la grabaron frotando la espalda de Harry mientras caminaban de vuelta al palacio. Su llamativo gesto táctil se convertiría en una característica de sus apariciones públicas. Para algunos era maternal. Para otros, de propiedad.

Los *fashionistas* estaban entusiasmados. A diferencia de Kate, que lució un vestido de Reiss para anunciar su compromiso, Meghan no llevaba una prenda «ética». Su ropa y accesorios, llevados con un «sentido del estilo seguro», fueron elogiados como «auténticos». «Meghan está muy al corriente de las tendencias», dijo un comentarista. «Simplemente entiende la belleza. Su enfoque es muy sencillo». Nadie se atrevió a comentar la inteligencia y audacia comercial de la actuación de Meghan. Con su reafirmación, Harry esperaba ser visto por el público y los medios de comunicación precisamente como él quería.

En una entrevista de veinte minutos con la BBC, Harry reveló a Mishal Husain que desde el primer momento en que se conocieron supo que Meghan era «La Elegida». Con aplomo y seguridad en sí misma, Meghan dijo que en los primeros encuentros no sabía nada de Harry. Sin pestañear, declaró que no había hecho ninguna investigación sobre Harry antes de la cita a ciegas. Todo lo que había descubierto había ocurrido, dijo, durante una «curva de aprendizaje realmente auténtica y orgánica de dieciocho meses… invirtiendo tiempo y energía para hacerlo realidad». En ese periodo, había «aprendido sobre él centrándome en lo que somos como pareja».

Entonces, sin un atisbo de duda, dijo que «Kate ha sido absolutamente maravillosa». «Increíble», coincidió Harry, «al igual que Guillermo. Un apoyo fantástico». Toda la familia de Harry había dado «un apoyo absolutamente sólido». Diana, estaba seguro, estuvo presente en «esta loca aventura». Ella y Meghan estarían «como uña y carne… Creo que estaría encantada, saltando de un lado a otro, ya sabes, tan emocionada por mí». Por último, Harry reveló que había llamado a Thomas Markle para pedir la mano de Meghan.

A continuación, para pasar de la imagen creada por *Vanity Fair*, Meghan se presentó como una víctima del brutal mundo de los medios de comunicación: «Nunca he formado parte de la cultura de los tabloides y he vivido una vida relativamente tranquila», explicó. «Existe la idea errónea de que, por haber trabajado en la industria del entretenimiento, esto sería algo con lo que estaría familiarizada».

Presentándose como un contraste con Kate, dijo: «No veo [casarse con Harry] como una renuncia a nada. Lo veo como un cambio. Es un nuevo capítulo». Utilizaría su «nueva plataforma» con Harry. «A los dos nos apasiona hacer un cambio para bien. Hay mucho que hacer». En su primer encuentro, coincidieron en «las diferentes cosas que queremos hacer en el mundo y lo apasionados que estamos por ver el cambio».

Harry estuvo de acuerdo: «Somos un equipo fantástico… y con el tiempo esperamos tener el mayor impacto posible».

Meghan añadió: «Una vez que tienes acceso o una voz que la gente va a escuchar, eso conlleva una gran responsabilidad que me tomo muy en serio». El subtexto era inequívoco: como miembro de la familia real haría campaña por sus causas e ignoraría el evangelio real de la imparcialidad incontrovertible.

Con pocas excepciones, los periódicos quedaron extasiados. El periodista Robert Lacey acogió a una descendiente mulata de ancestros esclavizados en la familia real como un «brillante paso adelante». Estaba seguro de que Meghan aumentaría el atractivo de la familia real, especialmente entre las minorías y los jóvenes. En el *Daily Telegraph* la aclamaron como «lo mejor que le ha pasado a la casa real en décadas y es posiblemente más carismática que el resto de los miembros juntos». El *Sunday Times* coincidió: «Ella puede defender la monarquía del siglo xxi». Otros agradecieron que Harry no hubiera elegido a una «aburrida Sloane o a una aristocrática... Todo es demasiado fabuloso y ella también».

Richard Kay, un periodista del *Daily Mail* cercano a Diana, se mostró igualmente entusiasmado: «Embriagado por una mujer joven que no solo ha tenido que abrirse camino en el mundo, sino que también ha tenido que superar los prejuicios», Harry había elegido a una mujer que Diana habría querido ser. De hecho, Kay especuló que Meghan podría ser «la próxima Diana en términos de atractivo global». Con una nueva Diana, el futuro de la monarquía parecía «fascinante». Sarah Vine señaló que Meghan, tres años mayor que Harry, era como una madre, que le cuidaba y animaba. Trevor Phillips, un destacado comentarista negro, habló en nombre de muchos: «Es muy importante que ella haya hablado de su orgullo por su origen étnico. Para la gente de color, esto será visto como un enfoque muy positivo y moderno, y será muy bien recibido».

Inevitablemente, hubo algunos cínicos. «¿No cabalga y odia disparar?», preguntó uno. Otro preguntó con conocimiento de causa si a los amigos más cercanos de Harry, «Skippy» Inskip y Guy Pelly, les gustaba Meghan. Ninaki Priddy, su amiga de la infancia, lanzó el comentario más hostil: «La princesa prepotente consigue exactamente lo que quiere y Harry ha caído en su juego. Siempre le ha fascinado la familia real. Quiere ser la princesa Diana dos. Desempeñará su papel hábilmente, pero mi consejo es que se ande con cuidado». Desilusionada por el trato que le dio Meghan, Priddy vendió su historia y un gran álbum de fotos por casi ciento cincuenta mil libras.

Incluso Trevor Engelson se sumó. Irónicamente, propuso una película sobre un hombre divorciado que discute la custodia de sus hijos con su exmujer después de que esta se haya casado con un príncipe.

Tras analizar su entrevista televisiva, Stephen Glover, un observador prudente, identificó las «habilidades de Meghan para la autopromoción» y que con su «agudo cerebro comercial [ella] está lejos de ser una mosquita muerta». Si Meghan se había embarcado en «una misión para promover la marca Markle», sugirió Glover, estaba destinada a entrar en conflicto con la «cautelosa marca Windsor». Concluyó: «Lo último que necesita la familia real es una activista del otro lado del charco que abrace ruidosamente las causas globales».

Los informes mundiales ignoraron esas sospechas. Los medios de comunicación estadounidenses se deshicieron en elogios hacia «el soltero más codiciado del mundo». El titular del *New York Post*: *Es preciosa, tiene talento y es filantrópica*, fue secundado por el *Washington Post*: *Es americana y es increíble*. La biografía de Meghan era halagadora: «Al igual que su novio real, Markle es una apasionada humanitaria. Realiza frecuentes trabajos de promoción para las Naciones Unidas y World Vision Canada, viajando internacionalmente para promover la igualdad de género y el acceso al agua potable.» Los cuatro viajes a lo largo de dos años habían demostrado ser invaluables.

El Palacio de Buckingham también había examinado los intereses de Meghan. Astutamente, la reina convenció a Samantha Cohen para que retirara su dimisión, que había sido presentada tras el despido de Geidt. La madre de tres hijos aceptó, como secretaria privada, ayudar a Meghan durante la boda y después. Bajo la dirección de Cohen, se reunió un equipo de catorce funcionarios jóvenes, inteligentes y experimentados, entre ellos Jason Knauf, para introducir a Meghan con sensibilidad en las peculiaridades y expectativas de la vida real y el servicio a la nación. Según el palacio, habría seis meses de escucha y aprendizaje: «Ella va a proceder con humildad». Entre el personal adicional se encontraba la teniente coronel Nana Kofi Twumasi-Ankrah de la Casa y Lady Susan Hussey, dama de compañía de la reina desde 1960. Hussey y otras compañeras cercanas a la reina visitaron a Meghan en Nottingham Cottage para ofrecerle ayuda y consejo.

Teniendo en cuenta la importancia de hacer que una mujer mulata sea bienvenida, el equipo de Cohen trató con tacto de entender las preocupaciones de Meghan, sus prioridades y cómo podrían realizarse sus ambiciones. Durante horas discutieron la resolución de los problemas y cómo debía sentirse ella como parte de la familia real. En respuesta, Meghan insistió en que no permitiría que el Palacio de Buckingham la moldeara. Seguiría siendo independiente. No quería que *The Firm* dictara sus pensamientos y actividades. Su actitud era segura. Pocos subestimaron el tema tabú —la actitud decididamente independiente de Meghan— pero nadie anticipó la batalla que se avecinaba. Los cortesanos esperaban que se uniera a su sociedad con una lealtad incuestionable a la Corona.

En su posterior entrevista con Oprah Winfrey y en otras entrevistas, Meghan denunció al personal de palacio por no haber discutido sus necesidades y objetivos desde el principio. Pero, antes de la entrevista con Oprah, Omid Scobie reflejó con precisión la opinión de Meghan, y eso contradice la versión que Meghan ofreció al mundo después en televisión: «La reina fue maravillosa, cálida y generosa con la nueva duquesa», escribió. «Se aseguró de que Meghan supiera lo que estaba pasando». Scobie añadió: «Carlos se aseguró de que Meghan recibiera apoyo mientras navegaba por los altibajos de la vida en el ojo público».

Meghan no sentía lo mismo hacia Kate. Al poco tiempo se quejó de que Kate no la había acogido adecuadamente. La diferencia de antecedentes y experiencias hacía que una amistad fuera poco probable. Había poca intimidad. En sus relaciones personales, Meghan rara vez había tolerado o transigido con una mujer de intereses marcadamente diferentes. Kate era reconocida como una adversaria que no se podía ignorar.

Las diferencias no fueron evidentes durante el primer acto público de compromiso de Meghan —el comienzo de una gira de seis meses por Gran Bretaña—. En la gélida mañana del 1 de diciembre, una gran multitud esperaba a la pareja en Nottingham. En cuanto los vieron, la Meghan-manía estalló. «Necesitamos magia en este momento», gritó uno de sus muchos admiradores cuando la estadounidense, segura de sí misma y relajada, saludó a la multitud junto a Harry. Incluso dio un calentador de manos a una mujer que se quejaba del frío. Harry y Meghan estaban dispuestos a dejarse querer por el público británico.

La favorable cobertura mediática entusiasmó a Meghan. Estableciendo comparaciones con Kate, un escritor señaló que, a diferencia de Meghan, la duquesa de Cambridge era demasiado formal y no iba tan glamurosa. Al reflexionar con su personal en el Palacio de Kensington sobre su popularidad, Meghan atribuyó su éxito a que era una persona especial, una actitud reforzada por Harry. El polvo de estrellas de Diana, sugirió Harry, caía sobre Meghan. Ningún miembro del personal de Meghan se ofreció a decir que solo era especial por ser miembro de la familia real. Menos de un mes después de que se anunciara el compromiso, un miembro de su personal se preguntó: «Será famosa, pero ¿será de la realeza?».

El miedo de Meghan era su familia. En sus llamadas telefónicas a Thomas Markle en Rosarito, Meghan siguió instándole a «pasar desapercibido». Se le ordenó no solo no decir nada, sino ni siquiera aparecer en público. Su dirección seguía siendo desconocida.

El 6 de diciembre de 2017, el encargo de Meghan a Thomas Markle quedó sin valor. La caza del hombre había terminado. Tom Junior había vendido la dirección de su padre a un periodista. Un reportero del *Daily Mirror* estaba en la puerta de la casa de Thomas Markle cuando salió ese día. Al preguntarle si acompañaría a Meghan al altar, Thomas respondió: «Sí, me encantaría». Luego añadió: «Estoy muy contento. Estoy encantado. Lo siento. Sabes que no puedo hablar».

Había hecho todo lo posible. Las primeras fotografías mostraban a un hombre desaliñado y con sobrepeso. Al día siguiente, Thomas fue detenido en la estrecha calle frente a su casa. Un periodista británico le dijo: «Un regalo para usted», y le ofreció una botella de champán y un paquete de té británico al hombre sorprendido. En cuestión de horas, un ejército de periodistas y fotógrafos se agolpaba en la estrecha y polvorienta carretera frente a su bungaló.

«Todo el infierno se ha desatado», le dijo a su hija desde su estrecho salón. «Estoy asediado». Meghan se vio envuelta en un frenesí que empeoró con su historia sobre el champán.

«Eso podría considerarse un soborno», espetó Harry, escuchando la llamada. Thomas estaba desconcertado. ¿Un «soborno»? ¿Qué quería decir Harry?

«Me acosan cada vez que salgo de casa», suplicó. «Esto es una locura. Estoy rodeado. Necesito ayuda».

«No hables con nadie», ordenó Harry, claramente incapaz de imaginar el caos en la aislada comunidad de Markle. «No hables con los medios de comunicación. Te comerán vivo».

«¿Puedes ayudarme a deshacerme de esta gente?» preguntó Thomas.

«No hables con nadie», repitió Harry sin compasión.

Thomas sabía que Doria estaba recibiendo ayuda. ¿Por qué Meghan le negaba la misma ayuda?, se preguntaba. Aunque Meghan afirmaría más tarde que Jason Knauf «había hablado con mi padre en muchas ocasiones», Thomas Markle no supo nada de Londres. Thomas comprendió que Meghan quería ejercer su control. No podía arriesgarse a tener a Thomas en libertad. Del mismo modo, no podía arriesgarse a que el resto de la familia Markle y Ragland hablara más allá de sus competencias.

«Esto es muy raro», dijo Thomas a Samantha Markle. La voz de Meghan, decidió Thomas, era extraña. «Cuando Harry está en la habitación, ella es dulce, pero cuando él sale de la habitación, es una persona diferente: mala y controladora».

Para su sorpresa, no había recibido ninguna tarjeta de Navidad. Más peculiar fue la sugerencia de Meghan de que Thomas Markle se aislara de Samantha y Tom Junior.

«No los necesitas», dijo ella.

«No voy a repudiar a mis hijos», respondió Thomas Markle. «Eso es una locura».

«Entonces no tengo nada más que decir», dijo Meghan. «No tenemos nada más que hablar».

Thomas Markle sospechaba entonces que Doria estaba forzando la división. Al mismo tiempo, creía que Meghan le había dicho a Doria que no hablara con Thomas. «Doria estaba alimentando la ira y el despecho de Meghan», se quejó Thomas. Doria, creía a regañadientes, vio una «oportunidad» de que Meghan pagara las deudas de la universidad de Doria y también le comprara un coche nuevo. Por primera vez, sus llamadas a Doria fueron ignoradas. «Ella está obedeciendo las órdenes de Meghan», concluyó.

En el Palacio de Kensington, la pareja se encontraba en medio de un caos creado por ellos mismos. El documental televisivo que conmemoraba el vigésimo aniversario de la muerte de Diana había sido memorable por la abierta condena de Harry a los medios de comunicación por causar la muerte de su madre. Se olvidó de las innumerables poses provocativas de Diana para los fotógrafos, especialmente las que hizo con un traje de baño turquesa en el sur de Francia justo antes de morir; y de que la mató un conductor ebrio al que Dodi Fayed animó a cometer una imprudencia. No llevaba puesto el cinturón de seguridad.

Ese documental había sido precedido por el príncipe Harry en África, un documental televisivo sobre su organización benéfica Sentable. Harry reveló que quería pasar el resto de su vida trabajando en África. «Ahora tengo mucha energía, mucho entusiasmo», dijo. «Y ahora puedo ver exactamente a dónde quiero llevar [mi vida]». África era su futuro.

«Me impresiona lo feliz que parece, lo cómodo que se siente en su propia piel», informó Bryony Gordon en el *Daily Telegraph*. Retratando a Harry como un «modelo de conducta sólido como una roca», Gordon creía que la «ligereza de Harry» confirmaba que sus demonios habían sido eliminados. El mensaje que envía a los jóvenes, continuó, es «sé amable contigo mismo, haz cosas buenas y todo lo demás llegará como consecuencia». Gordon hizo estas declaraciones para promocionar el *podcast Harry's Mad World*, que describía su descenso al «caos total».

No se mencionó el agradecimiento de Harry a Meghan por haberle introducido en el programa de Desensibilización y Reprocesamiento por Movimientos Oculares, un tratamiento para desbloquear los recuerdos angustiosos. Las confesiones de Harry fueron acompañadas por la última revelación de Meghan: «Pienso mucho en las cosas y trato de ser lo más sensible y atenta posible a cómo hará sentir a los demás». El personal del palacio se encontró con una experiencia diferente.

Meghan había dicho a la cadena de televisión BBC en su entrevista de compromiso que se casaría con Harry y se uniría a la familia real en sus propios términos. En las conversaciones privadas de su personal con Meghan, esta habló de lanzar una campaña para empoderar a las mujeres y expresó su frustración por la arraigada tradición de la familia real de evitar la controversia.

Las opiniones de Meghan plantearon preguntas delicadas a Samantha Cohen. ¿Podría una mujer de treinta y seis años que se considera profesionalmente exitosa adoptar la propensión británica a la sutileza? ¿Podría abandonar la hipérbole de Hollywood en favor del discreto y repetitivo «Sin comentarios» de palacio? ¿Cómo podría una actriz californiana ambiciosa, con carrera y sin pelos en la lengua, entender la inmutable jerarquía y los rígidos protocolos de la familia real? Un miembro del personal se preguntaba en silencio si la californiana realmente quería cambiar el sol y la brisa del océano por la lluviosa Gran Bretaña, y si Harry estaría tentado de cambiar los páramos por Beverly Hills.

Todas esas preguntas quedaron sin respuesta. Meghan no se mostró dispuesta a comprometerse. Interpretó sus sonrisas aquiescentes como un acuerdo más que como una exasperación educada. No le impresionaban las maneras y gestos aristocráticos. Incluso su riqueza era de mal gusto. No quería vestir, hablar e incluso pensar como ellos. En silencio, el personal de Cohen juzgó la negativa de Meghan a entender los requisitos no negociables de la realeza como una autoindulgencia irresponsable. En el periodo previo a la Navidad de 2017 ambas partes acusaron un choque de culturas.

Meghan estaba acostumbrada a empezar el día temprano. Era eficiente, quería acción. Los correos electrónicos a su personal llegaban antes del desayuno, algunos incluso a las cinco de la mañana. El pecado no eran los correos electrónicos, sino su irritación por la respuesta del personal. Meghan nunca explicó si esperaba que el personal respondiera al instante a sus mensajes de las cinco de la mañana, o si simplemente seguía con su día. «Prefieren un ritmo más relajado», decían sus amigos de su personal, y no les gustaba la «ética de trabajo americana».

Esas críticas ocultaron deliberadamente un profundo cambio en el comportamiento de Meghan. Salieron a la luz historias de que las órdenes de Meghan a Melissa Toubati, su asistente personal, de comprar mantas rojas especiales para una fiesta de tiro en Sandringham habían terminado en gritos. Toubati, se quejó Meghan, no había comprado las mantas adecuadas. Al mismo tiempo, se dijo que Amy Pickerill, jefa de asistentes, también consideraba que Meghan tenía una actitud que la hacía llorar. Concluyó que Meghan no estaba dispuesta a escuchar consejos.

En algún momento de su viaje entre Toronto y el Palacio de Kensington, la famosa empatía de Meghan había desaparecido. Algunos dirían que había absorbido las actuaciones de la élite de Toronto o las de un magnate de Hollywood. Otros culparían a la arrogancia del propio Harry hacia su personal como su modelo. Sea cual sea la explicación, un funcionario del Palacio de Kensington tuvo que pedir a Harry y Meghan que hablaran con su personal con más comprensión. «No es mi trabajo mimar a la gente», respondió Meghan. Naturalmente, nadie estaba al tanto de las quejas anteriores durante el rodaje de los Reitman ni de la experiencia de Adrian Sington.

Más allá de los muros del palacio, el cuento de hadas florecía. El Palacio de Buckingham informó a los medios de comunicación de que los planes de boda de la pareja consistían en una «ceremonia diseñada para incorporar a ambas familias, su amplio círculo de amigos y dar la bienvenida al público a sus vidas». El proceso para que Meghan se convirtiera en ciudadana británica y para su bautismo en la Iglesia de Inglaterra por el Arzobispo de Canterbury estaba en marcha.

Consciente de que Meghan atraía tanto a los jóvenes como a las diversas comunidades, la reina quiso acelerar el ingreso de Meghan en la familia real antes del matrimonio. Rompiendo con la tradición, para complacer a Harry y bajo la presión de Carlos, Meghan fue invitada a la comida de Navidad para el personal del Palacio de Buckingham, a la fiesta de la Casa Real en el Castillo de Windsor y a pasar la Navidad con treinta miembros de la familia en Sandringham. Harry y Meghan se alojarían con Kate y Guillermo en Anmer Hall, en la finca de Sandringham. En todos los eventos, Meghan se comportó y vistió de forma impecable.

El día de Navidad, una multitud más numerosa de lo habitual vio a los Cuatro Fantásticos caminar juntos y sonrientes hacia la iglesia. Todo el mundo daba por hecho que las dos familias establecerían una nueva y feliz dinastía para los próximos cuarenta años. Cogidos de la mano, Harry y Meghan esperaron la llegada de la reina. Tras el servicio, Meghan hizo una nerviosa reverencia a la reina. Tres años más tarde, Harry afirmaría que, a pesar de las apariencias, había «una falta de apoyo y de comprensión» hacia Meghan.

El día de San Esteban, Harry se perdió la tradicional cacería de faisanes de Sandringham para presentar como editor invitado el programa *Today* de la BBC Radio 4. La primicia fue su entrevista con Barack Obama, grabada en Toronto durante los Juegos Invictus. Describió su Navidad como «fantástica». Fue, dijo, la presentación de Meghan a su familia más amplia. «Es la familia que supongo que nunca ha tenido», dijo Harry en directo. Su comentario puede haber parecido inocuo para su audiencia doméstica, pero desató la furia desconcertada entre los Markle. Durante su discurso de boda en Jamaica, Trevor Engelson había dicho exactamente lo mismo.

Thomas Markle no podía imaginar cómo Meghan describía su infancia a Harry. ¿Fue como una huérfana abandonada, desesperada por ser rescatada? Thomas se sintió herido. Había hecho grandes esfuerzos para proporcionar a Meghan un hogar cariñoso. Incluso después de su divorcio de Doria la había invitado a sus celebraciones del día de Navidad. Samantha Markle insistió en que Meghan tuvo dos hogares muy felices antes de ir a la universidad. En un mensaje de Twitter dirigido a Harry, le advirtió: «Si trata a nuestra familia así, tratará a la tuya así».

Su enfado con Meghan se vio truncado por la detención de Tom Junior tras una pelea de borrachos con su prometida en Oregón. Aunque Tom había puesto una pistola en la cabeza de Darlene, fue puesto en libertad y, en cambio, ella fue encarcelada. El circo volvió a poner de manifiesto el dilema de Meghan. Ella quería que su «familia problemática» quedara fuera de la narración.

Como otros Markle, Tom Junior esperaba una invitación a la boda. Después de todo, había jugado regularmente con Meghan cuando era niño y la vio a menudo hasta que se fue a Canadá. Del mismo modo, los hermanos de Thomas, Fred —un sacerdote ortodoxo oriental que bautizó a los bebés de los Markle con agua del Jordán— y Mick —el funcionario jubilado del Departamento de Estado que ayudó a Meghan a matricularse en las prácticas para estudiantes en Buenos Aires— esperaban volar a Londres. Y, por supuesto, Samantha también esperaba un asiento en la capilla. Pero no había llegado ninguna invitación. Meghan ni siquiera había sugerido que ella y Harry volaran a Los Ángeles o a México para conocer a Thomas Markle.

Cuando voló con Harry para celebrar el año nuevo en la casa de su primo David Linley en el sur de Francia, Meghan sospechó que se estaban gestando problemas. Thomas, que seguía obedeciendo órdenes de guardar silencio, empezó a sospechar que Meghan se avergonzaba de su pasado. Inmersa en la realeza, su familia estaba siendo filtrada —o eliminada— del relato.

En Londres, Lady Susan Hussey había disfrutado poco antes de un almuerzo con un grupo de ejecutivos y directores de teatro. Mientras discutían la posibilidad de que Meghan se asociara con el Teatro Nacional después de la boda, Hussey se puso inesperadamente seria sobre el futuro de la pareja. «Todo esto acabará en lágrimas», advirtió Hussey. «Recuerda mis palabras».

20

AGRAVIO

La última aparición de Meghan en *Suits* fue el trampolín perfecto para la continuación de su gira por Gran Bretaña, que había sido organizada por el Palacio de Kensington.

Asediada en los centros de las ciudades de Cardiff y Birmingham, Meghan llegó a Belfast. Después de ver una exposición sobre la iniciativa de paz en Lisburn, su portavoz dijo que había «alabado la calidez de la gente de Belfast». A los acompañantes de Meghan les llamó la atención su claro desinterés por la historia de la isla, algo extraño teniendo en cuenta su fuerte relación con John Fitzpatrick.

Cuando llegó a Edimburgo, distintivamente no era de la realeza. En lugar de guardar las distancias, autografió un libro, aceptó hacerse *selfies* y, animada por Harry, permitió que el público la abrazara. Algunos se quejaron de que estaba jugando con las cámaras, chocando las manos de forma poco realista, llevando ropa inapropiada y caminando delante de Harry.

En «modo de actriz glutinosa [estaba] actuando de ella misma en algún futuro episodio de *The Crown*», comentó Jan Moir en el *Daily Mail*. «¿A dónde va todo esto? Demasiadas capas de compasión nos van a hacer sentir un poco enfermos».

Las críticas de Moir coincidieron con la venta de más recuerdos de Ninaki Priddy al mismo periódico. En opinión de Meghan, estaba siendo retratada «maliciosamente» por sus antiguas amigas como una «manipuladora trepadora social que tenía planes de atrapar un príncipe desde que estaba en bachillerato». La evaluación de Priddy estaba a punto de ser compartida por otra de las amigas de Meghan.

El punto culminante del viaje de Meghan a Edimburgo fue una visita a Social Bites, un centro de ayuda a los sintecho dirigido por Josh Littlejohn. Casualmente Littlejohn era también cliente de Gina Nelthorpe-Cowne. Por sugerencia de Littlejohn, ella se incluyó entre las veinte personas que esperaban a Harry y Meghan en el centro. Antes de que llegaran, los veinte se dividieron en dos grupos: uno para conocer a cada uno de los novios.

«Solía trabajar con Meghan», dijo Gina a un funcionario del palacio. «Me gustaría volver a verla».

«No hay problema», respondió, dirigiéndola al grupo de Meghan. Quince minutos más tarde, mientras la multitud exterior daba la bienvenida a la pareja que llegaba, el funcionario del palacio apartó a Gina. «Lo siento, estás en el grupo equivocado. Nos hemos equivocado. Por favor, pásate al grupo de Harry».

La pareja entró y se separó. «Yo solía trabajar con Meghan», le dijo Nelthorpe-Cowne a Harry directamente. «¿Ha hecho ella que fuera a tu grupo?» Harry no respondió. Momentos después, Meghan apartó la mirada de Nelthorpe-Cowne. Incrédula, se dirigió hacia Meghan. Con evidente vergüenza, una funcionaria del palacio la «bloqueó».

«Me di cuenta de que ya no tenía ningún valor para ella», se lamentaba Nelthorpe-Cowne. «Me di cuenta de que solo se rodea de gente que puede elevarla. Meghan tiene una forma de cerrar la puerta al pasado». Meghan había ignorado una regla real fundamental: evitar ofender a los demás.

En el Palacio de Kensington, el personal de Meghan admitió a regañadientes un problema. Se dieron cuenta de que Meghan no entendía una realidad: era el centro de atención, se la escuchaba con respeto e incluso admiración, simplemente porque se casaba con Harry. Insensible a su mensaje transmitido en los términos más educados —«Solo me pregunto si podrías considerar...»—, hablaba con seguridad dando a entender, supusieron, que tenía poco que aprender.

Harry no entendía que su prometida estaba confundiendo ser famosa con ser de la realeza. Las celebridades de Hollywood aumentaban sus oportunidades de patrocinio, los índices de audiencia de sus películas y sus seguidores de Instagram con pequeños actos: golpeando al presidente Trump en los Oscar, arrodillándose durante el himno nacional o creando organizaciones benéficas que los beneficiaban a sí mismos más que a las causas.

Por el contrario, la realeza sobrevivió y prosperó destacando los logros de los demás en lugar de los suyos propios, celebrando las ocasiones nacionales, defendiendo a su país en el extranjero y proporcionando consuelo a los demás durante las tragedias. Se espera que el mundo de la realeza sea un mundo de altruismo, historia, tradición y mecenazgo discreto sin beneficio personal. De ahí la desesperación que surgió tras los informes sobre las vulgares payasadas de los príncipes Carlos y Andrés.

A pesar de las largas conversaciones mantenidas con su personal, Meghan no quiso entender que las operaciones del palacio eran de bajo presupuesto y muy cautelosas. Los miembros de la realeza estaban presentes para inaugurar eventos, sonreír y animar, no para promocionarse. La princesa Diana nunca creó sus propias organizaciones benéficas de gran presupuesto, ni siquiera empleó a una secretaria de prensa a tiempo completo. La reina era admirada porque se guardaba sus opiniones para sí misma. Meghan, sin embargo, se había comprometido a «poner manos a la obra». Añadió en su muy utilizado tópico: «Quiero tener un impacto tangible… este tipo de trabajo alimenta mi alma».

Kate se había molestado con su vecina. A diferencia de su propio enfoque cauteloso para aprender las reglas antes de participar en los deberes reales, Meghan estaba corriendo, pero ¿cuál era su destino? ¿Y con quién corría? ¿Se daba cuenta de que la familia real corría junta bajo el mando de la monarca, no como individuos competitivos?

Ansiosos por ayudar a la apuesta de Meghan por los focos, los funcionarios de palacio buscaron oportunidades apropiadas para promoverla como filántropa. Se fijaron en la mezquita Al-Manaar, cerca de la Torre Grenfell, en el oeste de Londres, destruida por un incendio en junio de 2017 que causó setenta y dos muertos. Un grupo internacional de mujeres supervivientes había creado la Hubb Community Kitchen para cocinar sus propias especialidades locales dos veces por semana para sus compañeros desplazados. Aprovechando el interés de Meghan por la comida, y para mejorar su reputación como activista, el palacio organizó una visita. Más tarde publicó fotos de Meghan con un delantal, lavando arroz, probando la comida y apilando platos. «Inmediatamente me sentí conectada a esta cocina comunitaria», escribió más tarde. «Es un lugar donde las mujeres ríen, se afligen, lloran y cocinan juntas».

El paso más importante fueron los preparativos para nombrar a Meghan vicepresidenta de la Commonwealth Trust, una organización internacional voluntaria de cincuenta y cuatro países inspirada en la dedicación de la reina a la diversidad. El 60 % de la población de la Commonwealth tiene menos de treinta años. Junto a los líderes políticos en una recepción del Foro de la Juventud de la Commonwealth para promover el empoderamiento de las mujeres, Meghan había visto cómo Harry era proclamado presidente del Trust. «En mi nuevo papel —dijo— trabajaré para apoyar a la reina, a mi padre el príncipe de Gales y a mi hermano Guillermo». Con el nombramiento de Meghan como embajadora en la Commonwealth, continuó, su prioridad sería apoyar a los dos mil quinientos millones de personas de la Commonwealth. Como embajadora de la Commonwealth, Meghan se mostró tranquila. Desde luego, superaba el hecho de ser embajadora de ONU Mujeres.

El inconveniente llegó en forma de comentarios racistas en las redes sociales. La cuenta de Instagram del Palacio de Kensington era leída por siete millones de seguidores, y recibió un mordaz comentario racista por parte de la novia de un líder del UKIP. El post de la simpatizante del Partido de la Independencia del Reino Unido, contrario a la UE, molestó profundamente a Meghan y Harry. Ese único post sería citado repetidamente por la pareja para sugerir que los «funcionarios de palacio estaban abrumados por las amenazas hechas desde múltiples fuentes». Los funcionarios respondieron que estaban abrumados por las demandas de Harry y Meghan para eliminar cualquier crítica, más que por unas pocas amenazas en las redes sociales.

A lo largo de esas semanas, Meghan estuvo dirigiendo los planes de la boda. Inevitablemente hubo tensión. Los más sabios se dieron cuenta de que mucho dependía de la relación entre Meghan y Kate. Sus marcadas diferencias no podían ser fácilmente resueltas, o disimuladas.

Para evitar la comparación diaria de su alojamiento en el Palacio de Kensington, Meghan decidió que necesitaba un hogar alternativo. Quería escapar del Palacio de Kensington. Se encontró un lugar cerca de Soho Farmhouse, un club privado en Chipping Norton en Oxfordshire.

A principios de 2018, Harry alquiló un granero de Cotswold reconvertido en la finca Great Tew. En ese entorno Meghan podía agasajar a sus amigos estadounidenses e invitar a los amigos de Harry. El único grupo que faltaba eran los amigos británicos de Meghan. Eran muy pocos.

Para contrarrestar cualquier sugerencia de que Meghan no había sido acogida plenamente en la familia real, su reintroducción al público se escenificó el 28 de febrero de 2018, tres meses antes de la boda. Tirando de todas las palancas, Samantha Cohen y Jason Knauf animaron a los medios de comunicación a elevar la presentación de los Cuatro Fantásticos como patronos conjuntos de la Fundación Real.

La Fundación gozaba de un estatus especial. Como punto central de la labor filantrópica de Guillermo, Kate y Harry, la Fundación hacía hincapié en la ayuda a los enfermos mentales. Los tres miembros de la realeza eran mecenas de la Fundación con una influencia limitada en sus actividades directas. Ese poder era ejercido por los ejecutivos de la Fundación, un grupo poco impresionante criticado por mover ineptamente a los miembros de la realeza como si fueran piezas de ajedrez. Aunque Guillermo, Kate y Harry se habían acostumbrado a su variopinto comportamiento, la llegada de Meghan como recluta natural para la labor filantrópica de la Fundación alteró el ritmo de los hábitos de los ejecutivos. Su feminismo también perturbó su arraigado conservadurismo.

«Ahora mismo», dijo Meghan con entusiasmo al público, «con tantas campañas como *MeToo* y *TimesUp*, no hay mejor momento para seguir iluminando a las mujeres que se sienten empoderadas y a la gente que las apoya». Continuó ante las cámaras: «A menudo se oye decir a la gente: "Bueno, están ayudando a la gente a encontrar su voz" y yo estoy fundamentalmente en desacuerdo, porque las mujeres no necesitan encontrar una voz. Tienen una voz, necesitan sentirse capacitadas para usarla, y hay que animar a la gente a que las escuche».

Haciendo caso omiso de la expresión congelada de Kate, Meghan habló sobre la inclusión y la diversidad; habló con convicción de sus pensamientos virtuosos para acabar con la injusticia universal y de sus protestas por la cantidad de escenas en *Suits* que requerían que saliera de la ducha con una toalla. Se presentó como la pionera —luchando por lo que creía— como «la princesa feminista de nuestros sueños», que declaró audazmente que Harry era feminista.

La reacción del público fue variada. Muchos de los jóvenes quedaron impresionados. Pero, para muchos otros, las mujeres de Gran Bretaña no parecían estar silenciadas. De hecho, la monarca, la primera ministra, la presidenta del Tribunal Supremo y muchos altos funcionarios, industriales y directores de medios de comunicación eran mujeres. Además, Meghan solo se sentaba en el estrado, como le gustaba decir después, como «madre, feminista y defensora» gracias a Harry. El matrimonio la haría rica y con título, pero no famosa por ningún logro personal. Estaba pilotando una historia sin guion que iba mucho más allá del alcance de Rachel Zane.

Mientras Meghan hablaba, Harry vio la sonrisa sardónica de Guillermo. La señalización de la virtud desde una plataforma ignoraba el papel de la realeza para fomentar la unidad nacional. No había sido invitada a formar parte de la Fundación Real para reinventar las costumbres de la familia real. Meghan, temía Guillermo en silencio, no entendía que el público esperaba mística, no familiaridad. ¿Intentaba eclipsar a Kate? ¿Se daba cuenta de que había un orden jerárquico en la monarquía constitucional? Por mucho que lo intentara, Meghan no podría ganar porque Kate sería la reina y Meghan seguiría siendo duquesa. ¿Le había explicado Harry a Meghan que el protocolo real significaba que siempre caminarían detrás de Guillermo y Kate? ¿Se había atrevido Harry a explicarle su decreciente papel en la familia real? ¿O había evitado esa verdad por miedo a perder a Meghan?

«La boda primero», susurró Harry en voz alta.

«Podemos hacer varias cosas a la vez», respondió Meghan ante la inesperada interrupción. En lugar de hablar de salud mental, se había dejado llevar por su visión de una monarquía moderna. Se imaginó a sí misma en el centro del escenario en lugar de reconocer la realidad de estar en la periferia. Su autoengaño era comprensible.

Cuando el malestar entre los cuatro se hizo evidente, Guillermo trató de restablecer la armonía. La Corona, se ofreció, debe ser «relevante para su generación» pero los cuatro no debían «reinventar la rueda».

A la pregunta de un miembro del público sobre los desacuerdos, los cuatro se rieron. Reconocieron que los desacuerdos existían. «Son muy frecuentes», dice Harry. «Trabajar en familia tiene sus dificultades».

«No lo sabemos», admitió Guillermo cuando se le preguntó si sus desacuerdos se habían resuelto. En el ambiente jovial de buena voluntad hacia Meghan, pocos de los asistentes se dieron cuenta de que la expresión sonriente de Kate ocultaba irritación. Sus publicistas ya habían informado a los medios de comunicación de que, en comparación con el traje azul marino oscuro de mil cuatrocientas quince libras de Meghan, el vestido de Kate costaba noventa y nueve libras. Detrás del estoicismo de la futura reina se escondía la decepción. Sobre todo por el trato que Meghan daba al personal que compartían, sus desacuerdos sobre la gestión de la Fundación y, más recientemente, el malhumor de Harry hacia Guillermo.

Durante los meses anteriores, Carlos había tratado de mejorar sus relaciones con Guillermo. El heredero temía que se produjera una crisis cuando la reina muriera. Una posible consecuencia del trauma nacional tras la muerte de la querida monarca sería la naturaleza de su coronación. Los organizadores aún no habían ultimado el tamaño, la pompa y la duración de la ceremonia. El tono religioso estaba sin decidir. Otra de las preocupaciones de Carlos era conseguir el acuerdo de Guillermo para que Camilla fuera coronada como reina. Para conseguir el apoyo de su hijo mayor para facilitar la difícil transición, Carlos asignó más funciones públicas a Guillermo y Kate. Representarían las caras modernas de los mejores valores de Gran Bretaña. Todo dependía de gestionar con habilidad la transición del reinado.

La orquestación del cambio de guardia en el palacio suele ejecutarse con precisión militar. La salida de Christopher Geidt fue una excepción. Justo antes de la fiesta de despedida de Geidt en el Palacio de Buckingham a principios de marzo de 2018, Carlos había estado presente en las inmediaciones del Palacio de St. James para presenciar el bautismo de Meghan por el arzobispo de Canterbury. Pero Carlos y su hermano Andrés rechazaron la invitación para presentar sus respetos a Geidt. Boicotearon la fiesta.

La tensión no podía ocultarse. Mark Leishman, el secretario privado de Carlos, también había dimitido. Y, justo antes de la fiesta, la reina organizó una ceremonia para conceder a Geidt su tercer título de caballero en seis años. Edward Young, el sucesor de Geidt, se enfrentaría al reto de gestionar la creciente e inevitable crisis dentro de la familia. Pocos confiaban en que pudiera estar a la altura de la tarea.

Nada de esto fue visible para el público cuando la reina condujo a su familia al servicio del Día de la Commonwealth en la Abadía de Westminster doce días después, el 12 de marzo. Solo un puñado de conocedores notó la irritación de Meghan por caminar, como estipulaba la jerarquía, detrás de Kate y no como su igual.

21

LÁGRIMAS

Thomas Markle se sentía aislado. «No he recibido ninguna invitación para la boda», le dijo a Meghan desde su bungaló.

«Debe haberse perdido en el correo», respondió ella.

Sabiendo que un funcionario del consulado británico había visitado a Doria con un pergamino oficial y que ella también había recibido una invitación formal a la boda, Thomas concluyó: «Me está engañando. Esto es obra de Doria».

«No te metas en líos», instó Meghan a Thomas durante la llamada telefónica.

Algunos en palacio estaban desconcertados por la negativa de Meghan a volar discretamente a Los Ángeles con Harry y reunirse con su padre. Después de todo, Doria estaba en contacto regular con el Palacio de Kensington sobre los preparativos. Meghan incluso había volado a Los Ángeles para enseñarle a su madre los bocetos de su vestido de novia y para encargar a Oscar de la Renta la confección del traje de Doria: un abrigo y un vestido verde pálido con un tocado a juego.

Durante la visita, Meghan no había sugerido que Thomas Markle fuera en coche a Los Ángeles. Se limitó a organizar que un sastre de Beverly Hills tomara las medidas de Thomas para un traje que se confeccionaría en Londres. Thomas se presentó en la sastrería con un seudónimo. Le dijeron que volara a Londres el 16 de mayo y que llegara solo dos días antes de la boda para probarse el traje terminado. Doria también debía llegar a Londres poco antes de la boda, sin tiempo para superar el *jet lag*. Meghan quería minimizar cualquier posibilidad de vergüenza.

¿Tenía miedo de que Thomas pudiera revelar verdades sobre su familia que ella preferiría no decir? O peor aún, ¿se asustaría Harry cuando conociera a Thomas e incluso anularía el matrimonio?

El malestar de Thomas se vio agravado por la infelicidad de su familia. Ninguno de los otros hijos o hermanos de Thomas había sido invitado a la boda. El exdiplomático Michael Markle calificó la «indiferencia» de Meghan como «fuera de lugar». Y añadió: «Estoy molesto y sorprendido. Meghan ha escalado socialmente y nos ha dejado atrás, así es como me siento». Tom Junior fue igualmente condenatorio: «Ha destrozado a toda nuestra familia». Samantha especuló que Meghan se avergonzaba de los hombres blancos de clase trabajadora. Igualmente decepcionados estaban los parientes de Doria, especialmente su medio hermano Joseph Johnson. Él había cuidado de Meghan hasta que ella se fue a la universidad. Tras la muerte de Joseph en 2021, su viuda se quejó de que Meghan no le enviara ninguna condolencia.

Los cotilleos del palacio relataron que los departamentos de publicidad de algunas famosas marcas de diseño —Chanel, Dior, Armani, Givenchy y otras— habían sido sorprendidos por las llamadas de un miembro del personal de Meghan con una petición: Meghan estaría encantada de que la marca legara un bolso, unos zapatos o un accesorio al Palacio de Kensington en un futuro próximo. Estos artículos se tratarían como regalos de buena voluntad, se les dijo a los publicistas. Las mujeres estaban desconcertadas por lo que llamaron «el descuento de la duquesa». En el pasado, sus ofertas de regalos a Kate habían sido rechazadas por el principio de que la familia real no aceptaba regalos. Al parecer, al personal de Meghan no le preocupaba esa norma.

Los molestos rumores del palacio coincidieron con el nacimiento del tercer hijo de Kate, Louis. Cinco horas más tarde, perfectamente maquillada y posando en las escaleras del hospital St. Mary's para las cámaras, Kate presentó al mundo al nuevo bebé de la realeza, luego sonrió y se marchó con Guillermo. Harry se reconcilió con el hecho de que ahora, como sexto en la línea de sucesión, ya no era el «recambio». Se apoyó en su asociación con Meghan para reposicionarse.

Una víctima del nacimiento real fue el documental televisivo de esa noche en el que aparecía Camilla. Al centrarse en Kate, hubo menos interés en el documental, que había preocupado a Carlos. Temeroso de la impopularidad de Camilla y de los sondeos de opinión que informaban de que la mayoría de los británicos preferirían que Guillermo siguiera a la reina, Carlos había pedido a sus hijos que elogiaran a Camilla en el documental. Ambos se negaron.

Al ver esos desacuerdos, Meghan estaba decidida a dictar los términos de su propia imagen pública. Ella controlaría la forma en que el público debía percibirla, y también el tono de la ceremonia matrimonial. Sabía que a Hollywood le encantarían las imágenes de una princesa estadounidense con el telón de fondo de un castillo medieval y el interior de una iglesia del siglo xv.

En la visita de Meghan para inspeccionar la Capilla de San Jorge, su guía mencionó las tumbas de los reyes dentro de los muros. La historia y la relevancia constitucional de esas piedras de granito no fueron tenidas en cuenta por Meghan. Incluso la tumba de Jorge III, que perdió a América como colonia británica en 1776, le pasó desapercibida. Después de un año en Inglaterra, Meghan mostró poca comprensión de la familia de Harry o de su país. No le preocupó que a Carlos y Camilla, como divorciados, no se les permitiera casarse en la capilla. Para que Meghan se integrara en la familia real, este incumplimiento de la práctica constitucional había sido aprobado por la reina. Dando esto por sentado, Meghan parecía estar convencida de que su trascendental matrimonio mantendría, en palabras de Harry, la popularidad de la monarquía.

El comportamiento de Meghan alimentaba las especulaciones del palacio sobre el enfado de Kate por el trato que daba al personal que compartían. Se quejaban de que las peticiones de Meghan se hacían como órdenes y no como preguntas sobre si algo sería posible. El equipo de mujeres profesionales seleccionadas para preparar la boda fue el blanco de sus quejas. Entre las diversas disputas se encontraban la elección de la música para la boda (indecisa hasta los últimos días), el menú de la recepción (que cambiaba constantemente), la lista de invitados (se excluyó no solo a los viejos amigos, sino también a muchos de los primos, tíos y tías de Harry), si la lista de invitados debería, como es habitual, publicarse (el veto de Meghan fue definitivo), la disposición de los asientos en la Capilla de San Jorge, el vestido de novia de Meghan (frecuentemente retocado), si se podría utilizar ambientador en la capilla (la petición de Meghan fue rechazada), el coste del montaje (Carlos accedió a aumentar el presupuesto) y —no menos importante— qué tiara podría llevar Meghan.

Ningún miembro del personal del Palacio de Buckingham está más cerca de la reina que Angela Kelly, la asesora de vestuario personal de la reina, de sesenta y un años. Dedicada a la monarca, entre las muchas tareas de Kelly está la de cuidar la colección real de tiaras. Invitada a la sala de seguridad del palacio, Meghan se fijó en una tiara que brillaba con esmeraldas. Su elección fue aprobada por Harry. Kelly sugirió que su origen ruso la hacía inadecuada. Harry se enfadó. «Fue muy grosero», dijo *The Times*. Kelly informó a la reina de la desafortunada conversación. Harry fue convocado por su abuela a una reunión privada. «Se le puso firmemente en su lugar», informó *The Times*.

Poco antes de la boda, la tiara aprobada protagonizó una segunda disputa. El peluquero de Meghan voló desde Nueva York para ensayar su trabajo en torno a la tiara, Queen Mary's Diamond Bandeau. Meghan pidió que la tiara fuera entregada en la habitación del estilista. Kelly se negó. Las tiaras, dijo, no se entregaban para los ensayos de peluquería. Harry volvió a enfurecerse, acusando a Kelly de ser poco servicial. «Lo que Meghan quiere, Meghan lo consigue», gritó.

Algunos miembros de su personal llamaban ahora a Harry «el rehén». Menos frívola fue la constatación de que a Meghan no parecía molestarle despertar el descontento de nadie. La tradición, la jerarquía y las relaciones familiares no la disuadieron de molestar a nadie, incluida la reina.

La tensión preocupó a Kate cuando llegó con Charlotte, su hija de tres años, a una prueba de los vestidos de las damas de honor. Para entonces, Kate estaba irritada por las quejas de que Meghan intimidaba a su personal. Uno de ellos se había quejado de que ella era desagradable. Otro dijo que su temperamento era altivo y que mostraba poca simpatía por los que estaban fuera de su círculo. El poeta W.H. Auden había resumido este tipo de dilema: «Las caras privadas en lugares públicos son más sabias y agradables que las caras públicas en lugares privados».

Como acababa de dar a luz a Louis, Kate estaba demasiado fatigada para hacer frente a un desacuerdo sobre si las damas de honor debían llevar mallas. Siguiendo el protocolo, Kate creía que debían hacerlo. A la californiana no le interesaba la tradición real. Su insistencia fue apoyada por Jessica Mulroney, presente como asesora y madre de otra dama de honor, Ivy. Algunos dirían que Meghan comparó favorablemente a Ivy con Charlotte. A otros les sorprendió el estrecho vínculo de Meghan con Mulroney.

A ese desacuerdo le siguió una discusión sobre el largo del dobladillo de Charlotte. Kate pensaba que era demasiado corto y que, de todos modos, no le quedaba bien. Melissa Toubati, la asistente de Meghan, y los ajustadores del vestido empleados por Clare Waight Keller, de Givenchy, fueron testigos de cómo Meghan rechazaba rotundamente la observación de Kate. El compromiso no era un rasgo que Meghan adoptara. Los enfrentamientos, decidió Kate, confirmaron las quejas de Toubati y otros miembros del personal sobre Meghan. Kate rompió a llorar. Kirstie Allsopp, amiga de Camilla, confirmaría más tarde que a Kate se le saltaron las lágrimas cuando Meghan intimidó a su personal.

Después de salir de aquella infeliz escena, Kate decidió enmendar su error. Cruzó el pasillo del Palacio de Kensington y le regaló a Meghan un ramo de flores. Kate también le dijo a Meghan que no hablara de forma grosera a su personal. «Eso es inaceptable». Lo que siguió nunca podrá establecerse de forma irrefutable. Según la versión de Kate, Meghan le cerró la puerta en las narices y tiró las flores a un cubo de basura. Meghan le dijo a Oprah Winfrey que las lágrimas las había derramado ella, no Kate, y que las flores eran una disculpa. «Creo que ahí cambió todo», dijo Meghan con razón.

Después de que Camilla Tominey publicara el primer informe sobre las lágrimas de Kate en el *Daily Telegraph*, Meghan afirmaba que era el «comienzo de una verdadera difamación». El portavoz de palacio rechazó su petición de aclarar las cosas.

22

HUMILLACIÓN

En Rosarito, Thomas Markle se sentía abandonado. «Me perseguían y acosaban a diario los medios de comunicación. No sabía a quién acudir. La gente del palacio no me ayudó en absoluto. Me sentí totalmente aislado». No solo Meghan no telefoneó, sino que Jason Knauf, su contacto en el palacio, nunca le devolvió las llamadas. Thomas Markle estaba preocupado. «Me dejaron colgado», dijo más tarde.

Lanzado al centro del escenario, Thomas se veía afectado por la imagen que se había hecho de él en Internet y en los periódicos de todo el mundo como un ermitaño desaliñado, obeso y alcohólico. Los *trolls* de las redes sociales le acusaron de socavar y no defender a Meghan. Se sintió avergonzado por el contraste de su estilo de vida con el *glamour* de Meghan. Los periódicos británicos se preguntaban por qué no había aparecido ninguna foto reciente de Meghan y su padre; especulaban con que Harry no se había reunido con él por orden de Meghan, y se preguntaban por qué cambiaba continuamente de número de móvil.

A medida que aumentaban las burlas, Meghan dio un golpe de efecto. En una rara llamada telefónica, Thomas le dijo a Harry que quería dar un breve discurso en la recepción de la boda. Poco después, Meghan le llamó para decirle que no era posible. «Eso me dolió», admitió Thomas. «Fue el peor golpe». El galardonado director de iluminación era un hombre orgulloso. Quería que se le reconociera públicamente, incluso que se le admirara, como padre de esta joven extraordinaria.

Samantha Markle escuchó sus repetidas quejas. Para entonces, Jeff Rayner, un fotógrafo británico afincado en Los Ángeles, se puso en contacto con ella. Rayner se ofreció a fotografiar a Thomas preparándose para la boda. Samantha le dijo a su padre que las fotos demostrarían que no era un recluso. «Los medios de comunicación le hacían quedar mal», dijo más tarde, «así que le sugerí que hiciera fotos positivas en su beneficio y en el de la familia real». Aunque en una de las primeras conversaciones telefónicas Harry había advertido a Thomas Markle que no tratara con los medios de comunicación porque «te comerán vivo», Thomas aceptó la sugerencia de Samantha.

Thomas conoció a Rayner en un restaurante de Rosarito. «Te ves desaliñado y gordo», dijo Rayner, mostrando fotos de Thomas tomadas de los medios de comunicación. Una de Thomas llevando cuatro latas de cerveza daba a entender que el padre de Meghan era un gran bebedor. «Vamos a hacer que tengas un aspecto estupendo», dijo Rayner. Ansioso por no dar la impresión de que las fotos eran un montaje, Thomas instó a Rayner a tomar «fotos sinceras» a larga distancia. Firmaron un acuerdo. Le pagarían mil quinientos dólares más el 30 % de los derechos de autor.

El 27 de marzo, Rayner fotografió tomas escenificadas de Markle en Rosarito ojeando un libro de «imágenes de Gran Bretaña» en un Starbucks, leyendo noticias sobre Meghan y Harry en un cibercafé, y siendo medido por un sastre para un traje para la boda. El «sastre» era David Flores, un estudiante de diecisiete años y dependiente de una tienda de fiestas. A Flores se le pagó quince dólares para que sostuviera la cinta de medir que produjo Markle. «Estas fotos no parecen sinceras», le dijo Thomas a Rayner. «No te preocupes», dijo Rayner. «Nadie lo sabrá». Thomas, crédulo y desesperado, confió en Rayner. El fotógrafo esperaría hasta el momento adecuado para vender su premio.

En Londres, los rumores sobre la descortesía de Meghan hacia su personal se filtraron fuera del palacio. «Creo que la presión para escapar de *The Firm* es aplastante», predijo Germaine Greer, una feminista republicana. «Ella se había escapado antes. Salió por la puerta. Creo que saldrá corriendo. Espero que en cierto modo salga corriendo, pero quizá se lleve a Harry con ella».

Camilla Long, la ácida columnista, estaba de acuerdo: «Creo que es poco probable que Meghan no haya planeado ya una gran entrevista con Oprah para cuando el divorcio haya terminado y ella haya huido a Estados

Unidos. Ya ha escrito sus líneas sobre el «proceso de sanación» y monetizará un «desarrollo personal» público». Long iba a resultar misteriosamente precisa. Oprah Winfrey había llamado al Palacio de Kensington para hablar de una entrevista antes de la boda. Halagada por figurar ahora entre las superestrellas, sus representantes le dijeron a Meghan que rechazara la oferta. Le dijo a Oprah que esperaría «hasta que llegara el momento».

Esos primeros disparos provocaron otros comentarios escépticos. ¿Se trataba, preguntó Patrick Jephson, antiguo secretario privado de Diana, de una auténtica historia de amor de una mujer dispuesta a sacrificarse por el deber, o buscaba un escenario en su afán de fama? ¿Podía ella, especuló, distinguir entre su celebridad como actriz y su nueva fama mundial derivada puramente de su unión con Harry?

Incluso los funcionarios más discretos del Palacio expresaban una exasperación similar. Meghan captó las señales. Una amiga cercana reflejó su enfado. Las críticas, decía, tenían una motivación racial: «Encuéntrame una mujer de color en un puesto de responsabilidad que no haya sido acusada de ser demasiado malhumorada, demasiado asustadiza, demasiado lo que sea en el lugar de trabajo».

En la víspera de la boda, Patrick Jephson temía en privado que Meghan utilizara la carta de la raza para rebatir cualquier noticia desfavorable. «Sería realmente trágico», dijo Jephson, «que Meghan y su marido tuvieran la costumbre de disparar tiros de advertencia étnicos a los mismos medios de comunicación que, de forma fiable, pregonarán todo su buen trabajo durante los próximos años».

A Jephson también le preocupaba la convicción de Harry de que Meghan tenía mucho en común con Diana. Esa ilusión, creía Jephson, era peligrosa. Como Diana y Fergie descubrieron, advirtió Jephson, Meghan no debía sobreestimar su valor. Como recién llegada al «negocio de la dinastía», su único propósito era preservar la monarquía como centro de la unidad nacional. Los Windsor se mostrarían implacables ante cualquier amenaza de un agresor. Jephson conocía a Diana mejor que Harry. La había visto «repartir felicidad», pero también había sido testigo de sus debilidades. Al trabajar fuera del sistema, Diana ignoraba los consejos, mantenía a sus funcionarios en la oscuridad e, impredecible y fuera de

---

---

control, acabó siendo expulsada. Meghan, temía Jephson, estaba reproduciendo las peores características de Diana. No, como creía Harry, sus mejores características.

A finales de abril, cuando empezaba la cuenta atrás para la boda del 19 de mayo, Jeff Rayner ofreció las fotografías de Thomas Markle a los periódicos. Cuando aparecieron las primeras en el extranjero, Knauf alertó a Meghan. Ella llamó a su padre. Al preguntarle si había cooperado con un fotógrafo, Thomas respondió que no. A petición de Meghan, el palacio negó oficialmente que Thomas Markle hubiera cooperado con Rayner. Thomas Markle, dijo Knauf, estaba sufriendo la intrusión de los medios de comunicación, siendo «seguido y acosado» por los fotógrafos. Advirtió a los medios de comunicación que respetaran la privacidad de Markle y que dejaran de acosarlo. Todo el mundo se creyó el desmentido de Knauf.

El 3 de mayo, dos semanas antes de la boda, Thomas Markle acudió a un puesto de primeros auxilios en Rosarito con dolores en el pecho. Años antes, había recibido un tratamiento con nitroglicerina para los latidos irregulares del corazón. Los paramédicos le dijeron que estaba sufriendo un ataque al corazón y que debía ir inmediatamente al hospital local. Tras unas horas de mala atención, y a pesar de la sospecha de insuficiencia cardíaca congestiva, le dieron el alta. En los días siguientes le contó a Meghan sus problemas de salud. También le contó lo mucho que le apetecía ponerse el traje y los zapatos nuevos, y que, durante un viaje a Los Ángeles, había dejado flores en casa de Doria para el Día de la Madre. Para entonces, Rayner estaba vendiendo las fotografías por todo el mundo y esperaba ganar más de cien mil libras. Una de las fotos fue publicada por *The Sun* como «exclusiva».

El 11 de mayo, Harry y Meghan llamaron a Thomas Markle. Durante la conversación, le preguntaron si había cooperado con Rayner.

«No», dijo Thomas.

«Si me estás mintiendo», dijo Harry, «la vida de mis hijos estará en peligro».

«¿Qué estás diciendo?», gritó Thomas, enfadado por la diatriba de Harry. «No tienes hijos».

El 11 de mayo, Thomas también envió un mensaje de texto a Meghan: «Sé de tu duro trabajo para hacerme ver bien. [sic] Gracias. Me estoy emocionando. Todo está tan cerca ahora. No puedo esperar a llevarte al altar».

La vida de los Markle cambió definitivamente el domingo 13 de mayo. El *Mail on Sunday* sacó a la luz la complicidad de Thomas Markle con Jeff Rayner. Una imagen granulada grabada por las cámaras de seguridad en el exterior del cibercafé de Rosarito mostraba a Thomas siguiendo a Rayner con una cámara de larga distancia. Otros informantes, entre ellos David Flores el «sastre», confirmaron que Thomas Markle había colaborado con Rayner. El palacio estaba avergonzado, mientras que Meghan y Harry estaban furiosos por la «traición» de Thomas. Las repetidas llamadas de Meghan a su padre no obtuvieron respuesta. Mortificada por su incapacidad para explicar a los funcionarios del palacio lo que estaba ocurriendo, culpó a los medios de comunicación de irresponsables, dañinos, despiadados y malévolos. Afirmó que el *Mail on Sunday* conocía la colaboración desde hacía tiempo y que había esperado maliciosamente hasta el último momento para exponer a su padre. Esto no era cierto.

El lunes 14 de mayo, Thomas se despertó tarde como de costumbre, alrededor de las once de la mañana, que eran las siete de la tarde en Londres. Thomas envió un mensaje de texto a su hija en el que le decía que lamentaba «todo esto», que la quería y que se ofrecía a disculparse públicamente tanto con ella como con el príncipe Harry. Para evitarle a ella y a la familia real cualquier otra vergüenza, se ofreció a no ir a la boda.

Después de soportar meses de silencio desde Londres y de que Harry no se reuniera con su futuro suegro, la crisis de las fotos provocó un estallido de llamadas. La primera fue de Harry a Thomas. Harry aconsejó a Thomas que no se disculpara. Eso solo empeoraría las cosas. Thomas aceptó la orden. A su vez, Thomas confirmó que, después de todo, acudiría a la boda. Harry le contestó que un funcionario británico le llamaría a su casa para llevarle al aeropuerto. Poco después de esa conversación, Jason Knauf llamó a Thomas. Una disculpa, dijo el funcionario, sería después de todo aconsejable. Nadie en Londres podía imaginar la confusión de Thomas Markle. Atrapado en su casa aislada, se enconaba sin un consejero sensato.

En contra de la versión de Meghan, Thomas insistió en que la segunda llamada de Knauf sobre la disculpa fue la última. Knauf no habló, como afirmó Meghan más tarde, con Thomas Markle «en muchas ocasiones». Meghan también afirmó que Knauf «hizo importantes esfuerzos durante muchos meses para proteger al Sr. Markle y oponerse a las intrusiones en su intimidad». Thomas Markle negó esta afirmación. No solo estaba abandonado, sino que ahora se sentía totalmente humillado. Esa hora del almuerzo se dirigió a un McDonald's local en Rosarito. Después de esa comida se dirigió a un KFC.

Ese mismo día, el 14 de mayo, Thomas volvió a sentir dolores en el pecho. Mareado y con palpitaciones, presentaba los mismos síntomas que un ataque cardíaco anterior. Pidió a un amigo que le llevara al otro lado de la frontera, al hospital de Chula Vista, en California. Mientras esperaba al amigo, sonó su teléfono. Un hombre que se hacía llamar «Sargento» anunció que llegaría pronto para llevar a Thomas al aeropuerto de Los Ángeles. Tenía que volar dos días después.

«Lo siento», respondió Thomas. «Tengo que cancelarlo. Tengo que ir al hospital».

«Se lo comunicaré», dijo el sargento. «Muchas gracias».

Antes de ir al hospital, Thomas habló con TMZ, un sitio web del mundo del espectáculo estadounidense. Confirmó que había cooperado con Rayner para «rehabilitar» su imagen, pero que se había quedado con una apariencia «estúpida y torpe», por lo que no volaría a Londres. En contra de lo que afirmó posteriormente Meghan, no se negó personalmente a subir a un coche que le esperaba para ir al aeropuerto, ni tampoco «rechazó» a un guardia de seguridad enviado por la embajada británica. Ambos llegaron después de que Thomas hubiera cruzado la frontera. Antes de entrar en el hospital, envió un mensaje de texto a Meghan para disculparse y decir que no podía viajar a Londres.

Harry y Meghan estaban frenéticos. En una serie de mensajes a Thomas Markle el príncipe estaba al límite: «Tom, soy Harry y te voy a llamar ahora mismo. Por favor, contesta, gracias». «Tom, ¡otra vez Harry! No hace falta que te disculpes, entendemos las circunstancias, pero «hacerlo público» solo hará que la situación sea más grave. Si quieres a Meg y quieres arreglar las cosas, llámame, ya que hay otras dos opciones que no implican que tengas que hablar con los medios de comunicación, que por cierto han creado toda esta situación. Así que por favor llámame para que pueda explicarte. Meg y yo no estamos enfadados, solo necesitamos hablar contigo. Gracias». «Oh, cualquier conversación con la prensa SERÁ contraproducente, créeme Tom. Solo nosotros podemos ayudarte, como hemos intentado desde el primer día».

Con las ocho horas de diferencia horaria entre Londres y California, los mensajes y más confusión dominaron el 16 de mayo. Meghan se despertó para leer el informe de TMZ sobre el ataque al corazón de su padre y su hospitalización. Más tarde afirmaría que fue entonces cuando se enteró del estado de Thomas Markle. Esta hipótesis es difícil de creer. Tanto el «sargento» como el guardia de seguridad de la embajada británica que habían sido enviados a la casa de Thomas Markle fueron informados de que iba a ir al hospital, y Meghan había recibido el mensaje de Thomas con la misma noticia. En realidad, Meghan dudaba de que su hospitalización fuera auténtica.

Meghan envió un mensaje de texto a su padre: «Me he puesto en contacto contigo todo el fin de semana, pero no coges ninguna de nuestras llamadas ni respondes a ningún mensaje. Estoy muy preocupada por tu salud y seguridad y he tomado todas las medidas para protegerte, pero no sé qué más podemos hacer si no respondes. ¿Necesitas ayuda? ¿Podemos enviar al equipo de seguridad de nuevo? Siento mucho saber que estás en el hospital, pero necesito que te pongas en contacto con nosotros. ¿En qué hospital estás?»

Diez minutos después, Meghan lanzó otro mensaje sobre la seguridad. «Harry y yo hemos tomado una decisión y estamos enviando a los mismos hombres de seguridad que rechazaste este fin de semana para que estén presentes y se aseguren de que estás a salvo. Todo esto es increíblemente preocupante, pero tu salud es lo más importante». Añadió: «Por favor, llama tan pronto como puedas». El envío de un guardia de seguridad a Thomas Markle en Rosarito mientras se le preparaba para una operación en California era extraño. Durante dieciocho meses, Thomas había estado pidiendo ayuda desesperadamente. Respondió que estaría en el hospital unos días y rechazó la oferta de seguridad.

El 16 de mayo, en una intervención de urgencia para evitar un ataque al corazón, se desbloquearon dos arterias de Markle mediante una angioplastia. Al salir de la anestesia ese mismo día, Thomas Markle envió un mensaje de texto a Meghan: «La cirugía ha ido bien. El ataque al corazón hizo algo de daño». Los médicos, continuó, le prohibieron volar ese día a Londres. Le deseó lo mejor. «Te quiero y te deseo lo mejor».

Harry respondió: «Si me hubieras escuchado, esto nunca habría pasado».

Aguijoneado por la reprimenda de Harry y el silencio sobre su salud, Thomas reconsideró su posición. En un texto preguntó a Meghan quién la llevaría hasta el altar. Si realmente lo requería, le envió un mensaje: «Iré si realmente me necesitas. Lo siento por esto». TMZ informó que, después de todo, Thomas había decidido volar a Gran Bretaña.

Desde Londres, Harry envió textos diciendo que no estaban enfadados; el último texto de Meghan terminaba «Con amor M y H». Entonces Meghan telefoneó a Thomas. Le suplicó que fuera a Londres. Al oírla llorar, Thomas se convenció de que su hija no creía que estuviera en el hospital. La llamada terminó con acritud. «Quizá sería mejor para vosotros que estuviera muerto», espetó Thomas y colgó.

Harry envió lo que Thomas consideró tres mensajes de reprimenda. En primer lugar, Harry «amonestó» a Thomas por hablar con la prensa y le acusó de hacer daño a Meghan. Para desgracia de Thomas, Harry no le preguntó por su salud o por la operación ni le envió buenos deseos. Profundamente herido, Thomas envió una respuesta cortante: «No he hecho nada para herirte a ti, a Meghan o a cualquier otra persona… Siento que mi ataque al corazón sea un inconveniente para ti». Harry negaría que el intercambio se produjera.

Sin embargo, Meghan reconoció que había recibido un «mensaje desagradable» de su padre. En cinco minutos, le llamó cuatro veces. Él no contestó. Utilizando el teléfono de Meghan, Harry envió un mensaje de texto: «Tom, soy Harry, por favor contesta tu teléfono, necesito saber que realmente eres tú porque no suena para nada como tú». Thomas explicó más tarde: «Hay un momento y un lugar para decir lo que dijo, pero no cuando estaba en el hospital tras un ataque cardíaco». Después, Meghan no volvió a enviar un mensaje de texto a Thomas, no le llamó por teléfono e ignoró sus llamadas para siempre. A las cinco de la madrugada del día de su boda Thomas llamó, pero, como era de esperar, no obtuvo respuesta.

El 16 de mayo, tres días antes de la boda, el portavoz oficial del Palacio de Kensington informó de que Thomas no vendría a Gran Bretaña por motivos de salud. Para entonces, varios miembros de la familia Markle habían llegado a Londres para aparecer en directo en programas de televisión. Caracterizados como alcohólicos, cultivadores de cannabis y delincuentes atraídos por el dinero, estaban enfadados por no haber sido invitados a una «reunión familiar». Entre los visitantes estaban Roslyn, la primera esposa de Thomas Markle, y la exesposa de Tom Junior y sus dos hijos. Ninguno había conocido a Meghan.

El sobrino de Meghan, Tyler, aprovechó su visita para promocionar su último producto de cannabis, Markle's Sparkle. Tyler estaba distanciado de su padre, Tom Junior: «Mi padre es un ser humano vil». En cambio, su hermano Dooley elogió a Meghan y denunció la información de los medios de comunicación: «Siempre la he admirado».

En el último momento todos los Markle fueron descartados por las emisoras, pero Samantha Markle no se iba a callar. Quería promocionar su próximo libro *The Diary of Princess Pushy's Sister* y denunciar las descripciones de Meghan como una «humanitaria compasiva». Meghan, dijo, no tenía nada en común con Diana. «A principios de año», dijo a la televisión estadounidense, «nos pidieron que no habláramos con el público, pero soy muy firme al respecto. En este país hay algo que se llama libertad de expresión. Ella no tiene derechos de autor sobre eso».

En medio de ese ruido de fondo, el dilema de Meghan era quién la acompañaría al altar de la capilla. Harry accedió a pedírselo a Carlos. «Es nuestro padre», dijo Harry más tarde, «así que por supuesto que va a estar ahí para nosotros». Carlos respondió: «Haré lo que Meghan necesite y estoy aquí para apoyarte». Harry dijo más tarde sobre Carlos: «Estuvo ahí para nosotros. Era el único de los dos que quedaba; trató de hacerlo lo mejor posible y de asegurarse de que estuviéramos protegidos y cuidados».

Thomas Markle no podía ser eliminado de la ceremonia. Su nombre estaba impreso en la orden de servicio. Aún más difícil, el palacio tenía que asegurarse de su aprobación del acuerdo. Para ocultar la crisis de la familia Markle, James Beal, del diario *The Sun*, fue informado falsamente por fuentes del palacio de que Meghan había hablado con su padre: «Meghan dijo que le quería. Dijo que se estaba recuperando bien y que no se preocupara». Thomas le había «dicho» a Meghan que se sentía «honrado» de que Carlos entregara a Meghan.

Sin ser vista durante el escándalo, Doria Ragland llegó tranquilamente a Londres el 17 de mayo. Escoltada desde el avión como VIP, fue conducida directamente al hotel Cliveden House, en las afueras de Londres, para prepararse para reunirse con Carlos y la reina en Clarence House y Windsor. Meghan había logrado ocultar la verdad sobre su madre. A su vez, a Doria se le ordenó no decir ni una palabra. Eso parecía incluir no hacer la más mínima expresión facial.

Doria estaba a punto de participar en una de las mayores representaciones teatrales de los Windsor, algunos dirían que una desventurada familia real fue secuestrada por Hollywood.

23

BODA

El cuento de hadas —un príncipe rico se casa con una bella damisela en un imponente castillo rodeado de seiscientos invitados emocionados, y luego parte en un coche de caballos ante los vítores exaltados de miles de ciudadanos que lo adoran— fue perfectamente coreografiado por los Windsor. Hollywood no podría haber rivalizado con su autenticidad.

Pocos miembros del personal del Palacio de Kensington llegaron a ese día sin moretones y con un tinte de incredulidad sobre Meghan y Harry. La familia estaba dividida. Guillermo y Kate se mostraban escépticos, mientras que Carlos y la reina se sentían aliviados de que Harry hubiera elegido a una mujer con sentido común e inteligencia que aparentemente estaba preparada para asumir un papel público. Pero, como la mayoría de las familias en vísperas de una boda, se esperaba que las inevitables tensiones se dejaran de lado ese día.

Las bodas simbolizan la unión de dos familias y sus amigos. La lista de invitados de la pareja desafió esa convención. Reflejó el deliberado distanciamiento de Harry de su pasado. Varios miembros de la familia real —primos, tíos y tías— se sorprendieron al no ser invitados. Los políticos fueron excluidos, entre ellos el primer ministro y Donald Trump. Aunque despreciado, Trump se negó a criticar a Meghan en una entrevista televisiva de Piers Morgan sobre las críticas de Meghan a su misoginia. «Bueno, todavía espero que sean felices», dijo Trump con un tacto inusual.

Por todo el reino, muchos de los que habían ayudado a Harry en sus primeros años, le enseñaron a jugar al polo, le proporcionaron hospitalidad, le llevaron de safari por África y le cuidaron en los años posteriores a la muerte de Diana, no podían entender por qué habían sido excluidos. «NFI», *Not Fucking Invited*, maldecían. Por separado, ninguno podía entender el desaire hasta que llegaron a una conclusión común. Todos se consideraron inútiles para Harry en el futuro. La lista de invitados, fuertemente influenciada por Meghan, ignoró la nostalgia y la gratitud. Se centró en su reinvención. «Los ratones no deberían casarse con las ratas», declaró un terrateniente inglés descontento.

La exclusión más notable fue la propia familia de Meghan. Expresando la sorpresa de la reina, Carlos se mostró perplejo porque además de Doria no se había invitado a ningún pariente. «Meghan ha escalado socialmente y nos ha dejado atrás», dijo Mike Markle, su tío de ochenta años. «Creo que eso es lo que pasa cuando eres de la clase baja y tratas de superar la realidad de tu situación. Es una *prima donna* porque él [Thomas] la trató muy bien». Samantha Markle creía que su hermanastra había excluido a todos sus familiares para proteger las mentiras que había contado a Harry y a otros sobre su vida.

En su lugar, Meghan invitó a sus amigas y admiradores, incluido el hotelero John Fitzpatrick, su amigo íntimo de Nueva York. Menos visibles, pero más importantes, eran los que se dedicaban a mantener su perfil en Hollywood: sus agentes, abogados y asesores publicitarios de Los Ángeles (Keleigh Thomas Morgan tenía un asiento privilegiado en la capilla). Detrás de ellos se sentaron sus compañeros de reparto de *Suits*. Muchos no esperaban la invitación. Todos se alojaron juntos en un hotel de Ascot y notaron que no estaban invitados a la cena. Por sus conversaciones habituales con Meghan, daban por hecho que esta potenciaría su vida de celebridad con la aprobación de la familia real.

Abrazar a las celebridades no era inusual para los Windsor. Carlos invitaba a menudo a actores y escritores a fiestas de fin de semana en Sandringham. Del mismo modo, invitar a un hombre de negocios excepcionalmente servicial a su boda era aceptable. Kate y Guillermo incluyeron al director de Audi en Reino Unido en su boda, en agradecimiento por suministrar sus coches en generosas condiciones.

Entre las estrellas que sellaron el *glamour* de la boda de Harry y Meghan estaban David y Victoria Beckham, James Corden, Elton John, Serena Williams y George y Amal Clooney. Nadie creía que Meghan conociera a los Clooney, pero el palacio insistió en que Harry se había reunido alguna vez con el actor. Priyanka Chopra, la actriz india, era una conocida.

La mayor sorpresa fue la inclusión de Oprah Winfrey, la famosa presentadora de televisión estadounidense de sesenta y cuatro años, famosa por convertir las heridas en sabiduría como la reina del victimismo televisivo. Oprah ciertamente no era amiga de Meghan. Se habían conocido por primera y única vez dos meses antes. Como tantos otros invitados, Oprah sabía que la relación sería útil. También lo sabía Meghan. Estar rodeada de la realeza de Hollywood establecería firmemente sus raíces en Estados Unidos.

El palacio no publicó la lista de invitados a la boda. La identificación de los invitados dependió de que los periodistas detectaran a los famosos o siguieran las redes sociales. Muchos invitados no pudieron resistirse a publicar mensajes y fotos en Instagram sobre su vestimenta, sus hoteles y su viaje a la capilla de San Jorge.

La brillante ceremonia había atraído a decenas de miles de personas que se encontraban a la luz del sol en las calles exteriores del castillo. Para ellos, la familia real personificaba la identidad de Gran Bretaña: humana y con defectos, pero también decente y considerada. Más de diez millones de británicos siguieron por televisión la llegada de los invitados y sus asientos. A Meghan no le gustaría que diecisiete millones seiscientas mil personas vieran la boda de Kate y veintiocho millones la de Diana. Sin embargo, podía estar segura de que muchos millones no contados la vieron en Estados Unidos y en otros lugares.

Entre ellos, tumbado en una cama de hotel para evitar a los periodistas indiscretos, Thomas Markle refunfuñó que conocía a más invitados de Hollywood en las dos primeras filas que su hija. Había rodado con todos ellos, incluido George Clooney en la comedia *Friends for Life*. Esa era una de las razones, llegó a creer, por las que Meghan lo había abandonado en los meses anteriores a la boda. «Ella nunca me quiso allí», concluyó. Doria, se convenció, también estaba aliviada por su ausencia.

Vestida con la ropa y el porte que le sugería Meghan, Doria se sentó tranquila y sola. Pocos podían entender por qué no había llegado acompañada de una amiga. Todos supusieron que había sido su propia elección y no la de Meghan. Al lado de Doria se sentaron Kate y Camilla. Kate estaba inescrutable. Al elegir un abrigo tradicional de Alexander Mc-Queen que había llevado en un compromiso anterior, dio a entender a Meghan que no eran rivales. A diferencia de Meghan, Kate acabaría convirtiéndose en la reina. Esperando junto al altar, Guillermo y Harry, vestidos con uniformes azules y reales, dieron la firme impresión de una profunda amistad y apoyo mutuo.

Exactamente cinco minutos antes de que comenzara la ceremonia, llegó la reina. Junto a ella, Felipe caminaba sin ayuda. El orgulloso anciano de noventa y seis años disimuló con habilidad su reciente recuperación de una operación de cadera y el dolor de una costilla rota. Se negó a utilizar un bastón. La familia real se sentó frente a las celebridades de Hollywood al otro lado del pasillo.

Aclamar a Meghan como un impulso para la monarquía había provocado un sombrío debate sobre cómo la monarquía sobreviviría a la muerte de la reina. La respuesta estaba en el servicio. Carlos y el Arzobispo de Canterbury habían diseñado una celebración de la multiculturalidad. Para Carlos, que mantenía una estrecha relación con la comunidad afrocaribeña de Gran Bretaña, la invitación al obispo episcopal afroamericano Michael Curry de Chicago para que leyera un sermón y la inclusión de una actuación de la violonchelista de diecinueve años Sheku Kanneh-Mason enviaron un mensaje al mundo entero de que la familia real británica abrazaba sinceramente el multiculturalismo.

En el momento preciso establecido en el calendario, Meghan llegó a la capilla en un Rolls-Royce, el mismo vehículo que había llevado a Wallis Simpson, la divorciada estadounidense y esposa del duque de Windsor, al funeral de su marido en 1972. La elección fue deliberada.

Al salir de la limusina, la cola del vestido de Meghan quedó atrapada. El oficial de escolta que abrió la puerta no ofreció ninguna ayuda. La explicación presagiaba lo que estaba por venir. Después de sus desplantes durante el ensayo del día anterior, explicó un oficial, nadie tenía ningún sentimiento de buena voluntad hacia la novia.

La visión de la novia con su vestido blanco de Givenchy de la diseñadora inglesa Clare Waight Keller fue puro Hollywood. Bajo un cielo azul impoluto y sin su padre a su lado, Meghan se situó en la entrada de la capilla como una orgullosa intérprete. Sin compañía, entró en la capilla.

Ese gesto feminista, informó la CNN, demostró que Meghan es «una mujer fuerte e independiente que está dispuesta a desafiar las normas reales». Después de que ella caminara sola hasta la mitad del pasillo, Carlos se unió a la novia para completar el camino hacia el altar. «Gracias, papá», dijo Harry. «Estás increíble», le dijo a su novia. Ella sonrió. Cuando dijo «sí, quiero», transmitido a través del pueblo de Windsor, los fuertes vítores de las calles abarrotadas resonaron en la capilla y más allá.

La precisión habitual de los actos reales se perdió después de que el obispo Curry ignorara su instrucción de hablar durante seis minutos. En un sermón de catorce minutos sin guion, sus exuberantes llamamientos al «poder en el amor», seguidos de un coro de góspel cantando *Stand By Me*, despertaron sonrisas entre algunos y exasperación entre otros. Las dudas desaparecieron al final del servicio cuando Carlos cogió pensativamente el brazo de la incierta Doria y la acompañó fuera de la capilla. Cuando Harry y Meghan salieron a la luz del sol, la boda fue aclamada como un triunfo. *Una boda real mágicamente moderna* fue el titular de la primera página del *Daily Mail*, haciéndose eco de la rotunda aclamación del público. La ceremonia fue aclamada universalmente como un ejemplo perfecto de la hábil modernización de la monarquía. Nadie dudaba de que la pareja sería un beneficio para el país y que realzaría a la familia real. La esperanza de la monarquía en Guillermo y Kate —una familia sólida, cariñosa y moderna— y ahora en Harry y Meghan, simbolizaba la entrada segura de Gran Bretaña en el siglo XXI.

El periodista y escritor Tony Parsons fue testigo para *The Sun* del optimismo entre la multitud en Windsor. De pie en una acera abarrotada para ver pasar a Harry y Meghan en un carruaje abierto Ascot Landau, registró que las profundas y amargas divisiones infligidas a Gran Bretaña por el referéndum de la UE de 2016 parecían haberse disipado: «Aquí hubo una boda para darnos a todos razones para estar alegres y la alegría estaba en todas partes. Fue una boda real para el país multirracial y multicultural en el que se ha convertido el Reino Unido».

La alegría continuó para los doscientos invitados recibidos por Carlos en la cena de la noche en una carpa de cristal en los terrenos de Frogmore House. No fueron invitados los dos hijos de Camilla, Tom y Laura Parker Bowles, ni varios de los amigos más antiguos de Harry, entre ellos

Tom Inskip. «Meghan ha cambiado demasiado a Harry», dijo más tarde Inskip, conmocionado por su abandono. «Le hemos perdido».

Harry había cambiado sus lealtades al conjunto de Hollywood. A la cena asistieron Oprah Winfrey, Idris Elba, James Corden y, sobre todo, George Clooney. El actor aprovechó descaradamente el momento para autopromocionarse. El futuro marido de la princesa Eugenia, Jack Brooks-bank, gerente de un bar ascendido a embajador de la marca de tequila Casamigos de George Clooney, se encargó de servir la marca de Clooney a los invitados durante toda la velada.

«Mi querido Harry, me alegro mucho por ti», dijo Carlos durante su discurso posterior a la cena. Harry, dijo, un «gran hombre con un gran corazón», había encontrado a su esposa perfecta.

El discurso de Meghan fue sentimental, pero también un poco amenazante. Conocer a Harry, dijo, fue «amor a primera vista». Había «encontrado por fin a mi príncipe». Tras agradecer a la familia real su acogida, se comprometió a lanzar campañas. «Por eso estoy aquí», dijo entre aplausos. Los invitados norteamericanos gritaron: «Adelante».

Para entonces —apenas dos horas después de la boda— el sitio oficial de la Casa Real había añadido la nueva página web de la duquesa de Sussex. El orgullo de Meghan, proclamaba la página, era ser «una mujer y una feminista» y activista en favor de las mujeres, las niñas y los pobres desde los once años. Junto a su foto en una «misión de aprendizaje» en la India, el sitio web mencionaba su interés por «la estigmatización de la gestión de la salud menstrual».

Algunos de los invitados británicos de más edad se preguntaban si Meghan se imaginaba a sí misma como el equivalente británico de Michelle Obama. Mirando a los californianos que vitoreaban la promesa de Meghan de lanzar campañas, les irritaba que sus sonrisas de dientes blancos revelaran «una multitud terriblemente narcisista».

Naturalmente, Guillermo elogió con tacto a Meghan como la hermana que nunca había tenido y como lo mejor que le había pasado a «Haz», de quien se burlaba por su calvicie. Entonces comenzó la fiesta.

Mientras Brooksbank repartía la marca de tequila de Clooney, James Corden presentaba un concurso de baile. Carlos bailó con sus hijos y esperó los fuegos artificiales. Impresionado por el espectáculo, Carlos preguntó a Harry quién había pagado. «Tú, papá», respondió su hijo. Carlos abandonó la fiesta antes de tiempo, sin saber qué parte de la factura de treinta y dos millones de libras pagaría él. Independientemente de esta última carga, había organizado una celebración memorable en un día especial.

Tres días más tarde, la promesa de Meghan de hacer «campaña» en la boda fue destacada por *The Times*. «Sus legiones de admiradores», comentaba el periódico, «ven en ella a una princesa, no a una predicadora». Incluso los defensores de su feminismo, sugería el periódico, esperaban que entendiera la «fina línea que hay que pisar en público». El periódico continuaba: «Está claro que no tiene intención de abandonar su activismo y, sin embargo, este conlleva claros riesgos. El activismo se desvía fácilmente hacia la política, y una ley de hierro de la monarquía constitucional de la que ella forma parte es que sus miembros se mantengan al margen de la política si quieren que esta sobreviva». La advertencia fue explícita: «En su nuevo papel es una princesa, no una política. Tendrá que encontrar la manera de contentarse con eso. Las duquesas no hacen campaña y no se defienden».

La mesurada cautela no gustó a todo el mundo. Tom Bradby, periodista de televisión conocido por su amistad con Guillermo y Harry, preveía problemas si los funcionarios del palacio no respaldaban las exigencias de Meghan. Escribiendo en el *Sunday Times*, aparentemente en nombre de los Sussex y consciente de las tensiones entre Meghan y su personal, Bradby aplaudió a Meghan que «todavía no ha puesto un pie en falso en público». Aclamó su «origen mestizo» como «el sueño de un departamento de relaciones públicas... para refrescar la marca real». El amigo de Harry puso la responsabilidad en la familia real. Los Sussex, advirtió, podrían ser las «estrellas de rock naturales de la familia [pero] va a ser un acto de equilibrio complicado».

Otros escritores se mostraron divididos sobre el matrimonio. Margo Jefferson, autora de *Negrolandia*, elevó a Meghan a la burguesía negra «consciente de sus logros». En su opinión, Harry tuvo la suerte de «casarse» con una mujer con dinero y opiniones. La locutora June Sarpong se alegró de que «la realeza empieza a parecerse al resto de nosotros».

Pero Kehinde Andrews, un estridente profesor de Estudios Afroamericanos de la universidad de Birmingham, fue mordaz: «La familia real es quizá el símbolo más identificable de los blancos en el mundo. Es absurdo pensar que una mujer negra pueda transformar una institución tan arraigada en el colonialismo y la blancura». Para el profesor Andrews, Meghan no era lo suficientemente negra. Su piel, dijo en la CNN, era demasiado clara, su pelo no era afro y su nariz no era plana. «Ella representa», escribió, «la imagen de la negritud que nos han vendido como aceptable y comercializable».

Durante esos primeros días de resplandor marital, Meghan mantuvo el control de los acontecimientos. Al igual que la lista de invitados a la boda se mantuvo sin revelar, el destino de la luna de miel de la pareja era un secreto bien guardado. «Si Meghan no puede manejar la vida en la pecera real», sugirió un observador ajeno a la creciente tensión en los palacios, «nadie puede».

Sin ser vista, Oprah Winfrey estaba enviando un mensaje de texto a Meghan. Emocionada por el reconocimiento de la realeza californiana, Meghan estaba encantada de que Oprah hubiera visitado a Doria. Sus únicos recelos se dirigían a los que estaban en el Palacio de Kensington: su personal y los Cambridge. Nadie se dio cuenta de que seguía en contacto permanente con todos sus asesores en California: el abogado especializado en espectáculos, su gerente de negocios y sus publicistas.

24

TEMBLORES

Durante cuatro días de junio de 2018, Meghan disfrutó de los focos como miembro principal de la familia real. Las cámaras se entretuvieron durante su primera aparición en el balcón del Palacio de Buckingham después de ver el *Trooping the Colour* (Desfile del Estandarte). Sus sonrisas, pensaron sus allegados, parecían forzadas. Todavía agraviada por el compromiso de la realeza con la jerarquía durante las conversaciones antes de salir al balcón, no le gustaba la suposición automática de que era menos que Kate. Creía que debía ser tratada como una igual. Harry simpatizó con ella.

Tres días después, su descontento volvió a hacerse patente. Después de viajar con la reina durante la noche en el tren real a Chester, Meghan salió del tren a la mañana siguiente en Runcorn con aspecto tranquilo. La reina le había regalado un par de pendientes durante el viaje. La sonrisa recatada de Meghan en el andén daba la impresión de que había forjado un vínculo de lealtad hacia la monarca.

A lo largo de ese día, las opiniones cambiaron. Mientras Meghan actuaba, los ayudantes de la reina notaron que se mantenía distante. Su negativa a llevar sombrero reflejaba, según ellos, su desaprobación de la vida de la realeza por considerarla aburrida y estirada. En sus conversaciones, algunos sospecharon que, aunque disfrutaba de los privilegios, Meghan parecía reacia a impregnarse de las tradiciones británicas. Ya había decidido resistirse a las obligaciones del compromiso total con el deber público.

Su regreso a Londres fue siniestro. En una fiesta de despedida en el jardín privado del Palacio de Kensington para Miguel Head, antiguo secretario privado del príncipe Guillermo, Harry y Meghan fueron los últimos en llegar. Parecían reacios a relacionarse con los demás y se marcharon poco después del discurso de Guillermo, a pesar de sus frecuentes menciones a Harry. Head tenía motivos para sorprenderse. Había trabajado con Harry durante su misión en Afganistán. Reempleado como publicista para una corporación en San Francisco, Head afirmó que su tarea en el palacio era «mantener una sensación de magia y misterio» para la familia real. La importancia de ese mantra —evitar la confrontación pública— se le había escapado a Meghan.

El padre de Meghan seguía siendo un problema. Desde su anterior conversación, tres días antes de la boda, los intentos de Thomas Markle por restablecer el contacto con su hija habían fracasado. No respondía a sus mensajes de texto, no contestaba a sus llamadas telefónicas y luego su teléfono se apagaba. Supuso que ella había cambiado de número. Por primera vez, no había enviado una tarjeta del Día del Padre. Aunque Meghan insistiría más tarde en que «no le había ignorado», Thomas se sintió abandonado. Ni siquiera Jason Knauf respondió a sus mensajes de texto. Poco a poco, Thomas Markle empezó a creer que era la víctima de Meghan, que le echaba la culpa y le servía de chivo expiatorio. Los psicólogos identifican un ciclo conocido: «idealizar, devaluar, descartar».

En medio de mucha agonía, culpó a Doria de haber envenenado su relación. Después de todo el apoyo que le había dado en los últimos cuarenta años, creía que Doria le había traicionado. En cuanto a Meghan, recordaba su pequeña mano estrechando la suya mientras caminaban hacia la heladería, y su emoción cuando él elogiaba su actuación en la escuela. No podía entender cómo aquel amor se había convertido en odio. Contemplando el mar, se preguntó si ella temería que sus propios hijos la trataran con tanta hostilidad. ¿Quizás como venganza por cómo trató a su padre? Aislado y burlado, su amargura creció hacia quienes habían ridiculizado a un director de iluminación aclamado y trabajador. «No me iban a encerrar», recuerda.

Inesperadamente, el 18 de junio, Thomas Markle apareció en el programa *Good Morning Britain* de ITV. Furioso por su imagen de borracho que vive en la miseria, había aceptado, tras largas negociaciones, conceder su primera entrevista en directo en televisión. Le pagarían unas quince mil libras. Desde la boda, explicó al presentador Piers Morgan, a pesar de haber «perdonado» el incidente de las fotografías, Meghan le había ignorado.

En tono afligido, Thomas contó que aprobó la petición de Harry de casarse con Meghan siempre y cuando «me prometiera que nunca levantaría la mano contra mi hija»; y sobre su dolor por perderse la boda: «Estaba celoso. Me hubiera gustado estar allí... Estaba preciosa. Fue increíble verla. Lloré un poco por ello. El mundo entero estaba viendo a mi hija. Me sentí muy feliz por ello. Lo lamentable para mí es que soy una nota a pie de página en uno de los grandes momentos de la historia, en lugar del papá que la llevó al altar».

El motivo por el que concedió la entrevista fue el orgullo: «Solo quiero que la gente sepa que soy un tipo normal. Soy un jubilado y estaba viviendo una vida tranquila y esto sucedió. Y pasaron muchas cosas alrededor, pero, sobre todo, no quiero que mi hija o mi nuevo yerno salgan perjudicados por nada de esto. Ahora quiero tener una relación agradable y normal con mi familia real». Y añadió: «Espero no haberles ofendido, no creo que lo haya hecho. Ellos saben que los quiero y espero que la familia real también entienda mis sentimientos». Esperaba que la entrevista fuera vista como una oferta de paz.

Los «amigos» de Meghan dijeron a los medios de comunicación que la aparición sorpresa de Thomas Markle era «más que vergonzosa». En su versión, Meghan y los miembros de la familia real podían conceder entrevistas, pero no Thomas.

Al día siguiente, Meghan montó en la tercera carroza en Ascot después de la reina. Más tarde se la vio riendo con Carlos y Camilla. Su furia con Thomas quedó disimulada. Había asumido que, al negarse a atender sus llamadas telefónicas, él desaparecería silenciosamente. Meghan no comprendió las consecuencias de aislarse de su padre y de rechazar cualquier idea de invitarle a Londres, o incluso reunirse con él en Los Ángeles. En México, su terquedad provocó otro arrebato.

La entrevista, admitió Thomas en la televisión, «me puso en el banquillo de los acusados», pero no se iba a callar. «Si la reina», dijo, «está dispuesta a reunirse con nuestro arrogante e insensible presidente, no tiene excusa para no reunirse conmigo, yo no soy tan malo». Trump tenía previsto reunirse con la reina el 13 de julio durante una visita a Gran Bretaña. Una semana más tarde, después de que sus llamadas siguieran siendo bloqueadas, Thomas admitió: «Creo que la relación ya está perdida».

Hablar con los medios de comunicación empezaba a ser importante para él. Decidió conceder entrevistas hasta que Meghan hablara con él. También contrató a un abogado para extraer su parte de los derechos de autor —unos cincuenta mil dólares— de Jeff Rayner. «Rayner me ha jodido», dijo Markle, «y voy a encontrar la manera de joderle antes de morir. Quiero acabar con él. Si me dicen que tengo un cáncer terminal, lo mataré, porque no tengo nada que perder».

«Podría morir pronto», dijo a *The Sun* la semana siguiente. «¿Quiere ella que esto sea lo último que nos digamos?», continuó: «Es probablemente el tiempo más largo que he pasado sin hablar con ella. Solo quiero aclarar las cosas y decirle lo orgulloso que estoy de ella. Si tuviera un mensaje para ella sería: "Te quiero. Te echo de menos. Siento todo lo que ha ido mal. Me gustaría que dejáramos atrás nuestras diferencias y estuviéramos juntos"».

En lugar de esperar una respuesta, el despreciado padre arremetió contra la familia real por su «absurdo» enfado por el mísero pago de las fotos de Rayner. «La mitad de Gran Bretaña», dijo, «parece hacer una fortuna vendiendo fotos de mi hija y su marido». Podría haber ganado cien mil dólares o más si hubiera querido. Extendió su enfado al «ridículo» código de vestimenta de la realeza. «Meghan parece algo sacado de una película antigua ¿Por qué en 2018 nos estamos vistiendo como en los años treinta? ¿Por qué tienen que cubrirse las rodillas?».

El silencio sepulcral de Meghan provocó otro arrebato en los medios de comunicación británicos: «Mi hija es muy controladora. Le gusta estar al mando». Su conclusión fue creíble: «Creo que está aterrorizada. Lo veo en sus ojos. Lo veo en su cara y lo veo en su sonrisa. Conozco su sonrisa. He visto su sonrisa durante años. No me gusta la que veo ahora. Ni siquiera es una sonrisa de escenario, es una sonrisa de dolor. Realmente me preocupa. Creo que está bajo demasiada presión. Hay que pagar un alto precio por estar casada con esa familia».

Meghan echó humo por su impotencia. Cada despotrique de Thomas y Samantha disminuía su popularidad. El día anterior, los fotógrafos habían constatado la exactitud de la observación de Thomas. En un montaje fotográfico para rebatir la verdad, Meghan y Kate habían aparecido por primera vez juntas en Wimbledon para la final femenina. La sonrisa de Meghan parecía más forzada que de costumbre. La comparación física era poco favorecedora para Meghan. Por sí sola, el resplandor de Meghan se ganó el aplauso universal, pero al lado de la futura reina, más alta y autoritaria, la duquesa parecía disminuida. Ninguna de las dos podía ocultar su incomodidad mutua. Los conocedores de la situación establecieron un paralelismo con las relaciones entre Harry y Guillermo. Días antes, en la celebración del centenario de la Real Fuerza Aérea, los hermanos se mostraron incómodos juntos.

Las relaciones entre los cuatro se habían roto. Guillermo y Kate se negaron a quedarse con Carlos y Camilla en el castillo de Mey, en Escocia, al mismo tiempo que los Sussex, y los Sussex rechazaron la tradicional invitación de la reina a quedarse en Balmoral en verano con Guillermo y Kate. En el centro de su divergencia estaba la falta de voluntad de Meghan de formar parte de un equipo. No había intimidad. No podía identificarse con el poder de la familia, social, financiero o político. También le irritaba la negativa de Kate y Guillermo a ser socios bienintencionados.

La visita de una semana de Meghan al castillo de Mey, que comenzó el 28 de julio, sirvió para informar a los medios de que Carlos se había encariñado con Meghan y admiraba su interés por la historia y los muebles. Lo que no se dijo fue el desconcierto de Carlos por la estadounidense. Nunca la había entendido, a ella o lo que quería. Esa semana, su irritación por las apariciones televisivas de Thomas Markle, especialmente por sus críticas a la familia real, llegó a su punto álgido. «¿No puede ella ir a verle y hacer que esto termine?» le reprochó Carlos a Harry. Su hijo, según Meghan, estuvo «explicando sin cesar la situación» sobre el comportamiento de Thomas Markle a Carlos y a Camilla, pero la «familia parece olvidar el contexto... fundamentalmente no lo entienden».

Carlos no podía entender las «explicaciones» de Harry porque su hijo le ocultaba detalles críticos. Harry no le contó a su padre la furia de Thomas al ser ignorado por su hija y los insultos que el mismo Harry le había enviado mientras estaba en el hospital. En cambio, Harry explicó que Meghan se negó a telefonear a Thomas Markle porque sospechaba que «su teléfono [no] estaba en su poder» y «su cuenta de correo electrónico estaba comprometida». Carlos no podía saber que ambas razones eran falsas, pero también era posible que los Sussex creyeran erróneamente su propia versión.

Las incoherencias de las excusas de Meghan no solo irritaron a Carlos, sino también a la reina. La monarca no creía que Meghan no pudiera resolver sus diferencias con Thomas Markle. Para persuadirla de que hiciera un esfuerzo, se unió a Carlos en una conferencia telefónica con Meghan y Harry. Al principio, Carlos y su madre instaron a Meghan a volar a Estados Unidos para una reconciliación.

Meghan rechazó la sugerencia de la reina. «Era completamente irreal pensar que podía volar discretamente a México, llegar sin avisar a su puerta (ya que no tenía ningún medio de comunicación seguro con mi padre), a un lugar y una residencia que nunca había visitado o conocido, en una pequeña ciudad fronteriza… y de alguna manera esperar hablar en privado con mi padre sin causar un frenesí de atención mediática e intrusión que podría traer más vergüenza a la familia real».

Su argumento evitaba la verdad. Aunque el número de teléfono de su padre no cambiaba y el móvil estaba siempre en su bolsillo, afirmó que «no tenía ningún medio seguro de comunicación con mi padre», y añadió que «no podíamos confiar en que el teléfono de mi padre estuviera en su poder». Eso no le impedía ponerse en contacto con él. El número de teléfono de su padre no había cambiado. Podrían reunirse discretamente en Los Ángeles. La reina ignoraba que Meghan nunca había visitado Rosarito.

Tanto Carlos como la reina se dieron cuenta de que la excusa de Meghan era descabellada. Desconcertados por su actitud, ni Carlos ni la reina habían escuchado la explicación de Thomas Markle sobre la obstinada negativa de Meghan a reunirse con él. Esto es, que Doria había convencido a su hija para que no hiciera ese viaje. La teleconferencia terminó con los dos miembros de la realeza de alto rango perplejos por la conducta de Meghan. «Yo era especialmente sensible», admitió Meghan más tarde, «a esto, ya que me había casado recientemente con la familia y estaba ansiosa por complacerlos». A su vez, Harry se preocupó de que

Meghan necesitara protección. Simpatizaba con su resentimiento por el agudo sentido de la deferencia y la jerarquía del palacio. Aunque no podía entender su intolerancia a la reserva inglesa, sí temía perderla.

«Ellos, fundamentalmente, no lo entienden», se quejó Meghan durante su visita al Castillo de Mey. Entre ellos estaba Camilla. Sin nada en común, Camilla se mostraba aprensiva sobre el futuro de Harry.

Camilla personificaba las mejores —y probablemente algunas de las peores— características de una mujer práctica y sólida de la clase media alta inglesa. Con poca educación, experta como jinete, mala cocinera, deseosa de hacer el bien, con muchos viejos amigos, tenía los pies en la tierra y no era grandiosa. Camilla era una mujer que no aceptaba las tonterías, humilde, con un buen sentido del humor y que, cuando era necesario, hacía gala de una gran firmeza, y se sentía muy cómoda chapoteando en el barro con un abrigo estilo parka y unas botas de goma.

Para la trabajadora, graduada y feminista estadounidense, criada disfrutando del sol junto al Pacífico, el mundo clasista de la caza que galopa por los *shires* ingleses, invariablemente bajo cielos plomizos, era poco atractivo. Las marcadas diferencias entre los Cotswolds y California despertaron en Camilla la sensación de que Meghan era una aventurera de Los Ángeles. A diferencia de Carlos, Camilla podía ver a través de las sonrisas coquetas y la actuación de la estadounidense. Durante su larga experiencia en el conjunto de condados de Inglaterra, Camilla de vez en cuando veía a aventureras engreídas. Eran del tipo que ella podría llamar «una descarada». En esas circunstancias, le resultaba difícil creer que Meghan sacrificaría su independencia para servir en silencio como jugadora de equipo. Pero Camilla permaneció callada. Al igual que Meghan en el Castillo de Mey. Harry tenía sus propias razones para desconfiar de Camilla. Todavía la culpaba de haber destrozado el matrimonio de sus padres.

Frustrada por no poder comunicarse con sus admiradores en Internet, Meghan estaba enfadada porque los funcionarios del palacio se negaban a proteger su imagen. Se negaba a aceptar que Jason Knauf y el personal no estaban empleados para promocionarla como individuo, sino que la situaban dentro del entramado de toda la familia real. En particular, Meghan echó humo por la negativa de Knauf a criticar oficialmente a Thomas

Markle. Knauf se quejó, rechazó sus órdenes de «poner las cosas en su sitio» comunicándose directamente con los medios de comunicación para pedir a los editores de los periódicos que no entrevistaran a Thomas con el argumento de que estaba siendo «manipulado y explotado».

Desde su punto de vista, Meghan estaba aislada, vulnerable y asfixiada por las convenciones. Incapaz de aceptar que, a diferencia de Hollywood, nadie contaba con los ingresos de taquilla de las multitudes que ella atraía, estaba librando una lucha para la que no estaba capacitada ni podía comprender. Despreciando la explicación del palacio de que atacar a los medios de comunicación le rebotaría, adoptó las reglas de Hollywood y tomó la iniciativa en secreto.

Gina Nelthorpe-Cowne, se enteró por Knauf, había concedido una entrevista desfavorable al *Mail on Sunday*. En el artículo propuesto, Nelthorpe-Cowne describió a Meghan como «quisquillosa, no solo en lo que se refiere a su ropa, sino también a sus colegas, desechando al instante a los que no compartían su "visión"». Describiendo cómo la duquesa «me hizo pasar un mal rato» en Edimburgo, observó que «a Meghan le gusta seguir adelante».

Meghan fue invitada por el periódico a hacer un comentario. En su lugar, pidió a Jessica Mulroney, su amiga íntima y estilista, que interviniera personalmente. Para complacer a su amiga, Mulroney accedió. Llamó a Adrian Sington, el agente literario. Durante más de dos horas, le arengó en lo que él describió cortésmente como «una forma muy desagradable». Posteriormente, Gina Nelthorpe-Cowne acusó a Mulroney de «presionarme para que retirara o cambiara las declaraciones». Tras una queja del periódico al palacio por la conducta de Meghan, Knauf dijo que se aseguraría de que «esto no volviera a ocurrir».

En realidad, Knauf no podía hacer nada. La Casa Real había acogido a una adicta a los medios de comunicación decidida a explotar su nuevo estatus para crear una imagen global. Astutamente, encontró aliados. Entre los que estaban dispuestos a ayudarla estaba Bryony Gordon, del *Daily Telegraph*. «No quiere cometer el error de precipitarse y dar a los críticos la oportunidad de ponerle la zancadilla», escribió Gordon. «Al igual que Kate, Meghan no rehuirá el deber... Tiene la oportunidad de cambiar el mundo».

Al conseguir el apoyo de Bryony Gordon, Meghan había malinterpretado a los medios de comunicación. Su influencia persuasiva para que un periodista la retratara favorablemente fue un incentivo para que otros destacaran las historias negativas. Su búsqueda de fragmentos perjudiciales comenzó tras una visita oficial de Meghan y Harry a Dublín. En una conversación privada, Meghan dijo a un político irlandés que apoyaba el aborto. El político publicó la conversación en las redes sociales. Meghan fue criticada al instante por expresar una opinión política. Durante las veinticuatro horas que duró el viaje, los medios de comunicación se deleitaron informando de que llevaba cuatro trajes por un valor de veintiocho mil libras, la mayoría de ellos de Givenchy. Un rápido repaso a sus últimas quince salidas mostró que había llevado ropa de Dior, Givenchy, Prada y Chanel, y nunca la misma dos veces. La comparación con Kate, cuyo gasto anual en ropa era de unas cien mil libras, no era favorable.

La culpa por asociación se extendió al anuncio del Palacio de Buckingham de que la boda de la princesa Eugenia con Jack Brooksbank sería un reflejo de la ceremonia de Meghan. Incluiría un paseo en carruaje por Windsor. Se culpó indirectamente a Meghan por alimentar el hambre de publicidad de Eugenia. Y entonces llegó otra explosión desde México.

«Te lo digo. Casi he llegado a mi límite con Meghan y la familia real», dijo Thomas en otra entrevista a finales de julio de 2018. «Estoy a punto de descargarme con ellos». Enfurecido por la última negación de Meghan de que su padre le había pagado las tasas universitarias, también se enfureció por su afirmación de haberle financiado con sus ganancias de *Suits*. Thomas presentó los extractos bancarios que demostraban que él seguía pagando los préstamos de sus estudios universitarios después de que ella entrara en *Suits*. En respuesta, Meghan le reprocharía más tarde: «Has dicho que nunca te he ayudado económicamente y que nunca me has pedido ayuda, lo que también es falso; me enviaste un correo electrónico el pasado octubre que decía: "Si he dependido demasiado de ti en cuanto a ayuda económica, lo siento, pero por favor, podrías ayudarme más, no como moneda de cambio por mi lealtad"».

«Lo que me molesta», dijo Thomas a un periódico durante una larga conversación en la víspera del trigésimo séptimo cumpleaños de Meghan, «es el sentido de superioridad de Meghan. Ella no sería nada sin mí. Yo la convertí en la duquesa que es hoy». Una vez más, su ira se volvió contra la familia real. «Tienen a Meghan tratando a su padre de una manera que la madre de Harry, la princesa Diana, habría detestado. Eso no es lo que Diana representaba». Y añadió: «No me importa si Harry no me vuelve a hablar. Sobreviviré... ¿A quién le importa hoy en día una corona vieja y polvorienta? De acuerdo, tal vez haya sido pulida, pero es una institución antigua atascada en sus costumbres».

Samantha respaldó a Thomas: «Si nuestro padre muere, te hago responsable», despotricó contra Meghan. «Los miembros de la realeza son una vergüenza por ser tan fríos. Deberían avergonzarse de sí mismos. Actúa como una persona humanitaria. Actúa como una mujer». A sus críticos en las redes sociales, Samantha respondió: «Meghan no camina sobre el agua y le debe a nuestro padre amor y respeto... Es moralmente inaceptable ignorarlo, ya que él la ha convertido en todo lo que es».

La batalla de Thomas Markle se extendió por las ondas. Sharon Osbourne, una presentadora de televisión famosa por las confesiones sobre su propia vida de violencia, drogas, alcohol y adulterio, expresó su dolor a millones de espectadores por el «digno» malestar de Meghan porque debía «sentirse tan humillada, tan avergonzada por su padre». Acusando a Thomas Markle de ser una persona de mala reputación —sobre todo después de haber sido fotografiado llevando cuatro latas de cerveza— le espetó: «Es tan obvio que tienes un grave problema con la bebida. Ponte sobrio y luego vuelve». Thomas Markle fue fotografiado llevando la cerveza a los guardias de su recinto.

«Me preocupa que muera de tristeza», dijo Samantha. «Solo quiero que Meghan se ponga en contacto antes de que sea demasiado tarde. No se puede tirar a una familia como si fuera un par de zapatos». Por si fuera poco, Thomas Markle condenó al palacio en *The Sun* como «cienciólogos reservados y de culto». Ridiculizó a la familia «como en un sketch de los Monty Python» y se burló de la idea de pedirles disculpas. Para aumentar la presión, Samantha se dirigió a Londres. Con las cámaras convocadas, llegaba en su silla de ruedas a las puertas del Palacio de Kensington para ver a Meghan. Al negársele la entrada, dejó una carta dirigida a la «duquesa Meghan» en la que instaba a su hermana a no dejar a su padre «abandonado».

Ningún otro miembro de la familia real había sufrido tanta vergüenza de su propia familia como Meghan. Había cierta equivalencia en el desprecio de Meghan hacia Samantha y Thomas y el de Harry hacia Kate y Guillermo en particular. Los Cambridge, según ella, no le ofrecían el reconocimiento y la generosidad que ella merecía. Odiaba las comparaciones con la inflexible Kate. Sin esfuerzo, los Cambridge parecían ser perfectos. Parecía estar influenciada por la envidia de Kate. A su vez, la futura reina consideraba que su vecina era despectiva con los demás. Los modales de Meghan hacia su personal, observó Kate, se habían vuelto egocéntricos, manipuladores y exigentes.

Las quejas del personal inflamaron el creciente sentimiento de victimismo de Meghan. Kate, se quejaba, no tenía que vivir con la última revelación irritante, como la definición de «ser *Meghan Markled*» que acaba de publicar el Urban Dictionary: un «verbo para abandonar o deshacerte de las personas una vez que ya no te sirven o no te benefician, sin tener en cuenta una relación humana genuina».

Aguijoneada por las críticas, Meghan olvidó una regla cardinal de las actrices: posar con humildad, aunque sea falsa. A pesar de haber sido educada en los estudios de Hollywood para trabajar con otros, Meghan se volvió cada vez más frágil, exigiendo que el personal del palacio viera el mundo desde su perspectiva. Extrañamente, parecía no importarle caer bien. Empoderada por sus logros, su posición era primordial. En defensa propia, exigió represalias contra sus críticos. Instó a Harry a ser más combativo. A su vez, él instó a Knauf a proteger a su esposa.

Deseoso de complacer a los Sussex, Knauf aceptó la versión de Meghan de que en los meses anteriores a su boda su difícil padre había rechazado las ofertas de ayuda de una hija cariñosa. También asumió que la enfermedad cardíaca de su padre era sospechosa y que el desencuentro que se produjo en los días previos a la boda fue enteramente culpa de Thomas.

Knauf no se dio cuenta de que lo que Meghan creía se convertía en un hecho. En su mente decidió que lo que creía era verdad, y no había posibilidad de contradicción. La contradicción de su verdad era una persecución. Como ella misma decía: «Cuando sabes realmente quién eres y sabes cuál es tu sistema de creencias y vives de acuerdo con la verdad, creo que puedes empezar a quitar las capas de donde viene el miedo». La actitud de Meghan hacia la «verdad» era común entre los famosos de Hollywood. En su nueva religión, el concepto de una «verdad universal» era falso. Como dijo a un público, «la vida es una cuestión de contar historias, de las historias que nos contamos a nosotros mismos, de las historias que nos cuentan, de lo que nos creemos». Ella creía sinceramente que todos teníamos derecho a «crear nuestra propia verdad sobre el mundo».

Buscando la tranquilidad de sus compatriotas californianos, voló en agosto con Harry en el jet privado de su anfitrión para alojarse con George y Amal Clooney en el lago Como. En medio de un lujo extraordinario, habló de cómo lidiar con una monarquía medieval.

Antes de marcharse a Italia se planteó cómo apelar a su padre para que dejara de criticarla en los medios de comunicación. En lugar de entablar una conversación para reconstruir su relación, diría más tarde que dos «altos miembros de la familia real» le aconsejaron que escribiera en lugar de llamar por teléfono. Los dos «altos miembros» eran la reina y Carlos. En el Castillo de Mey, ambos la habían instado a reunirse con su padre en América.

Al redactar su carta para Thomas en su iPhone, Meghan culpó a su cooperación con los medios de comunicación de destruir su relación. Resumiendo el contenido, su carta acusaba a su padre de «romper su corazón, fabricar dolor, ser paranoico, ser ridiculizado, fabricar historias, atacar al príncipe Harry y mentir constantemente». No sugería una reconciliación. Por el contrario, reveló más tarde, era para «hacer que dejara de actuar». Así que terminó su carta: «No pido nada más que paz, y deseo lo mismo para ti».

Al principio, insistió públicamente en que «solo ella redactó» su carta. Más tarde admitió que su declaración firmada estaba incompleta. Había pedido a Jason Knauf que comentara sus borradores. Su explicación inicial para pedir la ayuda de Knauf fue «seguir el protocolo». Luego cambió su razón. Admitió que había confiado en Knauf para que le proporcionara «comentarios» e «ideas generales». Algunos argumentarían más tarde que, al confiar en Knauf, preveía o pretendía que la carta se hiciera pública. Ella negaría esta interpretación.

Knauf se encontraba en Tonga preparando el viaje oficial de los Sussex a Australia. A pesar de sufrir un «profundo» *jet lag*, respondió de forma alentadora: «El borrador de la carta es muy fuerte, con suficiente emoción para ser auténtico, pero con una tristeza resignada más que con ira. Además, está centrado en los hechos de manera que no se lee como un archivo legal, lo que no es fácil de hacer». Y añadió: «Además, hay algunos retoques en el orden de los acontecimientos tal y como los has expuesto que podrían ser un poco más fuertes; creo que es ligeramente peor de lo que recuerdas». Antes de llamarla por teléfono quiso discutir la carta con Samantha Cohen, la superior de Knauf. En una directriz reveladora, Meghan respondió que «preferiría» que Cohen no estuviera involucrada. Su detallada conversación sobre la carta adoptó la versión de los hechos de Meghan.

Knauf sugirió que su carta reflejaba su justificada sospecha sobre las excusas de Thomas Markle para no volar a Londres para la boda. «Lo único que creo que es esencial abordar de alguna manera es el "ataque al corazón"», escribió. «Esa es su mejor apertura para la crítica y la simpatía. La verdad es que intentaste desesperadamente averiguar el tratamiento médico que decía estar recibiendo y él dejó de comunicarse contigo. Le rogaste que aceptara ayuda para llevarle al hospital, etc., y, en lugar de hablar contigo para organizarlo, dejó de contestar al teléfono y solo habló con TMZ».

Agradecida por la ayuda de Knauf, Meghan le devolvió su carta redactada de nuevo para que la aprobara el 22 de agosto de 2018, con un comentario pertinente: su carta estaba cuidadosamente escrita para que «no abriera la puerta a una conversación» con su padre. Su carta, admitió, había sido escrita deliberadamente «para no dejarlo en buen lugar».

El «catalizador para hacer esto», le dijo a Knauf, «es ver el dolor que esto le está causando a H». Añadió que, al escribir, «protejo a mi marido de esta constante reprimenda y, aunque es poco probable, quizás le dé a mi padre un momento de pausa». Añadió: «Obviamente, todo lo que he redactado es con el entendimiento de que podría filtrarse, por lo que he sido meticulosa en la elección de las palabras, pero por favor, hazme saber si hay algo que te parezca un inconveniente».

Con auténtica simpatía, Knauf respondió: «Es una carta fuerte y clara, con la cantidad justa de emoción. Espero que estés bien después de escribirla».

Unida por la empresa conjunta, Meghan respondió: «Sinceramente, Jason, me siento fantástica. Catártico y real, honesto y factual. Y si él la filtra, entonces será un cargo sobre su conciencia [sic], pero al menos el mundo sabrá la verdad. Palabras que nunca podría expresar públicamente». Y añadió: «Confía en mí, trabajé mucho en cada detalle de la carta que pudiera ser manipulado».

Incluso sus primeras palabras fueron una manipulación, admitió. Empezó con «papá», le dijo a Knauf, para «tocar la fibra sensible» del público si su padre lo filtraba. «Al menos el mundo sabrá la verdad».

«Papá, escribo esto con el corazón apesadumbrado», comenzó su carta manuscrita de cinco páginas, «sin entender por qué has elegido tomar este camino, haciendo la vista gorda al dolor que estás causando... Tus acciones han roto mi corazón en un millón de pedazos, no simplemente porque has fabricado un dolor tan innecesario e injustificado, sino por tomar la decisión de no decir la verdad, ya que te han manipulado como a un títere en esto. Algo que nunca entenderé». Continuó: «Si me amas, como dices a la prensa que haces, por favor, deja de hacerlo. Por favor, permítenos vivir nuestras vidas en paz. Por favor, deja de mentir; por favor, deja de crear tanto dolor; por favor, deja de explotar mi relación con mi marido».

En otros párrafos, le condenó por conceder entrevistas, por fabricar historias y por criticar a Harry: «Oír los ataques que has hecho a Harry en la prensa, que no fue más que paciente, amable y comprensivo contigo, es quizá lo más doloroso de todo». Su comentario sobre las fotografías de Rayner fue sincero: «Te creí, confié en ti y te dije que te quería. A la mañana siguiente salieron a la luz las imágenes de las cámaras de seguridad».

Contó el daño que le causaron los ataques de Samantha: «Viste y leíste las mentiras que escribían sobre mí, especialmente las fabricadas por tu otra hija, a la que apenas conozco. Me viste sufrir en silencio a manos de sus viles mentiras. Me derrumbé por dentro».

Sus páginas finales parecían destinadas a un público más allá de su padre: «Siempre te he querido, protegido y defendido, ofreciéndote todo el apoyo económico que podía, preocupándome por tu salud... y siempre preguntando cómo podía ayudar... Así que a una semana de la boda enterarme de que habías tenido un ataque al corazón a través de un tabloide fue horrible. Te llamé y te envié mensajes de texto... Te rogué que aceptaras la ayuda; enviamos a alguien a tu casa... y, en lugar de hablar conmigo para que aceptaras esa ayuda o cualquier otra, dejaste de contestar al teléfono y preferiste hablar solo con la prensa sensacionalista».

Su siguiente párrafo estaba calculado para irritar a Thomas Markle: «No te has puesto en contacto conmigo desde la semana de nuestra boda, y, aunque dices que no tienes forma de contactar conmigo, mi número de teléfono sigue siendo el mismo. Eso lo sabes. No hay mensajes de texto, ni llamadas perdidas, no hay acercamiento de tu parte, solo más entrevistas globales por las que te pagan y dices cosas dañinas e hirientes que no son ciertas».

Su conclusión fue condenatoria: «Por alguna razón eliges seguir inventando estas historias, fabricando esta narrativa ficticia y atrincherándote más en esta red que has tejido. Lo único que me ayuda a dormir por la noche es la fe y saber que una mentira no puede vivir para siempre».

Para asegurarse de que la carta llegara, la remitió a su director comercial de Los Ángeles, Andrew Meyer, para que la entregara en Rosarito por FedEx.

Thomas Markle nunca había recibido una carta manuscrita tan larga de su hija. Cuando se dispuso a leerla, esperaba que fuera una «rama de olivo. Algo que fuera un camino hacia la reconciliación». Al final, se sintió dolido por la ausencia de cariño o de preguntas sobre su salud: «Estaba tan desolado que no podía mostrársela a nadie». Meghan tenía razón en su resumen a Knauf. Su carta no abrió la puerta a una conversación. Sus abogados calificaron la carta como una «súplica sincera» para que no hablara con la prensa. Thomas guardó la carta en un cajón y no le dijo a nadie, excepto a Doria, de su existencia.

«No sé por qué», escribió a Doria, «Meghan está siendo tan odiosa y me envía cartas tan odiosas... Sí, he cometido un par de errores estúpidos... ¡Me he disculpado por esos errores cien veces o más! Le di a Meghan una buena vida y la mejor educación que pude. La quiero mucho y siempre la querré». No recibió ninguna simpatía de su exmujer.

Durante la visita de Doria a Londres en septiembre fue llevada por Meghan y Harry a la mezquita de Grenfell para lanzar *Together: Our Community Cookbook*, un volumen de recetas de mujeres. Para promocionar la filantropía de Meghan, el Palacio de Kensington lanzó una película promocional en la que Meghan elogiaba Londres como una ciudad «que puede tener tanta diversidad». Los periodistas invitados fueron testigos de la presentación de Doria: «Hola, soy la madre de Meghan». Sin embargo, el sincero evento atrajo la negatividad en los medios de comunicación como «un poco egoísta» porque Meghan había utilizado a las mujeres «para sacar a relucir sus propias credenciales de humanidad».

Su buen hacer se vio eclipsado por la disputa familiar. Las apariciones de Thomas Markle convirtieron a Meghan en un blanco fácil para las burlas de los medios. Tras romper el protocolo cerrando la puerta de su propio coche, un crítico escribió: «Es realmente una inspiración. Me hace ser más humilde, me hace querer ser mejor persona a la hora de salir de los vehículos». Otro elogió a Meghan por haber «dado un gran golpe en nombre de la humanidad femenina». Al parecer, Meghan no podía hacer nada bien. Esa misma semana fue ridiculizada por jugar al netball con niños llevando un top de Oscar de la Renta de mil seiscientas treinta y seis libras y tacones de aguja de quince centímetros, por ayudar a su amiga Misha Nonoo a publicitar una «falda de sábado» como «recientemente llevada por Meghan Markle, duquesa de Sussex» y por su vuelo en un jet privado con Harry a Ámsterdam para publicitar la apertura de una nueva Soho House. Incluso fue criticada por no aparecer en la boda de un amigo de Harry. Los medios de comunicación socavaron constantemente la autoestima de Meghan. Las cosas llegaron a un punto crítico durante una discusión entre Harry y Guillermo.

A finales de septiembre, mientras la oficina de los Sussex ultimaba los preparativos para su primera visita oficial —una gira de dieciséis días por Australia y Nueva Zelanda—, Harry sugirió a Guillermo que Kate debía ser más amable con su esposa. Los miembros de su familia, dijo Harry, no le mostraban suficiente apoyo, respeto y amistad. Meghan, según Harry, debería ser tan apreciada como su madre. La respuesta de Guillermo no fue comprensiva. Más allá de los palacios, pocos eran conscientes de la ruptura entre los hermanos.

La solución, según decidieron Harry y Meghan, era establecer un despacho separado del de los Cambridge. En una agria reunión entre los hermanos en el jardín del Palacio de Kensington, Guillermo no pudo contenerse más. El comportamiento de Meghan, le dijo a Harry, era inaceptable. Nunca tuvo la intención de abandonar su carrera y convertirse en un miembro leal de la familia. Su carga de trabajo era ligera. En los cinco meses transcurridos desde la boda, había asumido veintiséis compromisos: en Ascot, un partido de polo, bodas, Wimbledon y visitas al teatro, incluido el musical *Hamilton*. Sus obligaciones reales propiamente dichas fueron una visita de un día a Sussex, un servicio en la Abadía de Westminster, una reunión de la junta directiva de una organización benéfica y un viaje a Irlanda. Meghan no mostró ningún interés en participar en las visitas semianónimas y discretas a organizaciones benéficas como las que realizan la princesa Ana, el príncipe Felipe y otros miembros de la familia real. El libro de cocina de Grenfell fue un gesto, pero no un hito.

Ese historial, combinado con su deseo de ser franca, dijo Guillermo a Harry, había despertado sospechas entre su personal. Se preguntaban si Meghan quería volver a Estados Unidos. Si eso ocurriera, creía, la monarquía podría verse avergonzada. A medida que la conversación se acaloraba, Guillermo mencionó las quejas del personal por haber sido intimidado por Meghan. Harry estaba indignado, pero las acusaciones, justificadas o no, eran de dominio público.

Katrina McKeever, miembro del equipo de comunicación de Kate, había dimitido recientemente. Kate creía que su salida había sido provocada por las críticas de Meghan a su actuación en el periodo previo a la boda. Meghan negó haber sido crítica. «No es mi trabajo mimar a la gente», dijo Meghan. En defensa de Meghan, Omid Scobie insistió en que McKeever se fue «en buenos términos» y que le enviaron un enorme ramo de flores. Esto fue cuestionado por fuentes internas.

Otras personas se hicieron eco de las quejas de McKeever ante Jason Knauf. Melissa Toubati, otra asistente personal, también había dimitido. Toubati estaba supuestamente «traumatizada» por el comportamiento poco razonable de Meghan cuando no podía satisfacer sus «exigencias inalcanzablemente precisas». Se atribuyó su marcha a un arrebato de Meghan, enfadada porque las mantas bordadas para los invitados a un fin de semana de caza no eran del tono rojo adecuado. Se dijo que los Sussex no estaban decepcionados por la marcha de Toubati, pero que no estaban de acuerdo con los motivos. Un tercer miembro del personal se había quejado a Knauf de sentirse menospreciado. Incluso Samantha Cohen, según Knauf, «sentía estrés».

A medida que se acumulaban las quejas, Knauf elaboró un expediente. Una empleada que se marchó, señaló Knauf, dijo que sus encuentros con Meghan la hicieron «sentir enferma». Otros se quejaron: «No puedo dejar de temblar», «Me siento aterrorizada» y «Hubo mucha gente destrozada. Las mujeres jóvenes están destrozadas por el comportamiento [de Harry y Meghan]».

Knauf habló con Harry. Un miembro del personal, informó Knauf, dijo que estaba «completamente destruido». Meghan, explicó, parecía asumir que su título le permitía automáticamente olvidar sus modales. Los que se negaban a ser aduladores eran considerados inaceptables. Para mantener la paz, Harry se disculpó y, según Knauf, «rogó» que las quejas no se tramitaran oficialmente. A cambio, Harry dijo que instaría a Meghan a mostrar una mayor comprensión. Knauf aceptó, pero el daño ya estaba hecho.

Meghan había convencido a Harry de que el personal de Guillermo la estaba difamando. Los rumores sobre la tiara, que Kate había llorado, su propia demanda de un aerosol en la capilla de San Jorge y ahora las escandalosas quejas del personal sobre su comportamiento eran, según ella, invenciones para socavarla. Nadie quería reconocerle el mérito de los beneficios que había aportado a la monarquía, entre ellos el hecho de que la boda generara unos mil millones de dólares para el turismo. Había llegado el momento, según la pareja, de romper con los Cambridge. Necesitaban su propia corte, su propio personal y su propia agenda.

El apoyo de Harry a Meghan persuadió a Knauf, en la víspera de la partida de Harry y Meghan a Australia, a redactar un memorando. Dirigido a Simon Case, secretario privado de Guillermo, Knauf escribió: «Me preocupa mucho que la duquesa haya sido capaz de intimidar a dos asistentes personales de la casa en el último año». Según su personal, continuó, Meghan era vengativa: «La duquesa parece estar decidida a tener siempre a alguien en el punto de mira». El tratamiento a una persona, escribió, «era totalmente inaceptable» y su «acoso» a otra parecía ser un intento «de minar su confianza». Se dijo que Meghan jugaba con su personal. En una ocasión, había animado a un miembro del personal en una reunión a realizar una tarea, pero en la siguiente reunión ignoró a esa persona y pidió a otra que hiciera el mismo trabajo. «Hemos recibido un informe tras otro de personas que han sido testigos de un comportamiento inaceptable», escribió Knauf sobre lo que ahora se llamaba el «Club de Supervivientes de Sussex».

Jenny Afia, la abogada de Meghan, definió posteriormente el acoso como «el uso indebido del poder de forma repetida y deliberada para herir a alguien, física o emocionalmente». Como era de esperar, Afia dijo: «No coincide en absoluto con mi experiencia con ella». La abogada añadió una contradicción: «Esa historia es absolutamente falsa en cuanto a que ella es una matona. Dicho esto, ella no querría negar las experiencias personales de nadie».

Una vez más, Harry pidió a Knauf que no siguiera con las denuncias. Como Harry y Meghan estaban a punto de marcharse a Australia, Knauf no envió su memorándum a Case. Las presuntas víctimas se sentirían molestas porque sus superiores habían protegido a Meghan. Los abogados de Harry negarían más tarde que este hubiera discutido el asunto con Knauf o que hubiera interferido. El viernes 12 de octubre, en la recepción de la boda de Eugenia, Meghan dijo a todos que estaba embarazada. Muchos se preguntaron por qué Meghan decidió revelar su noticia en el gran día de la novia. Dos días después, los Sussex volaron a Sídney. A lo largo de dieciséis días, volarían catorce veces para asistir a setenta y seis compromisos. El itinerario completo era normal para las visitas reales.

Desde el principio, el recibimiento de los Sussex en Australia fue exultante. Grandes multitudes aclamaron a la pareja, encantadas con la noticia especial de Meghan. La Commonwealth, coincidían todos, se vería favorecida por el nacimiento del primer hijo mestizo de la familia real en la era contemporánea. Harry y Meghan estarían a la vanguardia de la modernización de la monarquía. Con su consumado estilo, Meghan posó; sus sonrisas desprendían un *glamour* especial.

Durante esos primeros días, la gira fue perfecta. Su visita el segundo día a una familia a ochocientos kilómetros al este de Sídney, llevando un pastel de plátano horneado por Meghan la noche anterior, despertó la euforia. Paralelamente, Harry se anotó otro triunfo. Inauguró los Juegos Invictus y escaló el puente del puerto de Sídney para sustituir una bandera australiana con la bandera de los Invictus. La pareja recibió grandes elogios por haber organizado vuelos gratuitos desde Gran Bretaña para los participantes en los juegos y los miembros de las organizaciones benéficas, y por haberlos recibido calurosamente en las recepciones. Su éxito cotidiano, registrado por fotos elogiosas, hizo retroceder a los republicanos australianos.

El ambiente en el cuartel general de los Sussex en Sídney era, por el contrario, miserable. Aunque la pareja había llegado con cuatro empleados —Samantha Cohen, Amy Pickerill, Heather Wong y Marnie Gaffney—, Meghan había decidido que necesitaba estar rodeada de gente de confianza. A petición suya, Jessica y Ben Mulroney habían volado desde Canadá para proporcionarle apoyo las veinticuatro horas del día. Mulroney hizo las veces de estilista de Meghan, mientras esta trabajaba en su vestuario «de gala».

Alentada por los Mulroneys, Meghan supuestamente se mostró abrasiva con sus cuatro empleadas e incluso con los diplomáticos británicos locales. Según un informe, Meghan habría lanzado una taza de té al aire. Su ira fue alimentada en parte por Harry. Todas las noches, él rastreaba las redes sociales en busca de comentarios sarcásticos en Internet. Cada mañana, él y Meghan encendían sus teléfonos para navegar por Internet. Susceptibles, se enfurecían ante la más mínima crítica. Luego, ambos bombardeaban a su personal con exigencias de represalias y eliminación de las críticas.

En medio de ese revuelo, Harry leyó que una vez más había resurgido la batalla familiar de los Markle. Los medios de comunicación estadounidenses revelaron que Thomas Markle se había enterado del posible nacimiento de un nieto en Internet. Se desenterraron otras historias escabrosas. *Radar Online* citó a Tom Junior alegando que su padre estuvo ausente durante su primer matrimonio debido a las borracheras de alcohol y drogas; mientras que el *National Inquirer* acusó a Thomas Markle de esnifar cocaína durante una visita al club Playboy de Manila. Markle negó todas las acusaciones.

Harry culpó a los periódicos británicos de esas informaciones procedentes de Estados Unidos. Pero la única burla que pudo atribuir a los periodistas británicos que le acompañaban fue la noticia de que uno de los trajes de Meghan costaba diecinueve mil novecientas sesenta libras. Como muestra de las intenciones de Meghan, también lució una chaqueta de la marca Serena Williams. Poco después, se promocionó en Instagram: «@Duchess Meghan llevando Our Boss Blazer. Una colección digna de la realeza». Una vez más, Meghan se mostró airada. Se culpó a Knauf y a su personal de no haber suprimido, al estilo de Hollywood, todos aquellos vergonzosos reportajes de los medios de comunicación. Su error, se lamentaba Meghan, fue «creerles cuando decían que estaría protegida».

Como era de esperar, la furia de Meghan influyó en la actitud de Harry hacia el pequeño contingente de medios británicos que acompañaba a la pareja. «Gracias por venir, aunque no fueron invitados», dijo. También soltó un improperio no provocado a un reportero de televisión. El altercado desconcertó a los medios de comunicación. Más allá del entorno de los Sussex, nadie estaba al tanto de los turbulentos antecedentes en el Palacio de Kensington y en la sede de los Sussex en Sídney.

En esa vorágine, Harry inflamó las emociones diciendo repetidamente a su esposa lo mucho que se parecía a Diana. La enorme acogida que les brindó Australia fue comparable a la gira que Diana hizo por el país con Carlos y el bebé Guillermo en 1983. Decenas de miles de personas acudieron cada día para ver a la princesa. Los republicanos australianos, e incluso el primer ministro, atribuyeron a Diana el mérito de sabotear su campaña para destituir a la reina como jefa de Estado. En retrospectiva, la gira cobró especial importancia porque los medios de comunicación ocultaron la evidencia de que el breve matrimonio ya era problemático. Su relación se rompió irremediablemente tras el nacimiento de Harry al año siguiente. Cuanto más trazaba Harry paralelismos con su madre, más se convencía Meghan de su importancia para la monarquía.

La única pista de su preocupación fue el comentario de Meghan sobre un par de pendientes con incrustaciones de joyas que llevaba de la colección de Diana: «Es muy importante para mí saber que ella forma parte de esto con nosotros».

Harry, que solo tenía doce años en el momento de la muerte de Diana, no podía entender del todo a su madre: su trabajo, sus capacidades, sus prioridades y su importancia histórica. Era a la vez tradicionalista e iconoclasta, una revolucionaria traviesa y una abnegada leal a la monarquía. No notaba que su madre no reunía una corte de seguidores. Separaba a sus amigos de los cortesanos. Los aduladores y las celebridades eran convocados solo si servían a sus propósitos. Entre los elegidos estaban los periodistas Andrew Morton y Martin Bashir, de BBC *Panorama*. Ella sabía que sus entrevistas con ambos eran dinamita, pero dirigidas contra Carlos y Camilla, nunca contra la reina. Diana sabía que los miembros de la realeza debían conformarse o la institución perdería su legitimidad. La fuerza de Diana era el reconocimiento público de su vulnerabilidad. Como testigo presencial de la tragedia, tanto en su vida como en su muerte, el público equiparó sus propias debilidades a sus experiencias de traición, miedo y dolor, e incluso a su sufrimiento personal tras la muerte.

Los Sussex se habían convencido de que su éxito en Australia los bendecía con la magia de Diana. Al no haber estudiado nunca historia británica, ni política, ni haberse interesado por las biografías, Meghan no pudo entender que Diana se había ganado el cariño del público tras años de trabajo. Ni ella ni Harry podían comprender que emular a Diana requería tiempo, para tejer una narrativa y crear una marca de la que fluyera la influencia. A diferencia de Meghan, Diana nunca había necesitado buscar dinero o fama. Ambas cosas habían surgido de forma natural.

En su incomprensión, y alentada por Harry, Meghan conjuró la fantasía de que podría proporcionar el liderazgo que la monarquía requería. Su activismo mejoraría la marca. A su personal le dio la impresión de que creía que ella personificaba la importancia de la monarquía.

El activismo de Meghan podría justificarse en parte por el ejemplo de Carlos. Durante los cuarenta años anteriores, el príncipe había intentado influir de forma controvertida en las decisiones clave de Gran Bretaña: en arquitectura, medicina, medio ambiente, cultivos transgénicos, ejército, caza del zorro y mucho más. La cultura y la historia británicas se han visto alteradas por su intervención. También había creado una serie de organizaciones benéficas, en particular la Prince's Trust, que ha beneficiado a miles de jóvenes. El impacto de Carlos era visible. Meghan quería hacer lo mismo: simplemente dirigiéndose al público —frente a las cámaras— para hablar de sus causas.

Naturalmente, sus agentes y abogados estadounidenses se mostraron animados. Durante años habían luchado por conseguir papeles para ella. Ahora creían que podría ganar millones con su activismo. Por supuesto, necesitaría una base estadounidense y una fundación para depositar los ingresos. Incluso le dijeron que había una multimillonaria estadounidense que podría aportar el patrocinio inicial. Sus asesores no entendían que su estrategia era incompatible con la monarquía, ni les importaba. En su escenario despejado, Meghan ganaría millones y ellos cosecharían comisiones.

El 23 de octubre, una semana después de la gira, la suerte estaba echada. Harry y Meghan se habían convencido de que Guillermo estaba celoso de su éxito en Australia. Había llegado el momento del «cambio». Necesitaban salir de la claustrofóbica pecera del Palacio de Kensington. Harry propuso que el palacio reescribiera las reglas. En lugar de que Meghan fuera un miembro obediente del reparto, debería protagonizar una campaña, independiente de los Cambridge e incluso de la reina.

Meghan observó a Harry buscar un acuerdo con Londres para crear una corte y una administración separadas. En ese cambio fundamental, Harry y Meghan dejarían de trabajar con la Fundación Real y pasarían a gestionar una organización benéfica independiente, Sussex Royal. Ambos se comprometían a promover el bienestar social, a hacer del mundo un lugar mejor. También acordaron que, antes del nacimiento de su hijo, Jason Knauf debía ser sustituido.

Jessica Mulroney fue testigo presencial de cómo Meghan compaginaba el estrés de la gira, las noticias de Londres sobre las quejas del personal y las conversaciones con su asesor comercial Andrew Meyer sobre el restablecimiento de su presencia en Los Ángeles. Ese día, Meyer registró dos fundaciones: archefoundation.com y archefoundation.org. Cinco días después registró @archefoundation en Instagram.

Arche es un término griego antiguo que significa «principio» u «origen». *Arconte* es el término griego para líder. Sus asesores de Los Ángeles, al no entender que, como esposa de Harry, Meghan no buscaba la aprobación en un escenario sino el respeto, la animaron a comportarse como una actriz famosa y no como un miembro de realeza.

El talento de Meghan era ocultar los dramas. Al final de los Juegos Invictus pronunció un compasivo discurso en el que elogió a los competidores por haber robado el espectáculo y su corazón. Utilizando su habilidad teatral, sus referencias a la humanidad y a la maternidad conmovieron incluso al veterano fotógrafo real Arthur Edwards. «Me he quedado prendado de Meghan», escribió. «Estuvo absolutamente brillante».

El ambiente cambió ligeramente tras la llegada de la pareja a Fiyi. En cualquier caso, la breve parada en su camino a Nueva Zelanda debería haber sido tranquila. Al igual que en Australia, Meghan había solicitado hablar ante grupos de mujeres y estudiantes. A diferencia de los encuentros anteriores, se informó de su discurso en la Universidad del Pacífico Sur. Para su público, su discurso, escrito personalmente, no tuvo nada de excepcional: «También soy plenamente consciente de los retos que supone para muchas personas de todo el mundo, incluida yo misma, poder permitirse este nivel de estudios. Gracias a las becas, a los programas de ayuda financiera y a mis ingresos de un trabajo estudiantil en el campus, que se destinaron directamente a la matrícula, pude asistir a la universidad, y sin duda mereció la pena todo el esfuerzo».

En Rosarito, Thomas Markle explotó. «Lo siento, pero eso es completamente falso», dijo a los medios. «Yo pagué cada centavo de su matrícula y tengo los extractos bancarios para probarlo. Le dije a Meg que pagaría su educación y lo hice. Es lo que haría cualquier padre. Pagué sus viajes a España e Inglaterra. Pagué sus prácticas en Argentina». Dijo que había seguido pagando los préstamos, incluso después de que Meghan obtuviera buenos ingresos con *Suits*. Estaba furioso porque ella afirmaba haberle enviado dinero. «Nunca he cogido un céntimo de Meghan», replicó erróneamente. De hecho, Meghan le había dado al menos veinte mil dólares.

Ajena al último arrebato de su padre, Meghan, con un vestido estampado de seda de Figue de mil cuatrocientas noventa y cuatro libras, se dirigió a un bullicioso mercadillo de Fiyi para hacer una parada de quince minutos. Unas mil personas, en su mayoría mujeres comerciantes organizadas en «Mercados por el Cambio», la esperaban. En pocos minutos Meghan se sintió descontenta. Muchos de los vecinos llevaban camisetas con el lema «ONU Mujeres». La habían traído a un proyecto patrocinado por su antigua organización. Inclemente tras que Elizabeth Nyamayaro se hubiera negado a promoverla como embajadora, Meghan reprendió a Amy Pickerill por haber organizado la visita. Pickerill se retiró al coche oficial, donde más tarde se la vio, según Rebecca English, del *Daily Mail*, «con lágrimas corriendo por su rostro. Nuestras miradas se cruzaron y ella bajó la suya, con la humillación grabada en sus rasgos».

Ocho minutos después de llegar, Meghan declaró que se marchaba. El portavoz de Meghan explicó que, con la humedad, la inesperada cantidad de gente era agobiante y amenazaba la «seguridad» de Meghan. Cientos de mujeres expresaron su decepción. Cuando la comitiva regresó a su hotel, la agente de protección de la policía metropolitana había decidido dimitir a su regreso a Gran Bretaña.

El descontento del personal se transmitió a Jason Knauf en Londres. En medio de conversaciones de funcionarios humillados que lloraban en un ambiente febril, Knauf finalmente envió la queja a Simon Case, secretario privado de Guillermo. En resumen, Case leyó que Meghan había amedrentado a dos asistentes y destrozado la confianza de un tercero, lo que provocó que los tres abandonaran el Palacio de Kensington.

El secretario privado remitió el memorándum a Samantha Carruthers, jefa de recursos humanos de Clarence House. Después de leerlo, Carruthers no hizo nada formal. (Carruthers trabajó más tarde para Elizabeth Murdoch.) Dos años más tarde, los abogados de los Sussex negaron todas las acusaciones y afirmaron que el personal dimitió en medio de acusaciones de su propia mala conducta. La relación de Harry con Knauf estaba fracturada.

Sin mostrar ningún indicio del revuelo, Meghan sonrió ampliamente durante su entrada en su primera cena de Estado en el hotel Grand Pacific de Fiyi. Con un vestido Gingko con capa azul claro, todo el mundo quedó impresionado por sus brillantes pendientes de diamantes de Chopard. Al ser preguntada por la procedencia de las sorprendentes joyas, su portavoz dijo que habían sido «prestadas», sin precisar por quién. El portavoz evitó dar la explicación completa. Fueron un regalo de boda del príncipe heredero Mohammed bin Salman de Arabia Saudí. Meghan había ignorado las advertencias de su personal de que llevar las joyas sería polémico. Tres semanas antes, el príncipe había aprobado el asesinato del periodista saudí Jamal Khashoggi en Estambul.

Meghan debería haberse escandalizado por el asesinato. Desde que conoció a Loujain al-Hathloul, una activista saudí, en la cumbre humanitaria One Young World celebrada en Ottawa en octubre de 2016, sabía de la crueldad del régimen. En su discurso en la conferencia, Meghan reconoció las protestas de Loujain contra «las violaciones de los derechos humanos» y «los problemas de igualdad de género, la discriminación y la injusticia» en Arabia Saudí. Desde aquella conferencia, Loujain había sido encarcelada, torturada y amenazada de violación y muerte. A pesar de ese vínculo, Meghan volvería a llevar los pendientes el 14 de noviembre de 2018, para la fiesta del setenta cumpleaños de Carlos en el Palacio de Buckingham. Más tarde, Meghan afirmó que «no era consciente» en ese momento de la indignación mundial por las destacadas informaciones de los medios de comunicación de que el príncipe había ordenado el asesinato. Sus abogados negaron a *The Times* que hubiera engañado a nadie sobre la procedencia de los pendientes.

El 1 de noviembre, Harry y Meghan volvieron a Londres convencidos de que eran «estrellas de rock reales» facultados para cambiar la familia real. «Fue la primera vez —dijo Harry emocionado— que la familia pudo ver lo increíble que es ella en su trabajo. Y eso me trajo recuerdos». Harry creía que no solo su hermano, sino todos los miembros de la corte, estaban rechazando a Meghan igual que habían rechazado a Diana. «Me gustaría que todos aprendiéramos del pasado», dijo.

Harry y Meghan estaban convencidos, según informó Omid Scobie, de que habían «impulsado la monarquía a nuevas alturas en todo el mundo». De hecho, muchas mujeres aclamaron a Meghan como símbolo de la feminidad moderna, o como algunos dijeron, la mujer aspiracional. Totalmente segura de sí misma, se presentaba como un modelo para la nueva era. El problema era que la marca Markle era inaceptable para Palacio. Como informó Scobie, los miembros de la corte la «frenaron» porque temían que Meghan «pudiera ser más grande que Diana».

Poco después de su regreso, Harry pidió permiso a la reina para abandonar Nottingham Cottage y establecer su vida fuera del control del Palacio de Buckingham. Para acomodar a su nieto, la reina aceptó que a la pareja se le asignaran las cabañas de Frogmore en la finca de Windsor. Aunque resultaba difícil de creer que Meghan quisiera vivir a cuarenta kilómetros de Londres y bajo la ruta de vuelo de Heathrow, se contrató a unos constructores para que convirtieran rápidamente las cinco unidades deterioradas en una lujosa casa de cinco dormitorios.

Pero la línea estaba trazada. La petición de Harry de tener su propia oficina o corte para construir la marca Sussex de filantropía y humanitarismo, separada del Palacio de Buckingham pero financiada por la reina y el contribuyente, fue rechazada. Por orden de la reina, se le dijo que se le asignaría una pequeña oficina dentro del Palacio de Buckingham, y bajo la supervisión de la reina. Mientras Guillermo tenía su propia organización, Harry quedaba al margen. La decisión fue apoyada por Carlos.

Ayudar a los segundos hijos, como habían descubierto anteriores «repuestos» como la princesa Margarita y el príncipe Andrés, estaba más allá de las habilidades del palacio. Harry interpretó la decisión del palacio de negar a Meghan su independencia como un golpe a su propia demanda de libertad. Siempre al límite, la ira de Harry se reavivó.

La naturaleza humana dictaba que las grietas en el Palacio de Kensington no podían ocultarse. Las discusiones de los hermanos, el memorándum sobre el supuesto acoso de Meghan, la antipatía mutua de Kate y Meghan y la insinuante sospecha de que Meghan planeaba volver a Los Ángeles hicieron que los miembros comprometidos de la realeza susurraran secretos a sus amigos. El 10 de noviembre se rompió la cortina de hierro impuesta por los inflexibles contratos de confidencialidad a los miembros de la corte.

El primer informe de los medios de comunicación reveló la «repentina» salida de «Melissa» de la plantilla de los Sussex. Su apellido, Toubati, era aún desconocido. Fue, según Richard Eden, del *Daily Mail*, un «verdadero *shock*» al ser alguien involucrado en los preparativos de la boda. Una semana después, el *Mirror* añadía que Meghan había hecho llorar a Melissa. Meghan pidió al portavoz del palacio que negara la acusación.

El mismo día, Dan Wootton, de *The Sun,* informó del «Tiaragate». Describiendo las «rabietas», las «fuentes internas» del palacio mencionaron que «hubo un intercambio muy acalorado que llevó a la reina a hablar con Harry. Ella dijo: "Meghan no puede tener lo que quiere. Ella tendrá la tiara que yo le dé"». La reina también cuestionó por qué Meghan necesitaba un velo para la boda, dado que iba a ser su segundo matrimonio.

Más importante aún, *The Sun* informó que Kate «chocó» con Meghan por su trato «grosero» con el personal. Una persona con información privilegiada dijo: «Meghan está acostumbrada a trabajar en un ambiente de Hollywood... Sin embargo, hay un nivel diferente de respeto en la casa real y Kate siempre ha sido muy cuidadosa sobre cómo se ha comportado con el personal». El Palacio de Kensington se negó a comentar a *The Sun.*

La tercera revelación la hizo el corresponsal real Robert Jobson. En el punto álgido del «Tiaragate», escribió que Harry se mostró petulante y malhumorado con el personal del palacio e incluso «francamente grosero» y gritó: «Lo que Meghan quiere, Meghan lo consigue». La reina, escribió Jobson, «pidió verle [a Harry] en privado y le puso firmemente en su sitio». Jobson culpó a la elección original de Meghan de la tiara Vladimir —engarzada con esmeraldas o perlas y esmeraldas colgantes y sacada de contrabando de Rusia tras la revolución y vendida a la reina María— de la disputa. La procedencia de la tiara, sugirió, hacía que su exhibición pública fuera delicada. (Sin embargo, ese detalle quedó desvirtuado por las fotografías de la reina llevando la misma tiara en un banquete del Castillo de Windsor en 2014). Evidentemente, había habido una discusión, pero el motivo seguía siendo ambiguo.

Harry y Meghan estaban indignados por la ola de acusaciones de los medios de comunicación. Se quejaron de que los informes sobre la alta rotación de su personal eran injustos, aunque Samantha Cohen acababa de revelar que ella también planeaba marcharse. Las filtraciones sobre los correos electrónicos de Meghan a las cinco de la mañana les convencieron de que su personal era desleal. Todo lo que ella solicitaba era remitido al Palacio de Buckingham, filtrado e invariablemente alterado. Se quejaba de que se le negaba el control sobre su propia vida. Harry era comprensivo. Los buitres de los medios de comunicación, según él, eran los culpables de todo. Él y Meghan eran inocentes y los medios mentían. Y lo que es peor, Knauf no conseguía convertir los titulares negativos en positivos. El titular del periódico *Duquesa difícil* desató el caos.

En el *Daily Telegraph*, Camilla Tominey informó de que Kate había roto a llorar durante la discusión previa a la boda con Meghan sobre la ropa de las damas de honor: sobre el uso de mallas y la longitud del dobladillo de Charlotte. En *The Sun*, Dan Wootton describió el enfado de Kate por el trato que Meghan daba a su personal y por la ruptura de la relación entre Harry y Guillermo. Guillermo, informó el periódico con precisión, había aconsejado a Harry —en los meses anteriores a la boda— que considerara cuidadosamente su relación con Meghan. Además, estaba descontento por la negativa de los Sussex a ir a Balmoral con los Cambridge.

Para contrarrestar los informes antiSussex, la columnista de *The Sun*, Lorraine Kelly, contraatacó elogiando a Meghan: «Denle un respiro… Meghan ha hecho increíblemente bien en pasar de puntillas por el campo minado del protocolo real… Es una fantástica incorporación a la familia real: accesible, dulce y con un genuino deseo de marcar la diferencia».

Meghan calificó los informes críticos de los medios de comunicación como «el comienzo de una verdadera difamación». Le molestó especialmente que Knauf «se negara a aclarar las cosas» promoviendo su punto de vista para desprestigiar a Kate. «Creo que ahí es donde todo cambió», dijo Meghan más tarde. Envió a Omid Scobie un correo electrónico en el que hacía constar que ella «urgentemente solicitó» un desmentido oficial de un informe «ofensivo» publicado en *The Times* en el que se afirmaba que había hecho llorar a Kate. La petición de Meghan, escribió Scobie, fue «ignorada».

En contra de las órdenes de Meghan, el palacio insistió en que Harry y Guillermo estaban «unidos». Como prueba de que los Sussex y los Cambridge no se habían «peleado», un funcionario informó de que las dos familias pasarían la Navidad juntas en Sandringham.

Meghan devolvió el golpe. En noviembre de 2018, comunicó a Knauf y al personal de comunicación del palacio que sus amigos estaban cooperando con Omid Scobie para escribir un libro en el que se expusieran las vidas y los problemas de Harry y de ella. El trasfondo de esa decisión pondría en duda la veracidad de Harry y Meghan.

Durante el verano de 2018, el Palacio de Kensington había sido contactado para ayudar a Scobie y Carolyn Durand a escribir un libro llamado *Finding Freedom*. Su libro, prometieron los autores, sería totalmente favorable a los Sussex. Knauf sabía que Meghan estaría interesada. «Mi opinión es que se trata de una muy buena idea», le escribió Knauf a Meghan. La opinión de Knauf se ajustaba a la agenda de Meghan. Quería que el libro se centrara en los sacrificios que había hecho al convertirse en duquesa. Aunque la apoyaba, Knauf desaconsejaba pedir o autorizar a los amigos de Meghan que colaboraran con los autores. Existía el riesgo, advirtió Knauf, de que la opinión de los autores sobre los Sussex pudiera «cambiar». Meghan no estaba de acuerdo. Scobie, intuía, podría convertirse en alguien muy leal. «Creo que tiene que ser informado lo antes posible», respondió sobre Scobie.

El 12 de noviembre, Meghan volvió a hablar del libro con Knauf. Quería leer el «esquema de Omid». También le preocupaba la inquietud de Doria por lo que Meghan llamaba «esos atroces paparazzis». Su madre se sentía insegura.

Ajeno al proyecto del libro, el príncipe Carlos seguía preocupado por el recrudecimiento de las informaciones de los medios de comunicación sobre las luchas en el seno de palacio. Para asegurar su sucesión al trono sin problemas, no quería que nada socavara la imagen de la Casa de Windsor como un lugar pacífico y unificado. Comprendía las reiteradas críticas que había sufrido Diana al ser ignorada. Ahora le preocupaba que la infelicidad de Meghan corriera el riesgo de recibir acusaciones similares. Al igual que buscaba impulsar el prestigio de la monarquía, temía una discusión monumental que involucrara a los Sussex.

Sin embargo, el propio comportamiento del príncipe Carlos en el pasado socavó sus planes. Su confesión de adulterio a Jonathan Dimbleby durante una entrevista televisiva en 1994 había perjudicado a Carlos. La rehabilitación ha llevado años y aún no se ha completado. En recientes entrevistas con los medios de comunicación, se había entusiasmado con la energía de Harry, había mencionado su orgullo por acompañar a Meghan al altar y se había comprometido a dejar de hacer campaña sobre sus apasionadas causas. «No me estaba entrometiendo. Siempre pensé que estaba motivando», dijo. «No me entrometeré cuando sea rey». Para ayudar a su hijo, el brindis de la reina ante los trescientos invitados a su septuagésima cena de cumpleaños incluyó elogios para su esposa. «Por encima de todo», dijo su madre, «sostenido por su esposa Camilla, es él mismo, apasionado y creativo».

La reina había cambiado ampliamente de parecer desde la recepción de la boda de su hijo en 2005. Tras la poco glamurosa ceremonia de Carlos en el registro civil de Windsor, a la que no asistió, la reina se había mostrado reacia a unirse a la fiesta en el castillo. Estaba pegada al televisor en una habitación contigua viendo la carrera de caballos del Grand National. Finalmente, salió para pronunciar un breve discurso en el que se refirió a Carlos en el «recinto de los ganadores». Tras detenerse brevemente para hacerse fotos, abandonó rápidamente la fiesta.

Durante la década siguiente, los sondeos de opinión fueron duros con el estatus de Camilla. En los aniversarios de Diana, los índices de aprobación de Camilla se hundían, al igual que los de Carlos. En el inevitablemente breve tiempo disponible, Carlos estaba decidido, no solo a enterrar el pasado, sino a erguir puentes con su hijo mayor. El apoyo de Guillermo era necesario, según él, para que Camilla fuera coronada reina. Asegurar su simpatía iba en paralelo con el esfuerzo por elaborar la imagen de Guillermo y Kate como una familia trabajadora que abrazaba los mejores valores de Gran Bretaña.

Con un poco de persuasión, Guillermo y Kate aceptaron volver a Londres desde Norfolk para realizar más tareas reales. Sin embargo, Harry iba en dirección contraria. Conseguir que los dos hermanos sonrieran juntos para la fotografía familiar del septuagésimo cumpleaños de Carlos no había sido fácil para Kate. Afortunadamente, Guillermo aceptó que Camilla apareciera en la fotografía junto a sus hijos.

El feliz retrato no pudo engañar al público. El dique se había roto. La publicidad sobre las desavenencias entre los Sussex y los Cambridge, combinada con la denuncia de Thomas Markle contra su hija, había destruido las dichosas imágenes grabadas el día de la boda de Meghan, apenas seis meses antes.

25

SUICIDIO

Meghan vio una oportunidad después de que Michelle Obama llegara a Londres para promocionar su *bestseller* autobiográfico. Tras conseguir entradas para escuchar el inspirador discurso de la exPrimera Dama en el Royal Festival Hall el 3 de diciembre de 2018, fue detrás de las bambalinas para conocer a su heroína.

Decidida a forjar una relación especial, Meghan también había acordado que se reunirían de nuevo para cenar en casa de George Clooney, cerca de Windsor. Como ídolo a imitar, Michelle Obama era también una buena fuente de consejos y consuelo para Meghan. Sin embargo, la duquesa pareció no apreciar lo mucho que los Obama admiraban a la reina. La actitud de Meghan alarmó a Michelle. Sus consejos a Meghan fueron dados en público.

«Tómate un tiempo», dijo Obama en una entrevista, «y no tengas prisa por hacer nada». En una nota de advertencia, añadió: «Al igual que yo, Meghan probablemente nunca soñó que tendría una vida como esta; sin acuerdo, la presión que se siente a veces puede ser demasiada». Meghan, sugirió Obama, debería ser razonable: «Lo que yo diría es que hay muchas oportunidades de hacer el bien con una plataforma como esa y creo que Meghan puede maximizar su impacto para los demás, así como su propia felicidad, haciendo algo que resuene con ella personalmente».

Dentro del Palacio de Kensington, Meghan seguía luchando por asentarse. A propósito, se había aislado de muchos antiguos amigos, entre ellos Gina Torres y otros actores de *Suits*. Una excepción fue John Fitzpatrick. «Me sorprendió ver la diferencia en Meghan», recordó tras una visita al palacio. Unos lacayos con guantes blancos acompañaron al hotelero mientras esperaba su llegada. «Meghan entró y su saludo fue muy formal». Una vez que el personal se fue, Fitzpatrick preguntó: «¿Cuánto tiempo tenemos?». Mirando su reloj, Meghan respondió: «Tenemos exactamente veintinueve minutos». Según Fitzpatrick, «se relajó y empezó el cotilleo. Al final del tiempo asignado, el personal regresó y el aspecto formal de Meghan volvió a aparecer».

Las amigas estadounidenses que visitaron a Meghan en el Palacio de Kensington se encontraron con una mujer con problemas. Encerrada en Nottingham Cottage, se quejaba de que no había personal para preparar las comidas y de que nadie la trataba como a la realeza. Con un aspecto miserable, mencionó ser «la persona más criticada del mundo». «La gente de los medios de comunicación decía mentiras sobre ella. Fue muy perjudicial para su salud mental y emocional», concluyó un amigo. Una de las causas de las dificultades fue su reticencia a asumir los deberes tradicionales de la realeza.

A principios de diciembre de 2018, Meghan había completado solo ocho compromisos reales desde el verano. Eso incluyó *Trooping the Colour* (Desfile del Estandarte) y el servicio del Día del Recuerdo. Aparecieron historias perjudiciales en los periódicos. *The Sun* ofreció la revelación de que Meghan había estado «muy emocionada» en su boda jamaicana de que cada invitado hubiera recibido una bolsa de regalo con cinco canutos de cannabis.

Esa noche hizo una aparición sorpresa en los British Fashion Awards en el Royal Albert Hall. Con un vestido negro de Givenchy sin hombros y las uñas pintadas de negro a juego, Meghan dijo a su público: «Es un gran honor estar aquí celebrando la moda británica y a los diseñadores de moda británicos en mi nuevo hogar, el Reino Unido». Algunos se preguntaron por qué Meghan no podía, por una vez, comprometerse y llevar un vestido de diseño británico. Poco después del evento, la foto de Meghan en la página de Instagram del British Fashion Council fue borrada. Esa misma noche, la princesa Ana visitó el comité de seguridad de la Organización Marítima Internacional y la reina celebró el aniversario número seiscientos del Colegio de Abogados.

Las revelaciones desataron la habitual indignación de Meghan con los medios de comunicación y el fracaso de Knauf en suprimir la vergüenza.

En medio de esa discusión, Thomas Markle concedió otra entrevista. «El trato hacia mí es duro, hiriente e implacable», dijo. «Me están castigando por cosas que no he dicho».

La carta de Meghan no le había impedido hablar. Alimentando las llamas, también publicó una carta que había enviado a Doria cinco días después del discurso de la duquesa en Fiyi. «Meghan», escribió, «está diciendo que no quiere tener nada que ver conmigo y que se abrió camino en la universidad por sí misma. Ella no puede cambiar la historia. Estoy harto de las mentiras. Estoy harto de que me vilipendien y me excluyan de sus vidas. Siempre mantuve mis responsabilidades como padre. Los comentarios de Meghan sobre pagar su universidad son ofensivos para mí». Molesto porque su provocación no había animado a su hija a llamarle, Thomas Markle apeló días después en televisión a que Meghan dejara de lado sus «diferencias» de cara a la Navidad. «Quiero mucho a mi hija… y apreciaría mucho que me llamara».

El arrebato de Thomas inclinó la balanza para los Sussex. Meghan y Harry estaban exasperados. Aceptaron cooperar con Omid Scobie. Como Knauf declararía más tarde, «El libro se discutió con la duquesa en múltiples ocasiones en persona y por correo electrónico». Su única irritación fue el tuit de Scobie en el que describía a Jessica Mulroney como la estilista de Meghan. «Ya sabes», dijo Meghan a Knauf, «lo frustrante que me resulta personalmente la narrativa de la «estilista» (ya que es lo único sobre lo que parezco tener todavía algún control: mi estilismo personal), pero dado que se nos pide que cooperemos con esta biografía evidentemente autorizada… no me sentiré cómoda haciéndolo si esta persona se considera una autoridad». A Meghan se le aseguró que a Scobie se le diría la «verdad». En un correo electrónico dirigido a Meghan y Harry, Knauf se abrió al subterfugio: «Poder decir con la mano en el corazón que no facilitamos el acceso será importante».

La decisión de Knauf de confiar en Scobie iba en contra de sus instintos y de su antagonismo hacia la prensa sensacionalista. Incongruentemente, por un lado criticaba a *Vanity Fair* por considerarlo «sensacionalista», y por otro confiaba en Scobie, que reciclaba las historias de los tabloides, incluso las que eran patentemente inexactas. Mientras planificaba una sesión informativa de dos horas para Scobie y Durand, Knauf fue animado por

Harry a ser especialmente útil. Después de dos años de «ataques de los medios de comunicación, acoso cibernético, usar a Thomas Markle como un títere, etc.», Harry pidió a Knauf que presentara a Meghan bajo una luz positiva.

Por la mañana del 10 de diciembre, Knauf envió a Meghan una lista de preguntas que Scobie había presentado para su reunión de dos días después. Una vez más, Knauf reiteró la necesidad de negación. «Creo que es importante», escribió a Harry, «que podamos decir con la mano en el corazón que [Scobie y Durand] no tuvieron acceso» a los amigos de Meghan y a palacio.

Aunque Knauf desaconsejó ayudar a Scobie a conocer a los amigos de Meghan, añadió: «Estoy encantado de facilitar lo que necesiten». A pesar de ello, Harry estuvo de acuerdo con Knauf: «Estoy totalmente de acuerdo en que tenemos que poder decir que no hemos tenido nada que ver con ello [el libro]». Que Harry acordara con Knauf era digno de mención. También lo fue el hecho de que Harry animara a Knauf a cooperar: «Igualmente, el hecho de que les dieras el contexto y los antecedentes adecuados ayudaría a sacar a la luz algunas verdades. La verdad es muy necesaria y sería apreciada, especialmente en torno al asunto de Markle y la boda». Mientras él y Meghan criticaban a Thomas Markle por hablar con los medios, ellos hacían precisamente lo mismo.

Decidida a manejar la narrativa de la reunión en su beneficio, esa noche Meghan envió a Knauf un informe de treinta y un puntos para su conversación con los autores. Entre sus prioridades, enumeradas a lo largo de dos páginas, figuraba una biografía revisada de su infancia.

Tres años antes, había escrito en la revista *Elle* que sus padres «crearon el mundo que me rodeaba para hacerme sentir que no era diferente, sino especial». Repitió la misma versión a *Vanity Fair* en 2017: «Lo que es increíble, sabes, es que mis padres se separaron cuando yo tenía dos años, pero nunca los vi pelearse. Todavía íbamos de vacaciones juntos. Mi padre me llevaba a casa de mi madre los domingos, y veíamos *Jeopardy!* cenando frente a la televisión, los tres... Todavía estábamos muy unidos». Pero Knauf ignoró la estrecha relación con su padre y subrayó que estaba «muy distanciada» de los otros dos hijos de su padre: «Sus padres y todos sus amigos siempre se refirieron a ella [Meghan] como hija única durante toda su educación, porque los hermanastros no estaban presentes (por decisión propia)».

Sin explicar que Samantha estaba lisiada en una silla de ruedas, Meghan escribió: «Ella había perdido la custodia de sus tres hijos de diferentes padres». Meghan también pidió a Knauf que dijera sobre Thomas Markle: «Meghan apoyó a su padre a pesar de su reclusión. A pesar de los innumerables esfuerzos por apoyarlo durante los últimos dos años, ahora ya no tienen relación».

La versión de Meghan de «*Tiaragate*» fue que la reina estuvo presente con Harry mientras se probaba cinco tiaras diferentes. «La reina dijo que todas le quedaban bien». Tras elegir la «de diamantes», la reina dijo que era «perfecta». También volvió a insistir en que Jessica Mulroney no era su estilista.

«¿Piensas darles una idea aproximada de lo que ha estado pasando en los últimos dos años?» Harry envió un mensaje a Knauf. «Si no planeas decírselo, ¿puedo hacerlo yo?»

«Por supuesto, nunca he dejado de hacerlo», respondió Knauf aquella noche.

Tras enviar a Meghan más garantías, Knauf se reunió con los autores el 12 de diciembre de 2018. «Les expliqué todo», informó al día siguiente. Habían sido informados tal y como Meghan y Harry requerían. El libro, dijo Knauf, estaría dirigido al público estadounidense. Los autores, le aseguró a Meghan, pretendían «posicionarlo como una celebración de ustedes que corrige el registro en una serie de frentes. Estaré en estrecho contacto con ellos». Después añadió: «Va a ser muy positivo». Meghan estaba satisfecha. Knauf se había desvivido por ayudarla. El palacio se estaba esforzando por protegerla.

Dos años más tarde, Meghan afirmaría exhaustivamente que ni ella ni Harry habían «cooperado con los autores para dar a conocer su "versión de los hechos" por medio del libro». En una declaración legal firmada, Meghan añadió que ni ella ni Harry, habían «deseado participar de ninguna manera en el libro». Antes de su reunión con Scobie, añadió, Knauf «no se puso en contacto» con Meghan sobre «ningún asunto relacionado con el libro».

Sabiendo que los medios de comunicación estarían atentos a su actuación en el almuerzo de Navidad en el Palacio de Buckingham y a las celebraciones de la familia real, Meghan fue convencida de dejarse ver en la fiesta real de Sandringham el día de Navidad. Sonriendo y aparentemente charlando, los Cuatro Fantásticos caminaron juntos la media milla hasta la iglesia de Santa María Magdalena. Para neutralizar las perjudiciales historias sobre las damas de honor y el traslado a Frogmore, Meghan aceptó acompañar a Harry en el almuerzo del Día de San Esteban.

A más de ocho mil kilómetros de distancia, en México, Thomas Markle estaba pasando la Navidad solo. Agradecido por la llamada de un periodista británico, se desahogó por el hecho de que su querida hija hubiera sido apodada «duquesa difícil». Según él, solo era una chica guapa casada con un antiguo oficial del ejército que nunca sería rey. «Es ridículo, cruel y despiadado, y a menos que me demuestre lo contrario yendo por la noche a orinar sobre los indigentes, tiene que acabar».

Con setenta y cuatro años, Thomas se había convencido de que en cinco años estaría muerto. Los hombres Markle, afirmaba, nunca llegaban a los ochenta años. «Hasta el día de hoy», concluyó, «no puedo pensar en nada que haya hecho para merecer el trato que recibo ahora. He sido un buen padre, no he hecho nada malo. Los asesinos con hacha matan a diecinueve personas y sus hijas siguen yendo a visitarlos a la cárcel. Es como un sueño que se ha convertido en una pesadilla. La realeza y Meghan pueden ayudar a acabar con esto simplemente llamándome».

Una vez más, Meghan se sintió avergonzada por no haber podido evitar que Thomas transmitiera su ira por todo el mundo. También estaba angustiada por la reconstrucción de Frogmore. A pesar de haber gastado dos millones seiscientas cincuenta mil libras para reconstruir una casa de cinco dormitorios, estaba insatisfecha. El trato con los arquitectos, diseñadores, constructores e incluso con el curador del Palacio de Buckingham responsable de conseguir los cuadros de la reina no había dado los resultados que ella esperaba.

Los amigos y otros clientes escucharon a los contratistas hablar de los modales de Meghan. Sus constantes cambios de exigencias, dijo un contratista, parecían nacer de su suposición de que se esperaba que una duquesa se comportara como María Antonieta. Inevitablemente, sus historias llegaron a los medios de comunicación. Algunas eran exageradas, otras eran falsas, pero la mención de que el cuarto de los niños se pintaría con la gama Auro de la Organic and Natural Paint Company expuso a Meghan al ridículo en los tabloides.

A medida que la casa se acercaba a su finalización, los contratistas tuvieron la impresión de que Meghan estaba descontenta. El nuevo edificio, parecía sugerir, era lo suficientemente bueno para el personal, pero ¿dónde estaba el palacio de la duquesa? La cocina de Frogmore era pequeña, el salón era estrecho y no había vistas al mar. Por si fuera poco, la vida bajo la pista de aterrizaje de Heathrow era horrenda. Su insatisfacción llegó a su punto álgido cuando comparó desfavorablemente Frogmore no solo con los cuatro millones y medio de libras que Guillermo y Kate habían gastado en la renovación de su apartamento del Palacio de Kensington, sino con las mansiones californianas que habitan las celebridades de Hollywood.

La combinación de los «horrores» de Frogmore y la negativa de la reina a permitir a Meghan y Harry una corte independiente confirmaron a Meghan que nadie la apreciaba. También empezó a comprender que la monarquía británica, que cuesta al público apenas ochenta y cinco millones de libras al año, no era ni una máquina de lujo invencible ni un Rolls-Royce. El poder y la influencia que suponía haber adquirido con su matrimonio con Harry eran una ilusión.

La paranoia de Harry se sumó a su sensación de vulnerabilidad. Consumidos por el miedo a un ataque fortuito, ambos estaban consternados por la perspectiva de que los miembros del público pudieran caminar por el Gran Parque de Windsor, a poca distancia de su casa. Los fotógrafos de los medios de comunicación, se dieron cuenta, podrían violar su privacidad debido a la ausencia de «un anillo de acero muy necesario». Para satisfacer la demanda de protección de Harry, se ordenó al público que no se acercara a Meghan ni a sus perros en Windsor Park. El anuncio no ayudo a los Sussex en el terreno de la aprobación popular.

Una vez más, Meghan y Harry culparon a Knauf y a su adjunto, Christian Jones. No habían logrado detener el flujo de informes negativos de los medios de comunicación. Knauf respondió que su personal trabajaba constantemente. Diariamente, borraban los mensajes abusivos en las redes sociales publicados por los frenéticos *trolls*. Algunos apoyaban a

Kate contra Meghan. Los peores mensajes, sospechaban, eran generados por una campaña orquestada en Rusia.

Harry y Meghan no estaban convencidos. Aprovechando la condena penal de un estudiante por llamar a Harry «traidor a la raza» en las redes sociales, ambos acusaron a los periódicos sensacionalistas de despertar el racismo. «Desde el principio de nuestra relación», se quejó Meghan más tarde, «estaban atacando e incitando mucho al racismo». Hipersensibles incluso a las críticas razonadas, ambos creían que el Palacio de Buckingham había ordenado a Knauf que no respondiera a «una máquina monstruosa que nos rodeaba en términos de *clickbait* [14] y de alimento para los tabloides» porque los funcionarios temían molestar a los medios. El Palacio de Buckingham, dijo Harry, tenía «miedo de que los tabloides se volvieran contra ellos».

Una vez más, Meghan alegó que «la institución no me defiende» y que le «está prohibido defenderse» de las historias falsas. Ni siquiera Meghan recordó la respuesta durante su entrevista de compromiso con la BBC, en la que decía que ignoraba a los medios de comunicación. «Tomé la decisión de no leer nada negativo ni positivo», había dicho al mundo. Ambos sabían que eso no era cierto. Ella no podía resistirse a leer los medios de comunicación. Durante más de treinta años había anhelado la fama, pero ahora estaba experimentando las consecuencias de lo que ella llamaba «la muerte por mil cortes».

Patrick Jephson, secretario privado de Diana, respaldó en parte la queja de la pareja. Culpó a la «arraigada complacencia, engreimiento y confusión» de palacio por no responder a las quejas de Meghan. «Tienen una capacidad fatal de inercia moral cuando uno de los grandes nombres está en problemas», escribiría. Al igual que Diana fue «dejada a la deriva», continuó Jephson, y el príncipe Andrés no fue salvado por la «élite de palacio», Meghan fue defraudada por Knauf y el personal de medios de comunicación del palacio. Jephson describió la actitud anticuada de palacio hacia las relaciones con los medios de comunicación y su creencia

---

14. Nota de la traductora: El *clickbait* es un neologismo en inglés utilizado para describir a los contenidos en internet que buscan a generar ingresos publicitarios usando titulares sensacionalistas y engañosos para capturar la atención de los usuarios.

de que la monarquía sobreviviría, a pesar de todo. Knauf y sus superiores no estaban dispuestos a dar forma a una narrativa fuerte que se adaptara a Meghan. La opinión de Jephson se contradice en parte con los esfuerzos de Knauf por ayudar a Omid Scobie, y con la voluntad de Knauf de negarlo.

A menudo despiertos durante la noche, Meghan y Harry se calificaron a sí mismos como forasteros perseguidos. «No veía ninguna solución», dijo Meghan. Finalmente, decidió que «simplemente no quería seguir viva». Harry diría más tarde que Meghan le había hablado de sus «pensamientos suicidas y de los aspectos prácticos de cómo iba a acabar con su vida». Los sentimientos suicidas suelen ser producto de un profundo trastorno psicológico, pero Harry insistió en que su esposa, aunque recitaba sus pensamientos, estaba «completamente cuerda» y «absolutamente sobria».

La razón por la que Meghan contempló el suicidio fue la crítica de los medios de comunicación. «Estoy algo avergonzado», admitió Harry, «de la forma en que lo afronté». Tenía buenas razones para sentir remordimiento. A pesar de sus conocimientos en materia de salud mental, no hizo nada para pedir ayuda especializada para su mujer. Acusaba a su familia de «negligencia», pero también ofrecía versiones contradictorias. En una de ellas, no les contó la crisis de Meghan. Pero en otra versión, Harry dijo que desde que Meghan había empezado a sufrir pensamientos suicidas había discutido con su familia la idea de dejar Gran Bretaña. Las conversaciones sobre la posibilidad de vivir en otro país, reveló Harry, continuaron durante más de un año.

La gravedad de la situación de Meghan se reveló dramáticamente el 16 de enero de 2019. Esa noche, los Sussex fueron los invitados estrella en el Royal Albert Hall para ver el Cirque du Soleil. Aunque ambos sonrieron ampliamente al llegar —y ella lucía tan glamurosa como siempre— Meghan más tarde diría que solo pudo superar los pensamientos suicidas de la noche anterior agarrando la mano de Harry con especial fuerza. Una vez que se apagaron las luces, dijo: «Estaba llorando y él me agarraba la mano». Le rogó a Harry que no la dejara sola.

A pesar de estar embarazada de seis meses, dijo Meghan, no quería vivir. Dijo que había pedido ayuda médica a «una de las personas de mayor rango» en el palacio. Pero, según Meghan, esa ayuda le fue denegada por una empleada de recursos humanos con la explicación de que «no sería bueno para la institución». «Mi corazón está contigo», dijo supuestamente la mujer, «porque veo lo mal que estás, pero no hay nada que podamos hacer para protegerte, porque no eres una empleada remunerada de la institución».

Después de ese desaire, Meghan explicó: «Simplemente no quería seguir viva… y ese era un pensamiento constante muy claro y real y aterrador. Y recuerdo cómo él [Harry] me acunaba». No podía ir al médico ni al hospital, explicó más tarde, porque «ellos» se habían llevado «mi pasaporte, mi carné de conducir, mis llaves». Estaba «atrapada».

«Lo que le impidió seguir adelante», añadió Harry, «fue lo injusto que sería para mí después de todo lo que le pasó a mi madre y que ahora me pusieran en la situación de perder a otra mujer en mi vida, con un bebé dentro de ella, nuestro bebé».

Verificar esos hechos es difícil. Curiosamente, Harry y Meghan dieron versiones contradictorias de la saga. En público discreparon sobre si Meghan se sentía suicida por la noche, por la mañana o por ambas. Y no se pusieron de acuerdo en el número de días. Ninguno de los dos explicó por qué Meghan buscó la ayuda de un funcionario del palacio no cualificado en lugar de un especialista médico con experiencia. Harry nunca identificó qué miembro de su familia había «descuidado» a su esposa.

La inestabilidad de Meghan traumatizó a Harry. Después de sacrificar tanto para casarse con la familia real, le dijo, se había convertido en un objetivo desprotegido. Harry se sentía culpable por no haberla protegido de los conspiradores. Se esforzó por encontrar una solución.

26

EXPOSICIÓN

Meghan confió su malestar a sus amigas en Estados Unidos. Durante sus conversaciones, Meghan reveló que su padre había ignorado su petición de acabar sus ataques. Su carta, dijo, le había recordado la extraordinaria amabilidad que ella había mostrado hacia él antes y después de la boda. Mencionó su «cuidado por su padre, su larga historia de cuidar del bienestar de su padre y de tratar de encontrar soluciones a sus problemas de salud». También arremetió contra la negativa de su padre a acudir a la boda. Sobre todo, se sintió «abandonada» por los propios funcionarios de palacio encargados de protegerla.

Al mismo tiempo, consultó a dos publicistas: Isabel May, una amiga personal en Londres que había conocido a través de Markus Anderson, y Keleigh Thomas Morgan, su asesora publicitaria en Los Ángeles. May niega haber dado a Meghan consejos profesionales, pero Thomas Morgan se mostró comprensiva con la queja de Meghan. Persuadida de que Meghan era considerada una parte importante del futuro de la monarquía, a Thomas Morgan le preocupaba que no se diera a Meghan el apoyo adecuado. Thomas Morgan dio la impresión de que una publicista de alto nivel podría acabar con las historias negativas y, al mismo tiempo, impulsar una historia totalmente positiva que realzara a Meghan. Animó a Meghan a defenderse.

Durante las vacaciones de Navidad, los amigos de Meghan estaban consternados tras escuchar que la publicación del libro de Omar Scobie se había retrasado. Habían aceptado ser entrevistados por Scobie para ayudar a difundir los problemas de Meghan en todo el mundo. Ahora creían que era urgente encontrar otra plataforma para describir la difícil situación de Meghan.

Una de las mujeres era amiga personal de Dan Wakeford, director de la revista *People*, una de las publicaciones de mayor tirada de Estados Unidos. Tras exponer su propuesta a Wakeford, este accedió a publicar un perfil de Meghan basado en entrevistas con cinco de sus amigos íntimos. Lindsay Roth, amiga de Meghan de Northwestern, fue una de las principales fuentes de la revista.

Meghan insistiría más tarde en que el artículo se inició e investigó sin su conocimiento. Meghan, alegarían sus abogados, «no sabía que sus amigos estaban concediendo una entrevista a la revista *People*». Otros creían que sus cinco amigos no habrían hecho nada sin que al menos uno de ellos le contara a Meghan su plan. Después de todo, uno de los ingredientes clave del reportaje de la revista era la carta de Meghan a su padre. Más tarde, Meghan negó haber utilizado la carta como parte de una estrategia mediática calculada, o que sus amigas hubieran citado su carta. Otros sospechan que, sin decírselo a nadie en el palacio, sabía que sus amigos iban a exponer su contenido, que ella había descrito en conversaciones telefónicas, a la revista *People*.

En la víspera de la publicación, Meghan parecía envalentonada. En su visita a la organización benéfica One25 para mujeres marginadas en Bristol, escribió con un rotulador sobre plátanos «Eres fuerte», «Eres amada» y «Eres especial». Algunos se sorprendieron de sus mensajes sentimentales. Los medios de comunicación la ridiculizaron. Ella se enfureció. Afirmó que las críticas eran claramente racistas.

En una visita a la Universidad de Manchester se mostró igualmente provocadora. La activista Rachel Cowan le dijo que gran parte del personal era blanco y masculino. «Esto es bastante chocante y está claro que nos queda camino por recorrer», respondió Meghan. Una vez más, los observadores quedaron desconcertados. Después de casi tres años como parte de la familia real, Meghan estaba incumpliendo la regla de oro de la imparcialidad. Además, esas dos visitas, reunirse con seis grupos durante dos horas, más ver dos espectáculos de teatro en Londres y otras siete salidas fue el total de sus obligaciones oficiales en las primeras siete semanas del año. En esas semanas, los funcionarios críticos compararon las once apariciones de Meghan con los veinticinco días completos de la princesa Ana.

La pregunta era: ¿Tenía Meghan la intención de desempeñar su papel como joven miembro de la realeza, cumpliendo con sus obligaciones? ¿O era más importante el reconocimiento público y la celebridad? La pregunta fue respondida el 6 de febrero de 2019 por la publicación de la revista *People*. Bajo el titular de la portada *Sus mejores amigos rompen su silencio*, el subtítulo era *La verdad sobre Meghan*. Más revelador era el titular *La lucha mediática de Meghan*. La revista daba a entender que Meghan había autorizado a sus amigos a informar a la revista.

La sustancia del artículo era un perfil halagador de una hija cariñosa que vivía una vida frugal en el Palacio de Kensington y que, a pesar de haber sido difamada públicamente por un padre espantoso, había buscado una reconciliación sincera. La ruptura de su relación, afirmaban los amigos de Meghan, era enteramente culpa de Thomas Markle. El artículo publicado daba la impresión de que Meghan había informado al menos a un amigo sobre el contenido de su carta a Thomas Markle, y la respuesta de este. Resumiendo extractos de la carta de Meghan a Thomas, la revista *People* describió la carta como una oferta amorosa de reconciliación escrita días después de la boda. En realidad, Meghan la escribió tres meses después. Al contrario de lo que ella afirmaría más tarde, la revista había puesto «el contenido de la carta en el dominio público».

Meghan negaría rotundamente estar al tanto de que los cinco habían concedido entrevistas a la revista o de que se citaría la carta. También afirmó que solo se enteró de la publicación de la revista después de que Harry se lo dijera, y que Harry solo se enteró el día de la publicación a través del equipo de medios de comunicación del Palacio de Kensington.

Escrito por Michelle Tauber, el artículo describía cómo Meghan había autorizado a las cinco amigas «que mejor conocen a Meghan [a] aclarar las cosas». Las cinco mujeres —descritas como «una amiga de muchos años, una antigua coprotagonista, una amiga de Los Ángeles, una antigua colega y una confidente cercana»— pintaron una imagen de la «elegancia, la gracia y la filantropía» de Meghan. Rechazando el retrato de Meghan como una «novia exigente, una jefa agotadora y una hija negligente», la revista citaba el elogio de una amiga: «Es un diamante que cumple con su deber». La prueba fue la compra por parte de Meghan de «un increíble puesto de helados y sorbetes» para su personal del Palacio de Kensington. Eso, declaró el amigo, evocó «sinceros aplausos para el mejor día de trabajo de todos los tiempos».

Retratando a Meghan como una mujer desinteresada, que vive modestamente, otro amigo describió a Meghan como solitaria, frustrada y sin personal en Nottingham Cottage. Sin embargo, proporcionaba calentadores de manos a los policías que custodiaban las puertas del palacio, se pintaba las uñas mientras estaba sentada junto a un calefactor y se alegraba de preparar una «comida de cinco estrellas con la basura de tu nevera».

«Es muy autosuficiente», dijo un amigo, describiendo a una duquesa poco exigente con una «estrecha relación con Dios» y «un profundo sentido de la gratitud y la humildad». Criticar sus correos electrónicos de las cinco de la mañana, dijo el amigo, era una «lectura errónea» de su naturaleza «organizada, diligente, centrada y trabajadora».

Asimismo, la rotación de personal se produjo «de forma natural». Insensibles a la implicación de la incompetencia de Harry, los amigos dijeron que Meghan le ayudaba a escribir sus discursos. Por último, los amigos descartaron las historias sobre la tiara y la fragancia en la capilla como «100 % falsas», y dijeron que no había «nada detrás de la disputa con Kate».

La importante contribución de los cinco amigos fue su descripción de la relación de Meghan con su padre. Afirmaron que era «falso» sugerir que Meghan había «aislado» a Thomas. Por el contrario, su carta había tratado de «reparar su relación». La culpa de que no se hablaran ni enviaran mensajes de texto desde la boda recayó por completo en Thomas Markle.

La revista informó de que Meghan había escrito: «Papá, tengo el corazón roto. Te quiero. Tengo solo un padre. Por favor, deja de victimizarme a través de los medios de comunicación para que podamos reparar nuestra relación». Su propósito, dijeron los amigos a la revista, era «hacer frente a las mentiras», al «trauma emocional» y exponer el «acoso global» infligido a una persona «embarazada» que «ama a sus animales [y] a sus amigos».

Centrándose en Thomas Markle, un amigo dijo que había ignorado más de veinte llamadas telefónicas y mensajes de texto de Meghan antes de la boda: «Él sabe cómo ponerse en contacto con ella. Su número de teléfono no ha cambiado. Nunca ha llamado; nunca ha enviado mensajes de texto. Creo que ella siempre se sentirá realmente devastada por lo que él ha hecho». Meghan, según la revista, estaba dolida porque Thomas se negó a subir al coche que ella le proporcionó para llevarle al aeropuerto y ni siquiera le había dicho que no iba a venir a la boda. Evidentemente, la amiga, confiando en Meghan, no creía que Thomas Markle se hubiera sometido a una operación de corazón o incluso que hubiera estado enfermo en el hospital.

«Es superdoloroso», continuó el amigo, «porque Meg siempre fue muy devota. Al mismo tiempo, como es una hija, siente mucha simpatía por él. Cuidó de su padre con una generosidad increíble. El hecho de que se le pueda dar la vuelta a esto, decir que ella estaba actuando o que no se preocupaba por él, es absurdo». Meghan, continuó ese amigo, había cuidado de su padre económicamente y había «sido una roca para todos en su familia». Ya no podía tolerar el dolor: «Meg se ha sentado en silencio y ha soportado las mentiras y las falsedades. Nos preocupa lo que esto le está haciendo a ella y al bebé». La revista *People* acusó a Thomas Markle de ser un auténtico mentiroso.

La fuente de toda esa información solo podía ser Meghan. Entre otras cosas, porque repitió la misma versión de la hija cariñosa y cruelmente despreciada por su malvado padre a Jason Knauf. La publicación de la revista desencadenó una farsa frenética.

El Palacio de Buckingham estaba profundamente conmocionado. El contenido de la revista era dinamita. Nadie podía entender el plan de Meghan. Dado que fue abrasiva con su padre, los funcionarios de palacio se preguntaron cómo pretendía tratar a la familia real. La reacción de los palacios sorprendió a Meghan.

Knauf rechazó la exigencia de Meghan de negar tajantemente su participación. La afirmación de Meghan de estar «molesta y sorprendida» por el artículo fue tratada con escepticismo. Las citas de su carta privada a Thomas Markle solo podían proceder de ella. Insistiendo en que solo conocía el artículo tras leer los periódicos británicos, la oficina de Knauf respondió «sin comentarios» a cientos de preguntas de los medios de comunicación. Meghan protestaría más tarde por la «frustración compartida» ante la negativa de Knauf a comentar. Se quejó de que «todo el mundo se sintió silenciado». Dado que ni el Palacio de Kensington ni el de Buckingham negaron que el artículo estuviera sancionado por la propia Meghan, gran parte de la gente asumió que los cinco habían citado su carta real y habían hablado con su aprobación. La revista *People* nunca recibió una queja sobre la violación de los derechos de autor de la carta de Meghan.

En México, Thomas Markle volvió a echar humo. «El artículo es una mentira total», maldijo. «Distorsiona el tono y el contenido de la carta que Meg escribió». Su carta le había acusado de fabricar dolor, de ser paranoico, de ser ridiculizado, de fabricar historias, de atacar a Harry y de mentir continuamente.

«Rápidamente decidí que quería corregir esa tergiversación», dijo. La carta de Meghan, afirmó, «no era un intento de reconciliación. La carta no decía que me quería. No mostraba ninguna preocupación por el hecho de que yo hubiera sufrido un ataque al corazón... En realidad significaba el fin de nuestra relación. Solo quería defenderme». Y añadió: «Meghan es una mentirosa y muy controladora».

Para defender su posición, Thomas Markle mostró parte de las dos cartas al *Mail on Sunday*. Al publicar los extractos, el periódico justificó su violación de los derechos de autor y la privacidad de Meghan alegando que Thomas Markle tenía derecho a contradecir las distorsiones de la revista. El periódico creía que había un interés público «enorme y legítimo» en la familia real y en Meghan. Ella disfrutaba de «inmensos privilegios y riqueza financiada en parte con dinero público» y esperaba que su «elaborada» carta manuscrita se filtrara y publicara.

En respuesta, Meghan afirmaba que la publicación de su carta formaba parte de la campaña del *Mail* «para publicar historias falsas y despectivas» sobre ella. En Los Ángeles, los asesores de Meghan estaban convencidos de que las críticas de los medios británicos a Meghan eran racistas, sexistas y snobs. Animaron a su cliente a emprender una acción legal contra el periódico.

Sunshine Sachs y sus otros publicistas empezaron a buscar celebridades dispuestas a defender a su cliente. Meghan sugirió a George Clooney.

Se convenció al actor para que entrara en la lucha contra el periódico. Justo cuando Meghan y Harry se dirigían a una visita oficial al Museo de Historia Natural, comenzó la andanada de Clooney. En un comunicado emitido por su publicista, atacó a los medios de comunicación por reproducir el artículo de la revista *People*: «Están cogiendo una carta de una hija a un padre y difundiéndola por todas partes. Se le está dando un trato injusto. Es una irresponsabilidad». A continuación, comparó el destino de Meghan con el de Diana. «Buscada, vilipendiada y perseguida» como la princesa, tronó Clooney, «Es la historia que se repite. Ya hemos visto cómo acaba».

La estrella de cine estadounidense despertó la ira de los tabloides británicos. Ningún paparazzi perseguía a Meghan y no había habido ninguna intromisión en su vida privada. Ni siquiera se había publicado una fotografía no autorizada de ella mientras estaba embarazada. Clooney, aseguraban, se había inventado su versión de los hechos. *The Sun* sacó a su veterano fotógrafo real, Arthur Edwards, un experto en Diana. «La mayor invasión de la privacidad de Meghan», escribió, «fue provocada por ella misma y su propia familia». La «histérica caracterización errónea» de Clooney, argumentó Edwards, no tiene sentido. Mientras Meghan declaraba la guerra a los medios de comunicación, se dirigió simultáneamente a la revista *People* argumentando que tenía derecho a hablar. Su padre no lo tenía. Además, nadie había obligado a Diana a sentarse sin cinturón de seguridad en un coche conducido por un borracho imprudente.

Muchos británicos no agradecieron a Clooney su intervención. Sin embargo, incluso *The Sun* no estaba seguro del estado de ánimo del público. Muchos lectores seguían adorando a Meghan. Para complacerlos, el periódico publicó la descripción de Karren Brady sobre Meghan «preciosa… y una persona positiva que hace cosas positivas» que había sido tratada de forma espantosa por su padre, que buscaba la fama.

Con Clooney de su lado, Meghan convenció a Harry de que sus métodos eran correctos. Debían abandonar a los agentes de prensa reales y confiar en sus publicistas de Los Ángeles. En el futuro, Harry y Meghan distribuirían su propio mensaje sin filtros a través de las redes sociales.

27

BABY SHOWER

Embarazada de siete meses y medio, Meghan quería un *baby shower* tradicional. Al tener pocos amigos en Londres, lo celebraría en Estados Unidos. En la trigésima segunda semana de su embarazo, podía volar con seguridad a Nueva York para una fiesta. Allí podría trazar su destino. Su depresión suicida parecía haber desaparecido.

Meghan asegura que la fiesta la organizó y celebró un amigo de la universidad para quince «amigos íntimos». La versión en Nueva York fue diferente. Se dijo que, tras conversaciones con Oprah Winfrey y otras personas, Meghan pidió a las publicistas de Serena Williams —Jill Smoller, Kelly Bush Novak y Celine Khavarani— que organizaran la fiesta. El resultado no se pareció en nada a una fiesta tradicional para anticipar el nacimiento de un niño. Más bien, fue una plataforma de lanzamiento para un grupo de amigos dispuestos a explotar económicamente el estatus de Meghan.

Los amigos de Toronto invitados fueron Jess Mulroney, dos actrices (Abigail Spencer y Janina Gavankar), además de los peluqueros de Meghan, Daniel Martin y Serge Normant, y la preparadora física Taryn Toomey. Los invitados más importantes fueron la ejecutiva de la NBC Bonnie Hammer y Gayle King, la amiga íntima de Oprah Winfrey, una ambiciosa periodista de la CBS, además de Amal Clooney. Naturalmente, la confidente de Meghan, Misha Nonoo, fue invitada. Nonoo ya había explotado su amistad anunciando otro de sus productos, la «falda de sábado», con la etiqueta «Usada recientemente por Meghan Markle, duquesa de Sussex». Con la bendición de Meghan, otros invitados pretendían hacer lo mismo.

Celine Khavarani, una publicista, utilizaría el evento para promocionar la moda de sus clientes; Jess Mulroney esperaba aprovechar su amistad para conseguir un mejor contrato de televisión, y Serena Williams, que financió la fiesta, volvería a publicitar su marca citando el nombre de Meghan. La lista de invitados fue el último intento de Meghan de lanzar su propia celebridad en Estados Unidos.

El 15 de febrero, Meghan llegó a Nueva York para pasar cinco días. Se dirigió a The Mark, promocionado como «el hotel más audazmente lujoso de Nueva York». La tarifa diaria de su suite era de quince mil trescientas doce libras. The Mark era uno de los pocos hoteles de lujo de la ciudad que podía garantizar una publicidad total de cada llegada. La puerta lateral era prácticamente inutilizable.

La cena de la primera noche de Meghan fue con Markus Anderson, Jess Mulroney, Serena Williams y Gayle King. A Meghan le pareció terapéutico estar entre amigos que compartían sus valores en su propio país. Naturalmente, King se sintió fascinada al escuchar las quejas de Meghan sobre la vida en el Palacio de Kensington. Su desgracia, describió, era similar a la supervivencia tras el muro de una prisión. Mientras enumeraba sus quejas —al igual que hizo con sus cinco amigos citados por la revista *People*— la sincera lealtad de Meghan hacia la familia real parecía ser escasa.

Meghan no pretendía ser modesta. Tras haber vivido tiempos difíciles, le encantaba la extravagancia. No tenía intención de seguir la notable frugalidad de la reina. Ni podía hacerlo. Al igual que los que financiaron el *baby shower*, estaba decidida a sacar provecho de su dinero.

Los periodistas y fotógrafos, informados por los organizadores, se agolparon detrás de unas barreras especialmente instaladas en el exterior del hotel. Con un imperdible mono rojo y grandes gafas de sol, Amal Clooney quería claramente ser fotografiada caminando hacia la puerta del hotel, posiblemente para mostrar su solidaridad con Meghan. Algunos invitados llevaban grandes bolsas de regalo. Un arpa entró lentamente. Le siguió un carrito de maletas Away.

Todo el mundo se dirigió a la suite del ático de cincuenta y siete mil libras esterlinas por noche, con cinco habitaciones y dos bares. Los invitados de Meghan sabían por las fotos ya publicadas en Instagram que

Darcy Miller, la organizadora de la fiesta, había preparado un gran exceso de comida, incluyendo cuatro torres de *macarons* de Ladurée —una pastelería parisina que ofrece la «elegancia que María Antonieta aprobaría»—, galletas de diseño, pasteles, minitartas de merengue en platos con bordes dorados y un enorme despliegue de flores.

Menos de dos horas después, los invitados partieron. A cada invitado se le había prometido la entrega a domicilio de una maleta Away. Con la certeza de que volverían a fotografiarla, Amal Clooney se metió en su coche frente al hotel. Meghan salió del hotel con una gorra de béisbol y ropa promocionada por Celine Khavarani.

Al día siguiente, Misha Nonoo apareció en el programa *Today* de la NBC para hablar de la pasión de su amiga Meghan por sus diseños de moda. Con la velocidad del rayo, el maquillador de Meghan, Daniel Martin, publicó fotos de la comida, los sonajeros y los baberos, así como la dirección de su salón. Abigail Spencer promocionó su nuevo programa llamado *Rectify*. Janina Gavankar aprovechó la publicidad generada por el *baby shower* para ser contratada para un nuevo papel de actriz.

Gayle King, tras aparecer en CBS para promocionar su intimidad con Meghan durante el *baby shower*, presionó con éxito para conseguir un nuevo y lucrativo contrato. El ascenso de King le debía mucho a Oprah Winfrey. «Ambas», dijo Oprah sobre Meghan, «crecimos como niñas negras que se esforzaban por mejorar sus vidas… Ella [Meghan] es la madre que nunca tuve, la hermana que todo el mundo querría, es la amiga que todo el mundo merece. No conozco una persona mejor».

Al día siguiente, Meghan voló de vuelta a Londres en el jet privado de Amal Clooney. Poco después de aterrizar en Gran Bretaña, sus críticos lanzaron una feroz embestida. ¿Cómo es posible que una filántropa autoproclamada, demandaron, se permitiera una excursión que se calcula que costó trescientas veinticinco mil libras esterlinas? Sus defensores replicaron que los críticos eran racistas. Una respuesta más convincente podría haber sido que el príncipe Carlos buscaba la hospitalidad de donantes sospechosos en yates privados, jets e islas de vacaciones.

Dos días después de regresar a Londres, Meghan y Harry volaron en un vuelo estándar de BA para una visita oficial de dos días a Marruecos. Meghan se comportó perfectamente en público, pero en privado siguió enfadada por las críticas de los medios de comunicación a su viaje a Nueva York. En su estado, necesitaba la protección extra que le proporcionaban los aviones privados. Más tarde aseguraría que las críticas de los medios habían sido deshonestas. Durante los ocho meses de embarazo en 2019, dijo, «ni siquiera se me veía. Estaba de baja por maternidad o con un bebé». Se olvidaría de sus viajes a Nueva York y Marruecos.

El viaje a Nueva York pareció haber decidido el destino de Meghan. Despreciando al palacio y al personal, se propuso con decisión forjar su propia carrera al margen de la monarquía. Una vez más, tomó la iniciativa y trabajó en secreto.

Inspirada por sus publicistas de Los Ángeles, había enviado un correo electrónico al nuevo editor de la revista *Vogue* británica, Edward Enninful. Este hombre de cuarenta y un años había trabajado en revistas desde los diecisiete años. Su espectacular nombramiento como editor confirmó sus habilidades. Sin presentación, Meghan preguntó a Enninful si *Vogue* podía promocionar Smart Works, una organización benéfica británica a la que se había unido en enero. La organización benéfica formaba a mujeres desfavorecidas para entrevistas de trabajo y les proporcionaba ropa adecuada. Intrigado por la propuesta, Enninful se dirigió al Palacio de Kensington para conocer a una mujer igualmente ambiciosa y ávida de publicidad. Smart Works no fue la única razón para acercarse a Enninful.

Enninful había desarrollado una narrativa sobre su ambición de ser una fuerza positiva para el cambio. Como hijo de inmigrantes ghaneses, su pasión era promover que las mujeres negras tuvieran ambiciones similares a las de las mujeres blancas. Lo que siguió durante su conversación es inevitablemente discutido.

Meghan afirmó que, tras consultar a sus «dos perros acurrucados frente a mí», sugirió a Enninful la posibilidad de ser la editora invitada el siguiente número de *Vogue*. El equipo del editor ridiculizó la idea. Enninful, no Meghan, insisten, decidió que la duquesa sería un vehículo perfecto para ganar dinero para la revista. En su versión, Enninful sugirió que Meghan editara como invitada el importante número de septiembre. Sería la primera editora invitada en el *Vogue* británico, una revista reconocida como la biblia de la élite de la moda. La mujer, que rara vez salía del Palacio de Kensington con ropa de menos de cinco mil libras esterlinas y unos Manolo Blahniks de tacón alto para elevar su metro sesenta y cinco al metro setenta y cinco, no vio ninguna razón para informar a los funcionarios de palacio sobre su decisión.

Enninful clasificó el proyecto como máximo secreto. Con un disimulo sin precedentes, Enninful asignó a un equipo la producción del número normal de septiembre sin saber que nunca se publicaría. Paralelamente, Enninful y un equipo de trece personas produjeron el número especial. Se centraría en quince mujeres designadas por Meghan como sus heroínas, o «Fuerzas del Cambio».

28

BIENESTAR

En marzo de 2019, Harry cruzó un límite. El «bienestar» se convirtió en su nueva religión. En la reinvención de sí mismo adoptó la pasión de Meghan por los productos orgánicos y los tratamientos basados en la meditación holística, los números, los gongs, los cuencos de cristal, la calma interior, el equilibrio de los chakras y los masajes especiales del cuerpo y el interior de la boca. El hombre que antes apestaba a tabaco, sobre todo después de fumar marihuana, también dejó de beber alcohol.

Durante una breve estancia en el hotel Heckfield Place, en Hampshire, utilizó las especialidades del spa, que incluían un «taller de respiración», un estudio de yoga y varios tratamientos naturales. El príncipe Carlos lo habría aprobado. Como defensor de la medicina alternativa, Carlos había instado al Servicio de Salud Nacional a ofrecer enemas de café como cura para el cáncer. La conversión de Harry a «100 % Markle» le había llevado más lejos. Se había convertido, escribió Jan Moir, en «una figura real vacía en la que Meghan ha vertido toda su incomprensible cháchara de soñadora recién prensada, y él se ha tragado el anzuelo, la línea y el plomo». En consecuencia, él pasó a hablar «el tipo de charlatanería pseudoprofunda de la nueva era que se lleva de maravilla en los bares de zumos de Malibú».

El nuevo Harry se presentó ante doce mil escolares y estudiantes en el Wembley Arena el 6 de marzo con motivo del WE Day, una celebración de los jóvenes voluntarios que buscan influir en sus comunidades y en el mundo. El príncipe se dirigió a la «generación más comprometida en la historia» y les arengó a que «se preocuparan por los valores y por hacer lo correcto para que brille la luz». No debéis desesperar», dijo, por «la generación mayor cuando parece que no les importa». Especialmente en lo que respecta al cambio climático. «Cada brizna de hierba, cada rayo de sol y cada gota de lluvia son cruciales para nuestra supervivencia», les dijo. Dos días antes, Harry había volado en helicóptero a Birmingham.

En su discurso, Harry condenó a las redes sociales por «distorsionar la verdad e intentar manipular el poder del pensamiento positivo». Harry olvidó que la fama de Meghan dependía de su habilidad para orquestar medios sociales favorables. Esas contradicciones quedaron sepultadas por los fuertes vítores del público cuando Harry «arrastró» a Meghan al escenario. Los dos estaban predicando a los «progresistas, a los que tienen la mente abierta para el cambio». Su lema era: «Sé más valiente, sé más fuerte, sé amable con los demás… cambia tus pensamientos y cambia el mundo». Su actuación ocultó las contradicciones sobre ellos mismos.

Fuera del escenario, el príncipe se sentía más insatisfecho que nunca. Viviendo en Frogmore, estaba luchando contra otro ataque de oscuridad. Todavía enfadado con su hermano por negarse a apoyar de todo corazón su campaña contra los medios de comunicación, o a manifestar su simpatía por su política *New Age*, Harry se sentía marginado. Los funcionarios de palacio estaban invirtiendo energías renovadas en preparar a Guillermo para ser el futuro rey. Sin estar ya en el Palacio de Kensington, y sintiéndose físicamente distanciado de los funcionarios del Palacio de Buckingham, Harry se encontró consumido por el malestar.

Para tranquilizar a Harry, un portavoz del Palacio de Buckingham informó a los medios de comunicación de que Carlos había forjado una nueva relación con sus dos hijos. Con la excusa de una fiesta para celebrar el aniversario número cincuenta de Carlos como príncipe de Gales, el palacio describió que Carlos siempre fue «cercano» a Harry y que ahora, gracias a la excelente relación de Carlos con Meghan, estaban aún «más unidos».

En realidad, Harry se había convertido en un contrario imprevisible. Como patrocinador de las expediciones de la organización benéfica Walking With The Wounded (Caminando con los heridos) para antiguos miembros del ejército, Harry fue recibido con entusiasmo en su reunión anual. A su llegada, se le pidió que prestara especial atención a Hans K. Rausing, un multimillonario filántropo sueco del que se esperaba que donara un cheque de seis cifras a la organización benéfica. En lugar de ello, Harry soltó una diatriba sobre la incapacidad de las empresas para limitar el cambio climático. No obstante, Rausing hizo su donación. Los expertos calificaron a Harry como disruptivo.

En el Palacio de Kensington, Amy Pickerill, la nueva secretaria privada adjunta de Meghan, siguió a Samantha Cohen y dimitió después de solo un año. Al igual que muchos miembros del personal subalterno, después de su experiencia en Australia y Fiyi, encontró estresante trabajar para Meghan.

En un esfuerzo por negociar una solución amistosa, la reina reclutó a Lord Geidt para que ayudara a integrar a Meghan en la familia real. Reconociendo la descripción de Meghan como líder para «impulsar un cambio social positivo», Geidt organizó su nombramiento como primera vicepresidenta del Queen's Commonwealth Trust, responsable de la educación. Aunque dudaba de que ese puesto pudiera resolver por sí solo el antagonismo entre los Sussex y los palacios, Geidt discutió lealmente la opción de asentar a la familia en el sur de África, descrita frecuentemente por Harry como su segundo hogar. Esa opción se había vuelto muy problemática. Pocos podían creer que Meghan quisiera vivir en África. Los más enterados especulaban con que tenía la intención de volver a California. Sus sospechas se dispararon por su plan de retomar su papel de *influencer*.

La ambición de Meghan era volver a relacionarse con sus antiguos seguidores y conectar con millones de activistas en Instagram. La página @sussexroyal sería su plataforma para responder a las críticas con mayor rapidez e independencia del palacio. «Ella podría tomar sus propias decisiones», explicó su portavoz. La celebridad de los Sussex garantizaba la atención. La elección de Instagram como plataforma de redes sociales para la «Página Oficial del duque y la duquesa de Sussex» fue polémica. En particular, se criticó a Instagram por alimentar la ansiedad, la depresión y la adicción, especialmente entre las jóvenes.

El nuevo sitio web fue diseñado por Ryan Sax y David Watkins, alias «Digital Dave», director de Article, la agencia creativa con sede en Toronto que había creado *The Tig*. Sussexroyal.com y sussexofficial.uk se registraron utilizando servidores de Arizona. Simultáneamente, el asesor comercial de Meghan en Los Ángeles, Andrew Meyer, registró dos sitios web, americanfriendsofsussexroyal.com y theamericanfriendsofsussexroyal.com. Más adelante en el año, también volvió a registrar *The Tig*.

Para reclutar nuevos seguidores a su plataforma, Meghan apareció en Londres como *Thought Leader* en un panel para celebrar el Día Internacional de la Mujer a principios de marzo de 2019. Preguntada en público sobre las descripciones en las redes sociales de sí misma como «progresista», respondió: «No leo nada. Es mucho más seguro así». También negó leer Twitter: «No soy parte de nada de eso. No lo miro». Dos compañeras de panel, la cantante Annie Lennox y Julia Gillard, exprimera ministra de Australia, asintieron con la cabeza.

Las dos panelistas también creyeron en la declaración de Meghan de que su hijo no nacido, aunque fuera un niño, ya era feminista. Los movimientos del bebé, estaba segura, eran «el pataleo embrionario del feminismo». Harry, añadió, era un feminista autoproclamado. Se había beneficiado de lo que ella llamaba «cambio de estereotipos de género». El feminismo, explicó, significaba que un hombre no debía sentirse amenazado por tener una «mujer a su lado, no detrás». Para entonces, muchos creían que Meghan estaba guiando a Harry.

El discurso coincidió con un cambio en los planes de los Sussex. Sin que Geidt lo supiera, en previsión del traslado definitivo de los Sussex a Estados Unidos, los agentes de Meghan en Los Ángeles estaban negociando con Oprah Winfrey. La locutora intentaba conseguir la primera entrevista si Meghan regresaba a California. Para endulzar la oferta, aceptó producir con Harry una serie documental de televisión sobre la salud mental.

Guiado por Meghan, Harry había adoptado las ideas de Brené Brown, una psicóloga investigadora estadounidense. Su libro *Dare To Lead* alentó a los famosos a abandonar el estoicismo y a mostrar su fragilidad. «Si desarrollas una piel tan gruesa que empiezas a perder la capacidad de ser herido», escribió Brown, «corres el riesgo de no sentir nada en absoluto». Hablar de su salud mental, defendía, ayudaría a otros hombres a deshacerse del estigma. «La única estrategia infalible que se me ha ocurrido hasta ahora —escribió Brown— es adueñarnos de nuestra historia». Centrado en «ser real», dijo Brown, Harry «haría un favor al mundo diciendo su verdad». Utilizar su plataforma real, coincidió Meghan, «permitiría un cambio fundamental para crear una sociedad mejor». Solo los críticos prejuiciosos se opondrían a su «verdad».

Contratado por Apple TV, a Harry le pagaron para que contara su historia personal bajo el título *Bienestar mental*. Entrar en ese terreno, lo sabía Harry, irritaría a su hermano. La salud mental, una de las piedras angulares del trabajo de Guillermo con Kate a través de la Fundación Real, era el tema de su inminente documental para la televisión de la BBC *A Royal Team Talk: Tackling Mental Health*. Aún más incendiario fue el acuerdo de Harry con Apple para describir íntimamente su relación con su familia.

Harry estaba más allá de preocuparse por la sensibilidad de Guillermo y Kate. Los detalles del «divorcio» de las dos familias estaban casi ultimados. La Fundación Real sería continuada por los Cambridge. Los Sussex crearían su propia organización benéfica. Descontentos con Jason Knauf y su asistente Christian Jones, los Sussex nombraron a una nueva responsable de prensa, Sarah Latham. Reclutada de Freuds PR, Latham, nacida en Estados Unidos, había trabajado anteriormente para Tony Blair, los Clinton y los Obama. Pocos de los que vieron a Kate y Meghan besarse cariñosamente en la Abadía de Westminster para el servicio del Día de la Commonwealth se habrían dado cuenta de que estaba a punto de producirse un gran drama.

El 14 de marzo, el Palacio de Buckingham anunció que la era de los Cuatro Fantásticos había llegado a su fin: los hogares de los Sussex y los Cambridge iban a separarse. El portavoz oficial del palacio negó que el divorcio fuera una prueba de desavenencia. Tres semanas más tarde se lanzó @sussexroyal en Instagram. «La marca Sussex» prometía publicar «anuncios importantes» y «aclarar cuestiones clave» directamente a sus seguidores. En seis horas, el sitio atrajo a un millón de personas. En un año, la cifra aumentó a casi cinco millones en todo el mundo. Los Cambridge tenían siete millones cuatrocientos mil de seguidores, David Beckham cincuenta y cinco millones y Kim Kardashian ciento cincuenta y seis millones de admiradores.

La cuenta de Instagram de los Sussex anunció la «dinámica serie documental de varias partes de Harry con Oprah Winfrey sobre la salud mental». La verdad estaba ahora al descubierto. Meghan se había comprometido con Harry y con Oprah Winfrey. La estrella de la televisión californiana tenía buenas razones para creer que por fin tenía el control.

29

PROPUESTA DE NEGOCIOS

La exclusividad exigida por Oprah Winfrey coincidía con el ánimo de Meghan y Harry de desquitarse con la familia real, los medios de comunicación y el público británico.

Para dar a conocer a Meghan en Estados Unidos, Oprah Winfrey y Gayle King llegaron a un acuerdo exclusivo con Meghan para producir un brillante documental para la cadena de televisión CBS sobre su primer año de matrimonio. Se transmitiría en el momento cumbre, poco después del nacimiento de su bebé. A cambio, Meghan garantizaba que ninguna otra cadena de televisión tendría acceso a ella o al niño. La estrategia, mantenida en estricto secreto, contó con el pleno apoyo de Sunshine Sachs. El tripartito acuerdo norteamericano se enmarcó bajo la etiqueta de «privacidad». Harry aceptó que el Palacio de Buckingham no tuviera ninguna opción. A la CBS se le darían los derechos exclusivos para filmar al bebé Archie siendo presentado a la reina. El nacimiento y las secuelas marcarían la ruptura de los Sussex con el palacio.

A mediados de abril, Sara Latham, su nueva portavoz, anunció que los Sussex «mantendrían en privado los planes en torno a la llegada de su bebé». No solo se mantendría en secreto el hospital, sino también la identidad de los padrinos. En ese momento, Oprah Winfrey apoyó la decisión sin precedentes de los Sussex. Meghan, dijo, iba a formar su familia «de una manera diferente a como se ha hecho durante más de mil años». Era cierto. Por tradición, los nacimientos reales eran siempre motivo de celebración nacional. Además, la publicidad que acompañaba a los nacimientos reales siempre había sido esencial para establecer la legitimidad del recién nacido.

Inevitablemente, la decisión de los Sussex reavivó la polémica. Algunos simpatizaron con la autoprotección de los Sussex contra «los peligros de la fama». Otros se quedaron perplejos ante la disonancia de la «privacidad» con la agenda de los Sussex de «modernizar» y servir al pueblo.

Pocos entendieron la definición de «privacidad» de los Sussex. Para la pareja, la privacidad no significaba permanecer «en secreto y sin ser vistos». Más bien, significaba imponer un control total sobre sus imágenes y la narrativa que las acompañaba. Si esa estrategia molestaba al palacio y rompía el reglamento real, aún mejor.

El plan original de Meghan era tener un parto en casa, ayudada por su madre. Para una mujer de treinta y siete años, había un elemento de riesgo en ello. Una vez que su bebé se retrasó, el plan fue abandonado. El 5 de mayo, Meghan fue conducida a toda velocidad desde Frogmore hasta el Portland Hospital, una clínica privada del centro de Londres. A las 5:26 horas del 6 de mayo nació Archie Harrison Mountbatten-Windsor.

El engaño comenzó inmediatamente.

A las 14:00 horas, poco más de ocho horas después del nacimiento de Archie, el Palacio de Buckingham anunció que Meghan se había puesto de parto. Veinte minutos más tarde, a las 14:20, se anunció el nacimiento en el sitio de Instagram de Sussex. Al darse cuenta de que les habían engañado, los funcionarios del Palacio de Buckingham se pusieron al día unos minutos más tarde con un anuncio formal: «Su Alteza Real, la duquesa de Sussex, dio a luz a un hijo de forma segura a las 05:26 h. El bebé pesa 2,5 kg. El duque de Sussex estuvo presente en el parto». Para entonces, los Sussex y el bebé estaban de vuelta en Frogmore. Meghan tenía el control total.

Dividido entre la estrategia de Meghan y compartir su propia felicidad, Harry no pudo resistirse a aparecer ante los medios a primera hora de la tarde. De pie en los establos de la reina en el Castillo de Windsor, el príncipe, vestido de manera informal, dijo: «Estoy muy emocionado de anunciar que Meghan y yo hemos tenido un niño esta mañana, un niño muy sano. La madre y el bebé están increíblemente bien. Ha sido la experiencia más increíble que podría haber imaginado. Cómo cualquier mujer hace lo que hace está más allá de la comprensión. No he estado en muchos partos, este es definitivamente mi primero. Ha sido increíble, absolutamente increíble, así que queríamos compartirlo con todo el mundo».

Los Sussex hicieron entonces, a través de su portavoz, un importante anuncio. Con el acuerdo de Harry, el palacio también reveló que los Sussex habían decidido que Archie no fuera un príncipe. La pareja, dijo Sara Latham, no quería estar atada a las convenciones ni a la historia. Meghan quería que su hijo fuera simplemente «Míster Archie» y que no llevara el título de realeza. Querían proteger la privacidad de Archie. Los Sussex sabían que, según la ley británica, Archie se convertiría automáticamente en príncipe tras la muerte de la reina, a menos que Carlos cambiara las reglas. Independientemente del título, le habían dicho a Meghan, su familia seguiría estando totalmente protegida por la Policía Metropolitana. En el certificado de nacimiento de Archie, su madre figuraba como «Rachel Meghan, duquesa de Sussex». Tres semanas más tarde, los abogados del palacio ordenaron que el certificado se modificara a «Su Alteza Real, la duquesa de Sussex».

Justo después del nacimiento, Thomas Woodcock, el Rey de Armas Principal de la Jarretera, llamó para hablar del título de Archie. Su hijo, explicó Woodcock, heredaría automáticamente el título de Lord Dumbarton, ya que Harry, al casarse con Meghan, fue nombrado Conde de Dumbarton. Meghan también se había convertido automáticamente en la Condesa de Dumbarton. «No, no», exclamó Meghan. «Ningún hijo mío se va a llamar Dumb [15]».

Dos días después del nacimiento de Archie, Gayle King de la CBS estuvo en Windsor para su primera aparición pública. Las cámaras de la BBC y la ITV fueron excluidas específicamente. A petición de King, Meghan hizo coincidir la sesión fotográfica en el St. George's Hall del Castillo de Windsor con el inicio del programa matinal de la CBS en Nueva York. La fotografía difundida por el palacio mostraba a la reina, al príncipe Felipe, a Doria y a los Sussex mirando un chal. Ni la CBS ni el único fotógrafo presente pudieron grabar la cara de Archie.

---

15. Nota de la traductora: *«Dumb»* significa «tonto».

Sin embargo, King estaba encantada. Su recompensa por asegurar el acceso exclusivo a Meghan en Windsor, y por el documental televisivo que se emitiría diez días después, fue una mejora de los honorarios anuales de su contrato, que se calcula que se duplicaron hasta los once millones de dólares. Con todos los precedentes rotos, las críticas a Meghan fueron contundentes. Una vez más, George Clooney fue el defensor de Meghan. «La gente debería ser un poco más amable», dijo. «Es una mujer joven que acaba de tener un bebé».

La propia explicación de Meghan a Oprah Winfrey sobre esos arreglos casi dos años después fue contradictoria. Primero dijo: «No nos pidieron que nos hiciéramos una foto. Eso fue realmente perjudicial». Luego admitió ante Oprah que había prohibido las fotos. Fue, según ella, su protesta por el hecho de que el palacio negara a Archie el título de príncipe y le negara la protección policial: «Me daba mucho miedo tener que exponer a nuestro bebé, sabiendo que no iba a estar a salvo». Ella debía saber que eran falsas ambas explicaciones. Olvidando su propio anuncio de que Archie sería un «ciudadano particular» sin título, le decía a Oprah: «Un niño que no va a estar protegido y no tiene título. ¿Qué sentido tiene eso?»

El revuelo continuó en el bautizo de Archie en Windsor. Meghan prohibió al fotógrafo acreditado por el palacio y confirmó que los nombres de sus padrinos permanecerían en secreto. Como explicación, le decía a Oprah: «Las mismas personas que han estado abusando de mí quieren que les sirva a mi hijo en bandeja de plata». Entre los que, sin embargo, se identificaron como padrinos estaban Mark Dyer, un antiguo ayudante; Tiggy Legge-Bourke, la niñera de confianza de Harry, y Charles van Straubenzee, un antiguo amigo de la escuela de Harry.

Los medios de comunicación calificaron las exigencias de Meghan como la petulancia de una impostora. Los tabloides que ella había buscado con avidez hasta 2017 eran ahora el enemigo. «No se merece toda esta prensa negativa», dijo Daniel Martin, el maquillador de Meghan. La escandalosa transformación de «Meghan Markle, la duquesa perfecta» en «la duquesa difícil» fue maliciosa, alegó. «En los años que he trabajado con ella, nunca ha tenido un ataque de diva. Nunca. Harry y Meghan son muy filántropos».

Daniel Martin tenía buenas razones para estar agradecido a Meghan. «Esa boda —recordó— me puso en otra estratosfera en las redes sociales que no puedo entender». Entre otros muchos nuevos y lucrativos nombramientos, Martin se había convertido en asesor de marca de Dior.

La boda y el *baby shower* habían transformado a otros desconocidos en celebridades. Al asociar sus diseños con Meghan, Misha Nonoo había abierto una boutique de moda *pop-up* en el centro de Londres y un «taller íntimo» de «sanación con sonido grupal utilizando cuencos de cristal». Jess Mulroney, a la que *Harper's Bazaar* acababa de calificar como «el hada madrina de la moda canadiense», había conseguido finalmente un contrato en el programa *Good Morning America* de la cadena ABC. Haciendo alarde de su relación con Meghan, Mulroney modeló nuevas prendas en Instagram junto a sus tres hijos. Abigail Spencer, actriz de *Suits*, también estaba encantada de que su amistad con Meghan hubiera aumentado sus seguidores en Instagram de cien mil en 2016 a medio millón. En contra de lo que algunos esperaban, su serie *Timeless* de la NBC no fue cancelada. Otra beneficiada fue Taryn Toomey, la entrenadora de *fitness*. Meghan y Harry habían instado a sus seguidores a «explorar» los retiros de Toomey en México y Mustique a tres mil seiscientas libras por cuatro noches y a comprar un collar de *peach moonshine* por mil doscientas libras.

Los planes de comercialización, especialmente las relaciones transaccionales orquestadas por los Sussex, inquietaron a palacio. La colaboración de Meghan con sus asesores de Los Ángeles y con Gayle King convenció a los funcionarios de que la pareja estaba más allá de su control. La lucha por encontrar una sustituta para Samantha Cohen concluyó con la selección de Fiona Mcilwham, una diplomática del Ministerio de Asuntos Exteriores. El punto álgido de los veintiún años de servicio de Mcilwham fue como embajadora del Reino Unido en Albania. Casada con Daniel Korski, asesor de David Cameron, Mcilwham tenía poco en común con una actriz de Hollywood. Desde el principio, Mcilwham descubrió que Meghan no tenía intención de compartir sus intenciones. Incluso Sara Latham había fracasado, junto con Heather Wong y Cara Madden, la gestora de proyectos de la duquesa, a la hora de ganarse la total confianza de Meghan.

Meghan creía tener buenas razones para sospechar. Todas sus peticiones se remitían entonces al Palacio de Buckingham, y regularmente los funcionarios de la reina ordenaban a su personal que dieran prioridad a los intereses de palacio sobre los de Meghan. Y lo que es más importante, se había impuesto sin consultar una restricción legal a Sussex Royal, su fundación.

Un abogado contratado habitualmente por el Palacio de Buckingham había recibido el encargo de crear «la Fundación del duque y la duquesa de Sussex». La pareja creía que el abogado había recibido el encargo de reproducir la Fundación Real.

Según la ley, una Fundación es privada, los patronos no tienen obligaciones legales y no se exige la publicación de cuentas detalladas. Sin embargo, una Fundación es complicada de establecer y suele financiarse antes de su creación. La Fundación de la pareja estaba registrada como organización benéfica, lo que dejaba el futuro de los Sussex muy abierto al escrutinio financiero que conlleva la regulación de las organizaciones benéficas. La diferencia era considerable. Fácil de establecer y sin necesidad de dinero original, una organización benéfica está obligada a publicar cuentas detalladas y está sujeta al escrutinio de funcionarios independientes empleados por la Comisión de Caridad. Todas las donaciones que los Sussex esperaban recibir, sobre todo de Estados Unidos, se detallarían y publicarían, al igual que los salarios de su personal. Como funcionaria de la organización benéfica, Meghan estaría sujeta a las leyes fiduciarias. La organización benéfica se constituyó el 1 de julio de 2019.

En su primera reunión en el Palacio de Kensington, los Sussex dieron la bienvenida a los cuatro patronos de la Fundación. Todos eran personas desconocidas para ellos. Steven Martin Cooper era el director general del Hoare's Bank; Kirsty Jackson Jones y Karen Blackett, una empresaria británica, tenían una importante experiencia comercial y jurídica, y el presidente, Stefan Allesch-Taylor, era un conocido empresario y filántropo. En un ambiente solemne, discutieron sus objetivos para el éxito de la Fundación.

Al final de la reunión, los Sussex estaban sorprendidos. Descubrieron que los fideicomisarios no eran «ni compañeros ni sirvientes». Eran independientes y tendrían el control total del dinero de la fundación. Según la ley, los Sussex no tendrían ninguna privacidad sobre la gestión de la Fundación. Para Meghan, una maestra del control, la exigencia legal de transparencia fue inesperada. La estructura legal de la Fundación, según ella, era un intento deliberado de socavarla.

Una vez que Meghan descubrió que la Fundación Sussex no podía operar en secreto, otra razón para quedarse en Gran Bretaña había desaparecido. El dinero era fundamental para ella. Como había descubierto Gina Nelthorpe-Cowne, Meghan era «una mujer de negocios ante todo». Todo se calculaba en términos comerciales. La financiación de sus obras de caridad y su estilo de vida personal estaban destinados a estar entrelazados.

Harry estaba igualmente indignado. Carlos le había asegurado un papel importante en la reducida monarquía durante al menos diez años. Ahora, la discrepancia de trato entre Guillermo y él confirmaba lo peor. Él también quería irse. Meghan no estaba decepcionada por su decisión. «Creía que aguantaría unos cuantos años más antes de que se derrumbara», reflexionó más tarde Gina Nelthorpe-Cowne.

Meghan admitiría más tarde que ella y Harry comenzaron la conversación con la reina sobre la salida de Gran Bretaña incluso antes de su matrimonio. «Durante dos años», diría ella. Según los recuerdos de Harry, mencionó a su abuela que la falta de apoyo y comprensión tanto de los medios de comunicación como de su familia estaban alentando sus pensamientos sobre dejar Gran Bretaña por primera vez alrededor de enero de 2018. Incluso antes de casarse estaba buscando escapar. «Nunca le di la espalda a mi abuela», insistió. Harry confirmaría que también habían hablado de dejar Gran Bretaña en enero de 2019, más o menos cuando Meghan tenía tendencias suicidas, pero «su familia trató de impedírselo». En la versión de Harry, las conversaciones sobre la salida continuaron a lo largo de ese año, impulsadas por los sentimientos suicidas de Meghan. «¿Qué mal tiene que ponerse», preguntó Harry retóricamente, «para que se me permita hacer esto?»

La ira que alimentaba su urgencia por abandonar Gran Bretaña se transmitió a Los Ángeles. Se le dijo a Nick Collins que empezara a buscar papeles de actriz para Meghan. También se le pidió a su agente comercial, Andrew Meyer, que estudiara la posibilidad de negociar un gigantesco acuerdo, similar al de los Obama, con Netflix. Paralelamente, David Furnish, socio de Elton John, la animó a colaborar en una serie de animación.

El velo de Meghan cayó el 14 de julio en el estreno en Londres de *El Rey León* de Disney, la película favorita de Harry. Entre el elenco de esa noche no ocultó su desesperación. Pharrell Williams, el rapero, le dijo que estaba «muy feliz» por su matrimonio y añadió: «Los apoyamos». Tocando su brazo, Meghan sonrió: «Gracias. Ellos no lo hacen fácil».

Minutos después, Harry hablaba con Jon Favreau, el director de la película. «Si alguien necesita un trabajo extra de locución», comenzó, solo para ser interrumpido por Meghan. «Por eso estamos aquí», dijo ella. «¡Tiene el registro perfecto!», Harry elogió las habilidades de actuación de Meghan.

A continuación, Harry se dirigió a Robert Iger, director ejecutivo de Disney, famoso por la ocurrencia: «En Hollywood solo te apoyan cuando tu cáncer es terminal».

«¿Sabías que hace doblajes?», preguntó el príncipe a Iger. «No lo sabía», respondió el ejecutivo.

«Pareces sorprendido», dijo Harry. «Ella está realmente interesada».

«Claro, nos encantaría intentarlo», dijo Iger, comprendiendo que el príncipe estaba buscando trabajo. «Es una gran idea».

El éxito de la propuesta de negocios de los Sussex solo se vio empañada por la constatación posterior de que todos sus intercambios habían sido grabados. Meghan sí narró el documental de Disney *Elefantes sin Fronteras*, la historia de un grupo de elefantes en peligro por los cazadores furtivos. La crítica no se mostró entusiasta: «Un espectáculo de sentimentalismo excesivo, un sabor azucarado» y «no demasiado molesto» fueron algunos de los comentarios más favorables de las críticas.

Poco después del estreno de *El Rey León*, Meghan fue a ver jugar a Serena Williams en Wimbledon. Decenas de fotógrafos profesionales y cámaras de televisión grabaron y difundieron su presencia en el palco real. Entonces se produjo un altercado. Meghan ordenó a sus guardaespaldas que dijera a una espectadora que no la fotografiara. Estaba en Wimbledon, declaró, «como ciudadana particular». Al día siguiente, Lorraine Kelly escribió en *The Sun*: «O son ciudadanos particulares y pagan su propio palco, o son miembros de la realeza y tienen que compartir los grandes eventos de sus vidas con el resto del mundo. No pueden tener las dos cosas».

Pocos en Londres, salvo posiblemente la reina y Carlos, se dieron cuenta durante el verano de que Meghan ya se estaba desvinculando de la familia real.

Estaba contando las semanas hasta su regreso a California. Su portavoz dijo que Meghan no se tomaría un permiso de maternidad porque quería demostrar su valía a través del trabajo. Sin embargo, aparte de un compromiso para promocionar Smart Works, no realizó ningún trabajo público durante el verano. Vio partidos de polo y de tenis, y voló repetidamente en aviones privados para ir de vacaciones con Harry y Archie. Se alojaron con Elton John en St. Tropez, con los Clooneys en Como y en la villa de siete habitaciones de un amigo, valorada en cien mil libras esterlinas a la semana, en la urbanización Vista Alegre de Ibiza. Para Meghan, parecía que coger jets privados era como pedir un Uber.

Inevitablemente, sus críticos, especialmente el periódico *The Sun*, objetaron: «La pareja quiere todas las ventajas y ninguna de las desventajas de la vida real. Han implosionado en un desorden infeliz de autocompasión y victimismo percibido, totalmente desconectado de las tensiones mucho más grandes que la gente común suele soportar».

Para acallar las llamadas de «hipocresía», los publicistas de Meghan volvieron a ponerse en contacto con sus amigos. El resultado fue un coro sincronizado de apoyo. «Hago un llamamiento a la prensa», dijo Elton John, «para que cesen estos implacables y falsos ataques sobre su reputación que de manera ilegítima se elaboran casi a diario». Jessica Mulroney publicó en Instagram: «Qué vergüenza, matones racistas. Tres años de odio y abuso inmerecidos. Ya es suficiente». La actriz Jameela Jamil justificó los aviones privados como protección del público: «No es seguro que estemos en los mismos aviones... Son objetivos principales de secuestro y a veces de asesinato».

Harry desafió a sus críticos. A principios de agosto viajó en jet privado y helicóptero al campamento de Google en Sicilia para hablar de la crisis del cambio climático. Su avión era solo uno de los ciento catorce jets privados, así como una flota de superyates, que habían transportado a multimillonarios y celebridades al festival. Libre de las restricciones de la etiqueta de palacio, Harry saboreó la libertad de una estrella de cine junto a Leonardo DiCaprio, Tom Cruise, Orlando Bloom y el cantautor Harry Styles.

Como miembros de la realeza, tanto él como Meghan se sentían con derecho a utilizar su estatus para dar lecciones a los demás. «Cada elección», escribió Harry al mismo tiempo en la página de Instagram de los Sussex, «cada huella, cada acción marca la diferencia». Al igual que sus anfitriones, Harry justificó el uso de aviones privados «para proteger a mi familia de esta gente». La identidad de «esta gente» y la «ineludible» amenaza que Harry percibía seguían sin estar claras.

Había una nueva arrogancia en la predicación de Harry. Le molestaba el escrutinio de su comportamiento. Poco después de su visita a Sicilia, organizó una rueda de prensa en Ámsterdam para promocionar su nueva campaña de viajes ecológicos en línea, Travalyst. Se indignó cuando su público le pidió que justificara el uso de sus aviones privados. En su respuesta, Harry afirmó que el 99 % de sus vuelos eran comerciales. Molesto por el escrutinio de sus respuestas, un ejecutivo de Sunshine Sachs le animó a dar respuestas evasivas. Solo volaba en avión privado, protestó, para «garantizar la seguridad de mi familia».

En realidad, al menos el 60 % de sus vuelos eran privados. «Nadie es perfecto», declaró entonces. «Planto árboles para compensar la huella de carbono».

Se le presionó para que diera respuestas. «¿Dónde y cuántos árboles?», le preguntaron. Las preguntas despertaron el sentimiento de persecución de Harry. Todo lo que decía, creía Harry, era «la verdad». Eran personas especiales que requerían protección. Poco más de un año después, Heather Wong, directora ejecutiva de Travalyst, dimitió y no fue sustituida.

Los Cambridge tomaron represalias. Los medios de comunicación fueron convocados para filmarlos volando en una aerolínea de bajo presupuesto desde Norwich a Aberdeen para sus vacaciones de verano en Balmoral. En venganza, Meghan anunció rápidamente que su familia no seguiría, después de todo, a los Cambridge a Balmoral. Archie, explicó, era demasiado pequeño, con tres meses, para viajar en avión a Escocia.

En su lugar, voló con Archie a Ibiza. Esa misma semana, Meghan viajó en un vuelo comercial a Nueva York para ver a Serena Williams jugar la final del US Open. Williams fue derrotada.

Días después, Meghan y Harry volaron en un jet privado a la boda de Misha Nonoo en Roma. El segundo marido de Nonoo, Mike Hess, era el hijo de un multimillonario del petróleo. Justo el tipo que a Meghan le gustaba conocer, y que Nonoo admiraba.

30

VOGUE

Durante todo el mes de agosto, mientras Meghan viajaba por Europa, esperaba la publicación del número de septiembre de *British Vogue*. La intensa participación de Edward Enninful y el misterio que rodeaba al número especial convencieron a Meghan de que la revista impulsaría su lanzamiento en América. Su entusiasmo fue compartido por el editor. «Sencillamente, nunca imaginé», escribió a los lectores, «que en mi vida, alguien de mi color entraría —o podría entrar— en las altas esferas de nuestra familia real».

Al mismo tiempo, planeaba lanzar *The Bench*, un libro para niños que había escrito. Con la esperanza de que ambos se convirtieran en un éxito editorial, había pedido a Keleigh Thomas Morgan que supervisara la publicidad. Anticipando su traslado a Hollywood, Andrew Meyer, su gerente comercial y director de Frim Fram Inc, renovó de nuevo la marca *The Tig*. En agosto, en nombre de Harry, los abogados registraron MWX Trading Ltd. en el Registro de Sociedades para solicitar marcas, incluyendo Travalyst, la empresa de viajes sostenibles de Harry. Como indicio del plan de Meghan de poner fin a su papel como funcionaria pública financiada en Gran Bretaña, Latham y el palacio fueron inicialmente excluidos de dar asesoramiento.

A lo largo de los siete meses anteriores, mientras la revista tomaba forma, Meghan se convenció de que estaba editando el número. A menudo, durante las conferencias telefónicas, hacía comentarios y exigía cambios. «Quiero romper Internet», exclamó a la redacción, queriendo decir que iba a controlar su propia imagen. Al escuchar a la duquesa, las

expresiones del equipo de redacción mostraban una silenciosa exasperación. La mayoría de sus aportaciones eran superficiales, sin ton ni son.
Para evitar la confrontación, nunca se le pidieron explicaciones. El equipo asumió erróneamente que sus comentarios estaban inspirados por
Sunshine Sachs. Eran sus propias ideas. La descripción que Meghan hizo
de esas conversaciones fue la de «filosofar con Ed ante una humeante taza de
té de menta».

Durante las últimas semanas antes de la publicación, Meghan ofreció
consejos sobre publicidad. Inspirada en las filtraciones en las redes, habló
de «generar expectativa en Internet». Enninful no se dejó impresionar. El
secreto, repitió Enninful, era esencial para un lanzamiento exitoso. Sin
embargo, *The Sun* publicaba regularmente retazos de información sobre
el tema. La redacción sospechaba que la fuente era una amiga de Meghan,
una publicista de Londres.

Para Enninful esas molestias venían en el paquete. La elaboración de
un número entero en torno a la duquesa fue un golpe periodístico y
comercial. Promoviendo a Meghan como «el faro de cambio más influyente del país», se deshizo en halagos en su editorial sobre esta «brillante potencia birracial estadounidense» que es una «influencia positiva
en todas partes».

Ninguno de los empleados de *Vogue* fue testigo de que Meghan se
detuviera a considerar si había cruzado la línea en su relación con Enninful. Nunca pareció considerar el conflicto de utilizar su matrimonio para
promocionarse. Meghan no estaba interesada en el límite que el príncipe
Guillermo había identificado en un documental de televisión de 2017. De
forma comedida, Guillermo había cogido el toro por los cuernos en cuanto a la apertura pública de un miembro de la realeza con los medios de
comunicación: «Una lección que he aprendido es que nunca hay que de-
jarlos entrar demasiado, porque es muy difícil hacerlos salir de nuevo.
Tienes que mantener una barrera y un límite, porque si lo cruzas, pueden
surgir mucho dolor y problemas». Meghan no tuvo en cuenta esa advertencia. Entusiasmada por la oportunidad, jamás la habría desperdiciado.

Enninful y Meghan habían seleccionado a quince mujeres identifica-
das como *Game Changers* que «remodelan la sociedad de forma radical
y positiva». Entre ellas se encontraban la primatóloga Dian Fossey, cuya

vida estuvo dedicada a salvar a los gorilas de Ruanda hasta su asesinato
en 1985; Jane Fonda, de ochenta y dos años; Bonnie Hammer, de la NBC,
que dio el papel a Meghan en *Suits*; Joni Mitchell, la cantautora, y Toni
Morrison, la ganadora del Premio Nobel de Literatura. También estaban
la actriz transexual Laverne Cox; la modelo Adwoa Aboah; la actriz Gemma Chan; la boxeadora Ramla Ali; la modelo Adut Akech, y la activista
del cambio climático Greta Thunberg, de dieciséis años. La sueca debió
extrañarse de su nominación entre las supermodelos que recorren el
mundo para posar en lugares exóticos. En reciprocidad a su nominación,
las mujeres aclamaron a Meghan como «una fuerza definitiva para el
cambio». Y, a su vez, Meghan las elogió por representar a los no repre-
sentados. La reina fue omitida.

Eso dejó la importante decisión de la portada. Meghan quería aparecer en la portada, tal y como había hecho Kate en 2016 con motivo del
centenario de *Vogue*. Pero durante muchas discusiones el equipo editorial
la convenció de que sería «presuntuoso». En público, Enninful diría que
fue decisión de Meghan no aparecer en la portada porque quería seguir
siendo «humilde». Los colaboradores recuerdan que la decisión fue forzada. La portada fue concedida a Salma Hayek, una estrella de Hollywood
casada con François-Henri Pinault, un multimillonario francés que resultó ser uno de los principales anunciantes de *Vogue*.

Fuerzas para el cambio era un titular que invitaba a la reflexión. En
la introducción de la revista, Meghan escribió sobre su intención de destacar «el poder del colectivo» y centrarse en «la positividad, la amabilidad, el humor y la inclusión... para iluminar un mundo que diariamente
aparenta estar lleno de oscuridad». Y añadió: «A través de esta lente,
espero que sientan la fuerza del colectivo en la diversa selección de mujeres elegidas para la portada». Su lenguaje no ofrecía ninguna filosofía.
Tampoco identificó su destino. La «lente» era una metáfora recurrente en
el léxico de Meghan.

A las pocas horas de anunciar la primicia de la revista, los teléfonos
de la oficina de *Vogue* no dejaban de sonar. El mundo entero quería leer
el número especial de Meghan. Las jóvenes lectoras de la revista se identificaban con Meghan, una mujer con una exitosa carrera independiente
que utiliza su plataforma en la familia real para hacer campaña por el

cambio. Para mantenerse en el candelero, el editor lanzó una noticia cada día. En llamadas periódicas, Meghan instó a Enninful a ofrecer más historias a los hambrientos medios de comunicación. Por fin había dado en el clavo.

El Palacio de Buckingham fue sorprendido. Meghan encargó a Sara Latham que organizara su lanzamiento publicitario. Su primera tarea, dijo Meghan, sería exigir que la fecha de publicación oficial en Gran Bretaña se retrasara un día para dejar que la publicación en Estados Unidos tomara la delantera. Estaba segura de que la reacción de Estados Unidos sería más positiva que la de Gran Bretaña. La orden de Meghan revelaba que confiaba en sus asesores estadounidenses y esperaba que la petición de palacio a Enninful fuera obedecida. Una vez rechazada la demanda de Latham, la relación entre Meghan y el personal de *Vogue* se deterioró. Su conflicto giraba en torno al control.

Keleigh Thomas Morgan llamó para decir a *Vogue* que ella, en lugar de Latham, representaría los intereses de Meghan y, por tanto, también los de *Vogue*. Enninful rechazó esa exigencia. En la batalla entre las agresivas demandas de Latham en nombre de palacio y la publicista de Los Ángeles, Enninful se puso del lado del poder local, es decir, de palacio. Ante el revés, su decisión fue cuestionada por Meghan. En pocas horas, su disputa quedó ahogada por una ola de comentarios antagónicos publicados en los medios británicos.

Condenada por *The Sun* como «una corbynista [16] de izquierda que odia a Trump», la «virtuosa *Vogue*» de Meghan fue calificada como «un error de juicio épico». En *The Times*, Melanie Phillips describió a las quince mujeres como «intentos de guerreras de la justicia social». La mayoría de los seguidores del brillante mundo de las revistas, escribió, eran «no blancos y tienen en común una actitud que divide y ofende el código real de utilizar neutralidad como punto de unión». Phillips concluyó sobre Meghan: «Cuando está en un agujero, no solo sigue cavando. Sigue cavando hasta que la tierra se derrumba encima de ella, y ni siquiera entonces se detiene».

---

16. Nota de la traductora: Termino derogatorio para referirse a las personas que apoyaban a Jeremy Corbyn en la elección del liderazgo del Partido Laborista de 2015.

Desde el Palacio de Buckingham le llovieron imposiciones a Latham para que el escándalo «terminara» lo antes posible. Agresiva y enojada, llamó al personal de *Vogue* con exigencias para poner fin a la promoción de la revista. Al negársele cada una de las exigencias, terminó abruptamente la llamada. La reacción en el Palacio de Kensington fue instantánea. Se vio a Latham llorando, «rota por el sistema».

Igualmente emocional, Meghan llamó a Enninful en busca de tranquilidad. El titular del *Daily Mail*, *Memo a Meghan: los británicos preferimos la verdadera realeza a la realeza de la moda*, dijo Meghan, era claramente racista. Ser británico significaba haber nacido y haberse criado en el Reino Unido, y, por tanto, ser blanco. Con una voz atemorizada, no podía entender el motivo del revuelo. «Simplemente estoy promoviendo un mundo más feliz», alegó.

Dándose por vencida en cuanto a Latham, llamó a Keleigh Thomas Morgan y a James Holt, otro nuevo portavoz, para que convocaran a las celebridades que la apoyaban. Holt telefoneó a personalidades para instarles a que defendieran públicamente a Meghan. Entre los que se negaron a participar estaba el propio Enninful. Otros se apuntaron a programas de televisión, ofrecieron entrevistas y publicaron declaraciones.

La actriz de Los Ángeles, Jameela Jamil, escribió: «Querida Inglaterra y la prensa inglesa, simplemente digan que la odian porque es negra y a él por casarse con una mujer negra y acaben con esto. Maldita sea. Su acoso es tan vergonzoso como obvio». Continuó diciendo: «Si Meghan fuera una mujer blanca, todas las cosas audaces que está haciendo serían celebradas». Meghan, dijo, era «la máxima creadora de cambios y rompedora de reglas y estoy asombrada de ella».

«Dejen de publicitar esto», instó Sara Latham en repetidas ocasiones a los editores de *Vogue*. «Esto debe terminar rápidamente». Bajo la presión del Palacio de Buckingham, Latham estaba librando una batalla ingrata. Después de haber publicado la edición más vendida de *Vogue* en ciento cinco años, Enninful no vio ninguna razón para poner fin a la controversia. Tampoco lo vieron Meghan ni sus publicistas y managers de Los Ángeles. La publicidad fue el preludio de la siguiente etapa de la estrategia de Meghan.

31

ATAQUE

Tres semanas después de que Meghan declarara que Archie era demasiado pequeño para volar a Aberdeen, el bebé de cuatro meses y sus padres se embarcaron en un vuelo de BA a Sudáfrica. La planificación del viaje de diez días había comenzado meses antes. Al principio, el palacio consideró que los Sussex podrían vivir en Sudáfrica para desarrollar el programa humanitario de Harry. Hacia el final de la planificación, esa opción había desaparecido. Sin embargo, durante sus conversaciones la pareja pidió conocer a las víctimas de la pobreza, la enfermedad y la violencia de Sudáfrica. Antes de su viaje, el portavoz de Meghan anunció que ella llevaría ropa barata y sostenible y que dejaría su exclusivo anillo de compromiso en casa. El viaje sería facturado por el palacio y Sunshine Sachs como una oportunidad para reconstruir la imagen de la pareja. Incluso la cara de Archie, acordaron los Sussex, se expondría a las cámaras.

Los mismos funcionarios del palacio que organizaron la gira ignoraban que, en las semanas previas a su partida, los Sussex habían desechado su futuro en Gran Bretaña. Centrados en sí mismos, decidieron trasladarse a Norteamérica. Pretendían utilizar la gira sudafricana como una operación de marca, una oportunidad para aclarar sus objetivos.

Harry no pudo ocultar sus turbulencias emocionales mientras viajaba por Sudáfrica. Hablando con un estudiante cristiano de dieciocho años, Peter Oki, describió cómo a menudo se despertaba y se sentía abrumado por los numerosos problemas del mundo. «A veces» le dijo a Oki «es difícil levantarse de la cama por las mañanas». Durante un discurso dirigido a los padres de niños gravemente enfermos de un municipio, beneficiarios de la organización benéfica Well Child Awards, Harry contuvo las lágrimas al describir su emoción por la paternidad y cómo esta «me toca la fibra sensible de una manera que nunca habría podido entender hasta que tuve a mi propio hijo». El príncipe llorando, padre de un niño sano, fue consolado en el escenario por padres empobrecidos que luchan a diario con dificultades abrumadoras. A diferencia de ellos, Harry no podía manejar el estrés normal de la vida. A pesar de su privilegio único, era una víctima sin propósito.

Mientras Harry compartía su sufrimiento, Meghan se lanzaba a una campaña personal. Con un aplomo perfecto, interpretó el papel de la celebridad de Hollywood que hace campaña. De pie sobre el tronco de un árbol, dijo a un grupo de mujeres en Nyanga, la «capital del asesinato» de Sudáfrica, cerca de Ciudad del Cabo: «Permítanme decir que, aunque estoy aquí con mi marido como miembro de la familia real, quiero que sepan que para mí estoy aquí con ustedes como madre, como esposa, como mujer y como mujer de color y como su hermana». Por todo el país, en reuniones privadas con empresarias, políticas y académicas, defendió los derechos de la mujer. En la Universidad de Johannesburgo, presentándose como «su hermana», dijo a la audiencia: «Cuando empoderamos a las niñas hambrientas de educación, cultivamos mujeres que se animan a efectuar cambios en sus comunidades y en el mundo».

El eslabón que faltaba era explicar para qué debían estar empoderadas las mujeres. No ofreció ningún propósito para el poder. También fue contradictoria. Después de describirse a sí misma como «mujer de color», dijo al mismo tiempo que esperaba que su matrimonio no fuera visto a través del prisma de la raza. Quedaron en el aire problemas fundamentales. A diferencia de los radicales sudafricanos, no podía explicar los problemas particulares de una mujer mulata en un país occidental. Tampoco cuestionó los valores de la sociedad occidental, porque esos eran sus valores.

Nadie le dijo a Meghan que sus mensajes eran confusos. En cambio, se la elogió por la fluidez de sus discursos y la sincera emoción de su público. Su popularidad creció, pero su descontento aumentó y se dirigió a su personal. Los funcionarios, según Harry, «simplemente no querían a Meghan y no se detendrían ante nada para hacerle la vida imposible». A su vez, su personal creía que Meghan asumía que su éxito justificaba su privilegio. La relación de los Sussex con los medios de comunicación siempre estuvo presente en medio de la tensión.

Los pocos periodistas británicos autorizados oficialmente a acompañar a los Sussex durante la gira se sintieron marginados. Siguiendo las órdenes de los Sussex, Sara Latham negó a los medios de comunicación el acceso normal, aunque limitado, a la pareja. Sin embargo, ansiosos por aplacar a la pareja, incluso sus críticos británicos más severos sugirieron que sus sonrisas para las cámaras «parecen el comienzo de un acercamiento al público británico». Los medios de comunicación proclamaron que la gira había sido un éxito rotundo. Meghan, Harry y Archie fueron aclamados como héroes. Las primeras fotos de Archie fueron tituladas como «sensacionales». Sin embargo, cada rama de olivo indignó a Harry. La cobertura «positiva» de la gira, en su opinión, dejaba al descubierto «el doble criterio de este grupo de prensa específico» que había «vilipendiado [a Meghan] casi a diario durante los últimos nueve meses». Deliberadamente, ignoró incluso sus preguntas benignas.

Harry y Meghan estaban encadenados. Todas las noches recorrían Internet para leer las noticias de los periódicos y las publicaciones de los *trolls* en las redes sociales. De forma irracional, los agruparon y alimentaron su mutuo frenesí por los medios de comunicación. Convencidos de que, como campeones del bien, eran perseguidos por la mendacidad y el racismo, se sentían víctimas de la más leve crítica. La prensa británica, dijo Harry más tarde, «estaba destruyendo mi salud mental. Pensé: "Esto es tóxico"».

La inestabilidad de Harry alimentó los temores de Meghan de que sus amigos estuvieran filtrando historias a los medios de comunicación. En particular, sospechaba la indiscreción de Victoria Beckham. Harry llamó a David Beckham para repetir la acusación. Indignado, los sinceros desmentidos de Beckham dañaron su relación.

El resultado, según su personal, agravó aún más sus relaciones con la familia real. Al igual que en Australia, los Sussex se convencieron de que su estrellato en Sudáfrica no era apreciado por el Palacio de Buckingham. Su lealtad estaba siendo explotada. Tras romper con su familia, Meghan convenció a Harry para que considerara hacer lo mismo. Al mismo tiempo, descargó su ira con sus asesores de Los Ángeles sobre las fuerzas oscuras que estaban actuando. Los funcionarios de palacio estaban informando contra ellos. Estaban siendo retenidos por Carlos y Guillermo. Se merecían algo mejor. Volvió a asegurarse de que el reconocimiento mundial y su fama y fortuna estaban garantizados una vez regresara a Estados Unidos. Pero primero, tenía que preparar el escenario para su regreso. La amable ilusión de los benevolentes Sussex no se correspondía con su hambre de venganza contra los periódicos.

Harry estaba en la fase final de la resolución de su demanda contra los periódicos *Daily Mirror* y *The Sun* por piratear su teléfono. Creía que a ese éxito le seguiría otra victoria contra el *Mail on Sunday*. Había denunciado a la Independent Press Standards Organisation, el organismo de control de las normas de la prensa, por una supuesta deshonestidad en una serie de fotografías de la vida salvaje. Las imágenes publicadas en Instagram mostraban a Harry de pie, valientemente, cerca de elefantes sin ataduras. Como reveló el periódico, las fotos eran falsas. Habían sido recortadas para ocultar las cuerdas de sujeción alrededor de las patas del elefante. La desesperada queja de Harry reflejaba su falta de criterio a la hora de perseguir a los medios de comunicación y a cualquier otro enemigo.

Durante el mes de agosto, los Sussex dieron un arriesgado y decisivo paso. Hasta entonces, Gerrard Tyrrell, el asesor legal habitual de la familia real, había liderado su amenaza de acción legal contra el *Mail on Sunday* por publicar la carta de Meghan a su padre. Tyrrell había enviado al periódico un proyecto de demanda por violación de los derechos de autor y de la intimidad de Meghan. Su relación con su padre, afirmó Meghan, era privada. Ningún interés público podía justificar la publicación de su carta.

Como experimentado litigante, Tyrrell conocía el riesgo de continuar al siguiente paso y lanzar realmente una acción legal. Meghan no solo se expondría a un interrogatorio en el estrado, sino que se vería obligada antes del juicio a revelar información vergonzosa, incluidos todos los mensajes de texto y correos electrónicos enviados a las cinco amigas que hablaron con la revista *People*, a Harry y a su personal del Palacio de

Kensington. Su negación de que no sabía que sus amigas estaban concediendo una entrevista a la revista o que se referirían a su carta sería rigurosamente puesta a prueba en el interrogatorio.

También se produciría el desagradable espectáculo de una batalla judicial con su padre. Su afirmación de que había intentado ponerse en contacto con él en repetidas ocasiones después de la boda «que lamentablemente no recibieron respuesta» era un territorio peligroso. Tendría que aportar pruebas de su «cuidado» por él. Del mismo modo, su afirmación de que «le protegió de la intrusión de los medios de comunicación» antes de la boda sería refutada. Y, aunque se quejaba de que el *Mail on Sunday* había publicado artículos que la mostraban bajo una «luz falsa y perjudicial», no tenía intención de demandar al periódico por difamación.

Desestimando los peligros, Meghan quería acción. Claramente insatisfecha con el consejo de Gerrard Tyrrell, sus abogados de Los Ángeles sugirieron que Keith Schilling, un agresivo abogado londinense que no había sido contratado por la familia real, era un guerrero ideal para el caso. Vestido de forma desaliñada y hablando *sotto voce* con rastros de un tono del East End, Schilling era la antítesis del auténtico abogado de St. James. A Schilling le gustaban las peleas y cobraba unos honorarios elevados, por lo que se jactaba ante sus clientes potenciales de sus éxitos. Rara vez ofrecía información sobre sus fracasos.

Animados por Schillings a esperar la victoria contra el *Mail on Sunday*, los Sussex habían decidido antes de salir de Londres atacar al periódico. El calendario fue fijado por Schillings. Inesperadamente, los abogados avisaron por correo electrónico que la demanda se presentaría mientras estaban en Sudáfrica. Los funcionarios de palacio, preocupados, pidieron a los Sussex que no arruinaran la gira. Para su horror, los Sussex ignoraron sus ruegos. Su batalla legal se inició en Sudáfrica y no en Londres.

Publicado en la página web oficial de los Sussex, el agresivo guion de Harry denunciaba a sus enemigos. Redactado en parte por David Sherborne, un abogado que odia a los medios de comunicación y que suele desfilar en los focos, el titular de Harry condenaba a la «jauría de la prensa» por la «implacable propaganda» contra Meghan al seguir «un juego, y uno al que no hemos estado dispuestos a jugar desde el principio».

Harry continuó: «Desgraciadamente, mi mujer se ha convertido en una de las más recientes víctimas de la prensa sensacionalista británica que hace campañas contra las personas sin pensar en las consecuencias, una campaña despiadada que se ha intensificado durante el último año, a lo largo de su embarazo y mientras criaba a nuestro hijo recién nacido. Esta implacable propaganda tiene un coste humano, especialmente cuando es falsa y maliciosa a sabiendas, y, aunque hemos seguido haciéndoles frente, como muchos de ustedes pueden comprender, no puedo empezar a describir lo doloroso que ha sido. Porque en la era digital actual, las invenciones de la prensa se convierten en verdades en todo el mundo. La cobertura de un día ya no sirve para mañana».

Olvidando claramente sus viajes a Nueva York y Marruecos durante el embarazo, Harry afirmó que los medios de comunicación habían creado «mentira tras mentira a su costa simplemente porque no se dejó ver mientras estaba de baja por maternidad». Aunque no identificó las «mentiras», reveló su angustia: «He sido un testigo silencioso de su sufrimiento privado durante demasiado tiempo… Quedarse al margen y no hacer nada sería contrario a todo lo que creemos. Llega un momento en que lo único que se puede hacer es enfrentarse a este comportamiento, porque destruye a las personas y destruye vidas. En pocas palabras, es un acoso, que asusta y silencia a las personas. Todos sabemos que esto no es aceptable».

Finalmente, jugó la carta de Diana. Meghan, dijo, estaba «siendo víctima de las mismas fuerzas poderosas» y su «miedo más profundo es que la historia se repita. He visto lo que ocurre cuando alguien a quien quiero se convierte en una mercancía hasta el punto de que ya no se les trata ni se les ve como una persona real. Perdí a mi madre y ahora veo a mi mujer ser víctima de las mismas fuerzas poderosas». Harry afirmó que, al publicar extractos de la carta de Meghan a su padre, el *Mail on Sunday* había engañado a los lectores «omitiendo estratégicamente párrafos seleccionados, frases específicas e incluso palabras singulares para enmascarar las mentiras que habían perpetuado durante más de un año».

Más tarde afirmaría sobre Diana: «Mi madre fue perseguida hasta la muerte cuando tuvo una relación con alguien que no era blanco, y ahora mira lo que ha pasado». Refiriéndose a Meghan, dijo: «No van a parar hasta que se muera». Olvidó que Diana había despedido a sus guardaespaldas y que la única crítica a su relación con Dodi Fayed era que el playboy desempleado y aficionado a las drogas había ordenado a un conductor borracho que corriera por París.

Poco después, en plena gira, Schillings presentó una demanda ante el Tribunal Superior en nombre de Meghan contra el *Mail on Sunday* por publicar partes de su carta. Su recurso a la ley no era inédito. Carlos había demandado al mismo periódico en 2006 por publicar su revelador diario de 1997 sobre un viaje a Hong Kong. A pesar de la debilidad de su caso, el juez se puso de parte de Carlos. Se puede confiar en que los jueces británicos protejan a la familia real de la vergüenza.

En la demanda, David Sherborne acusó al *Mail on Sunday* de «agitar deliberadamente» una disputa entre Meghan y Thomas Markle como parte de una «plan mediático». Su padre, descrito como un «individuo vulnerable y frágil» había sido «explotado... acosado y manipulado» por los medios de comunicación. La demanda también negaba que la revista *People* hubiera publicado «cualquier información falsa o perjudicial» sobre Thomas Markle que exigiera una respuesta. Sherborne afirmó que la selección de citas de la carta de Meghan por parte del periódico era «deshonesta» y apestaba a «clara intención maliciosa» y «engañaba y confundía a sus lectores».

«Histérico», «desacertado», «impulsivo», «autoindulgente» y «excesivamente emocional» fueron algunos de los veredictos de los periódicos sobre la declaración de Harry y la demanda del Tribunal Supremo. Su gira por Sudáfrica había terminado en una situación embarazosa. Por primera vez, algunos sugirieron que los Sussex deberían considerar la posibilidad de renunciar a sus títulos reales y convertirse en ciudadanos particulares.

Pocos se dieron cuenta de que el asalto de los Sussex a los medios de comunicación era un anticipo de un ataque frontal a la familia real. Un documental de ITV, *Harry & Meghan: An African Journey*, fue filmado por Tom Bradby durante su gira. La transmisión estaba prevista para dos semanas después de su regreso, el 18 de octubre. La emisión coincidió con la visita oficial de los Cambridge a Pakistán. Esta visita no solo era de gran importancia para la diplomacia británica, sino que también pretendía mostrar la transformación de Kate durante su baja por maternidad en una mujer más glamurosa y segura de sí misma.

Con un corte de pelo más juvenil y ligero y un nuevo vestuario, Kate había recibido la ayuda de Virginia Chadwyck-Healey, antigua editora de *Vogue* y estilista, para estar a la altura de Meghan. Simultáneamente, bajo la influencia de Kate, Guillermo había surgido como un heredero tranquilo, el «príncipe del pueblo». Para centrar la atención de los medios de comunicación en la pareja, se pidió a Harry que retrasara la emisión del documental de ITV. Se negó. Eso se consideró un sabotaje gratuito a los Cambridge y al gobierno. Una víctima casi desapercibida fue otro documental televisivo, elaborado para promocionar a Camilla.

Al planear *An African Journey*, Tom Bradby, un periodista que simpatizaba con los hermanos, había planeado retratar la experiencia de los Sussex en los horrendos problemas del continente. Se había hecho amigo de Harry mientras filmaba un documental en Lesoto después de que Harry dejara Eton. Acompañado por el equipo de filmación de Bradby, Harry había posado en Angola con niños que habían perdido sus extremidades por la explosión de minas terrestres. Bradby también había filmado a Meghan reuniéndose con niñas que habían sobrevivido a abusos en tiempos de guerra, incluyendo múltiples violaciones. Era discutible si esos acontecimientos coincidían con la homilía de Diana: «En cualquier lugar donde vea sufrimiento, ahí es donde quiero estar, haciendo lo que pueda». Ni Meghan ni Harry optaron, como ella, por enfrentarse a la miseria y consolar a los desamparados, enfermos y moribundos en refugios, hospitales y hospicios de Gran Bretaña. Y lo que es más pertinente, en la película de Bradby, los Sussex decidieron no centrarse ni siquiera en las tragedias humanas de Sudáfrica.

Los Sussex decidieron utilizar el telón de fondo africano para expresar su dolor por su propia situación. Ansioso por mostrar su vulnerabilidad, Harry le contó a Bradby cómo la muerte de Diana le había llevado repetidamente al borde de un colapso. El trauma de caminar detrás del féretro de su madre en público le recordaba las «cosas malas» y «una herida que supura». «Creo que formar parte de esta familia, en este papel, en este trabajo, cada vez que veo una cámara, cada vez que oigo un clic, cada vez que veo un flash, me lleva directamente al pasado».

Entonces Harry hizo su revelación bomba. Su relación con Guillermo estaba fracturada: «Estamos en caminos diferentes en este momento». Es difícil explicar por qué Harry sacó a la luz la confusión de la familia en ese momento en Sudáfrica, salvo que se había dejado convencer por el ejemplo de Meghan, que dejó de lado a su padre, a su familia y a sus amigos de toda la vida, de que todas las relaciones eran prescindibles.

Convencida de que el público también quería oír hablar de su sufrimiento, Meghan ofreció la entrevista más explosiva. De pie, a la luz del día, en las afueras de un pueblo de incalculables carencias, se mordió el labio de forma dramática mientras susurraba a Bradby lo «vulnerable» que se sintió durante su embarazo, cómo la presión era «dura» y la experiencia de «simplemente intentar ser una nueva madre o intentar ser una recién casada» se convertía en «un verdadero reto». Mientras se le saltaban las lágrimas, Meghan lamentó haber ignorado la advertencia de sus amigos estadounidenses de que la prensa sensacionalista británica le destrozaría la vida: «Y yo, muy ingenuamente —soy estadounidense, no tenemos eso allí—, pensé: ¿de qué estáis hablando? Eso no tiene sentido, no lo entendí. Para ser justos, no tenía ni idea».

Bradby no le preguntó a la mujer de treinta y ocho años si había oído hablar de las devastadoras revelaciones de *National Enquirer* sobre estadounidenses famosos. Tampoco le pidió que nombrara una historia falsa de los tabloides para justificar su lamento. En cambio, Brady asintió con la cabeza mientras murmuraba: «Intenté, realmente intenté adoptar esta sensatez del estoicismo británico, pero creo que lo que eso hace internamente es probablemente muy perjudicial. Nunca pensé que esto sería fácil, pero pensé que sería justo».

¿Sería justo, preguntó Bradby, decir que «no está realmente bien»? ¿Su vida ha sido «realmente una lucha»? Otra lágrima cayó mientras Meghan respondía con un golpe a la familia real: «Sí. Y también gracias por preguntar, porque no mucha gente me ha preguntado si estoy bien. Pero es algo muy real que se vive entre bastidores». Con un atisbo de más lágrimas, añadió hábilmente: «No basta con sobrevivir a algo, ¿verdad? Ese no es el objetivo de la vida. Hay que prosperar». El público tuvo que juzgar si esa elocuencia había sido ensayada.

Al ser preguntada por su futuro, Meghan respondió: «No lo sé. Solo hay que tomar cada día como viene». Cerca de allí, los sudafricanos tomaban cada día como venía para sobrevivir al hambre, la enfermedad y la violencia. Meghan prefirió no decir nada sobre sus vidas. Bradby llegó a la conclusión de que los Sussex esperaban convertir el «incesante interés de los medios de comunicación por ellos en una fuerza positiva para el bien», pero añadió que «cada vez me resultaba más evidente la profundidad de su infelicidad y que lo que yo estaba grabando iba a ser su salida de la vida pública». Después de pasar tanto tiempo con los Sussex, el periodista era consciente del sentimiento de Harry: «Hice lo que cualquier marido y padre haría. Necesitaba sacar a mi familia de allí».

Los funcionarios de palacio en Londres ya sabían que la separación de Meghan de la familia real estaba en marcha. Los informes de su personal en Sudáfrica confirmaron lo peor. Reconociendo la existencia de un problema, un portavoz del Palacio de Kensington se limitó a decir que los Sussex se encontraban en un «lugar frágil». Para escapar de la presión, los Sussex volarían a California durante varias semanas, pero volverían para pasar la Navidad en Sandringham.

El temor original de Guillermo se estaba haciendo realidad. Meghan se había convertido en un agente de división. Para complacerla, Harry se había separado de sus antiguos amigos. Él incluso había cambiado su número de teléfono sin decírselo a su familia. Guillermo autorizó a un ayudante a contar a los medios de comunicación su esperanza de que Harry y Meghan estuvieran «bien».

Entre las animadoras de Meghan estaba Jessica Morgan, una escritora británica de veintiséis años. La entrevista de Meghan, dijo Morgan, «me rompió el corazón». Como mujer negra, Morgan simpatizaba con la duquesa que sufría sentimientos de rechazo. «No es solo una mujer de la familia real, sino una mujer negra», continuó. «Que ella haya llegado y empezado a experimentar lo que yo he vivido en Gran Bretaña durante los últimos veintiséis años es triste. Pero me alegro de que se hable de ello. Esta idea de que si eres rica no puedes estar triste es bastante vergonzosa». Morgan habló en nombre de muchas mujeres jóvenes, especialmente de las que proceden de entornos diversos. Se solidarizaron con Meghan, un modelo a seguir y una mártir. La joven madre, oprimida por el racismo, fue aclamada por salvarse a sí misma y a Harry.

Por otro lado, Trevor Phillips, un comentarista negro muy activo, criticó la suposición de que Meghan era demasiado frágil para soportar la presión. Jessica Morgan, escribió, no hablaba en nombre de toda la comunidad negra. Sugerir que Meghan estaba reprimida por su color, argumentó Phillips, era un insulto para ella y para legiones de mujeres como ella que habían luchado por llegar a la cima. Pero la negación del racismo en Gran Bretaña por parte de Phillips, de la que se hizo eco Priti Patel, la asiática ministra del Interior, fue ridiculizada por algunos activistas negros, que los llamaron «cocos [17]».

«Meghan ha hecho que la inocencia parezca sucia» fue la opinión contraria de un comentarista blanco. Su sensación de victimismo molestó a quienes recordaban que en 2017 Meghan había aceptado las limitaciones y obligaciones de la vida real a cambio de privilegios, seguridad financiera y reconocimiento mundial.

Gina Nelthorpe-Cowne fue una de las personas que se enfureció con la entrevista de ITV: «Me hizo reír a carcajadas. Sé cuándo una tontería es una tontería y esto era una tontería demostrable. Meghan era una mujer adulta cuando conoció a Harry. Me dijo al oído: «Vamos a cambiar el mundo». Quería decir que quería gobernar el mundo».

El siguiente disparo lo hizo alguien «cercano» a Meghan. Max Foster, corresponsal real de la CNN en Londres, fue informado por «una fuente» de que el palacio no tenía idea de cómo aprovechar al máximo el potencial de los Sussex. «La institución que rodea a la familia real británica», informó Foster, «está llena de gente temerosa e inexperta en cuanto a la mejor manera de ayudar, aprovechar y desplegar el valor de la pareja real que, según ellos, ha modernizado la monarquía con una sola mano». El informe de la CNN encabezó los informativos británicos.

---

17. Nota de la traductora: Término insultante utilizado en el inglés británico (*coconut*) para denominar a alguien que es de tez negra pero se comporta como una persona blanca.

La voz de Meghan era fuerte y clara. El destino de la monarquía, pensaba, dependía de ella. Sus críticos volvieron a quedar desconcertados. En los tres años transcurridos desde que conoció a Harry, Meghan claramente no había comprendido que la reina había estado modernizando la monarquía milenaria desde 1952. Bajo su dirección, la familia trabajaba al unísono como un equipo. Si tan solo Meghan hubiera escuchado el último mensaje navideño de la reina: «Mientras esperamos el comienzo de una nueva década, vale la pena recordar que a menudo son los pequeños pasos, y no los saltos gigantes, los que producen el cambio más duradero».

Meghan ocultó hábilmente el creciente abismo entre ella y palacio dos días después de la emisión de ITV. En una actuación profesional, cruzó el escenario del Royal Albert Hall de Londres como vicepresidenta del Queen's Commonwealth Trust para celebrar la apertura de la cumbre One Young World. Cinco años antes, la cofundadora Kate Robertson había incluido a Meghan en el evento de Dublín para dar una oportunidad a la ambiciosa actriz. Ahora, Robertson dio la bienvenida a la duquesa como «una campeona mundial de los derechos de las mujeres y las niñas, activista y filántropa».

La simpatía que Robertson mostró por Meghan fue compartida por setenta y dos parlamentarias. Encabezado por la parlamentaria laborista Holly Lynch, el grupo interpartidista expresó en una carta abierta su «solidaridad» con Meghan como compañera de la vida pública. Se solidarizaron con su lucha para hacer frente a la presión de estar en el punto de mira de la realeza, y criticaron lo que, según ellos, eran «matices anticuados y coloniales» de las historias escritas sobre ella en la prensa nacional. Las parlamentarias escribieron que las descripciones de los periódicos sobre el carácter de la duquesa eran «desagradables y engañosas» y que no aceptaban «su derecho a la intimidad». Acusando a los medios de comunicación de tratar de «derribar a una mujer sin razón aparente», reclamaron «una comprensión del abuso y la intimidación que ahora se utiliza tan a menudo como medio para desprestigiar a las mujeres que ocupamos cargos públicos para que no sigamos adelante con nuestra importantísima labor pública». Ese mismo día, Meghan telefoneó a Lynch para darle las gracias.

Para algunos, parecía que Meghan se estaba convirtiendo en una acusadora de la familia real. Las divisiones de la nación sobre Meghan y Harry se endurecieron. Dependiendo de la edad, el género, la raza y la política, fueron aplaudidos o condenados. Los partidarios de Meghan se mostraron escépticos sobre la supuesta tradición de servicio, deber e imparcialidad de la monarquía. Visto a través del prisma del privilegio y la mala conducta, sobre todo de los príncipes Carlos y Andrés, preferían la marca de feminismo, ecologismo y bienestar de Meghan. Sus seguidores se identificaron con sus «esperanzas, miedos e inseguridades». Cualquier informe despectivo sobre ella se descartó como prejuicio racista.

Convencida de que seguía siendo una incomprendida, Meghan invitó a Bryony Gordon, la comprensiva periodista del *Daily Telegraph*, a reunirse con ella en la panadería Luminary de Camden Town, en el norte de Londres. La panadería empleaba a mujeres vulnerables. Para expresar su simpatía, Meghan se puso un delantal y, mientras decoraba pasteles, escuchó los relatos de las mujeres sobre sus difíciles vidas. En menos de dos horas, Gordon se convenció de que Meghan «no era muy diferente al resto de nosotros». En su opinión, era «una persona que hace cosas, no una persona pasiva». No quería que la gente se limitara a quererla, sino que también escuchara sus pensamientos. Gordon se ablandó cuando Meghan describió a la humanidad como una «criatura herida que necesita ser curada».

Pero la periodista no identificó las contradicciones de la reciente entrevista de Meghan en la ITV. Le había hablado a Tom Bradby de su propio deseo de simpatía. Al igual que Bradby, Gordon aceptó calificar a Meghan como «la solución y no el problema». Al igual que Bradby, Gordon nunca preguntó a Meghan si había comprendido que el servicio real exigía un sacrificio personal. Ni se preguntó si Meghan habría visitado la panadería sin publicidad. Gordon no se preguntó si su visita a la panadería era para ayudar a las mujeres o para ayudar a Meghan ¿Era realmente compasiva? Con una experiencia considerable, Meghan sabía cómo elaborar su imagen. Publicó en la cuenta de Instagram de @sussexroyal una cita del autor estadounidense Leo Buscaglia: «Con demasiada frecuencia subestimamos el poder de una caricia, una sonrisa, una palabra amable, un oído atento, un cumplido honesto o el más pequeño acto de atención, todo lo cual tiene el potencial de dar un giro a una vida». Los detractores de Meghan se preguntaban qué simpatía había mostrado hacia su propio padre. ¿Y qué hay de su amabilidad hacia la reina y la familia real?

Imbuida de la identidad estadounidense, Meghan había abandonado cualquier pretensión de interés por la cultura británica. Apoyada por los Obama, el presidente Joe Biden y los Clinton, se había convertido en Estados Unidos en la valiente heroína radical de su época. Michelle Obama y Hillary Clinton eran sus iconos.

A principios de noviembre, Hillary Clinton visitó a Meghan en Frogmore. Mientras Meghan descargaba su ansiedad, sobre todo por la prensa sensacionalista, Clinton le ofreció su comprensión sin reservas. El trato que recibía Meghan, según la política, era «desgarrador y equivocado». En opinión de Clinton, el ascenso meteórico de Meghan había sido espectacular. Vivir en el centro de atención, con cada movimiento escudriñado o distorsionado por los racistas, era difícil. Comparando la similitud de una vida como presidente de EE. UU. con la de un miembro de la familia real, Clinton creía que los Sussex estaban «luchando por tener una vida con sentido e integridad en sus propios términos».

Dos semanas después, se anunció la siguiente etapa de la salida de los Sussex de Gran Bretaña. Oficialmente, no pasarían la Navidad en Sandringham. En su lugar, permanecerían seis semanas en Mille Fleurs, una mansión recién fortificada de cinco habitaciones frente al mar en la isla de Vancouver, custodiada por seis agentes de protección. Su estancia como invitados de un multimillonario ruso-estadounidense (que más tarde resultó ser Yuri Milner) había sido organizada por el productor musical canadiense David Foster, de setenta y un años. Cinco veces casado, Foster era amigo y vecino en Santa Bárbara de Oprah Winfrey, y aparecía ocasionalmente en su programa. También era amigo de la familia Mulroney.

El portavoz de los Sussex informó de que la pareja establecería su residencia en un país de la Commonwealth. Desde Vancouver, dijo su portavoz, Meghan podría «retomar sus actividades empresariales». La mayoría asumió que Canadá sería el lugar para lanzar sus nuevas vidas y carreras. Pocos especularon con que se trataría de una conveniente parada a medio camino mientras ultimaban su salida de Gran Bretaña.

Situada en la misma zona horaria que Los Ángeles, Meghan estaba en constante comunicación con Andrew Meyer, su director comercial; Rick Genow, su abogado, y Keleigh Thomas Morgan y otros en Sunshine Sachs. En lo más alto de la agenda estaban las continuas negociaciones con Netflix y Spotify y el nuevo registro en Delaware, el 22 de octubre de 2019, de Frim Fram Inc, la empresa detrás de *The Tig*. Su nueva Fundación Archewell —que significa «fuente de acción»— ya había sido registrada en Delaware. Simultáneamente, Genow había registrado en Delaware una corporación llamada Loving Kindness Senior Care Management Inc. La corporación estaba dirigida en su totalidad por Doria Ragland. A diferencia de California, Delaware garantizaba el secreto de las actividades financieras y las cuentas de las sociedades. Paralelamente, Sussex Royal solicitó marcas para una serie de productos, como pañuelos, periódicos, ropa deportiva, bolígrafos y «servicios de apoyo emocional».

Meghan consultó a su equipo de Los Ángeles sobre las mejores condiciones para su salida de Gran Bretaña. El Palacio de Buckingham, según pretendían ella y Harry, debía cargar con la culpa de la caída. En Gran Bretaña, el palacio entendió que, habiendo rechazado la invitación de la reina para visitar Balmoral en verano, el desaire de Sandringham en Navidad era una prueba irrefutable de la intención de Meghan de trasladarse, según seguían creyendo los funcionarios, a Canadá.

La voluntad de los Sussex de ocultar las desavenencias mientras consideraban en secreto su traslado definitivo a California coincidió con la entrevista del príncipe Andrés en *Newsnight* de la BBC con Emily Maitlis sobre su relación con Jeffrey Epstein y su negación de cualquier relación con Virginia Roberts. La falta de simpatía de Andrés por las víctimas de Epstein, su negación poco convincente de que una fotografía incriminatoria suya con Roberts fuera auténtica y sus absurdas explicaciones de por qué la versión de Roberts sobre sus encuentros en un club nocturno era falsa —el príncipe dijo que sufría una enfermedad que le impedía sudar y que no bebía alcohol— destruyeron totalmente su credibilidad. Y lo que es peor, sus errores de apreciación y sus mentiras pusieron en peligro el afecto hacia la monarquía.

La combinación del desastre de la aparición de Andrés junto con la malhumorada contribución de Harry a la ITV provocó que *The Sun* instara a la reina a rescatar a su familia antes de que esta «se precipitara por un precipicio sin nadie al volante». El telón se alzaba sobre otra crisis real.

La reina, tras consultar a Carlos y Guillermo, tomó el control. Convencidos de que Harry y Meghan nunca reanudarían la vida normal en Gran Bretaña, el trío acordó que el futuro de la monarquía debía centrarse en revitalizar la marca Cambridge. Eso fue más fácil gracias a que Carlos y Guillermo se habían reconciliado en los meses anteriores. Los recuerdos de sus acaloradas discusiones, su rivalidad y el resentimiento por el trato que recibió Diana quedaron enterrados. Para evitar futuras disputas, acordaron que todos los viajes y obligaciones en el extranjero se planificarían teniendo en cuenta su vida familiar y que Guillermo comenzaría a gestionar el Ducado de Cornualles, fuente de sus futuros ingresos. Lo más importante es que, sin ningún anuncio formal, la monarquía se «reduciría». Los irritantes, especialmente Andrés y Harry, serían retirados antes de lo previsto.

Su acuerdo fue transmitido por la reina durante su emisión televisiva del día de Navidad de 2019. Mientras Harry observaba a su abuela desde Vancouver, se quedó perplejo. Detrás de ella se habían colocado cuidadosamente cuatro fotografías familiares con marco de plata. Mostraban al padre de la reina, Jorge VI, al príncipe Felipe, a Carlos y Camilla, y finalmente a Guillermo y su familia. Para la furia de Harry, no había ninguna fotografía de él, Meghan y Archie. Los Windsor estaban borrando a los Sussex de la historia.

32

NEGOCIACIÓN

El aislamiento en la isla de Vancouver aumentó el sentimiento de indignación de los Sussex. Al escuchar las conversaciones de Harry con su familia y los funcionarios en Gran Bretaña, Meghan estaba furiosa porque no eran aceptados en sus propios términos. Más bien, se les acosaba, se les ridiculizaba y se les maltrataba. Aunque acosados por los medios de comunicación y explotados por palacio, quedaban desprotegidos. «Abandonados» fue el sentimiento que adoptó Meghan. Las negociaciones para su salida, decidió, no serían discretas. Los ánimos de sus asesores de Los Ángeles eran embriagadores.

La marca Sussex, le aseguraron a Meghan, ofrecía las mismas oportunidades globales que las cosechadas por los Obama. Podrían explotar su condición de miembros de la realeza en el cine, los libros, las finanzas y el mundo digital. Al respaldar a una gran empresa de consumo, los Sussex ganarían decenas de millones de dólares. Su primer paso debería ser una entrevista importante. Oprah Winfrey estaba esperando.

Junto con Harry, Meghan pretendía transmitir su frustración por el conservadurismo de la realeza. Esto ofendía su cultura de «sí se puede» y el sueño americano. En la batalla propagandística, Meghan esperaba que Hollywood derrotara a los Windsor. Sus publicistas habían producido un video ingenioso para ser mostrado en el sitio web sussexroyal después de que se anunciara el divorcio. Destacando su vida durante 2019, la pareja agradecía a sus diez millones ochocientos mil seguidores su «continuo apoyo» y aseguraba que estarían «colaborando con la reina» al seguir una agenda «progresista». Al mismo tiempo, los Sussex también compusieron su propuesta de declaración pública anunciando su salida de Gran Bretaña. Harry creía que su familia aceptaría sus exigencias.

Tras varias llamadas telefónicas con Carlos, se le dijo a Harry que enviara sus propuestas por escrito. El mensaje de Harry con su propuesta de declaración describía a grandes rasgos la expectativa de los Sussex de conservar sus títulos, privilegios e ingresos mientras vivían en Canadá. Conservarían Frogmore, disfrutarían de una protección permanente que costaría al contribuyente británico unos dos millones y medio de libras anuales y seguirían recibiendo un millón y medio de libras de ingresos anuales del Ducado de Cornualles. A cambio, regresarían ocasionalmente a Gran Bretaña, pero por lo demás representarían a la monarquía desde Canadá. Algunos sugerirían más tarde que la propuesta de Harry había sido aprobada por Christopher Geidt.

Carlos necesitaba, respondió, más información. Harry recurrió a la reina. La reina le dijo a su nieto que debía negociar un acuerdo con su padre. Aunque la monarca tenía un vínculo especial con Harry, las llamadas telefónicas de su nieto a ella y a Carlos y Guillermo sobre sus planes futuros habían unido a los tres involuntariamente. Estaban forjando un frente unido contra los Sussex.

Justo después de Navidad, la frustración de Harry aumentó. Se enteró de que Dan Wootton, el experto en realeza de *The Sun*, había sido informado de sus planes secretos de abandonar Gran Bretaña. La filtración a Wootton convenció a Harry de una conspiración para destruirlos a él y a Meghan. Harry exigió que el Palacio de Buckingham tomara medidas draconianas contra *The Sun*. Fue rechazado. El palacio se limitó a negar al periódico que los Sussex tuvieran intención de abandonar Gran Bretaña.

Obsesionado por las fuerzas maliciosas de Londres, Harry estaba convencido de que quienes en el palacio filtraban sus secretos tenían la intención de destruir su matrimonio y a él mismo. No podía imaginar que la fuente de Wootton pudiera ser uno de los muchos asesores de los Sussex en Los Ángeles y Canadá. El único alivio de Harry fue que la primicia no se publicó. Wootton estaba de vacaciones en Nueva Zelanda y no pudo convencer al editor de *The Sun* de que ignorara los desmentidos del palacio.

Harry y Meghan aterrizaron en Heathrow el 6 de enero de 2020, un día nublado y frío. Archie se había quedado en Vancouver. Harry tenía previsto ir directamente a Sandringham para cenar con la reina. Para su consternación, le dijeron que el compromiso se había cancelado. Llamó por teléfono a la reina y le pidió otra cita para esa semana. Ella le respondió que su agenda estaba llena.

Transferido a Edward Young, el secretario privado de la reina, Harry reveló que la solución a sus recurrentes problemas mentales era anunciar inmediatamente su salida de Gran Bretaña. Young pidió a Harry que no molestara a la reina haciendo su declaración pública antes de que se reunieran. Al final de su conversación, Harry creía que la reina estaba recibiendo un consejo «realmente malo».

La noche siguiente, *The Sun* publicó la exclusiva de Wootton. La pareja, escribió Wootton, planeaba «dar un paso atrás» y vivir sin problemas en Canadá junto a los numerosos amigos de Meghan. Y, con la ayuda de Sunshine Sachs, tenían la intención de lanzar la Sussex Royal Foundation. La revelación dramatizó la visita de los Sussex esa mañana, 8 de enero, a la Casa de Canadá para dar las «gracias» a la Alta Comisionada, Janice Charette, por proporcionarles refugio y protección. Su aparición fue una excusa para ofrecer una oportunidad fotográfica mientras salían a Trafalgar Square para su electrizante anuncio.

Convencidos de los planes de palacio para sabotearlos, la pareja decidió adelantarse. A pesar de las inminentes negociaciones con la reina, su oficina emitió su declaración en el sitio web sussexroyal Instagram. Se retiraban como miembros de la realeza a tiempo completo. Planeaban «forjar un nuevo papel progresivo dentro de esta institución» y «equilibrar nuestro tiempo entre el Reino Unido y Norteamérica, continuando con nuestro deber hacia la reina, la Commonwealth y nuestros patrocinios. Este equilibrio geográfico nos permitirá criar a nuestro hijo apreciando la tradición real en la que nació, al tiempo que proporcionará a nuestra familia el espacio necesario para centrarse en el próximo capítulo, incluyendo el lanzamiento de nuestra nueva entidad benéfica. Estamos deseando compartir todos los detalles de este emocionante paso a su debido tiempo».

Su declaración fue leída por el mundo como pretendía: un desafío deliberado a la familia real. Su promesa de «colaboración» en un futuro «progresista» fue, según muchos, un insulto a la reina. La mención de «Norteamérica» pretendía persuadir al público de que la familia viviría permanentemente en Canadá. No en vano, Meghan había prometido anteriormente que se mantendría fuera de los Estados Unidos «hasta después de que [Trump] se fuera».

La saga, ahora bautizada como «*Megxit*», conmovió a la nación. Meghan, de nuevo en control, reservó su regreso a Vancouver al día siguiente. La familia real, asumió, estaba cegada. Los críticos culparon a Meghan de «tomar a Harry como rehén» y romper su relación con la reina. Otros sugirieron que el culebrón de los Windsor se había revitalizado. Guillermo estaba molesto. Carlos estaba exasperado. El escueto acuse de recibo del Palacio de Buckingham sobre el post de Instagram concluyó con una petición de tiempo. Harry esperó la citación. «*Megxit*», afirmó más tarde Harry, era un término de abuso misógino inventado por «piratas con carné de prensa».

En previsión del enfrentamiento, la reina, Carlos, Guillermo y sus principales asesores coincidieron en que, aunque querían evitar parecer vengativos, a los contribuyentes británicos les molestaría subvencionar a los Sussex si evitaban las obligaciones importantes. También les extrañaba que una «progresista real» quisiera el título de Su Alteza Real. Los «progresistas», al fin y al cabo, estaban comprometidos con el cambio de una sociedad desigual. Dejando de lado la frivolidad, estaban de acuerdo en que la monarquía no podía arriesgarse a que los Sussex explotaran sin control sus privilegios y títulos.

Su preocupación residía en una frase en particular: la intención de los Sussex de «trabajar para ser económicamente independientes» en Canadá. El dinero, sabían, estaba en el centro de los pensamientos de Meghan, y parecía que ella pretendía monetizar la monarquía. Al examinar los expedientes de Sussex Royal en Delaware, los funcionarios se horrorizaron al ver que la pareja pretendía vender bolígrafos y ropa con el logotipo de Sussex Royal.

Aunque Harry había heredado unos veintisiete millones de libras de Diana y su abuela, y Meghan probablemente había ahorrado más de un millón de libras de su carrera, eso no sería suficiente para mantener sus vidas una vez que perdieran el apoyo financiero de palacio. Pocos en palacio habían olvidado los escándalos de la condesa de Wessex, el príncipe Andrés y su esposa Sarah Ferguson, la duquesa de York.

El éxito de las negociaciones con Harry dependía de lograr un equilibrio entre mantener la lealtad de los Sussex y evitar que «parasitaran» el contribuyente británico. Las opciones no eran atractivas. O bien se permitía que Meghan mantuviera los privilegios sin las responsabilidades, o bien se le retiraba directamente el título. Esta última opción corría el riesgo de excitar a quienes estaban convencidos de que Meghan era víctima del racismo, la misoginia y los prejuicios de clase. (Harry seguiría siendo un príncipe). Había que llegar a un compromiso.

El 13 de enero, Harry fue finalmente conducido a Norfolk. Justo antes de llegar, el príncipe Felipe se dirigió a Wood Farm, su casa en la finca. La petición de Harry de que Meghan participara en las discusiones por Zoom fue rechazada. El palacio asumió que Meghan permitiría que otros escucharan, y que sus conversaciones serían grabadas.

Los que esperaban a Harry en Sandringham —Carlos, Guillermo y sus asesores Edward Young, Clive Alderton, Simon Case y Fiona Mcilwham— suponían que Harry y Meghan estarían dispuestos a aceptar concesiones. También creían que Meghan controlaba a Harry. En realidad, él compartía las exigencias inflexibles de Meghan. Durante el almuerzo, Harry pretendía persuadir a la reina de que podían servir a la monarquía de una manera parcialmente independiente desde Canadá.

Por su parte, Harry no se dio cuenta de que le iban a dar un ultimátum. Se le informó de que era imposible entrar y salir a medias. Trabajaba para la monarquía, se le dijo sin rodeos; la monarquía no existía para trabajar para él. Una vez fuera, el apoyo financiero se reduciría rápidamente, se eliminarían los títulos honoríficos y se reducirían drásticamente las funciones de los Sussex. Además, no se les permitiría aceptar pagos como embajadores de marca para las empresas. También se les retiraría la protección policial. Posteriormente, Harry afirmaría que se había ofrecido personalmente a pagar la protección policial.

Sorprendido por la dureza de su familia, Harry llegó a la conclusión de que sus condiciones equivalían a un castigo. Mientras intentaba negociar un acuerdo mejor, era consciente de que la opinión pública británica estaba dividida. Mientras que muchos apoyaban la decisión de los Sussex de abandonar el país, la mayoría se oponía a darles cualquier tipo de apoyo financiero o a que conservaran sus títulos.

«¿Qué ha hecho la reina para merecer este maltrato?», se preguntaba Tony Parsons, de *The Sun*, antes autor de eufóricos comentarios sobre los Sussex en el día de su boda. «Que quede constancia en la historia de que ninguna pareja real fue nunca tan adorada como Harry y Meghan. Es asombroso —e increíblemente triste, quizás incluso trágico— que millones de nosotros estemos contentos de verles la espalda». El periódico condenó el «comportamiento odioso» de los Sussex y continuó: «No solo han traicionado a la Familia. También están abusando grotescamente de la generosidad y la buena voluntad de los contribuyentes... No pueden tenerlo todo. Querían todo el dinero y los privilegios, pero sin la sólida devoción al deber y el duro trabajo que la reina y últimamente Guillermo y Kate ejemplifican. Esta institución no funciona así».

Los partidarios de Meghan estaban igualmente enfadados. La condena de la familia real fue liderada por el anglófobo *The New York Times*. Harry, afirmaba el periódico, había enfadado a los británicos cuando «decidió tomar como esposa a una actriz estadounidense de origen multirracial». «Los británicos negros saben por qué Meghan quiere salir», escribió Afua Hirsch en el mismo periódico. «Es el racismo. Solo los negros saben la verdad. El trato racista a Meghan demostró lo que muchos de nosotros siempre hemos sabido: no importa lo guapa que seas, con quién te cases, los palacios que ocupes, las organizaciones benéficas que apoyes, lo fiel que seas, el dinero que acumules o las buenas acciones que realices, en esta sociedad el racismo te perseguirá».

«Todos los negros sabían que esto iba a ocurrir», coincidió Gina Yashere, también en *The New York Times*. Meghan se enfrentó a «constantes insultos racistas disfrazados de críticas». Encantada con la lucha de la familia real por demostrar su propia relevancia, *The Oprah Magazine* fue más allá. Como divorciada mulata que llevaba las uñas pintadas de color oscuro, afirmaba la publicación, «a Meghan no se le ha hecho sentir bienvenida en el Reino Unido». La revista *People* citaba a un «amigo» de Meghan: «Hay tanto resentimiento en esa familia, es tóxica... La voluntad de Meghan y Harry fue forzada». Meghan, según la revista, se quejaba de su «estatus de forastera como estadounidense multirracial». Ni ella ni Harry «obtuvieron el suficiente consuelo o solaz [de la realeza]».

Ninguno de los medios de comunicación estadounidenses reconoció que el racismo era un problema mayor en su país que en Gran Bretaña; o nombró a una persona o incidente para ilustrar el abuso racista sufrido por Meghan en Gran Bretaña. Parecían estar encantados con el desafío de Meghan hacia la reina y se identificaban con sus razones para abandonar el país.

El arma secreta de Meghan fue filtrada por sus «amigos» en California. Si la familia real rechazaba sus demandas, serían denunciados como racistas en *The Oprah Winfrey Show*. Su amenaza de una entrevista «sin límites» con Winfrey fue confirmada por Tom Bradby en el *Sunday Times*. «No creo que sea bonito», predijo. Tom Bradby condenó a Guillermo por haber «intimidado a [Harry] para que se fuera» de la familia real. Acusó a Guillermo y Kate de despreciar a Meghan antes de la boda. Los Cambridge, escribió Bradby, fueron «insuficientemente acogedores... Muy pronto decidieron: "Bien, vamos a enseñarle a esta gente su lugar y vamos a hacerlos a un lado"». El resultado, escribió Bradby, fue «la huida de Harry y Meghan del palacio envenenado». El Palacio de Buckingham solo utilizó una palabra en respuesta a las acusaciones de Bradby: «Falso».

En Gran Bretaña, Clive Lewis, un parlamentario laborista mulato, achacó el *Megxit* al «racismo estructural y al sexismo». El desinterés de la duquesa por sus responsabilidades reales era irrelevante. «Podemos verlo con Meghan Markle y el modo en que ha sido tratada en los medios de comunicación... Después de cuatrocientos años de racismo, no se puede cambiar de la noche a la mañana». Para los británicos de ideas afines, incluido el escritor Philip Pullman, Meghan era una valiente mujer negra perseguida por los racistas. La familia real había traicionado a Meghan, a todas las mujeres y a todos los negros. «Por supuesto que Meghan Markle es atacada por la prensa británica porque es negra», dijo Pullman, «y por supuesto que el príncipe Harry tiene razón al defenderla». Norteamérica, aconsejaba Pullman, era un refugio natural contra la intolerancia británica.

Las amenazas y los abusos de los comentaristas no influyeron en la posición negociadora de la familia real. El trío había visto suficiente. Se abandonó la idea de cualquier interés compartido con los Sussex para proteger la monarquía. Incluso se descartó la búsqueda de un compromiso. Meghan, creían, no tenía reparos en insultar a quien insultara. No ejercería ninguna autocensura. No se guardaría nada con tal derrotar a sus enemigos. Como habían presenciado, deshacerse de la gente innecesaria y quemar puentes era algo natural para ella. Para Meghan, la deslealtad era una prueba de convicción. Sin embargo, la reina quería parecer justa.

Ante la insistencia de la reina, se convenció a Harry y Meghan para que intentaran un periodo de transición para dividir su tiempo entre Canadá y Gran Bretaña, en lugar de irse de una vez. Harry aceptó, pero insistió en que no cambiaría de opinión. En su mente, se iban para siempre.

Algunos especularon que Christopher Geidt podría haber llegado a un compromiso amistoso, pero ahora eso era una expectativa poco razonable. El Acuerdo de Sandringham, como se conoció el documento de separación, era duro. Los Sussex dejarían de ser miembros activos de la familia real y ya no utilizarían sus títulos de Su Alteza Real. Harry perdería sus títulos militares, incluyendo el de Capitán General de los Royal Marines, y Meghan perdería su papel dentro de la Commonwealth. Devolverían los dos millones y medio de libras de la reconstrucción de Frogmore y, al cabo de un año, perderían toda la ayuda financiera. Harry aseguró a su familia que él y Meghan «nunca» utilizarían sus títulos reales «para ganar dinero». Finalmente, acordaron apoyarse mutuamente. La reina dijo: «Reconozco los desafíos que han experimentado como resultado del intenso escrutinio de los últimos dos años y apoyo su deseo de una vida más independiente». Los Sussex se comprometieron a «mantener los valores de Su Majestad».

Harry regresó a Vancouver sabiendo que Meghan estaba «furiosa» por el trato recibido. Él y Meghan compartían un sentimiento de agravio: la pérdida de su seguridad y apoyo financiero, y la hostilidad de Carlos, Guillermo y Kate. En busca de consuelo, telefoneó con regularidad a los altos cargos de Londres en busca de apoyo, pero estos, furiosos por los desplantes de Meghan y preparándose para su propio despido, se mostraron poco comprensivos.

En su opinión, la publicitada escapada de Meghan en hidroavión hasta la ciudad de Vancouver para una visita apresurada a un refugio para mujeres tenía como objetivo avergonzar al palacio. Con una hora de antelación, el personal del refugio recibió a Meghan. Pero, tras una breve estancia, desapareció en el mismo avión y no se la volvió a ver. Los medios de comunicación fueron avisados por su personal. Nadie pudo explicar por qué no eligió visitar un refugio para mujeres cerca de su casa. El cinismo en Londres sobre la visita alimentó el hambre de venganza de Harry y Meghan. El Palacio de Buckingham, dijo Harry, estaba formado por «víboras» que merecían ser castigadas.

A principios de febrero, los funcionarios del Palacio de Buckingham se enteraron por los responsables de la protección de los Sussex de que Meghan había estado buscando casa en Malibú, California. Ella había mencionado a menudo su deseo de vivir cerca de la playa. Los altos funcionarios del Palacio de Buckingham se sorprendieron a medias. Creían que vivir en Canadá era una cortina de humo. Por otra parte, también se enteraron por un alto funcionario canadiense de su larga conversación telefónica con Harry sobre las ventajas de quedarse en el país. Al final, el funcionario quedó convencido de que Harry tenía intención de quedarse en Canadá.

En la versión de los Sussex, se habrían quedado permanentemente en Vancouver si a Harry no le hubieran dicho «con poca antelación que le iban a quitar la seguridad». Su remoto hogar había sido identificado y, él concluyó, «no es seguro». La «falta de apoyo y de comprensión» del Palacio de Buckingham, dijo, no les dejó otra alternativa que abandonar la casa remota fuertemente vigilada. Harry habló de ser «capaz de proteger a mi hijo», pero no está claro de qué peligro. Su principal enemigo parecía ser la prensa sensacionalista. Los periódicos, según Harry, estaban «increíblemente enfadados» por su traslado a Vancouver. «Han salido a luchar y van a intentar destruir nuestra reputación y, ya sabes, hundirnos».

Afortunadamente, dijo Harry, él y Meghan habían sido capaces de «luchar por nuestras creencias juntos». No está claro cómo un traslado de Vancouver a una casa en Los Ángeles protegería mejor a los Sussex de los tabloides o de un asesino desconocido, pero la lógica no jugó ningún papel en su conducta.

Sus verdaderas intenciones se pusieron de manifiesto cuando Harry aceptó hablar en un evento de JP Morgan en Miami. Presentado por Gayle King, voló a Florida en un jet privado desde Vancouver para ganar aproximadamente un millón de dólares por exponer sus heridas. En un emotivo discurso, Harry describió una vez más el trauma infantil que supuso la pérdida de su madre. De forma más controvertida, dijo al mundo que no se arrepentía de haber renunciado a sus funciones reales. Para proteger a su familia, dijo, Meghan y sus hijos no deberían vivir una infancia similar a la suya.

Los funcionarios del Palacio de Buckingham se quedaron atónitos. Esto era exactamente la comercialización de la monarquía que Harry había acordado evitar en Sandringham. Peor aún, Harry estaba negociando con la Agencia Harry Walker un contrato para recibir quinientos mil dólares por discurso. Se dudó de la insistencia de su portavoz de que Harry no tenía intención de hablar de la familia real. Por temor al ridículo, los funcionarios del Palacio de Buckingham le dijeron a Harry que la cuenta de Instagram y la marca SussexRoyal debían cerrarse inmediatamente. El plazo del palacio para que dejaran de ser miembros de la realeza se fijó para el 31 de marzo. Apenas seis semanas después de decir que iban a «dar un paso al lado» como miembros de la realeza, los Sussex anunciaron que «se retiraban» de forma permanente. El gobierno canadiense retiró inmediatamente la financiación para su protección.

«Estábamos entusiasmados», dijo Harry con nostalgia. «Teníamos esperanzas. Estábamos aquí para servir... Por esas razones, me entristece mucho que hayamos llegado a esto». Para mantener su estilo de vida, algunos calcularon que necesitarían unos ingresos anuales de diez millones de dólares. El portavoz de los Sussex negó que tuvieran planes de ser entrevistados por Oprah Winfrey. Pero en una larga declaración redactada por sus abogados y publicistas sobre la pérdida de sus títulos de Su Alteza Real, la pareja arremetió contra la reina.

La reina, declararon los Sussex, no tenía «jurisdicción» en el extranjero sobre la palabra «Real». Si ellos decidían utilizar la palabra, la monarca —y el gobierno— eran impotentes. Al fin y al cabo, subrayaron, Harry era el sexto en la línea de sucesión al trono y Su Alteza Real de nacimiento. «La preferencia del duque y la duquesa de Sussex era seguir representando y apoyando a Su Majestad la reina, aunque en una capacidad más limitada, sin recurrir a la Subvención Soberana». Su resentimiento latente contra Guillermo, Kate y otros miembros de la realeza no se ocultó. Al fin y al cabo, a los Cambridge se les permitió gestionar la Fundación Real, mientras que las dos hijas de Andrés, Beatriz y Eugenia, también trabajaban, de forma bastante modesta, en el mundo del arte.

Meghan no se dejó vencer. Dijo a sus asesores que buscaran un director en Los Ángeles para su nueva organización benéfica, Archewell. Su ritmo frenético no podía ocultarse a los altos funcionarios del Palacio de Buckingham. En su opinión, el nuevo rompecabezas de los Sussex estaba casi completo. El público y los medios de comunicación seguían sin conocer los planes de los Sussex cuando llegaron a Londres para una última despedida.

33

ADIÓS

«Sin duda», diría Harry sobre Meghan, «me ha salvado». Insegura sobre su futuro preciso en Los Ángeles, Meghan ocultó sus emociones al público durante el breve regreso a Londres el 5 de marzo de 2020. Su guión requería un final dramático. Los Sussex necesitaban hilar su narrativa de liderazgo, modernidad y victimismo. Impulsar su valor comercial implicaba una visibilidad constante. Sus asesores aconsejaron enfáticamente que la óptica debía recordar a los estadounidenses que era una duquesa casada con un príncipe.

Su primera oportunidad fotográfica fue un estilismo propio de una estrella de Hollywood. En una noche lluviosa frente a la Mansion House de la ciudad, Meghan, con un sorprendente vestido azul eléctrico, se situó cerca de Harry bajo un paraguas. Brillantemente coreografiada, la imagen mostraba a dos celebridades disfrutando de su libertad. La composición y la iluminación cautivaron incluso al veterano fotógrafo real Arthur Edwards: «Fue la mejor foto real del año», dijo. *Vanity Fair* describió la foto como «cinematográfica y cariñosa». Ese día, los que habían calificado a Harry de «rehén» se quedaron perplejos. En la fotografía, el príncipe parecía haber escapado al océano Pacífico, dejando a Guillermo con la carga real.

Los Sussex emprendían su última tarea real, la entrega de premios para el Fondo Endeavour. Durante una ceremonia militar, Harry reafirmó solemnemente que serviría a «la reina y la patria» y prometió «no abandonar nunca» a su banda de hermanos: los militares heridos.

Dos días después, su último compromiso como Capitán General de los Royal Marines en el Royal Albert Hall fue más emotivo. Ataviado con su uniforme rojo de gala para anticipar el septuagésimo quinto aniversario del final de la Segunda Guerra Mundial, estuvo a punto de llorar mientras el público aclamaba al leal soldado. En ese momento, muchos recordaron su felicidad en el ejército y se preguntaron cómo afrontaría el exilio. Algunos especularon que se desesperaría al perder el contacto con sus amigos y familiares. «Fue tan innecesario», dijo Meghan con rabia a un amigo sobre la pérdida de los nombramientos militares de Harry.

La realidad llegó dos días después, el 9 de marzo. Una discusión monumental estalló después de que a Harry le dijeran que él y Meghan no podían unirse a la procesión de la familia a través de la Abadía de Westminster para el servicio anual del Día de la Commonwealth. Aunque en la orden del servicio figuraban Harry y Meghan caminando detrás de la reina, los funcionarios del palacio habían revisado su decisión. Sospechando de los Sussex, decidieron humillarlos públicamente. A Harry le dijeron que, al haber renunciado a sus obligaciones reales, él y Meghan se sentarían y esperarían con la congregación. La perspectiva de la imagen televisada de su aislamiento en la Abadía les horrorizó.

Para entonces ya eran conscientes del antagonismo de Kate y Guillermo. Guillermo no había ofrecido una bienvenida fraternal y Kate se mostraba abiertamente distante con su cuñada. Finalmente, para poner fin a la disputa, Guillermo y Kate acordaron que ellos también esperarían con Harry y Meghan. A medida que los miembros de la familia real entraban en la Abadía, no se podían ocultar las relaciones desgastadas. Kate había ignorado a los Sussex y el saludo de Guillermo fue frío. Harry parecía tenso. La cara de Meghan mostraba desconcierto.

Ese mismo día, Meghan se despidió de los últimos miembros de su personal. En la versión de Omid Scobie, «el personal que había estado con la pareja desde el primer día estaba de luto al final de lo que se suponía que era una historia feliz». Invitado especialmente por Meghan, Scobie también asistió a su último compromiso privado en el Palacio de Buckingham. Después de reunirse con veintidós estudiantes que habían recibido becas de la Commonwealth, escribió: «La realidad finalmente se impuso cuando le di a Meghan un abrazo de despedida... Las lágrimas que la duquesa había estado conteniendo valientemente fluyen libremente entre caras conocidas». Al parecer, Meghan le dijo a Scobie: «No tenía que ser así».

Incluso en su último día, Meghan no quiso entender que la familia real no pudiera comprometerse. Al final, no pudo entender por qué no se cumplieron sus exigencias. Al parecer, dijo a un amigo en Londres: «He renunciado a toda mi vida por esta familia. Estaba dispuesta a hacer lo que fuera necesario. Pero aquí estamos. Es muy triste».

El arrepentimiento personal de Meghan no fue el recuerdo más duradero de sus suegros mientras se dirigía a toda velocidad de la Abadía de Westminster a Heathrow para tomar el vuelo a Vancouver. Recordaron a una aventurera enfadada a la que se le negó el poder de dictar su propio destino. A pesar de todos los esfuerzos por acogerla —la boda, la casa, el personal, las giras por el extranjero y las funciones limitadas— Meghan se había negado a aceptar que una monarquía fuera sinónimo de continuidad. No había lugar para que alguien revocara mil años de evolución para encabezar un «nuevo papel progresista».

La nación estaba desconcertada y dividida. Las críticas de Tom Bradby a la familia real —«nadie hizo ningún intento significativo de curar las heridas»— resonaron entre quienes culpaban a los Windsor. En su opinión, la familia también había abandonado a Diana. Lamentaban una oportunidad perdida. Otros se mostraron indignados por las acciones de Meghan: «Es profundamente injusto para la reina, que no merece ser tratada así. Es una pésima forma de tratarla», escribió un colaborador del *Mail*. La mayoría se quedó perpleja ante el lamento de Meghan: «He dejado toda mi vida por esta familia». Solo pasó tres años en Gran Bretaña. Dejó atrás a su antiguo personal y a un mundo que fue engañado sobre sus intenciones. Al día siguiente, *The New York Times* informó de que Meghan se había marchado para «ir a uno de los puestos fronterizos, el oeste de Canadá, y a una vida incierta como semirreyes». Los Sussex, declaraba el titular, «se dirigirán a Canadá para rehacer su vida y construir su marca».

Hubo buenas noticias desde Los Ángeles. El equipo de Meghan había contratado a Catherine St-Laurent, una organizadora filantrópica nacida en Canadá y exayudante clave de Melinda Gates, para ser la directora de Archewell y la jefa de personal de la pareja. St-Laurent describiría a sus nuevos empleadores como líderes mundiales que «se embarcan en este viaje de aprendizaje, escucha e inspiración para que todos actuemos». Y añadió: «Estoy encantada de poder desempeñar un papel de apoyo en la realización de su visión y en permitirles lograr un impacto en los temas que más les importan».

La tarea de St-Laurent era afianzar a los Sussex como *influencers* globales. Su descripción de la misión de Meghan era una jerga perfectamente elaborada: «En Archewell utilizamos el poder de la compasión para impulsar un cambio cultural sistémico. Lo hacemos a través de nuestro trabajo sin ánimo de lucro dentro de la Fundación Archewell, además de las campañas creativas a través de los ámbitos empresariales de audio y producción».

Descrita como una organización benéfica sin ánimo de lucro, Archewell no tenía dinero en el banco. No se explicaba cómo, en el futuro, dividirían sus ingresos para mantener su estilo de vida personal, pagar a sus empleados y financiar Archewell. Tampoco enumeraron todos los beneficiarios de Archewell. A diferencia de las leyes de transparencia en Gran Bretaña, los Sussex estarían protegidos del escrutinio. Todo estaba listo para su nueva vida. O, como lo llamó Meghan, «el siguiente capítulo».

En secreto, a mediados de marzo, la familia Sussex se embarcó en un jet privado y partió de la isla de Vancouver hacia Los Ángeles, poco antes de que se restringiera la entrada en el espacio aéreo estadounidense por la creciente crisis del Covid.

El jet era propiedad de Tyler Perry, un productor de cine representado ocasionalmente por Keleigh Thomas Morgan. Entre las relaciones típicas, Tyler había vendido su serie de televisión *The Have and The Have Nots* a la cadena de televisión de Oprah Winfrey. Perry también prestó a los Sussex su casa de ocho dormitorios en Beverly Ridge. Valorada en dieciocho millones de dólares, la casa más grande de la zona tenía noventa mil metros cuadrados. Aunque no estaba habitada por las mismas prestigiosas estrellas que Beverly Hills o Malibú, los Sussex podían desprenderse del recuerdo de aquellos desagradables meses en Frogmore. No había motivos para dudar cuando Meghan exclamó: «Por muchas razones, me alegro de estar en casa».

Uno de los pocos que no acogió su regreso fue Donald Trump. En el pasado, Meghan había calificado al presidente de «divisivo», «misógino» y añadió: «No quieres el tipo de mundo que está pintando para nosotros». Tras su llegada, el presidente tuiteó que Estados Unidos no pagaría por su seguridad. «Nadie ha pedido a Estados Unidos que pague», respondió Meghan. Inusualmente, Trump no mordió el anzuelo: «Ella fue desagradable conmigo y está bien que sea desagradable. No está bien que yo sea desagradable con ella y no lo fui... Ella está haciendo un buen trabajo. Espero que disfrute de su vida. Creo que es muy agradable». La amabilidad del presidente fue recompensada por Harry diciendo a un bromista: «El mero hecho de que Donald Trump esté impulsando la industria del carbón en América es tan grave que tiene las manos manchadas de sangre».

Meghan volvía a California tras nueve años de ausencia. Para los ricos, Los Ángeles es gloriosa: sol, mar, paisajes espectaculares, excelentes restaurantes, reservas ilimitadas de personal y un entorno perfecto para los niños. Las madres como Meghan se preocupan por las filosofías orgánicas y los alimentos naturales. Lo suficientemente rica como para disfrutar de las playas y el estilo de vida, Meghan podría convertir fácilmente a Harry en alguien que disfruta el placer de nadar en el Pacífico y ver a los surfistas en Santa Mónica. Mejor que dar la mano al público en una lluviosa ciudad inglesa. Libre e independiente, prometió que construirían vidas emocionantes y gratificantes.

Sus perspectivas a corto y largo plazo eran diferentes. Las anfitrionas de sociedad de la ciudad sin duda buscarían adornar sus fiestas con un duque y una duquesa. Los grandes y buenos de California sin duda acudirían a experimentar la novedad. La celebridad de Harry garantizaba la atención. Pero, a largo plazo, su éxito duradero dependía de su mensaje y su forma de actuar. El reto era mantener su estatus. Para ello era necesario no solo crear una sólida red de simpatizantes famosos, sino también conservar la lealtad de millones de personas. La hipersensibilidad de la pareja dificultó el trabajo de St-Laurent. Ambos esperaban la obsecuencia y la exclusión de los críticos. Encontrar personas afines para una relación a largo plazo sería un reto.

Para su desgracia, su relanzamiento coincidió con el cierre del mundo. La imposición de estilos de vida solitarios a causa del Covid estaba provocando la desesperación de millones de personas. En ese oscuro momento, la reina se solidarizó con todos. Su discurso televisado a la nación termino de forma emotiva recordando la canción de los tiempos de guerra «*We'll Meet Agai*»[18].

Por recomendación de Sunshine Sachs, los Sussex publicaron un mensaje rival sobre la crisis mundial. «Compartiremos información y recursos para ayudar a navegar la incertidumbre», rezaba su publicación en Instagram. «A través de la publicación de información precisa y el aprendizaje de las medidas que podemos tomar podemos mantenernos a nosotros mismos y a nuestras familias sanas». La presunción de que se podía confiar en los Sussex para destilar la exactitud de la ciencia fue audaz.

En la cuenta atrás para despedirse a finales de marzo de los seguidores de Sussex Royal y poner fin a su vida real, se comprometieron a no avergonzar a la reina ni a depender del apoyo financiero de Carlos: «Estamos deseando volver a conectar con ustedes pronto. Han sido geniales. Hasta entonces, por favor, cuídense mucho y cuiden el uno del otro. Harry y Meghan».

Tony Parsons articuló la voz de los británicos desilusionados:

«Mientras el Reino Unido se enfrenta a la peor crisis sanitaria que se recuerda, el mensaje desde la mansión prestada de Beverly Hills de Harry y Meghan al país que abandonaron es alto y claro, ¿creéis que VOSOTROS lo tenéis mal? Todo es impresionante— la arrogancia, la prepotencia, la autoestima, la autocompasión, la falta de autoconciencia. Puedes ver cómo se deshicieron de nosotros inmediatamente. El recuerdo perdurable de 2020 NO serán Harry y Meghan enviando sus mensajes progresistas desde Los Ángeles. Será el emocionante, profundamente conmovedor y genuinamente inspirador discurso de la reina de «Nos encontraremos de nuevo» a la nación en el punto álgido de la pandemia. Si no estuvieran tan obsesionados con ellos mismos, Harry y Meghan podrían haber sido tesoros nacionales durante esta crisis. Imagínense a Harry acudiendo a hablar con los trabajadores sanitarios de primera línea. Imagínense a Meghan mostrando a la nación cómo lucir una

---

18. Nota de la traductora: El título de la canción significa «Nos volveremos a ver».

mascarilla. Pero no fue así. Y mientras nuestra nación luchaba contra la peor crisis sanitaria de su historia, estas celebridades vacías, narcisistas y autocompasivas dejaron que la abuela hiciera el trabajo pesado. Y a sus noventa y cuatro años, la reina lo hizo brillantemente. Pero la reina hace que Harry y Meghan parezcan patéticamente superficiales. Y qué vacíos, qué triviales, qué redundantes parecen fuera del contexto de la familia real».

Al menos, Meghan ya no tenía que acordarse de cruzar las piernas al sentarse.

Tras una aparición
esporádica de la pareja
durante los Juegos
Invictus de Toronto,
la presentación formal
de Meghan al público
británico el primero de
diciembre de 2017 fue un
éxito rotundo.

Cuatro semanas más tarde, su
aparición en Sandringham junto a
la familia real por Navidad mostró
el entusiasmo de la reina por dar a
Meghan la bienvenida a la familia
Windsor.

A la izquierda: Lord Geidt, el secretario privado de la reina durante más de diez años, fue forzado a dimitir para mantenerse independientes del Palacio de Buckingham.

A la derecha: Edward Young, el sucesor de Geidt, no poseía la autoridad crucial para influenciar la estrategia mediática de los otros palacios.

Debajo: Keleigh Thomas Morgan, la publicista de Meghan antes y después de su matrimonio con Harry, residente en Los Angeles, ignoró las preocupaciones de la familia real.

Arriba: Jason Knauf trabajó de forma cercana con Harry y Meghan en su rol como portavoz; luego se vio implicado en sus largas batallas legales.

© Ben Stansall/Getty

© Oli Scarff/Getty

La deslumbrante boda, celebrada en el Windsor Castle el 19 de mayo de 2018, fue vista como una demostración de la aceptación de la diversidad cultural por parte de la monarquía.

En los meses previos a la boda, Meghan cultivó su relación con Doria, su madre, pero dejó a Thomas Markle desprotegido ante los medios de comunicación. Indignado de que tras una foto de él cargando cuatro latas de cerveza se lo etiquetara falsamente como un alcohólico, Thomas sufrió bajo la presión. Enfermo, no pudo volar a Londres para la ceremonia.

© Andy Johnstone/Daily Mirror

Inicialmente, las preocupaciones por la insistencia de Meghan de que usaría su nueva plataforma para hacer campaña por sus causas, ignorando la estricta imparcialidad de la monarquía, parecían no tener fundamentos. Apareció felizmente junto a la reina, en Wimbledon con Kate Middleton y en Ascot junto a Carlos y Camilla.

La presentación de los Cuatro Fantásticos en 2017, antes de la boda, fue planeada para establecer la monarquía moderna. El cuarteto apareció unido en público en 2018, se los ve aquí en la conferencia de Heads Together y en el servicio del día de la Commonwealth de ese año.

Arriba: La visita de los Sussex a Australia y las islas del Pacífico Sur ese mismo año a simple vista parecieron ser un éxito. En realidad, la pareja estaba en medio de asperezas con la familia.

A la izquierda: Las tensiones fueron reveladas en Wimbledon en 2019, las duquesas parecían tensas y apenas hablaron entre sí.

A la derecha: El tour sudafricano de los Sussex estuvo cargado de controversias, al igual que la famosa entrevista de Tom Bradby para ITV en la que Meghan habló de sus problemas de salud mental. También le dijo a un grupo de mujeres que se había pagado la universidad, lo que enfureció a su padre.

A la izquierda: El primer hijo de la pareja, Archie, nació en mayo del 2019 y los acompañó en el tour.

Harry se dio cuenta de que había sido relegado de la familia real al ver el discurso de la reina del día de Navidad del 2019. Su foto familiar no estaba en el escritorio de la reina. Al regreso de la pareja a Londres, para su despedida en marzo de 2020, orquestaron una foto espectacular en la ciudad, pero las caras tensas de la familia real durante el servicio del día de la Commonwealth en la abadía de Westminster parecían confirmar su enojo con los Sussex.

Tras el *Megxit* y la explosiva entrevista con Oprah, los Sussex dependen de mantener un nivel de celebridad global para financiar su lujosa vida. Han firmado acuerdos multimillonarios con Netflix y Spotify, y todos sus compromisos filantrópicos —aquí, fotografiados con el alcalde, Bill de Blasio, y la gobernadora del estado de Nueva York, Kathy Hochul, durante un viaje— están bien documentados.

Aunque los Sussex fueron invitados a celebrar el Jubileo de la reina en junio de 2022, en St. Paul's fueron sentados lejos de los miembros principales de la realeza y acordaron no posar en público.

34

PARAÍSO

En mayo de 2020, Meghan pudo decir que había alcanzado el sueño americano. Ella y Harry compraron una casa en la ladera de una colina de Montecito, en Santa Bárbara, con nueve dormitorios, catorce baños y dieciocho mil pies cuadrados, por catorce millones seiscientos cincuenta mil dólares. Con treinta mil metros cuadrados de terreno y vistas al Pacífico, por lo que los agentes locales calificaron de precio de ganga, la propiedad incluía un gimnasio, un spa, un cine, una pista de tenis, una piscina, una casita para niños, una casa de invitados de dos dormitorios y un garaje para cinco coches. Por fin, el duro trabajo de Meghan se había visto recompensado con un palacio en un lugar paradisíaco de California.

Sus vecinos le ofrecieron la llave de su futuro. Entre los famosos estaba Ellen DeGeneres, la presentadora de un popular programa de televisión diurno. En 2016, Obama le había concedido el mayor honor civil de Estados Unidos, la Medalla Presidencial de la Libertad. Cerca de allí, Oprah Winfrey poseía una casa con cuarenta acres. Junto a Oprah estaba su socia y amiga íntima, Gayle King. A pocas manzanas estaba Ted Sarandos, responsable del presupuesto anual de diecisiete millones de dólares para contenidos de Netflix. Sarandos vivía con Nicole Avant, la primera embajadora negra de Estados Unidos en las Bahamas, amiga de Oprah Winfrey e hija del antiguo presidente de Motown, Clarence Avant, alias el «Padrino Negro».

En los alrededores vivían celebridades de Hollywood, como Gwyneth Paltrow y Katy Perry. El más importante era David Foster, el productor musical canadiense. Viviendo en Montecito con su quinta esposa Katharine

McPhee, Foster se había convertido en un espíritu guía. «David tiene una relación muy, muy bonita con Harry», dijo McPhee. «Son tan tiernos. Son como un padre y un hijo».

Los informes sobre su felicidad en Montecito suscitaron especulaciones en Gran Bretaña sobre el futuro de su matrimonio. Muchos dudaban de que pudiera durar. Algunos predijeron que Harry se arrepentiría de abandonar su vida real y echaría de menos a su familia y amigos. Su humillación final sería abrumadora, una vez que se expusieran las verdaderas intenciones de Meghan. No entendieron al príncipe. Harry bendijo a Meghan por rescatarlo de la prensa británica y del Palacio de Kensington. Ahora podía caminar libremente por la playa de arena con Archie para remar en el Pacífico. Harry se sentía liberado. Los que le auguraban la misma miseria que a Eduardo VIII, que se vio sorprendido tras su abdicación cuando los británicos se volvieron contra él, hicieron una comparación equivocada. Harry nunca fue heredero del trono. Aunque la reina dio a la pareja la oportunidad de reconsiderar su marcha tras un año de prueba de vida independiente, Harry no tenía intención de volver.

Meghan tenía poder e influencia. Todos los directores, productores, agentes y actores que habían sido testigos de sus luchas anteriores temían hablar de sus experiencias. Una palabra negativa de Meghan podría acabar con sus carreras. «No me siento cómodo hablando de Meghan en este momento», dijo David Bartis de *Suits*, una respuesta típica a las preguntas de los periodistas. Aterrorizados por la posibilidad de ser expulsados o cancelados, los únicos héroes de Los Ángeles fueron inventados por Hollywood para la pantalla. Los Sussex fueron protegidos como estrellas de Hollywood. Incrustados en la cultura de las celebridades, ambos transformaron su imagen en guerreros deseosos de ganar la batalla.

Harry había sido persuadido por Meghan sobre los males del privilegio blanco y la justificación de Black Lives Matter. «Mi esposa dijo hace poco», dijo Harry a los jóvenes homenajeados en los Premios Diana en julio de 2020, «que nuestra generación no ha hecho lo suficiente para corregir los errores del pasado. Lo siento. Lamento que no hayamos conseguido que el mundo esté en el lugar que vosotros merecéis. El racismo institucional no tiene lugar en nuestras sociedades. Sí, sigue siendo endémico. Hay que reconocer los prejuicios inconscientes sin culpar a nadie para crear un mundo mejor para todos vosotros». Harry hacía eco de un discurso que Meghan había pronunciado dos semanas antes en un vídeo sobre las personas de color asesinadas por la policía. Su público era el de los graduados de su antiguo colegio, el Immaculate Heart: «Lo primero que quiero deciros es que lo siento. Siento mucho que tengáis que crecer en un mundo en el que esto sigue estando presente».

En Montecito, Harry se separó de su familia y de sus raíces. Transformándose en un activista, atacó a la Commonwealth por considerarla colonial y racista, con una historia «incómoda». Apenas cuatro meses antes, como vicepresidente de la Commonwealth Trust, había hablado con elogios incuestionables sobre el logro de su abuela.

«Cuando se mira a través de la Commonwealth», dijo Harry a los jóvenes líderes desde su jardín en Montecito, «no hay manera de que podamos avanzar a menos que reconozcamos el pasado». Meghan repitió su ataque al «sesgo racial inconsciente» de la Commonwealth. Adoptando el argumento de BLM, Meghan abogó por la igualdad. «Vamos a tener que sentirnos un poco incómodos en este momento, porque la igualdad no amenaza a nadie, nos pone a todos en igualdad, lo cual es un derecho humano fundamental».

Ambos confundieron posiblemente la Commonwealth —una organización voluntaria que engloba a un tercio de la población mundial para rectificar las desigualdades del pasado— con el Imperio Británico. Algunos culparon a Nicola Brentnall, directora ejecutiva de la Commonwealth Trust, de alentar sus críticas. Ella dimitió poco después. El portavoz de los Sussex, Omid Scobie, compartió sus críticas. Escribió que la Commonwealth existía para «mantener la supremacía blanca». Un mes después, ambos se corrigieron parcialmente. En una videoconferencia, Meghan habló de su «increíble orgullo» por trabajar con la Commonwealth, pero aun así instó a Gran Bretaña a «corregir los errores». Ni siquiera Meghan podía anticipar el eco que su sentimiento tendría en la Commonwealth, especialmente en el Caribe, un hervidero de creciente resentimiento contra Gran Bretaña, los colonialistas blancos que rechazaron sus demandas de reparación por la trata de esclavos.

Las declaraciones de la pareja coincidieron con un nuevo cierre draconiano mundial para frenar la propagación del Covid. Gran Bretaña estaba en crisis. Las muertes aumentaban, la economía estaba en caída libre y el sufrimiento era generalizado. Desde Montecito, Harry instó al gobierno británico a hacer más por los niños gravemente enfermos.

Su agresivo discurso dañó la popularidad de la pareja. La valoración negativa de Harry en Gran Bretaña aumentó del 35 % al 47 %. La de Meghan subió del 46 % al 59 %. Sus valoraciones positivas cayeron a mediados del 30 %. La reina obtuvo un 83 % de valoración positiva y Guillermo un 80 %. En Estados Unidos, Meghan y Harry siguieron siendo populares.

35

EL JUICIO

«Estaba destruyendo mi salud mental», dijo Harry sobre los medios de comunicación británicos. Los culpó por su huida de Londres. «Me dije... esto es tóxico. Así que hice lo que cualquier marido y padre haría: necesito sacar a mi familia de aquí». La privacidad y la protección frente a los periódicos sensacionalistas británicos fueron citadas repetidamente por los Sussex como su principal razón para escapar de Gran Bretaña. A salvo en Los Ángeles, la pareja anunció una campaña contra los tabloides.

«Ella cree que hubo un patrón de artículos intrusivos y ofensivos», escribió en abril David Sherborne, el abogado de Meghan, en su demanda contra el *Mail on Sunday* por publicar su carta a Thomas Markle. El lanzamiento de la demanda por violación de la privacidad fue el momento de la verdad para los Sussex, un intento calculado de venganza.

Haciéndose pasar por defensores de la prensa libre, Sherborne, en nombre de los Sussex, sermoneó: «Cuando se disfruta del poder sin responsabilidad, se degrada la confianza que todos depositamos en esta industria tan necesaria». Citando nueve artículos para demostrar la «deshonestidad y la mala intención» del periódico, el abogado describió la «angustia» de Meghan por el «plan en su contra» del *Mail on Sunday*. En su opinión, los medios de comunicación británicos habían publicado «cientos de miles de artículos inexactos sobre ella» a sabiendas de que eran «distorsionados, falsos o invasivos más allá de lo razonable». Los Sussex eran personas honorables «completamente destrozadas sin ninguna buena razón» que no fuera obtener beneficios. Al negarse a «ofrecerse como moneda de cambio para una economía de *clickbait* y distorsión», se prohibió a su personal hablar con los periodistas de la prensa sensacionalista.

Al leer la declamación de Meghan en Internet, en México, Thomas Markle se indignó. La revista *People* no solo había tergiversado la carta de Meghan sino que le había difamado. «Era una mentira total», decía. «Tergiversó el tono y el contenido de la carta que Meghan había escrito. La carta no era un intento de reconciliación». Peor aún, el artículo de *People* lo había «vilipendiado» como «deshonesto, explotador, buscador de publicidad y de corazón frío». Sin embargo, al demandar al *Mail on Sunday*, Meghan le estaba atacando a él, el padre honesto. También, según Thomas, se negaba a aceptar la responsabilidad de la imagen negativa que los medios de comunicación hacían de ella. No solo por su hipócrita predicación sobre el medio ambiente mientras utilizaba aviones privados, sino por su repetida defensa de la «compasión» mientras trataba a su padre con dureza. Su autoengaño, según él, provocó la batalla judicial. La yuxtaposición del «propósito central» de Meghan con la misión de Archewell de «elevar y unir a las comunidades, un acto de compasión a la vez», alimentó su autoengaño y, en su opinión, provocó la batalla judicial.

A Thomas Markle le molestó especialmente la afirmación de Meghan, escrita por David Sherborne, de que el *Mail on Sunday* provocó la ruptura entre ambos al «tratar deliberadamente de escarbar o agitar los problemas entre ella y su padre». Afirmó que el *Mail* había «acosado, humillado, manipulado y explotado… a este hombre vulnerable para que concediera entrevistas». Fue incluso más allá. Su declaración firmada alegaba que le «preocupaba que se repitiera la versión de su padre de que le había abandonado y que ni siquiera había intentado ponerse en contacto con él (lo cual era falso), cuando en realidad había intentado llamarle y enviarle mensajes de texto, e incluso le había escrito una carta para intentar persuadirle de que dejara de tratar con los medios de comunicación».

Thomas Markle estaba furioso. El acoso mediático se había producido definitivamente —pero eso fue antes de la boda— y ella ignoró todas sus peticiones de ayuda. Convencido de que moriría, como todos los Markle, antes de cumplir los ochenta años, quería declarar —«es momento de un enfrentamiento decisivo»— antes de que fuera demasiado tarde.

«Será impresionante para todos», prometió, y «terriblemente emba-razoso» para la familia real. Su objetivo particular era Harry por sus in-sultos antes de la boda. «Meghan», dijo mordazmente, «se ha convertido en la madre de Harry. Es un cobarde. Está dominado». Para su desgracia, su ira se desbordó en forma de autolesiones. «Es hora de cuidar a papá», dijo a la televisión británica. «Meghan me lo debe». Ya era hora de que le pagara a «papá» todo lo que había hecho.

Los juicios por intimidad en el Tribunal Superior de Londres siguen una ruta complicada. Mucho antes de que Meghan y otros testigos tuvie-ran que declarar —y ser repreguntados— el juez ponía de manifiesto durante varias audiencias qué cuestiones debían decidirse y cómo debía aplicarse la ley pertinente. Por la propia naturaleza del proceso y los pre-juicios, las decisiones del juez eran imprevisibles. Con el añadido a esa potente mezcla de un miembro de la familia real como demandante, nin-guna de las partes podía estar segura de qué hechos influirían en el juez y qué prejuicios determinarían su interpretación de la ley. Ambas partes solo podían estar de acuerdo en que la reclamación de Meghan era un caso histórico que podría determinar la ley de privacidad de Inglaterra durante muchos años.

Conscientes de su imagen antes de que comenzara el juicio en Lon-dres, los publicistas de Meghan y Harry autorizaron la distribución de fotografías de ambos repartiendo comidas a personas sin hogar en Los Ángeles. Organizado por el Proyecto Angel Food, fundado por Marianne Williamson, autora de libros de autoayuda y amiga de Oprah Winfrey, la pareja se puso a salvo junto a los maleteros abiertos de su Porsche negro todoterreno y un Cadillac Escapade para repartir los paquetes. Tras un breve periodo de caridad, regresaron a su refugio de Montecito.

La primera audiencia del juicio comenzó en Londres el 24 de abril de 2020. Aunque era de madrugada en Los Ángeles, Meghan lo vio por televi-sión con su abogado. El juez, Mark Warby, era calificado por los periódicos como justo. Con experiencia en derecho de los medios de comunicación, como abogado se había encontrado con muchos jueces caprichosos.

En representación del *News of the World*, había actuado contra Max Mosley. El jefe de la Fórmula 1 se había opuesto a que el periódico expu-siera su orgía sadomasoquista con cuatro mujeres pagadas y vestidas con uniformes militares alemanes. Mosley ganó su demanda de privacidad porque el juez declaró que, dado que no había matices nazis en la orgía en sí, el periódico no podía afirmar que existiera un interés público en exponer el inusual comportamiento de Mosley. Muchos criticaron al juez por considerarlo parcial.

La misma crítica se hizo a otro juez en el caso de Warby contra el príncipe Carlos. Representando al *Mail on Sunday*, Warby argumentó que el periódico estaba justificado al publicar el diario de Carlos en Hong Kong. El periódico perdió el caso, y sus ejecutivos se mostraron tan sorprendidos como Warby por la parcialidad del juez a favor de Carlos. Algunos creían que las sentencias de ambos casos ponían de manifiesto los prejuicios del poder judicial contra los medios de comunicación.

Basándose en su asesoramiento como abogado, el *Mail on Sunday* podría haber confiado en el juez Warby para considerar cuidadosamente su sólida defensa contra la demanda de Meghan. Es decir, que ella buscaba constantemente la publicidad y no podía tener «ninguna expectativa razonable de privacidad». En primer lugar, porque había permitido «a sabiendas» que sus cinco amigos filtraran detalles de la carta a la revista *People*; en segundo lugar, porque Thomas Markle tenía derecho a exponer las falsas afirmaciones de la revista de que Meghan había estado tendiendo la mano para reparar la relación, y, en tercer lugar, porque escribió su carta con el conocimiento de que podría ser filtrada a los medios de comunicación.

Tres semanas después de las audiencias previas al juicio, las esperanzas del periódico aumentaron. Warby tomó una serie de decisiones dramáticas. La afirmación de Meghan de que el *Mail on Sunday* había «explotado» deliberadamente a su padre fue eliminada del caso. Asimismo, se ordenó que se retirara la demanda de Meghan de que el periódico había «acosado y humillado» a su padre y «manipulado y explotado deliberadamente a una persona vulnerable y frágil». No había pruebas «creíbles», dictaminó el juez. El juez también rechazó la afirmación de Meghan de que el *Mail on Sunday* había emprendido una campaña «deshonesta» contra ella. Calificó su caso de «totalmente inadecuado», «tan vago que no es permisible» e «irrelevante». Toda la hipérbole de Sherborne fue tachada. Meghan fue condenada a pagar las costas del *Mail* por un valor de sesenta y siete mil ochocientas ochenta y ocho libras. Además, el juez criticó a Schillings, que encargó a Sherborne que ayudara a Omid Scobie a publicar mensajes a favor de Meghan en Twitter.

«Para Meghan», comentó el abogado especializado en medios de comunicación Mark Stephens, «esta sentencia es como si un tren arrollara a un camión cisterna en un paso a nivel... ha sido humillada». Stephens aconsejó a Meghan que se rindiera porque no tenía ninguna posibilidad de ganar un caso centrado totalmente en si el interés público y la libertad de expresión prevalecían sobre sus derechos a la intimidad y a los derechos de autor.

La derrota impulsó a Schillings y a Meghan. David Sherborne fue sustituido por dos caros agentes de control de calidad, entre ellos Justin Rushbrooke, gran amigo de Boris Johnson.

La estrategia de Meghan cambió radicalmente. En lugar de atacar exclusivamente al periódico, también criticó a sus asesores de palacio. No solo la habían dejado «desprotegida» mientras estaba embarazada, alegó ahora, sino que ante la avalancha de «cientos de miles de artículos inexactos sobre ella», los portavoces del Palacio de Kensington se limitaron a decir «sin comentarios». Para su furia, «sin ninguna discusión», se le «prohibió defenderse». Obligada a sufrir en silencio, sus amigas más cercanas —una «hermandad especial»— llegaron a estar «profundamente preocupadas por su salud mental». Para salvarla, habían hablado «anónimamente» con la revista *People*.

Por primera vez, Meghan admitió que dos de esos amigos habían sido informados de la carta. Pero seguía negando haberlos autorizado a hablar públicamente y afirmaba que no conocía el artículo de *People* hasta su publicación. El *Mail on Sunday* esperaba descubrir la verdad una vez que todos los mensajes de texto y de correo electrónico de Meghan a los cinco amigos fueran revelados. Meghan condenó el intento del *Mail* de descubrir la identidad de los cinco amigos como «un juego mediático y vicioso con vidas reales». Nunca se quejó al editor de la revista *People* sobre sus inexactitudes.

Meghan también adoptó una actitud diferente en la promoción mediática del libro de Scobie y Durand, *Finding Freedom*. En los meses previos a su publicación en agosto, Scobie suscitó polémica sobre su edad

—él afirmaba tener treinta y tres años, pero se decía que tenía unos treinta y nueve— y sobre su aspecto. Como reconocido animador de Meghan,
todo el mundo creyó en la afirmación de Scobie de que el libro había sido
escrito «con la participación de las personas más cercanas a la pareja». El
Palacio de Kensington, escribió Scobie con toda sinceridad, también había presentado a los autores a personas «cercanas» a Meghan. Scobie no
dejó al lector ninguna duda de que también había disfrutado de un acceso cercano a Meghan y Harry, afirmando haber hablado «cuando era
apropiado [con] la propia pareja».

El *bestseller* presentaba a Meghan como víctima de los miembros de
la corte de palacio «sexistas y prejuiciosos» que se referían sarcásticamen-
te a la «actriz de Harry» que «viene con muchos problemas». La narrativa del libro presentaba a Meghan como una forastera popular de la que
se desconfiaba por ser una «mujer de color con éxito». Los ayudantes de
la realeza fueron descritos como «víboras»; Guillermo fue criticado por
provocar una ruptura con Harry; Thomas Markle fue retratado como un
padre en bancarrota, poco cariñoso y engañoso que deliberadamente no
asistió a la boda, y Kate fue culpada por desairar a Meghan. Extrañamente, Scobie desestimó las acusaciones sobre la discusión previa a la boda
entre Kate y Meghan. «No hay lágrimas de nadie», escribió Scobie. Según
las normas de privacidad de los Sussex, las críticas de los medios de comunicación sobre ellos mismos eran inaceptables, pero podían ayudar a
Scobie a criticar a la familia real. Entonces, inesperadamente, Meghan
cambió su «verdad». Los Sussex dieron un salto mortal.

«No colaboraron con los autores en el libro», dijo el portavoz de
Meghan. «Tampoco fueron entrevistados para ello». En una declaración
firmada, Jenny Afia, su abogada de Schillings, negó que la duquesa
hubiera hablado con Scobie o hubiera dado autoridad a alguien para
hablar con los autores en su nombre. La propia Meghan calificó de
«falsas», «fantásticas» y «teorías de la conspiración» las acusaciones del
Mail de que había ayudado a Scobie. Negó saber cuánta ayuda recibieron los autores por parte de su personal y negó haber tenido la oportunidad de hacer cambios o verificar los hechos. «No fui yo y no tuvo
nada que ver conmigo», dijo. La «verdad» de Meghan fue apoyada por
Omid Scobie.

El 16 de septiembre, Scobie firmó una declaración: «Cualquier sugerencia de que el duque y la duquesa colaboraron en el libro es falsa». Al
final de su declaración, Scobie reconoció que firmar una declaración
engañosa era punible como desacato al tribunal. Scobie sabía que la reunión de dos horas con Jason Knauf requería la aprobación de los Sussex,
al igual que la ayuda prestada por Keleigh Thomas Morgan y Sara Latham.
El autor había firmado una declaración engañosa para apoyar a Meghan
contra el *Mail on Sunday*. Los Sussex estaban ahora en deuda con Scobie
para mantener el engaño. En el futuro, podría aprovechar eso para obtener información exclusiva que vender a los periódicos y a la televisión.
Una de sus primeras recompensas fue su revelación sobre la videollama-
da privada de los Sussex con la reina en su noventa y cuatro cumpleaños.

Armados con la rotunda negación de Scobie, los abogados de Meghan
pidieron al juez Warby que prescindiera de un juicio —para evitar que
fuera sometida a un interrogatorio— y se limitara a emitir su juicio sumario sobre la privacidad. Su carta, alegaron los abogados, era «privada,
personal y sensible» y nunca se pretendió hacerla pública. El *Mail* argumentó que, durante su consulta con Knauf, Meghan anticipó que la carta
se haría pública; y que había violado su propia privacidad al permitir que
sus amigos hablaran con la revista *People* en su nombre.

Cuarenta y nueve ejemplos de detalles íntimos descritos por Scobie
fueron enumerados como prueba de la cooperación de Meghan con Scobie. Incluían sus planes de vacaciones, las rutinas de higiene y baño de
Meghan en Botsuana, los detalles de su primer encuentro con Harry en
Soho House y quién dijo por primera vez «te amo». Los detalles eran muy
precisos, afirmaba el periódico, por lo que solo podían proceder de los
Sussex. Los Sussex refutaron la suposición del *Mail*. Meghan enumeró
muchos de los errores, invenciones y «licencias creativas» del libro como
prueba de que no había cooperado con Scobie.

La convicción de Meghan de que su declaración engañosa no quedaría al descubierto no era una locura. Durante años había hecho afirmaciones incorrectas sobre su infancia, sus padres y su carrera. Pero esto era
diferente. Aunque más tarde aseguraría que había olvidado sus conversaciones, los correos electrónicos y su memorándum de dos páginas a Jason
Knauf, otros concluirían que había decidido jugársela. Si admitía haber

cooperado con Scobie, su demanda contra el periódico iría a juicio. Además, tendría que revelar todos sus mensajes de texto, y sería interrogada.

Por naturaleza, Meghan veía a los demás a través de su propio interés o, como ella lo llamaba, «ser amable con uno mismo». Sus audaces quejas en *Finding Freedom* y de nuevo en su declaración ante el tribunal de que se sentía desprotegida en el Palacio de Kensington irritaron a su antiguo personal. Aunque estaban sujetos a estrictos acuerdos de confidencialidad, algunos miembros del personal revelaron en conversaciones susurradas que la declaración de Meghan ante el tribunal de que no cooperaba con Scobie era inexacta. Cuatro funcionarios —Knauf, Cohen, Latham y Jones— dieron a entender que estaban dispuestos a declarar, sin tomar partido, en un juicio sobre la «creación de la carta» a Thomas Markle. En septiembre de 2020, el *Mail on Sunday* presentó una declaración en la que cuestionaba las afirmaciones originales de Meghan de que no había hablado con los autores de *Finding Freedom*. En noviembre o diciembre de 2018, declaró el periódico, Meghan había dicho al equipo de comunicaciones del Palacio de Kensington, dirigido por Jason Knauf, que «sus amigos estaban ayudando a los autores». El periódico se preguntaba por qué Meghan no protestó porque en el libro se citaban fragmentos de su carta a su padre. ¿Por qué solo se opuso a la supuesta ofensa del periódico? Si cooperó con el relato halagador de Scobie, declaró el periódico, no había dicho la verdad. Por implicación, no podía reclamar privacidad.

Siete semanas después, Meghan cambió su declaración. Ahora admitía haber autorizado a un amigo a explicar a Scobie «la verdadera situación» de la relación con su padre «para evitar cualquier otra tergiversación… de que lo había abandonado». También admitió que Sara Latham había ayudado a «verificar los hechos» para los autores. Intentó minimizar su última confesión afirmando que «no sabe si el equipo de comunicación participó, y en qué medida, en el suministro de información para el libro». Su nota informativa de dos páginas dirigida a Jason Knauf parecía haber sido olvidada.

Mientras la versión de Meghan se desmoronaba, también se nombró a Keleigh Thomas Morgan como quien le presentó a los autores. Meghan admitió que Knauf sí contribuyó a la redacción de la carta, y que una de sus amigas habló con Scobie sobre la carta. También admitió que su carta no era un intento de reconciliación. El *Mail on Sunday* estaba encantado. El periódico creía que las admisiones de Meghan reforzaban su defensa de que no podía tener una «expectativa razonable de privacidad».

Su causa parecía verse favorecida por las contradicciones de Scobie. Primero, afirmando en el libro que había hablado con los Sussex, luego negando en una declaración firmada su ayuda. Francesca Kaye, maestra de la División de Cancillería, decidió que la honestidad de Scobie debía ser puesta a prueba. «No es lo que dice sino lo que no dice lo que puede ser importante en el juicio», declaró Kaye. Pertinentemente, también señaló las contradicciones de Meghan. «Es un caso sencillo», anticipó Kaye. «Si es un castillo de naipes, entonces se caerá rápidamente en el juicio. Pero estoy convencida de que es discutible». Meghan fue condenada de nuevo a pagar todos los honorarios de los abogados, por un total de ciento setenta y ocho mil libras, hasta entonces. Todo parecía preparado para poner a prueba la veracidad de Meghan en el estrado.

Nadie en el Palacio de Buckingham había previsto que Meghan siguiera adelante con el caso. Por ello, los cuatro miembros del personal del palacio encargaron a David Engel, un abogado, que enviara un mensaje claro a los abogados del periódico. Aunque los cuatro tenían pruebas de que Meghan había previsto que su carta sería filtrada, según escribió el abogado, éste se negó a describir sus pruebas. Sin embargo, Engel añadió: «Están dispuestos a proporcionar al Tribunal la asistencia que puedan. Ello incluiría, si procede, prestar declaración oral en el juicio y/o facilitar a las partes cualquier prueba documental pertinente». A Warby no le quedó ninguna duda de que los Cuatro del Palacio podrían aportar pruebas oculares críticas en un juicio.

Bajo el sol, a ocho mil kilómetros de distancia, las tranquilizadoras garantías de sus abogados minimizaron los contratiempos de la batalla legal en Londres. Meghan estaba ocupada preparando el terreno para protagonizar la próxima gran aparición de su carrera.

36

EL PUZLE

La marca de Meghan como *influencer* se benefició de su matrimonio con el príncipe Harry. A pesar del matiz antidemocrático, la guerrera de la justicia social se comercializó como una duquesa con una misión. Para forjar una imagen compuesta de una mujer única, su personal de comunicación se encargó de encajar las piezas del puzle: compasión, victimismo, noticias falsas, racismo, feminismo y maternidad. Cada pieza del rompecabezas ilustraba el sufrimiento de Meghan.

Con sede en Montecito, Christine Weil Schirmer, la jefa de comunicación, y Toya Holness, la secretaria de prensa «global», colaboraron con James Holt, afincado en Londres y anteriormente ayudante de Downing Street del ex viceprimer ministro Nick Clegg, para hacer realidad el lema de los Sussex, «Construir la compasión en todo el mundo». En la jerga de los verdaderos creyentes, Schirmer explicó que sus empleadores ofrecían «un acceso diverso y abierto a su trabajo mediante la colaboración con medios globales, especializados y populares». En la misma línea, habló del propósito de Archewell de «utilizar el poder de la compasión para impulsar el cambio cultural sistémico». El trío tenía la misión de difundir el evangelio de Meghan.

El telón lo puso la «Cumbre de las mujeres más poderosas», una conferencia de la revista *Fortune*. Aunque fue virtual debido al Covid, las entradas costaban dos mil cuatrocientos veintiséis dólares cada una. Meghan participó en la sesión «Liderazgo valiente». Se describió a sí misma como «la persona más criticada del mundo entero en 2019» —una exageración, ya que Adele y Gemma Collins estaban entre los muchos que fueron aún más atormentados—, y recitó cómo el abuso la había dejado «aislada» y «marginada». Ser víctima del antagonismo racista que se fabricaba y propagaba era, según ella, «casi imposible de sobrevivir».

En el centro del argumento de Meghan estaba la «injusticia de su maltrato». En Facebook y otras redes sociales siempre se publicaron mensajes llenos de odio después de que ella hablara de salud mental, bienestar e igualdad de género. Aunque sus declaraciones eran obviamente ciertas y «no controvertidas», la reacción hacia ella en las redes sociales fue insensible, incluso venenosa. «Soy cautelosa al poner a mi familia en riesgo... lo que acabó siendo incendiario fue la interpretación que hace la gente. Eso es tan grave, que no puedes ni imaginar qué se siente».

Utilizando frases que a los espectadores del documental de Netflix *The Social Dilemma* les resultarán familiares, abogó ante la conferencia por «Basta de odio por dinero». Instó a las mayores empresas del mundo a dejar de anunciarse en Facebook hasta que su fundador, Mark Zuckerberg, abordara el discurso del odio. Sus críticas quedaron un tanto desvirtuadas al negar que leyera ningún medio de comunicación social: «Por mi propia seguridad, no he estado en las redes sociales durante mucho tiempo... He tomado la decisión personal de no tener una cuenta». Meghan afirmó haber dejado de usar Facebook: «No sé lo que hay ahí fuera, y en muchos sentidos eso me ayuda».

Esa declaración sentó mal porque Meghan había sido en su día la productora de *The Tig*, seguida por más de tres millones de personas en Twitter, Facebook e Instagram. En sussexroyal.com, Harry acababa de publicar en el Día de la Salud Mental: «Mostrar vulnerabilidad en el mundo actual es una fortaleza». En el mismo sitio web, Meghan había publicado un mensaje de sí misma como «la duquesa de Sussex» compadeciéndose de los desafíos enfrentados por sus seguidores durante el cierre por el Covid: «Reconocemos las perspectivas únicas a través de las cuales las diferentes comunidades ven el mundo. Y aunque este es un momento de desafíos sin precedentes y mucha polarización, nuestras comunidades tienen la capacidad de aportar soluciones que construyan un futuro mejor para todos». En un discurso en YouTube desde Montecito con motivo del Día Internacional de la Niña, añadió que el cierre por Covid había permitido a los Sussex disfrutar de «un buen tiempo en familia».

Incluso eso no era del todo exacto. Seis semanas después, reveló en un artículo para el *New York Times* que había sufrido un aborto espontáneo en julio. Bajo el título *Las pérdidas que compartimos*, Meghan describió cómo sintió el primer dolor mientras cambiaba el pañal de Archie. «Supe, mientras abrazaba a mi primogénito, que estaba perdiendo al segundo». Horas más tarde, sostenía la mano de Harry en el hospital: «Sentí la suavidad de su palma y besé sus nudillos, mojados por las lágrimas de ambos. Intenté imaginar cómo nos curaríamos».

Para algunos, su artículo en el periódico fue una invasión de su propia privacidad. Para otros, rompió benditamente un tabú. Una cuarta parte de los embarazos en Gran Bretaña terminan en un aborto espontáneo. «Perder un hijo», escribió a sus simpatizantes, «significa cargar con un dolor insoportable, experimentado por muchos, pero del que pocos hablan». Para añadir un toque de picante a su revelación, culpó del aborto a la presión de «pasar por tantas cosas». En concreto, a su acción legal contra el *Mail on Sunday*. En realidad, en julio, en vísperas de la publicación de *Finding Freedom*, esperaba una victoria rotunda en su litigio sobre la privacidad.

La revelación de su aborto involuntario fue acompañada de una referencia a su realeza, un elemento esencial del rompecabezas. Reveló que, tras su entrevista con Tom Bradby en Sudáfrica —tan memorable en su opinión porque se representaban sus papeles de «madre, feminista y defensora»—, la reina y Carlos le habían «tendido la mano». No se aportaron pruebas de su afirmación.

Todas esas piezas apoyaban el ingrediente clave de la marca Meghan: su apoyo político a los demócratas. En vísperas de las conflictivas elecciones presidenciales en plena crisis del Covid, los Sussex apoyaron a Joe Biden frente a Donald Trump. Las bajas encuestas de los índices de audiencia del presidente sugirieron su derrota. Deseosa de participar en la humillación de Trump, Meghan disfrutó de un encuentro virtual con Gavin Newsom, el gobernador demócrata de California. A continuación, ella y Harry transmitieron un mensaje a los estadounidenses desde su jardín de Montecito. Celebrando su inclusión como una de las cien personas más influyentes del planeta según la revista *Time*, Meghan instó a los estadounidenses a «construir comunidades de compasión» y habló de «las elecciones más importantes de nuestra vida». En un claro llamamiento contra Trump, Harry pidió a los estadounidenses que se registraran para votar: «A medida que nos acercamos a este noviembre, es vital que rechacemos el discurso de odio, la desinformación y la negatividad en línea».

Se rompió el acuerdo de Sandringham de que la pareja «mantuviera los valores de Su Majestad». El apoyo a un partido político no era aceptable para la familia real. Reflexionando, el desaire de Harry a Ivanka Trump durante su visita al Palacio de Buckingham con su padre en diciembre había sido claramente inspirado por Meghan. Meghan no había aparecido en la cena de estado de Trump en el Palacio de Buckingham. Su partidismo no sorprendió al presidente. «No soy fan de ella», dijo. «Le deseo mucha suerte a Harry porque la va a necesitar». La pregunta era si Harry cumpliría lealmente con los demás términos del acuerdo de Sandringham y con la reina, o adoptaría la actitud de Meghan. El dinero influyó en la respuesta.

Sin el apoyo del monedero de Londres, la pieza financiera del rompecabezas se volvió importante. El acuerdo de *podcast* con Spotify se estimaba entre dieciocho y treinta millones de libras. Los rumores estimaban que el contrato largamente negociado con Netflix tenía un valor de cien millones de dólares. Los Sussex habían acordado producir documentales y películas para «compartir contenidos impactantes que desencadenen la acción». Aprobado por Ted Sarandos, vecino de los Sussex, que era jefe de contenidos de Netflix, el comunicado de los Sussex decía más sobre ellos mismos que sobre los programas que producirían:

«Nuestras vidas, tanto independientes como en pareja, nos han permitido comprender el poder del espíritu humano: del coraje, la resistencia y la necesidad de conexión. A través de nuestro trabajo con diversas comunidades y sus entornos, nos centraremos en crear contenidos que informen, pero también den esperanza. Como padres primerizos, también es importante para nosotros crear programas familiares inspiradores, así como contar historias potentes con un enfoque veraz y cercano».

La sorpresa fue la disposición de Harry a asociarse con el productor de *The Crown*, la sensacional serie de televisión que distorsionaba sin pudor la verdad sobre la familia real. Algunos se preguntaron si Harry reconocía siquiera el conflicto de intereses después de que proclamara en una emisión: «Cada gota de lluvia que cae del cielo alivia la tierra reseca. ¿Qué pasaría si cada uno de nosotros fuera una gota de lluvia, y si cada uno de nosotros se preocupara?». A Harry le gustaba mencionar las gotas de lluvia en sus discursos.

El Palacio de Buckingham se enfrentaba a otro problema sin precedentes. Harry se acercaba a su trigésimo sexto cumpleaños. Normalmente, el palacio celebraba el acontecimiento publicando fotografías del príncipe rodeado de su familia. Eso ya no era una opción. Para darlo a conocer, los funcionarios publicaron fotos de Harry de hace tres años. Todas excluían a Meghan. El proceso de exclusión de Harry también estaba en marcha. Para resaltar la crisis del Covid, la reina visitó Porton Down, el parque científico secreto de Gran Bretaña. Por primera vez en siete meses, estuvo acompañada de Guillermo. El inconfundible mensaje se confirmó poco después. Harry solicitó que se depositara una corona de flores en su nombre en el Cenotafio durante la ceremonia del Día del Recuerdo. Su deseo fue rechazado. Se ensañó con los funcionarios de palacio, pero sabía que la reina había aprobado personalmente esa decisión.

Cualquier insinuación de Londres de que los Sussex estaban excluidos amenazaba su rango de celebridad en América. Sus finanzas dependían de su condición de miembros de la realeza. Reconociendo el peligro, Meghan y sus asesores elaboraron una réplica. Con un fotógrafo a cuestas, el Día del Recuerdo Meghan llevó a Harry al Cementerio Nacional de Los Ángeles, que alberga noventa mil tumbas de guerra. Mientras un asesor la seguía con flores, se dirigieron a las tumbas de dos soldados de la Commonwealth. Llevando sus medallas militares pegadas a su traje, la tarjeta de Harry decía: «A todos los que han servido y sirven. Gracias». Después de que las fotografías se difundieran por todo el mundo, Harry negó que hubiera orquestado un truco publicitario para reafirmar su abandonada realeza. Por el contrario, no permitió que su familia le negara su derecho de nacimiento.

Al mismo tiempo, Harry siguió el ejemplo de Meghan en los temas más delicados. Meghan había apoyado que el gobierno de Joe Biden eliminara la identidad de género de las declaraciones oficiales. Hacer inaceptables los términos madre, padre, hija y hermano formaba parte de la política de la administración para borrar el sexo biológico.

El apoyo de Meghan a la cultura de la cancelación incluía la censura de sus oponentes como Trump en Facebook y Twitter. Pero entonces se encontró con un problema. Los partidarios de Black Lives Matter propusieron la «cancelación» de los presidentes George Washington, Thomas Jefferson y Abraham Lincoln porque tenían esclavos. Otros querían prohibir los libros de literatura clásica por ser supuestamente racistas. En el momento, recordando que el paso en falso de Harry y el suyo sobre la Commonwealth les había expuesto a las críticas, se resistió a unirse al extremo del movimiento. Pero la cuestión racial se había convertido en algo demasiado importante en sus carreras como para que ella pudiera ignorar el debate razonable.

Desde que escribió el artículo de *Elle* en 2015 sobre su experiencia racial, Meghan había hablado como víctima del racismo. Aunque no aportó ninguna prueba concreta de haber sufrido alguna desventaja personal, explicó que tras volver de Gran Bretaña se dio cuenta de que las tensiones raciales de Estados Unidos eran «devastadoras». Después del asesinato de George Floyd en mayo de 2020, encontró un «resquicio de esperanza». En todo Estados Unidos, «las protestas pacíficas… la gente estaba realmente asumiendo su propio papel. Pasó de la tristeza a un sentimiento de absoluta inspiración porque puedo ver que la marea está cambiando». En opinión de Meghan, el movimiento Black Lives Matter era «algo hermoso». Aceptó los argumentos de BLM sobre el privilegio de los blancos y sobre cargarles a los blancos la culpa de la opresión. Aunque los críticos tacharon a BLM de marxistas que fomentan el descontento social, Harry compartió su opinión sobre la culpabilidad del hombre blanco.

Harry criticó un «mundo creado por los blancos para los blancos». Gran Bretaña, dijo Harry en una entrevista desde Montecito, sufría de «racismo estructural». El racismo institucional era «endémico» en toda la sociedad. La sociedad blanca, en su opinión, producía «prejuicios» con un «efecto sobre los jóvenes de color». Los británicos blancos, dijo Harry, necesitaban entender a las personas «de otro color de piel». Influido por la experiencia de Meghan, añadió: «Cuando vas a una tienda con tus hijos y solo ves muñecas blancas, piensas: "Qué raro, ¿no hay ninguna muñeca negra?"» Los británicos blancos, insinuó, se benefician del racismo.

Incluso Londres, afirmaba, no era lo suficientemente diversa. Muchos británicos blancos estaban desconcertados por ello. Más del 40 % de la población de la ciudad no era blanca. El alcalde de Londres era hijo de un conductor de autobús pakistaní. Su principal rival en las últimas elecciones era de una familia jamaicana. La ministra del Interior era hija de refugiados asiáticos ugandeses. El canciller de Hacienda era un hindú indio. El padre judío del secretario de Estado para Asuntos Exteriores llegó a Gran Bretaña desde Checoslovaquia en 1938 para escapar de los nazis. El secretario de Estado para la industria y el secretario de educación eran hijos de inmigrantes de África.

Trevor Phillips, un comentarista negro, criticó a los Sussex por presentarse como la «próxima generación de pioneros» en su presentación de un nuevo programa de televisión, el *Black History Month*. El programa de televisión de los Sussex, escribió Phillips, «me hizo querer mirar hacia otro lado». No solo su programa era similar al *Black History Month* de Gran Bretaña emitido desde 1987, sino que su vídeo hablaba menos de la Gran Bretaña Negra y más de una pareja que suplicaba «déjame entretenerte». Los comentarios de Phillips probablemente nunca llegaron a los Sussex. La negatividad estaba prohibida en Montecito.

A medida que la familia se acercaba a la Navidad, que se celebraría en Santa Bárbara con David Foster y su esposa Katharine McPhee, Meghan estaba cada vez más cerca de Oprah Winfrey. Su programa sería la plataforma perfecta para exponer su experiencia del racismo.

Considerada la estrella televisiva más importante de Estados Unidos y con un patrimonio de mil millones de dólares, Oprah Winfrey se promocionaba como la principal personalidad cultural del país. Tenía diecinueve millones de seguidores en las redes sociales. Las personas empleadas en su programa estaban fuertemente controladas por acuerdos de no divulgación de por vida para evitar la publicación de cualquier información perjudicial. Sobre todo, para evitar que se informara a sus críticos de que Winfrey ganó su fortuna explotando a las «víctimas». Las repetidas homilías de Meghan sobre el sufrimiento de los *trolls*, el racismo y los prejuicios la convirtieron en una invitada natural del programa de Oprah.

La seducción de Oprah sobre Meghan fue magistral, aunque también la de una suplicante ansiosa. Para incluirla en la familia Montecito, Meghan había sido convencida de apoyar a Clevr Blends, una empresa local dirigida por mujeres que produce café instantáneo SuperLattes, una mezcla de leche de avena seca, crema de coco, fruta monje, setas y hierbas adaptógenas que reducen el estrés y mejoran la concentración. Al igual que Oprah, Meghan afirmó que «personalmente le encanta» el «enfoque holístico del bienestar» de los SuperLattes. También respaldó el «kit ritual casero» de ciento veinte dólares de Clevr Blends, que contenía dos bolsas de SuperLatte, una «guirnalda eterna de flores siempreviva» (una cadena de flores secas decorativas) y una impresión de setas de 12 × 12 pulgadas con un mensaje de «gratitud». Meghan invirtió una pequeña cantidad en la incipiente empresa, que empleaba a seis personas.

Esta fue la influencia que Oprah Winfrey ejerció mientras preparaba la mayor primicia de su carrera. Había fijado la fecha de transmisión en la cadena CBS. Todo estaba preparado para lanzar la marca Meghan en América.

37

NETFLIX

La escena fue memorable. Sentados frente a una pantalla gigante en la extensa hacienda de Santa Bárbara de Tom Barrack, un multimillonario que apoya a Trump, Meghan y Harry estaban viendo la última temporada de *The Crown*. Presentados a Barrack por Oprah Winfrey, los Sussex habían conducido hasta el rancho de montaña de quinientas hectáreas cerca de Santa Bárbara para conocer al controvertido padre de seis hijos que controlaba un imperio inmobiliario multimillonario vinculado a inversores árabes.

En vísperas de que su anfitrión se viera envuelto en un proceso penal, Harry comentó indiscriminadamente durante el programa la versión ficticia del reinado de sus abuelos y la relación hostil de sus padres. «Oh, es mucho peor que eso», pronunció repetidamente.

Vivir entre celebridades de Hollywood había socavado la comprensión de Harry de la discreción y la lealtad a su familia. Sus comentarios reflejaban la misión de los Sussex. En primer lugar, vengarse de la familia real y, en segundo lugar, poner de moda su marca. Para mantenerse en el candelero y ganar millones de dólares, los Sussex buscaban la máxima publicidad. La comprensión normal de la privacidad fue descartada.

Poco después de su visita a Barrack, Harry recorría Los Ángeles en un autobús descapotable con James Corden y un equipo de cámaras. La estrella británica de la obra de teatro *One Man, Two Guvnors* fue filmada sirviendo té y galletas al príncipe, que, a su vez, se prestó a las bromas y halagos del cómico. El productor de Corden reveló que la entrevista fue el resultado de la insistencia de Harry de aparecer en el programa.

Una vez más, esta vez para la cámara, Harry repitió sus elogios a la serie de Netflix. A pesar de que *The Crown* ha sido calificada como «una crítica feroz» sobre sus padres, Harry le dijo a Corden con autocompasión: «Me siento mucho más cómodo con *The Crown* que viendo las historias que se escriben sobre mi familia o sobre mi mujer o sobre mí mismo». Añadió: «Por supuesto, no es estrictamente exacta, pero a grandes rasgos te da una idea sobre ese estilo de vida, las presiones de poner el deber y el servicio por encima de la familia y de todo lo demás, y lo que puede resultar de ello». Pocos olvidaron que Harry estaba contratado por Netflix.

A Harry no le molestó que la entrevista con Corden se emitiera en febrero de 2021, la misma noche en la que el príncipe Felipe pasaba su decimotercer día en el hospital y la reina instaba a los británicos a vacunarse contra el Covid por televisión. En su apuesta por la publicidad, Harry pareció ignorar el dolor de sus abuelos. Rompiendo la costumbre, también desveló que la reina había regalado a Archie una gofrera por Navidad. «Me muero por orinar», dijo Harry a los propietarios de una casa de Bel Air mientras le filmaban. Ellos accedieron a que utilizara «su baño».

La autohumillación se había convertido en un ingrediente ocasionalmente esencial en la búsqueda de publicidad de los Sussex. Incluso el primer *podcast* de Archewell para Spotify se basó en convencer a Archie, de diecinueve meses, para que apareciera. «Puedes hablar en él», instó Harry a su hijo, señalando el micrófono. «Archie, ¿es divertido?», preguntó Meghan un poco desesperada. «Es divertido», respondió Archie. «Después de mí, ¿preparados?» ordenó Harry a su hijo. Di: «Feliz Año Nuevo», provocando la risa nerviosa de la pareja.

El corazón de su *podcast* de Spotify contó con trece invitados por «el príncipe Harry, el duque de Sussex, y Meghan, la duquesa de Sussex» para hablar del «poder de la conexión». La emisora de radio fue anunciada para que la gente «compartiera sus vulnerabilidades dentro de ese espacio seguro». Entre los indefensos estaba Elton John. Optó por confesar que era un alcohólico «en recuperación» que había sobrevivido al cierre por el Covid gracias a Zoom. Fluyeron más confesiones. Para captar la atención del público, los Sussex confiaron en la autoexposición, incluso de ellos mismos. El embarazo de Meghan apareció como una celebración de su importancia.

Misan Harriman, un fotógrafo de origen nigeriano educado en Bradfield, una pequeña escuela pública inglesa, y conocido por su apoyo al movimiento Black Lives Matter, fue contratado para la sesión. El resultado fue espectacular. El retrato en blanco y negro de Harriman mostraba a Meghan tumbada en el suelo bajo un sauce con la cabeza en el regazo de Harry. Su brazo derecho descansaba sobre su estómago. Harriman tomó la foto de los «espíritus libres» con vistas a aparecer en las portadas de todo el mundo, con un iPad desde Londres.

«Con el árbol de la vida detrás de ellos», escribió, «y el jardín representando la fertilidad, la vida y el avance, no necesitaban ninguna dirección, porque están, y siempre han estado, bailando juntos el vals de la vida como absolutas almas gemelas». El sauce, según se supo más tarde, fue insertado en la edición de la fotografía por Harriman en Londres. Poco después de la sesión, Harriman fue nombrado presidente del Southbank Centre de Londres, uno de los mayores complejos artísticos y musicales de la ciudad.

Una mujer tímida ante la publicidad dice a siete mil seiscientos setenta millones de personas «Estoy embarazada», fue el titular del *Daily Star* sobre la fotografía. El periódico se hizo eco de la ocurrencia de Piers Morgan: «Dejaron el país por la privacidad y apenas se han callado desde entonces... Es una completa bazofia». Los partidarios de Meghan estuvieron de acuerdo con su propia definición de privacidad: «Creo que todo el mundo tiene un derecho básico a la privacidad. No estamos hablando de nada que no esperen los demás. Se trata de límites... de respeto». Meghan representaba una poderosa corriente de opinión entre los *influencers.*

La ofensiva publicitaria de los Sussex desconcertó al secretario privado de la reina, Edward Young, y a su personal. Young se enfrentaba a una pareja popular que se promocionaba a costa del palacio. Un año después de Sandringham, los Sussex habían sellado su ruptura, incluyendo, según sospechaban los funcionarios, una entrevista con Oprah Winfrey. Nunca antes en la era moderna la monarquía había sido desafiada de esta manera. En lugar de convocar a expertos estrategas para planificar un contraataque y socavar a los californianos, Young entró en pánico.

El dilema al que se enfrentaba Young era complicado. El caso de Meghan contra el *Mail on Sunday* estaba avanzando en los tribunales; y el personal de palacio que se quejó del supuesto acoso de Meghan estaba descontento porque sus quejas habían sido enterradas. Por su parte, durante el año 2020 Meghan tenía buenas razones para creer que el memorando de Jason Knauf en el que se describían las acusaciones de su acoso había sido olvidado. Del mismo modo, supuso que Knauf no expondría la inexactitud de su declaración ante el Tribunal Superior sobre la carta a su padre y su negación de cualquier ayuda a los autores de *Finding Freedom*. Los tímidos funcionarios de palacio se resistirían a una guerra abierta. Su apuesta pareció dar resultado.

David Engel, el abogado de Jason Knauf, no fue demasiado útil para el *Mail on Sunday*. Explicó que los Cuatro del Palacio sabían cómo se creó la carta, pero no dio ninguna pista sobre su evidencia. El director del periódico se sintió decepcionado. Mucho más sorprendente fue la conclusión del juez Warby. Escéptico de que el periódico pudiera presentar pruebas que contradijeran a Meghan, Warby decidió que no era necesario un juicio. Meghan se haría con la victoria sin someterse a un contrainterrogatorio.

El juez se negó a escuchar las pruebas de los cuatro empleados de palacio. Decidió que la mayoría de las pruebas presentadas por el periódico en su defensa, incluidos los mensajes de texto de Meghan, eran irrelevantes. El periódico, dijo, se había negado a «ver la luz». Su defensa, declaró, se había «reducido a hipótesis especulativas fundadas en rumores de una fuente desconocida, que carece de corroboración y es contradicha por ambas personas clave». Dramáticamente, Warby dictó un juicio sumario a favor de Meghan. El periódico, dictaminó, había violado sus derechos de autor y su privacidad.

En su sentencia, Warby condenó la publicación del periódico de los extractos de la carta como «manifiestamente excesivos y, por tanto, ilegales». El hecho de ser de la realeza no hace que «uno» sea de propiedad pública. Su carta, dictaminó Warby, era la de una hija angustiada, y privada. No había ningún «interés público» en que se expusiera la relación de Meghan con su padre; ni Thomas Markle tenía derecho a impugnar la difamación que la revista *People* hacía de sí mismo. Su relación con los autores de *Finding Freedom* era igualmente irrelevante. La credibilidad y la reputación de Meghan estaban protegidas de cualquier desafío por parte del juez. Meghan y Schillings habían obtenido una victoria rotunda.

El periódico y la industria de los medios de comunicación estaban desconcertados por la decisión de Warby. Negar un juicio ofendía el sentido de la justicia. Nadie podía explicar el giro del juez. Representando la conmoción en los medios de comunicación, Camilla Long describió la sentencia de Warby como «una decisión de ensueño para los poderosos que desean escapar del escrutinio. El público, que permitió que Harry y Meghan utilizaran una marca británica para ganar dinero, se vio privado de la verdad por un juez». Como era de esperar, Meghan no estaba de acuerdo.

«Todos hemos ganado», dijo Meghan en un comunicado. «No se puede tomar la privacidad de alguien y explotarla», añadió. «Comparto la victoria con cada uno de vosotros, porque todos merecemos justicia y verdad, y todos merecemos algo mejor». El trato que recibió de los medios de comunicación fue «ilegal y deshumanizante». El público, insistió, tiene derecho a «noticias fiables, comprobadas y de alta calidad».

El 16 de febrero, animada por esa victoria, Meghan se sentó en un jardín de Santa Bárbara preparada para una entrevista con Oprah Winfrey que había sido planeada antes de su boda. Meghan estaba dispuesta a avergonzar a su familia política y a hacer valer su relato contra los Cambridge. Para algunos, se trataba de una venganza por el rechazo, contra la familia real que conspiró para negar su destino. Los que mancharon su reputación en Londres con mentiras sobre las discusiones previas a la boda y su acoso estaban en su punto de mira. «La vida consiste en contar historias, ¿verdad?», dijo Meghan. «Contar historias a través de una lente veraz».

Durante las semanas anteriores, las frases de Meghan habían sido escritas, reescritas y ensayadas. Conocía con precisión los momentos en los que dudaría, tomaría aire, se tocaría un mechón de pelo cuidadosamente preparado, representaría su reticencia a pronunciar una condena fulminante contra la familia real y luego, superando su vacilación, recitaría con timidez su obligación de decir la verdad.

La entrevista duró tres horas y veinte minutos. Harry se incluiría después de unas dos horas. Durante la sesión, Meghan reveló que estaba esperando una niña. No hizo ninguna referencia al hecho de que el príncipe Felipe se acercaba al final de su vida. Oprah Winfrey dio las gracias a sus invitados. Horas después, la estrella anunció su primicia. «La mejor entrevista que he hecho nunca», declaró Oprah Winfrey al mundo. La grabación se editaría para su difusión mundial el domingo 7 de marzo.

Hubo conmoción en el Palacio de Buckingham. El hecho de que los Sussex no avisaran al palacio con antelación se consideró un insulto. Los funcionarios se temían lo peor. Edward Young podía entender finalmente la reciente prisa de Harry por persuadir a la reina de que la pareja podía hacer tratos comerciales, pero seguir siendo miembros de la realeza trabajadores e imparciales. La confianza en Harry disminuyó rápidamente.

Young recomendó tomar represalias. La reina decidió que los Sussex debían renunciar a sus restantes patrocinios reales. Los últimos títulos militares de Harry y su patrocinio de la Rugby Football Union y el Commonwealth Trust fueron despojados. Al haber nacido príncipe, mantuvo ese título. Meghan perdió su patrocinio del Teatro Nacional y de la Asociación de Universidades de la Commonwealth, aunque también pudo conservar su título real.

Solo quedaba negociar una declaración acordada. Con dificultad y sin éxito, el palacio anunció unilateralmente: «Al alejarse de la labor de la familia real, no es posible continuar con las responsabilidades y deberes que conlleva una vida de servicio público». Al instante, los Sussex respondieron: «Todos podemos vivir una vida de servicio. El servicio es universal». La réplica de los Sussex, redactada por los asesores de Meghan, apareció justo cuando el príncipe Felipe, de noventa y nueve años, volvió a ingresar en el hospital.

La familia real luchaba en un terreno incierto. En medio de las emociones turbulentas, entre las que destacaba la inevitablemente inminente muerte del príncipe Felipe, hubo enfado por el comportamiento de los Sussex. Alguien decidió lanzar una represalia preventiva. El sospechoso popular, sin ninguna prueba, fue el príncipe Guillermo. Algunos dicen que la información fue entregada al editor de *The Times*, mientras que Valentine Low, el experto real del periódico, describió su informe como el producto de «varias semanas de duro trabajo». En cualquier caso, el resultado fue sorprendente.

El 3 de marzo, *The Times* reveló que Jason Knauf había denunciado el acoso de Meghan a un alto funcionario del Palacio de Kensington. La fuente anónima del periódico también afirmó que el comportamiento de Meghan había obligado a dos asistentes personales a dimitir y causado que un tercero sufriera una pérdida de confianza en sí mismo, llevándole a decir «no puedo dejar de temblar». Ninguno de los cuatro implicados fue identificado. Todos afirmaron que habían estado operando en un «clima de miedo» en el que los empleados eran rutinariamente «humillados» por Meghan y Harry delante de sus compañeros y repetidamente sometidos a «demandas irracionales». Uno de los ayudantes dijo a *The Times* que lo sentía «más como una crueldad emocional y una manipulación, que supongo que también podría llamarse acoso».

Valentine Low escribió que había sido contactado por «fuentes» que consideraban que «solo había surgido una versión parcial de los dos años de Meghan como miembro trabajadora de la familia real y querían contar su versión». Traumatizados y destrozados por el comportamiento de los Sussex, los funcionarios se opusieron a la mala gestión de sus quejas por parte de palacio. Para proteger a Meghan, el palacio se negó a investigar las denuncias: «Todos los hombres con trajes grises que ella odia tienen mucho por lo que responder, porque no hicieron nada para proteger a la gente».

«Los afectados», informó más tarde Rebecca English en el *Daily Mail*, «están hartos de la pura hipocresía de todo esto. La sugerencia de que ellos, los Sussex, estaban siendo intimidados y forzados a irse cuando otros estaban experimentando ese mismo tratamiento en sus manos».

Los abogados de Meghan fueron avisados con una semana de antelación de las acusaciones de *The Times*. Se pidió al Palacio de Buckingham pruebas, documentos, textos y correos electrónicos de su acoso. Al final, los representantes de los Sussex no pudieron presentar ninguna base legal para impedir la publicación. La réplica de Meghan estaba preparada. «Vamos a llamar a esto lo que es», dijo Meghan. «Una calculada campaña de desprestigio basada en información errónea y perjudicial».

Sus abogados lamentaban que el periódico hubiera sido «utilizado por el Palacio de Buckingham para difundir una historia totalmente falsa… Nos decepciona que un medio de comunicación dé credibilidad a esta imagen difamatoria de la duquesa de Sussex». Los abogados añadieron que la duquesa estaba «entristecida por este último ataque a su personalidad, especialmente porque ella misma ha sido objeto de acoso y está profundamente comprometida con el apoyo a quienes han experimentado dolor y trauma».

Los Sussex interpretaron el informe del periódico como otro ataque malintencionado de palacio contra ellos mismos, las víctimas inocentes. Harry y Meghan no dudaban de que la filtración había sido instigada por Guillermo para sabotear su gran momento, un ataque preventivo antes de su gran entrevista. Dado que Jason Knauf había escrito el memorándum, él o sus superiores lo habían filtrado al *Times*. Los Sussex sabían que el palacio no tendría derecho a réplica ni siquiera sería invitado a comentar sus dañinas acusaciones contra la familia real a Oprah Winfrey. Pero eso, en su opinión, era diferente. Estaban diciendo la verdad y la nota de Knauf era totalmente falsa.

Cualquiera que sea el motivo, la difamación de los Sussex fracasó. Al no contar con pruebas suficientes, muchos lectores sintieron que la fuente del periódico carecía de convicción. La cautela de palacio sugirió que Edward Young estaba preocupado por si el palacio podía acusar a Meghan de acoso, y aun así proteger al príncipe Andrés. Demasiado tarde, el palacio contrató a un nuevo bufete de abogados para investigar las acusaciones de acoso, pero se dio a entender que solo después de un proceso exhaustivo los abogados podrían pedir a los Sussex que respondieran a las acusaciones. Percibiendo esa debilidad, el personal de comunicación de Meghan orquestó una oleada de declaraciones comprensivas de sus amigos contra palacio.

«La duquesa de Sussex», dijo Jon Cowan, guionista *de Suits*, «es una buena persona metida en un mundo inimaginable. Habiendo pasado tres años trabajando con ella… vi a una persona cálida, amable y cariñosa». «Nadie», coincidió Kristen Meinzer, amiga y guionista, «podría haber estado preparado para el nivel de racismo, misoginia y hostilidad al que se ha enfrentado». Meinzer culpó a la «familia endogámica, desordenada y disfuncional» que se enfrentaba a una «millonaria autodidacta y muy educada que sabía cómo jugar el juego de las relaciones públicas… Mucha gente cree que tuvieron mucha suerte de tenerla y lo echaron a perder».

La productora de televisión y escritora estadounidense Lindsay Roth, amiga íntima de Meghan desde hacía más de dos décadas, dijo que «la amabilidad y la buena voluntad forman parte de ella».

Patrick J. Adams, su coprotagonista en *Suits*, describió a la familia real «como mucho, aparentemente arcaica y tóxica. Es obsceno que la familia real promueva y amplifique las acusaciones de «acoso» contra una mujer que, básicamente, se vio obligada a huir del Reino Unido para proteger a su familia y su propia salud mental». Refiriéndose a las acusaciones de su acoso, Adams continuó: «Este nuevo capítulo y su cronometraje es solo otro ejemplo impresionante de la desvergüenza de una institución que ha vivido más allá de su relevancia, está muy sobrepasada en credibilidad y aparentemente en bancarrota de decencia. Busca a otra persona a la que amonestar, reprender y atormentar. Mi amiga Meghan está muy lejos de tu alcance».

Jessica Mulroney, famosa por calificar a los críticos de Meghan de matones racistas, pero que en aquel entonces había sido «cancelada» tras ser acusada de racismo por una bloguera negra, dijo que Meghan trataba a su personal con «amabilidad, empatía y amor». Meghan también recibió el apoyo de Serena Williams, Katy Perry y Orlando Bloom, amigos y vecinos de Montecito que, como amigos de Oprah Winfrey, habían pasado todos juntos las vacaciones en el yate del magnate de los negocios David Geffen. En ese círculo, Meghan estaba en buenas manos. Sin embargo, ninguno de sus defensores había acusado directamente a los Cuatro del Palacio de mentir sobre el supuesto acoso. Y los abogados de Meghan no presentaron una demanda por difamación contra *The Times*. En Canadá, la tripulación de los Reitman reconoció la verdad.

Para promocionar el programa del domingo, el viernes 5 de marzo la CBS emitió un clip de Meghan. Perfectamente serena, Meghan estaba sentada en un jardín de Montecito, con un mechón de pelo colgando sobre su mejilla, un excelente accesorio para que lo tocara mientras confesaba su angustia y su ira. Para el tráiler reveló que el palacio le había prohibido conceder una entrevista a Oprah en 2018. Ahora liberada, fue «capaz de tomar una decisión propia. Y poder hablar por ti misma». Pero incluso hablar con honestidad, dijo la víctima, «viene con el riesgo de perder cosas. Quiero decir que ya se han perdido muchas cosas». Algunos espectadores no detectaron una tristeza genuina en sus ojos.

En la sede de la CBS en Los Ángeles había entusiasmo. Reducida a ochenta y cinco minutos, la CBS había prevendido la entrevista en todo el mundo. Oprah Winfrey había dado con una mina de oro. La ITV de Londres había pagado cerca de un millón de libras por los derechos de emisión. Al igual que la CBS, la ITV exigía tarifas superiores para los anuncios. En EE. UU., la CBS había vendido anuncios de primera calidad a los fabricantes de papel higiénico, productos quita arrugas para la ropa y leche de almendras.

En la víspera de la emisión, el portavoz de los Sussex anunció que su entrevista sería la «última palabra» sobre sus desavenencias con la familia real. Después de haber «necesitado dar su opinión», consideraban que el asunto estaba cerrado y querían «pasar página».

El portavoz del Palacio de Buckingham comprendió este sentimiento. El sábado por la noche, predijo que la entrevista sería un espectáculo secundario rápidamente olvidado, «perdido en la niebla del tiempo». La gente, según él, estaba más preocupada por el Covid. Se dice que la reina estaba «tranquila» y creía en el juego a largo plazo. Se dice que consideró «mejor no reaccionar» ante lo que sería «su última palabra». Cumpliendo con su deber, ella, junto con la familia real, pasaría el lunes celebrando de manera virtual el servicio anual del Día de la Commonwealth. Acertadamente, había elegido hablar sobre «la amistad y la unidad».

Edward Young no previó los sensacionales titulares de radio y televisión que dominarían las primeras horas del lunes 8 de marzo. Con su enfoque pasivo, Young tampoco previó el ataque de Estados Unidos. Ingenuamente, Young creyó que la entrevista sería la «última palabra» de los Sussex.

El sábado por la noche en Montecito, Meghan estaba en la cama llorando. No porque sintiera ningún remordimiento por sus demoledoras acusaciones contra la familia real, sino porque The Firm había orquestado un «desprestigio» sobre su supuesto acoso. «La abracé», dijo Harry. «Hablamos, ella lloró y lloró y lloró». Seguro que habían dicho a Oprah la «verdad de la manera más compasiva posible», Harry creía que habían dejado «una apertura para la reconciliación y la curación».

Mientras lloraba, Meghan podría haber recordado que cinco meses antes había dicho a la audiencia de la revista Fortune: «Si vives sabiendo la verdad, independientemente de lo que digan los demás, podrás irte a dormir con la conciencia tranquila». Al mismo tiempo, probablemente también había olvidado haber informado a la misma audiencia: «Si escuchan lo que realmente digo, no es controvertido».

Esa noche, Harry y Meghan aparentemente creían que su entrevista con Oprah Winfrey era honesta y no era polémica. «Lo que acabó siendo incendiario», había dicho Meghan, «es la interpretación que hace la gente [de lo que digo]». En su opinión, ambos fueron víctimas de los tabloides racistas, y ahora el Palacio de Buckingham estaba avivando el odio sobre un acoso ficticio.

38

LA ENTREVISTA

La introducción de Oprah Winfrey a la entrevista fue implacable. En el apacible entorno de un enorme jardín bañado por el sol, Meghan estaba sentada en un mueble de madera, aparentemente relajada. Perfectamente maquillada, adoptó la pose de un alma inofensiva e indefensa. Los comentarios iniciales de Oprah dieron un tono de victimismo.

Meghan, dijo Oprah, había sido objeto de «constantes críticas [y] descarados comentarios sexistas y racistas por parte de los tabloides británicos». Mientras hablaba, la pantalla se cubrió con un despliegue de titulares aparentemente racistas en el *Daily Mail* y otros periódicos británicos. La palabra «*niggling*[19]» fue señalada como ofensiva, aunque los críticos señalaron que el origen escandinavo de la palabra, del siglo XVI, no tiene ninguna relación con la raza. Incluso antes de que terminara la emisión, los periódicos británicos denunciaron a la CBS por manipular los titulares y ocultar la verdad de que la inmensa mayoría de los titulares estaban tomados de publicaciones estadounidenses y australianas. A pesar de que Associated Newspapers demostró la distorsión, Oprah Winfrey se negó a retirar los titulares falsos. Todos los medios de comunicación británicos, según ella, eran racistas. Los principios del programa estaban fijados: esta era la «verdad» de Meghan.

---

19. Nota de la traductora: Dicho de algo que causa algo de miedo o dolor por un tiempo prolongado. La palabra también tiene un segundo significado, en lenguaje coloquial es utilizada para describir a aquellas personas que tienen ascendencia afroamericana y asiática.

La triste historia de Meghan fue la de una ingenua estadounidense que, sin «un plan», se enamoró de un príncipe del que no sabía nada: antes de la cita a ciegas, «no había buscado a Harry en Internet». Escrito en su guion, se comparó con la Sirenita de Disney, que perdió la voz tras enamorarse de un príncipe desconocido. «No tenía ningún plan», dijo.

A la inocencia de Meghan se sumó su ignorancia sobre las consecuencias de casarse con Harry: «No investigué nada sobre lo que significaría». Una vez enamorada, pensó «honestamente» que *The Firm* velaría por sus intereses. Nunca pensó en sacar provecho de sus conexiones reales. Para su horror, los lacayos sin corazón se negaron a «tender la mano». Su confesión a Gina Nelthorpe-Cowne durante el almuerzo de que había investigado a la realeza fue olvidada, al igual que la advertencia de Nelthorpe-Cowne sobre las inevitables consecuencias. Incluso su propia confesión en Sudáfrica a Bradby de que había ignorado ingenuamente las advertencias de sus amigos sobre la prensa sensacionalista fue olvidada. «Gracias a Dios, no había investigado», dijo Meghan a Oprah.

Hablando con pausas dramáticas, sus ojos delineados y con largas pestañas, enfatizaban la enorme carga emocional que estaba reviviendo. Sus primeros acusados fueron los medios de comunicación por crear una «narrativa falsa». Negó haber leído los periódicos, pero se sintió horrorizada. Nunca, dijo, se había planteado la cuestión de la privacidad. «Es decir, nunca he hablado de la privacidad. Es algo básico». Su demanda de privacidad contra el *Mail on Sunday* de Londres quedó en el olvido. Los medios de comunicación «intolerantes», como dijo Harry, habían creado un «ambiente tóxico de control y miedo». Eso alimentó en parte sus pensamientos suicidas, que alcanzaron su punto álgido el día en que debían acudir al Royal Albert Hall. Pensar en esa noche le recordó el «lugar oscuro» en el que había vivido. Estuvo sentada toda la noche pensando en el suicidio.

Verificar los acontecimientos que llevaron a Meghan a pensar en el «suicidio» es difícil. Curiosamente, Harry y Meghan dieron versiones contradictorias de la historia. En la entrevista no coincidieron en si Meghan se sentía suicida por la noche, por la mañana o por ambas. Y no se pusieron de acuerdo en el número de días que se sintió suicida. Ninguno de los dos pudo explicar por qué Meghan buscó la ayuda de un funcionario de palacio no cualificado en lugar de un especialista médico con experiencia. Además, Harry nunca identificó qué miembro de su familia había «descuidado» a su esposa. Como Oprah no hizo ninguna pregunta de seguimiento, sus productores optaron por emitir las respuestas incoherentes de los Sussex.

Al parecer, la misma amenaza suicida se repitió tras el nacimiento de Archie. Harry confirmaría más tarde en el programa que regresó del trabajo en Londres para encontrar a Meghan llorando mientras amamantaba a Archie. No se lo dijo a su familia. «Me daba vergüenza admitirlo ante ellos. No sabía qué hacer. No estaba preparado para ello. Yo también estaba en un lugar muy oscuro, pero quería estar ahí para ella. Y estaba aterrorizado».

Winfrey no preguntó a Harry —mecenas de una organización benéfica de salud mental, con siete años de experiencia recibiendo ayuda médica para sus propios problemas, y que vive en una ciudad con miles de especialistas médicos— por qué, después de presenciar cómo su esposa buscaba sin éxito la ayuda de un desalmado especialista en recursos humanos de palacio, hizo poco por buscar ayuda especializada. Tampoco se le hizo esa misma pregunta a Meghan. En su lugar, Winfrey observó cómo su invitada derramaba una lágrima, pero no lo suficiente como para emborronar su inmaculado maquillaje. Oprah no pidió ninguna prueba ni el nombre del funcionario de palacio. La verdad de Meghan no fue cuestionada.

Diecisiete millones de espectadores estadounidenses, muy por debajo de los noventa y seis millones de la Super Bowl, quedaron sin duda conmovidos, pero la siguiente revelación resonaría aún más entre los británicos.

Oprah Winfrey había preparado un ataque contra Kate. Mientras que Meghan, afirmó, era retratada popularmente en Gran Bretaña como la «villana», Kate era aclamada como «una heroína». La razón, sugirió Oprah, era que Meghan era «la primera persona de raza mixta que se casaba con la Familia». Con la raza establecida como tema dominante, Oprah pasó a la revelación del periódico de que Meghan había hecho llorar a Kate por un vestido de dama de honor antes de la boda. Esa historia había puesto a muchos británicos en contra de la duquesa. La entrevista fue la oportunidad de Meghan para decir su verdad.

En el momento oportuno, Oprah preguntó si Meghan había hecho llorar a Kate. Perfectamente ensayada, contestó: «Lo que pasó fue lo contrario... me hizo llorar y realmente hirió mis sentimientos... Y no lo digo para hablar mal de nadie, porque fue una semana muy dura la de la boda. Y ella estaba molesta por algo, pero lo asumió y se disculpó. Y me trajo flores y una nota, disculpándose».

Después de haber puesto la narrativa en contra de Kate —o en los términos de Meghan no queriendo «de ninguna manera hablar mal sobre ella»— Meghan continuó: «Y ella hizo lo que yo haría si supiera que he herido a alguien, está bien, simplemente tomar la responsabilidad por ello».

No solo Kate era culpable, sino que había admitido su mal comportamiento. Y entonces Meghan añadió otro giro. Mientras había guardado silencio educadamente para «proteger» a Kate, culpó a los amigos de su cuñada de filtrar una historia falsa, que se volvió contra ella. «Lo que fue difícil de superar fue que me culparan por algo que no solo no hice, sino que me pasó a mí... La narración sobre, ya sabes, hacer llorar a Kate creo que fue el comienzo de un verdadero atentado contra mi reputación. Y ellos sabían que no era cierto». Con gracia, añadió: «Pero la he perdonado». El resultado, según Meghan, fue irreversible. «Creo que fue entonces cuando todo cambió, de verdad».

«No sé cómo pueden esperar que, después de todo este tiempo, nos quedemos callados si hay un papel activo de *The Firm* en la perpetuación de falsedades sobre nosotros». Los funcionarios de palacio impidieron que su personal y ella misma desmintieran las mentiras de Kate y contaran la verdad de Meghan.

Silenciada y desprotegida, Meghan concluyó: «Pensé, bueno, si no van a desmentir cosas así, entonces ¿qué vamos a hacer?» Las «mentiras» de *The Firm*, dijo Meghan, no se limitaban a las «lágrimas de Kate», sino a otras cuestiones: «Llegué a comprender que no solo no me protegían a mí, sino que estaban dispuestos a mentir para proteger a otros miembros de la familia, pero no estaban dispuestos a decir la verdad para protegernos a mí y a mi marido».

No se ofrecieron más ejemplos sobre las falsas acusaciones que había sufrido o la «auténtica difamación», pero sus partidarios se movilizaron con su lamento. Había sido arrojada a lo más profundo, donde «nadie te dice nada».

En medio de su oleada de afirmaciones, la credibilidad de Meghan se vio reforzada para la mayoría de los estadounidenses. En particular, les impresionó su afirmación de que durante su matrimonio, especialmente mientras estaba embarazada, había estado bajo arresto domiciliario. Le habían confiscado el pasaporte, el permiso de conducir y las llaves. Los funcionarios le impidieron viajar de forma independiente en los últimos cuatro meses de su embarazo: «Salí de casa dos veces en cuatro meses». Los telespectadores británicos no encontraban cómo eso podía ser cierto considerando sus dos viajes privados a Nueva York para el *baby shower* y el partido de tenis, y sus cuatro vacaciones en Europa.

«Ni siquiera podía quedar con mis amigos para comer», se quejó Meghan, que había disfrutado de muchas visitas sociales por Londres y a su casa de campo en Oxfordshire. «Es como si estuvieras atrapada», confirmó la entrevistadora. «Esa es la verdad», respondió Meghan.

«Atrapado» fue la misma palabra que utilizó más tarde Harry para describir su vida como miembro de la realeza. «Como el resto de mi familia, estaba atrapado, pero no sabía que lo estaba. Atrapado en el sistema, como el resto de mi familia. Mi padre y mi hermano están atrapados. No pueden salir. Y siento una gran compasión por ellos». Sus sonrisas en las fotografías, reveló, eran «parte del trabajo».

A continuación, Meghan hizo una revelación sin precedentes: «¿Sabes? Tres días antes de nuestra boda, nos casamos. Nadie lo sabe». Según la versión de Meghan, se casaron en privado en el Palacio de Kensington antes del gran día en Windsor. «Así que los votos que tenemos enmarcados en nuestra habitación son solo de los dos, en nuestro patio trasero, con el Arzobispo de Canterbury». La ceremonia de Windsor, televisada en todo el mundo, fue, insinuó Meghan, una farsa.

No se ha explicado qué es lo que Meghan imaginó haber conseguido con esa burda invención. Según la ley británica, un matrimonio debe celebrarse en un lugar público con dos testigos; y el certificado de matrimonio de Meghan indicaba que la boda se celebró el 19 de mayo en Windsor. Posiblemente ella creyó que, al igual que en California, los certificados de matrimonio son secretos y solo pueden hacerse públicos por

orden expresa de un juez. De nuevo, Oprah Winfrey dio vía libre a Meghan. Reflexionando, parece que Meghan estaba manipulando a su entrevistadora —y al arzobispo de Canterbury—. El prelado se negó a comentar
la fecha del matrimonio. En su lugar, el arzobispo se lamentó por el destino de Harry y Meghan: «Es una vida sin libertad condicional».

Otras injusticias que Meghan había sufrido salieron a relucir. No se
le dio «ninguna clase sobre cómo hablar, sobre cómo comportarse, cómo
cruzar las piernas correctamente, cómo ser de la realeza... No hubo nada
de esa formación que podría existir para otros miembros de la familia.
No se me ofreció nada de eso». Incluso tuvo que aprender el himno nacional en Google y tuvo que recibir una apresurada lección de reverencia
en Windsor Park.

Durante la entrevista no pudo decidir si se había sorprendido cuando
se retiraron los guardias de seguridad (y no se retiraron) o si después de
todo había confiado felizmente a la reina que no quería protección. Oprah
no cuestionó la contradicción de Meghan. En su lugar, aprovechó la crítica de Meghan a la reina: «Creerles cuando dijeron que estaría protegida».
Esa conversación inimaginable no fue cuestionada por Oprah después de
que Harry apoyara a su esposa. «La falta de apoyo y la falta de comprensión», coincidió.

Los espectadores americanos, Meghan lo sabía, no tenían ninguna
razón para dudar de su verdad. Sobre todo después de que Oprah Winfrey sacara a relucir la bomba: el racismo. Nada, sabía Meghan, era más
sensible en Estados Unidos. En ese momento, la mujer glorificada en
Estados Unidos como un icono popular e incluso como la «princesa negra» se vengó de la familia que le negó el estrellato.

Con una vacilación teatral, su tono dulce describió «varias conversaciones con Harry» sobre su hijo no nacido que involucraban a su «familia».
Durante su embarazo, reveló que «hubo preocupaciones y conversaciones
sobre lo oscura que podría ser su piel cuando nazca». Con sorpresa ja-
deante, Oprah preguntó si «les preocupaba que fuera demasiado moreno,
¿eso era un problema?».

Meghan confirmó el horror: «Si estás haciendo una suposición de que
alguien pensó que Archie sería demasiado marrón, estás bastante acerta-
da». Describió su predicamento: «La idea de que nuestro hijo no esté a

salvo y también la idea de que el primer miembro de color de esta familia no tenga el mismo título que otros nietos».

Oprah Winfrey pidió más tarde a Harry que explicara el comentario racista. Meghan había afirmado que hubo «varias conversaciones» y que se produjeron mientras estaba embarazada. La versión de Harry fue muy diferente a la de su esposa.

«Al principio» de la relación, dijo Harry, había habido un único «comentario general» sobre los «niños». La contradicción de Harry fue crítica. Meghan había descrito que las conversaciones se produjeron durante su embarazo, pero Harry insistió en que ocurrió una vez mucho antes de que se comprometieran. «Esa conversación», dijo Harry, «nunca la voy a compartir. En ese momento fue incómodo. Me sorprendió».

La enorme discrepancia fue ignorada por Oprah Winfrey. No exploró la «conversación», un intercambio en la casa de su padre con Carlos y Camilla. Cinco años después, Harry reinterpretó lo que sabía que era una especulación inocente como un final cargado de fatalidad para las relaciones con Carlos y Camilla: «Había algunas señales realmente obvias antes de que nos casáramos de que esto iba a ser realmente difícil».

Harry y Meghan se abstuvieron de nombrar y avergonzar a los responsables. «Eso sería muy perjudicial», explicó. Aunque Harry mencionó su «profundo respeto» por la reina porque «es mi coronel en jefe y siempre lo será», algunos espectadores se preguntaron si la monarca de noventa y cuatro años y su marido de noventa y nueve, que entonces pasaba su tercera semana en el hospital, podrían ser culpables de racismo.

Durante ese intercambio, Meghan sonrió. Parecía no inmutarse por el hecho de que Harry hubiera socavado su guion. Sin esfuerzo, siguió adelante a su terrible descubrimiento mientras estaba embarazada. Se le dijo que el no nacido Archie no solo se vería privado de un título de príncipe, sino que también quedaría desprotegido. Pronunciada en un tono apabullantemente tranquilo, la acusación de Meghan volvió a ser explosiva.

Preguntada por Oprah por qué Archie no era un príncipe, Meghan respondió: «Puedo darte una respuesta honesta». La misma razón, dijo Meghan, de por qué a su hijo se le negaba la seguridad: porque con su piel morena no sería tratado «de la misma manera que otros nietos». El palacio, según Meghan, estaba infectado de racismo de arriba a abajo. «Fue una decisión que consideraron apropiada. No hay ninguna explicación».

Condenar a la reina y a la familia real como racistas por no convertir a Archie en príncipe fue impresionante. Meghan sabía que su argumento era inexacto. Según un protocolo firmado por Jorge V el 30 de noviembre de 1917, Archie solo podría convertirse en príncipe después de que su abuelo, Carlos, fuera coronado rey. Además, al nacer Archie, el portavoz de Meghan anunció que sus padres no querían que su hijo tuviera un título. Pero en la entrevista Meghan fue más allá. Afirmó que, como su hijo sería moreno, «dijeron que querían cambiar la convención para Archie». No identificó a «ellos» ni explicó cómo se abandonaría la convención.

Los hechos nunca podrían socavar la verdad de Meghan. Ella sabía que la seguridad de Archie nunca se retiró. Mientras sus padres vivieran en Frogmore o en cualquier lugar de Gran Bretaña y continuaran con sus obligaciones reales, estaría protegido por el Estado. Una vez más, Oprah Winfrey dejó constancia de su desprecio por la realeza y no indagó en la versión de Meghan.

Con un traje azul inusualmente mal ajustado, Harry se presentó en la entrevista cuando ya se habían emitido dos tercios del programa. El racismo generado por los tabloides «intolerantes», había dicho previamente, había «jugado un papel importante» en la persuasión de la pareja para abandonar Gran Bretaña. Además de que se les había quitado «en poco tiempo» su seguridad, una norma desde su infancia. Aunque le habían advertido de que el contribuyente británico no pagaría la protección si se trasladaba a Estados Unidos, se había negado a aceptar la realidad. «Heredé el riesgo», dijo a Oprah Winfrey, «así que fue un shock para mí». Y desde entonces, dijo a millones de personas, temía que «la historia se repitiera». Meghan, insinuó, sería «asesinada» al igual que Diana.

«Mi familia me dejó literalmente sin dinero», dijo a Oprah Winfrey. «Tengo lo que mi madre me dejó. Tuve que pagar la seguridad para nosotros». La inesperada negativa de Carlos a ayudar económicamente, insinuó, les había dejado sin dinero y sin «plan». Su revelación más impactante fue que Carlos había dejado de atender sus llamadas. La negociación de los contratos con Netflix, Spotify, Disney y otros, afirmó Harry, comenzó por necesidad financiera solo después de que llegaran a California. En realidad, las cuentas auditadas del príncipe Carlos mostraron que Harry había recibido más de un millón de libras esterlinas después de dejar Gran Bretaña.

«Es muy triste que se haya llegado a este punto», dijo Harry cuando el programa se acercaba al final. «Pero tengo que hacer algo por mi propia salud mental, por la de mi mujer y también por la de Archie. Porque podía ver hacia dónde se dirigía esto».

«Es un final feliz», dijo Meghan. Sus pensamientos finales, redactados por un guionista. «Más grande que cualquier cuento de hadas que hayas leído».

Durante tres días las acusaciones de los Sussex se situaron entre los temas más discutidos del mundo. La mayoría de los estadounidenses y la mayoría de los británicos no blancos creyeron a Meghan: la familia real era racista. La mayoría de los británicos también se quedaron con la impresión de que la entrevista era un preliminar. Los Sussex amenazaban con más si era necesario.

La reacción inmediata era previsible. El Palacio de Buckingham se paralizó momentáneamente; los medios de comunicación británicos se mostraron hostiles y los medios de comunicación estadounidenses expresaron un apoyo eufórico. En toda la Commonwealth, muchos fueron persuadidos por Meghan y Harry de que toda la familia real era racista. Las consecuencias irremediables fueron realmente malas.

En las encuestas de opinión, Gran Bretaña estaba dividida por edades: el 83 % de los mayores de sesenta y cinco años tenía una opinión negativa sobre la pareja, mientras que el 95 % de la categoría de dieciocho a veinticuatro años era positiva. Los jóvenes y las minorías étnicas se alegraron de que Meghan hubiera representado sus pensamientos. En general, ambos obtuvieron valoraciones negativas: 48 % de negativas para Harry, 56 % de negativas para Meghan.

El apoyo a Meghan y Harry fue elocuentemente argumentado por una profesora de historia estadounidense de raza mixta, Christy Pichichero. Los prejuiciosos abusadores de Meghan en palacio, escribió, estaban cuestionando la veracidad de sus recuerdos mediante un «*gaslighting*[20] discriminatorio» para manipular psicológicamente y socavar su confianza en sí misma. En resumen, como el palacio no se disculpó por su lista de pecados, Pichichero juzgó al palacio culpable de «racismo y otras formas de intolerancia».

Janina Gavankar, actriz y amiga de Meghan desde hacía diecisiete años, reveló que, después de la entrevista, Meghan se sentía «libre». A pesar de su devoción por la familia real y de haber sacrificado su identidad, «simplemente no querían escuchar».

Los partidarios más importantes de Meghan fueron los aristócratas del partido demócrata. El secretario de prensa del presidente Joe Biden alabó la «valentía» de Meghan, y retrató a la familia real como racistas retrógrados. Michelle Obama simpatizó con Meghan como víctima del racismo: «La raza no es una construcción nueva en este mundo para la gente de color, así que no fue una completa sorpresa escuchar sus sentimientos». Sin embargo, tras reflexionar sobre las acusaciones de Meghan, los Sussex no se encontraban entre los cuatrocientos invitados a la fiesta del sesenta cumpleaños de Barack Obama en Martha's Vineyard.

Hillary Clinton, bastante familiarizada con los graves escándalos de su propia familia, observó que «era desgarrador verlos a los dos sentados allí teniendo que describir lo difícil que era ser aceptados, integrarse. No solo en la familia real, como ellos describieron, sino más dolorosamente en la sociedad en general, cuya narrativa está impulsada por los tabloides que viven en el pasado». Segura de que Meghan fue tratada con «crueldad» por los tabloides y reprimida por el palacio, Clinton dijo: «Bueno, esta joven no iba a agachar la cabeza. Ya sabes, estamos en 2021 y ella quería vivir su vida. Quería estar plenamente comprometida y tenía todo el derecho a esperarlo».

Ningún partidario fue más elocuente que Amanda Gorman, la joven poeta negra estadounidense mundialmente famosa por leer *The Hill We Climb* en la toma de posesión de Joe Biden, un poema que representa un

---

20. Nota de la traductora: «*gaslighting*» es un tipo de abuso psicológico que busca hacer que una persona cuestione su realidad. Puede incluir negar la verdad, dar por sucedido algo que nunca ocurrió o presentar información falsa.

mensaje de esperanza sobre el racismo de Estados Unidos. «Meghan», tuiteó el 8 de marzo, «fue la mayor oportunidad de la Corona para el cambio, la regeneración y la reconciliación en una nueva era. No solo la maltrataron, sino que la desaprovecharon». Más tarde, Gorman dijo a sus seguidores: «Meghan está viviendo la vida que Diana debería haber tenido si los que la rodeaban hubieran sido tan valientes como ella. Meghan no está viviendo una vida sin dolor, sino una vida sin prisión».

Los partidarios de Meghan ignoraron los informes de Londres que enumeraban diecisiete inexactitudes y contradicciones en las respuestas de Meghan a Oprah Winfrey. Ninguno cuestionó el hecho de que Meghan, antes de la boda, no se planteara si podría adaptarse para encajar en la cultura de la familia real. Entre muchos estadounidenses, la fuerza de Meghan definiría su lucha contra la familia real. Una víctima era siempre irreprochable.

En Estados Unidos solo hubo una fuerte voz discrepante. «Sus mentiras son casi psicóticas», dijo Thomas Markle, haciéndose eco del enfado de Gran Bretaña por las flagrantes falsedades de Meghan. «Los delirios de una pareja embriagada con su propio drama», escribió Sarah Vine. Muchos británicos querían que los Sussex fueran despojados de sus títulos por hacer pasar a la familia real y al país por racistas.

La comunidad negra británica estaba dividida. Muchos simpatizaron abiertamente con Meghan, identificándose con su ira. Otros, como el Dr. Rem Adekoya, académico de la Universidad de York, argumentaron que muchos negros consideraban a Meghan como blanca y no se unirían a ella. Wendell Pierce, su «padre» en *Suits*, condenó la entrevista de Oprah por considerarla «bastante insensible y ofensiva» mientras tres mil personas morían cada día en Estados Unidos a causa del Covid.

Poco después de la emisión, el portavoz de Meghan se apresuró a publicar una aclaración. La persona que había cuestionado el color del niño no concebido no era ni la reina ni el príncipe Felipe. Eso dejaba a Carlos, Guillermo y Kate. Los funcionarios del palacio se resistieron a una reacción instantánea. Después de una cuidadosa reflexión, su declaración fue comedida: «Toda la familia se entristece al conocer todo el alcance de lo difícil que han sido los últimos años para Harry y Meghan. Las cuestiones planteadas, en particular en cuanto a la raza, son preocupantes. Aunque

algunos recuerdos pueden variar, se toman muy en serio y serán aborda-
dos por la familia en privado. Harry, Meghan y Archie siempre serán
miembros muy queridos de la familia».

La mayoría de los británicos aclamaron esa declaración como una
obra de ingenio. Omid Scobie informaría de que los Sussex se burlaron y
«no se sorprendieron de que la familia real no asumiera la plena responsabilidad». En sus palabras, esbozó, los Sussex aparentemente preguntaron: «¿Cómo se puede seguir adelante así?».

En nombre de los Sussex, Scobie también condenó a Kate Robertson,
la fundadora de One Young World y una de las primeras partidarias de
Meghan. «Los Sussex tienen quejas», había tuiteado Robertson, «pero
deberían resolverlo en persona y en privado. Herir a la reina en público
es muy bajo». Elogió a la reina por ser «el ejemplo más impresionante de
servicio público del mundo». Las críticas de Omid Scobie desencadena-
ron un ataque del «Escuadrón Sussex» contra Robertson. Ella se rindió
rápidamente a los *trolls*. «Todo el mundo tiene derecho a contar su historia», se defendió Robinson. «Comentar la vida de la gente está mal. Lo
siento de verdad».

En el programa *Good Morning Britain* de ITV, Piers Morgan no fue
tan comedido. El periodista, cuya carrera se ha construido provocando
la indignación, presentó el programa a las 6:32 de la mañana del 8 de
marzo. «Estoy enfadado hasta el punto de hervir hoy», dijo a su audiencia
récord. «Estoy asqueado por lo que he tenido que ver… Un maratón de
basura de dos horas sobre nuestra familia real».

Al instante, fue cuestionado por la copresentadora Susanna Reid. Siguiendo las directrices editoriales de ITV, Reid defendió a Meghan. Mirando a la cámara declaró que la afirmación de Meghan de haberse
sentido suicida era seria. No se podía «pasar por alto». Tenían que creer-
la. Morgan interrumpió. Meghan, exigió, debía dar los detalles y nombres
de los que la rechazaron. «No creo ni una palabra de lo que dice», dijo.
«No le creería ni aunque leyera el parte meteorológico». Una vez más, Reid
desestimó el escepticismo de Morgan. La reacción en Estados Unidos a la
acusación sobre la raza, replicó Morgan, se utilizaría contra la monarquía.

En ese momento decisivo, la audiencia de *GMB* estaba tan dividida
como los presentadores del programa. Algunos consideraron que Meghan

era la villana que mentía sobre la familia real y la raza. Otros creyeron sus acusaciones. No menos de cuarenta y un mil quinientas quejas sobre Morgan serían registradas por el regulador de la televisión, Ofcom. Además, el abogado de Meghan se quejó formalmente a la ITV por los prejuicios de Morgan.

La temperatura subió a la mañana siguiente. La condena de Morgan a la «diatriba de tonterías» de Meghan había enfurecido al presentador del tiempo del programa, Alex Beresford. Al ponerse claramente del lado de Meghan, fue invitado a debatir sus diferencias. Al participar por primera vez en un debate televisivo, Beresford alabó repetidamente la valentía de Meghan al denunciar el racismo. Citó su propia experiencia como persona mulata para apoyarla.

El ataque de Morgan a Meghan, se quejó, fue «increíblemente duro de ver». Su raza, dijo, no es solo el color de su piel, sino su identidad y sus ideas. En su opinión, Morgan no entiende el racismo que sufren los no blancos. Como mujer mulata, prosiguió, ella se encuentra automáticamente entre los oprimidos y, como hombre blanco, Piers Morgan es indiscutiblemente un opresor.

«Si Meghan te dice que sufrió racismo en palacio», dijo Beresford, «entonces lo hizo. Cualquiera que sugiera lo contrario no es negro». Incluso esperar que Meghan demostrara sus acusaciones fue considerado racista. Como persona de raza mixta, dijo, tenía derecho a «decir su propia verdad», incluso si cualquier inexactitud difamaba a los miembros de la familia real. Beresford negó que los «hechos» reales fueran diferentes de la «experiencia» o «percepción» personal de Meghan.

El arrebato de Beresford fue una queja contra la actuación de Morgan. «Meghan Markle», le dijo Beresford a Morgan, «tiene derecho a dejar de hablar contigo si quiere. Sin embargo, tú sigues destrozándola». Beresford esperaba que Morgan se quedara callado si Markle decidía ignorarlo.

«Estoy harto de esto», dijo Morgan, y salió del plató. «Lo siento», dijo. Segundos después de su dramática salida, Beresford expresó su furia porque Morgan había criticado la verdad de Meghan.

La salida de Morgan tuvo su ironía. Durante meses, el ácido periodista había estado arengando sin piedad a los ministros del gobierno sobre el Covid. En repetidas ocasiones, humilló a los políticos por sus supuestos errores. Pero cuando se enfrentó a las mismas tácticas, huyó. En el revuelo que siguió la comparación no se destacó.

En épocas normales, los encendidos enfrentamientos televisivos merecen una mención de pasada o un escalofrío de emoción. Pero el enfrentamiento de Morgan con Beresford reflejó no solo las agudas divisiones raciales en Gran Bretaña y Estados Unidos, sino también el daño irreversible que los Sussex habían infligido a la monarquía. La disputa planteó una cuestión fundamental en los debates de todo el mundo: ¿Tiene una autoproclamada «víctima» el derecho incuestionable de que su «verdad» sea aceptada sin cuestionarla? Para entonces, las verdades de Meghan, o las mentiras según sus críticos, estaban establecidas y explicadas en las emisiones.

Carolyn McCall, directora ejecutiva de ITV, cuestionó el derecho de Morgan a estar en desacuerdo con Meghan. Fue especialmente crítica con Morgan por dudar de la afirmación de Meghan de haber tenido pensamientos suicidas. Morgan, declaró la exdirectora general de *The Guardian*, no podía cuestionar la «verdad» de Markle. Tras recibir una protesta de Meghan como mujer y madre, McCall exigió que Morgan se disculpara en antena. Bajo su edicto, a Morgan no se le permitió dudar de los pensamientos suicidas de Meghan. Morgan se negó a «pedir disculpas».

En opinión de Morgan, el autodiagnóstico de un problema de salud mental se había convertido en la excusa de una celebridad tras ser descubierta. Incluso el príncipe Andrés había mencionado sus «problemas de salud mental» como un escudo protector para evitar la recriminación por su mala conducta. Sin embargo, McCall no quiso entrar en ese debate. Cediendo a Meghan, puso fin inmediatamente a las apariciones de Morgan en *GMB*.

«Me convertí así en la última víctima de la cultura de la cancelación», se jactó Morgan, disfrutando de la gloria de los titulares de primera plana sobre su persona. «Si tengo que caer sobre mi espada por expresar una opinión honesta sobre Meghan Markle y la diatriba de tonterías que salió en esa entrevista, que así sea», resopló el mártir fuera de su casa. En medio de todo eso, mencionó que acababa de disfrutar de una botella de Krug de cuatrocientas libras y un puro.

Algunos sospecharon que había estado buscando una excusa para dejar ITV con una explosión. De la noche a la mañana, la audiencia récord del programa, de un millón ochocientos noventa mil espectadores, se redujo a menos de quinientos mil.

McCall decidió hacer una prueba con Alastair Campbell, antiguo portavoz de Tony Blair en Downing Street, como sustituto de Morgan. Acusado de ser un mentiroso y un matón, Campbell no solo fue acusado en un informe de la BBC de ser el responsable de «maquillar» el tendencioso dosier sobre Irak, sino también, a pesar de las serias advertencias, de sacar a la luz a David Kelly, un científico del gobierno, como fuente confidencial para BBC News sobre el dosier de inteligencia sobre Irak. La publicidad aprobada por Campbell provocó el suicidio de Kelly. A pesar de esas graves acusaciones, Campbell se sentó debidamente en la silla del estudio de Morgan.

Seis meses después, Ofcom rechazó las cincuenta y ocho mil quejas sobre la actuación de Morgan. Entre esas quejas rechazadas estaba la de Meghan. «El Sr. Morgan», declaró Ofcom, «tenía derecho a decir que no creía en las alegaciones de los duques de Sussex». Silenciar a Morgan, continuó Ofcom, sería «una restricción injustificada y escalofriante de la libertad de expresión». Morgan fue reivindicado. «Una victoria rotunda para la libertad de expresión», dijo, «y una derrota rotunda para la princesa Pinocho». Carolyn McCall permaneció en silencio. Alguien murmuró que se trataba de la inconveniencia de la verdad y la conveniencia de la culpa.

En Montecito, Meghan estaba más segura que nunca de que era la víctima, pero con un propósito. Su triunfo en el programa de Oprah Winfrey demostró el poder de los Sussex para manipular los medios de comunicación y difundir su mensaje en sus términos.

Meghan no previó ninguna consecuencia. Al ver cómo se desarrollaban los acontecimientos en Londres, Jason Knauf, Sara Latham, Samantha Cohen y otros antiguos miembros del personal estaban atónitos. Habían trabajado incansablemente para ayudar a la pareja. En sus propias palabras, Meghan había admitido la verdad en su declaración ante el tribunal: «He soportado en privado el ataque de los medios de comunicación en torno a mi padre con el apoyo de... el señor Knauf». Sin embargo, en Oprah contó al mundo una historia diferente: Knauf y su equipo no solo no habían hecho nada, sino que habían conspirado contra ella y Harry. En California, ella sintió erróneamente que estaba a salvo de la exposición.

39

REACCIÓN

«He perdido a mi padre. He perdido a un bebé. Casi pierdo mi nombre. Quiero decir, hay una pérdida de la identidad», dijo Meghan el mismo día que admitió que, después de todo, se había casado en Windsor.

Para Meghan, que se había quejado a sus dos maridos de su infancia sin familia, la entrevista con Oprah Winfrey condenó a sus propios hijos a un destino similar. Salvo Doria, los hijos de los Sussex, en ese momento, podían esperar crecer sin abuelos, tíos, tías y primos. Los Windsor eran una familia problemática, pero nadie esperaba que Harry saboteara todas las relaciones.

En Londres, las repercusiones públicas continuaron durante días. «No somos una familia racista», declaró Guillermo al ser abordado por los periodistas al entrar en una escuela del este de Londres para promover un proyecto de salud mental.

A pesar de su enfado por la denuncia de Meghan contra Kate, Guillermo telefoneó a Harry. Sanar y enmendar, coincidió con Carlos, era su única opción antes de que el distanciamiento fuera irreversible. Horas después de la llamada, Gayle King apareció en la televisión CBS. Tras revelar la conversación privada, ridiculizó a los pacificadores. La conversación, reveló, «no fue productiva».

Al hablar, según lo informado por los Sussex, King criticó la actitud de Guillermo: «La familia tiene que reconocer que hay problemas, y ahora mismo nadie lo reconoce». Continuó describiendo «lo que sigue molestando» a Meghan. Es decir, que el palacio quería resolver su disputa en privado, pero no había impedido que aparecieran historias falsas en los medios de comunicación. Desde luego, no habían impedido las historias difundidas en la entrevista de Oprah Winfrey.

El palacio advirtió a Harry que no habría más conversaciones, ni siquiera contacto, si había más filtraciones a los medios. Los asesores reales creían que eso intimidaría a Harry. Se equivocaron. Con la certeza de que la entrevista con Oprah fue un gran éxito en Estados Unidos, los Sussex se establecieron, no como miembros de la realeza asediados en el exilio, sino como celebridades de primera línea y activistas sociales en California.

En la víspera de su cuadragésimo cumpleaños, Meghan dio la bienvenida a la línea divisoria. Aclamada por millones de personas como una auténtica superestrella sin concesiones, había desafiado los pronósticos. En el centro de atención mundial, había humillado a la familia real.

El control de los medios de comunicación era fundamental. Nada podía dejarse al azar. El estatus y los ingresos de Meghan dependían totalmente de la exposición a los medios. Denigrar a los medios de comunicación, incluso con amenazas legales, formaba parte de su arsenal. A petición suya, la CNN retiró un reportaje que exponía sus inexactitudes en la entrevista con Oprah Winfrey. La habilidad de los Sussex fue negar el acceso a cualquiera que no estuviera dispuesto a adularlos. A su vez, su autoridad otorgaba una influencia considerable en todo Hollywood. Los medios de comunicación reconocieron que Meghan se había convertido en una fuerza importante en Los Ángeles. Temerosos de la influencia negativa de Meghan entre sus vecinos y otros agentes de poder, sus antiguos socios recibieron a los periodistas que preguntaban por su carrera con un silencio agresivo. Su abrupta negativa a comentar era una muestra de la nueva autoridad de Meghan.

Presentados por su insistencia como el duque y la duquesa, los Windsor de Montecito habían creado su propia imagen de celebridad, elaborada a través de oportunidades fotográficas hábilmente orquestadas, como humanitarios multirraciales y multiculturales. En lugar de servicio y sacrificio, su marca de la realeza se formó para las lucrativas carreras políticas. La única incertidumbre era el destino de Meghan. Su ambición final estaba rodeada de misterio.

La rutina de los Sussex había cambiado. Ya no se preocupaban por ser filmados repartiendo paquetes de comida o visitando albergues de mujeres. El Domingo del Recuerdo de noviembre de 2021, Harry no visitó un cementerio para saludar a los caídos. Con su astuto equipo de asesores, también llegaron a la conclusión de que cualquier apelación a los británicos era inútil. Tras el programa de Oprah Winfrey, centraron toda su energía en Estados Unidos, no solo para relacionarse con su base de apoyo, sino también para maximizar sus ingresos.

Para beneficiarse de la oscuridad financiera de Delaware, los abogados de Meghan habían registrado once empresas en el estado. La Fundación Archewell y las finanzas personales de los Sussex estaban ocultas. De forma confusa, además de la fundación benéfica Archewell, habían creado simultáneamente dos sociedades comerciales, Archewell Audio y Archewell Productions. Las personas externas a su equipo no podrían descubrir dónde había depositado la pareja sus ingresos procedentes de Netflix y Spotify. O si sus ingresos se habían utilizado para fines benéficos.

Tampoco había pruebas de que Netflix y Spotify obtuvieran ingresos por su relación con los Sussex. Por el contrario, los ejecutivos de ambas empresas se mostraron frustrados por la falta de productos y beneficios. El único nuevo emprendimiento acordado por los Sussex fue una asociación con el Center for Humane Technology. Junto con Archewell investigarían el desarrollo de «comunidades en línea más seguras y compasivas». Esto coincidía con los intereses de los Sussex, pero no era la fuente de dinero para mantener su estilo de vida.

En la red lanzada por el equipo de los Sussex entre multimillonarios de Silicon Valley y cazatalentos para encontrar un empleo adecuado para Harry, su primera captura fue Better Up. «El príncipe Harry, duque de Sussex», anunció la corporación fundada en 2013, había sido contratado como Director de Impacto. Ofreciendo un «*coaching* hiperpersonalizado» para mejorar la motivación y la productividad, Harry supervisaría los servicios de asesoramiento y tutoría de la empresa.

A pesar de su promesa de no sacar provecho de sus conexiones reales, Harry ofreció a la máquina de hacer dinero californiana su experiencia como enfermo mental siendo príncipe. Como enfermo de «*burn-out*[21]»,

---

21. Nota de la traductora: Agotamiento que puede ser de carácter físico, mental o emocional.

se unió a un programa para instar a los enfermos a buscar el bienestar mental mediante la meditación con la ayuda de un entrenador de Better Up. «El universo me está enseñando», decía Harry sobre la búsqueda de una cura para su propio agotamiento. La salud mental de un enfermo, defendía, mejoraría si dejaba su trabajo. Su fuente de ingresos alternativa quedaba sin explicación.

Para promocionar Better Up, Harry dispuso que la corporación californiana se vinculara al Queen's Commonwealth Trust (QCT), una organización benéfica real. A cambio, el QCT promocionó Better Up como una ayuda inestimable para los estadounidenses. Harry se sumergía en aguas turbias. En contra de las prácticas benéficas británicas, casi la totalidad de los ingresos anuales totales de la QCT, de setecientas noventa y seis mil ciento seis libras, se pagaban a su personal y no a los beneficiarios. Sin ningún tipo de conocimiento de finanzas o leyes, Harry se arriesgaba a tener problemas.

Describiéndose a sí mismo como «humanitario, veterano militar, defensor del bienestar mental y ecologista», el segundo cargo de Harry fue el de miembro de la Comisión sobre Desorden de la Información del Instituto Aspen. La Comisión investigaba cómo la «desinformación» estaba causando una «crisis de fe en instituciones clave». Entre los miembros también se encontraba Kathryn Murdoch, la esposa de James Murdoch, cuyo periódico londinense había pirateado ilegalmente el teléfono de Harry, aunque Murdoch afirmaba desconocer el delito.

Como víctima de la «dictadura digital», Harry sintió que podía contribuir a la investigación de «una crisis de confianza y honestidad... que es un problema humanitario mundial». El informe de la Comisión pediría responsabilidades a «los «difusores» de mentiras en línea» que estaban perjudicando a «cientos de millones de personas cada día».

Harry fue más allá. Describió a los periodistas inexactos como «los piratas con carné de prensa que han secuestrado la industria más poderosa del mundo». Preguntó: «Si se supone que los medios de comunicación nos exigen rendir cuentas, ¿quién les exige a ellos? Me encantaría ver un movimiento para desenmascarar a los poco éticos, inmorales y deshonestos de entre ellos». Las diecisiete inexactitudes de la entrevista de Oprah Winfrey y la declaración engañosa de Meghan ante el Tribunal Superior en el caso del *Mail on Sunday* pasaron desapercibidas.

La ética era tan importante para Harry que él y Meghan se unieron al Ethic Bank de Nueva York como «socios de impacto». Este fondo de gestión de activos de mil trescientos millones de dólares, fundado en 2015, se centra en inversiones sostenibles. Su propósito, dijeron los Sussex, era «repensar la naturaleza de la inversión para ayudar a resolver los problemas globales a los que todos nos enfrentamos». Los Sussex habían invertido su propio dinero en el fondo, y se les pagó para que se convirtieran en embajadores de la marca, aunque eso estaba prohibido por el acuerdo de Sandringham.

El banco era controvertido. Los fundadores del banco, que se presentaban como ecologistas y hippies, fueron acusados de hacer «*ecoblanqueo*» de las inversiones para los extremadamente ricos creando una cortina de humo de «hacer el bien». Los críticos destacaron que Ethic Bank había invertido en minas de oro, medios de comunicación social, compañías aéreas, empresas petroleras, farmacéuticas, Amazon, Raytheon, el fabricante de misiles de precisión, e incluso la Fox Corp de Rupert Murdoch, todos los cuales fueron condenados como poco éticos por los grupos de presión, y por el propio Harry cuando aparecía bajo una apariencia diferente. Por encima de todo, odiaba a los medios de comunicación que le criticaban.

La comprensión que Harry tiene de los medios de comunicación se puso de manifiesto al denunciar en la televisión estadounidense que la Primera Enmienda a la Constitución de los Estados Unidos era una «locura». La piedra angular de la libertad de expresión y de los medios de comunicación sin censura en el país fue descrita por Harry como «vulgar». En Estados Unidos, «vulgar» significaba «loco». Posteriormente, admitió que no entendía la protección constitucional.

Había una buena razón para que Harry renovara sus críticas a los medios de comunicación. El 16 de abril de 2021, David Engel, el abogado, dijo al *Mail on Sunday* que, aunque su cliente Jason Knauf no ayudaría voluntariamente al periódico, prestaría declaración si el caso de Meghan llegaba a juicio. El último acercamiento de Knauf fue provocado por la negativa del juez Warby a permitir un juicio. A Knauf también le sorprendieron las inexactitudes de los Sussex en la entrevista con Oprah Winfrey, así como la historia de Meghan de que Thomas Markle era un mentiroso al que ella, como hija cariñosa, había intentado ayudar. Warby, se quejaron los Cuatro del Palacio, había protegido el comportamiento «tramposo» de Meghan, permitiéndole difamar la reputación de «buenas personas y brillantes profesionales». Es decir, a los Cuatro del Palacio. Si los cuatro testificaban en el juicio de Meghan, las consecuencias para los Sussex serían graves. Con esto en mente, Harry partió hacia Londres.

Una semana antes, el 9 de abril, había fallecido el príncipe Felipe. Su funeral estaba previsto para el 17 de abril. Ni el palacio ni los medios de comunicación comprendieron la mentalidad de los Sussex cuando Harry llegó a Londres justo antes del servicio fúnebre.

El ambiente en Londres era sombrío. Diariamente, los medios de comunicación alababan la extraordinaria vida de Felipe y su devoción al país. El duque había planeado un sencillo funeral en la Capilla de San Jorge, en Windsor. Los ensayos mostraban un ejercicio militar impecable. Pocos no se conmoverían ante la perfección de la tradición ceremonial británica. Se preveía un tiempo perfecto. La única incertidumbre era la relación entre Harry y su familia. ¿Cómo se las arreglaría con su padre y su hermano? Meghan había aducido su embarazo de siete meses como motivo para no viajar.

En el Castillo de Windsor, la reina se preparaba para enfrentarse al público en uno de los días más tristes de su vida. Felipe había sido su roca durante los últimos setenta años. Para cumplir con las restricciones del Covid, haría su duelo sola dentro de la capilla. «Menos mal que no viene Meghan», dijo la monarca con voz clara a sus ayudantes de confianza. No había duda de la aversión de la reina por la perturbadora actriz.

La presencia de Harry seguía siendo un problema. Como ciudadano particular despojado de sus títulos militares, no podía vestirse de uniforme. Para minimizar el bochorno, tanto de Harry como de Andrés —envuelto en acusaciones de sordidez sexual—, todos los miembros masculinos de la familia real se vistieron con chaqué. Para evitar cualquier problema con Guillermo, los hermanos fueron separados por su primo Peter Phillips mientras caminaban hacia la Capilla de San Jorge.

Durante esa corta procesión, muchos observaron si Harry manifestaba algún arrepentimiento hacia su familia. Algunos interpretaron su mirada de reojo hacia Guillermo como el malestar del exiliado. Nadie captó la verdad sobre el nerviosismo de Harry. Nadie se dio cuenta de que en cuatro semanas su serie de Apple TV sobre la salud mental confirmaría no solo su deslealtad, sino su desprecio por la intimidad de su familia. La transmisión se había retrasado hasta después del funeral. Una vez más, Harry había fastidiado a los Windsor.

Mirando a su familia de pie en la Capilla de San Jorge, Harry sabía que su condena en la serie de Apple TV ampliaría la brecha. Sentada sola y aislada, el dolor de la monarca de noventa y cuatro años se ocultaba tras una máscara negra. Todo el mundo estaba conmovido por su dignidad. Guillermo parecía tenso, Kate serena, Carlos visiblemente angustiado. Solo la expresión de Harry desafiaba la información precisa. Agitando su orden de servicio contra sus muslos al salir de la Capilla, estaba claramente impaciente. Nadie sabía que Harry, el otrora adorado joven príncipe, había traicionado a toda su familia.

Después de la ceremonia, ansiosos por ver señales de reconciliación, los medios de comunicación aprovecharon la maniobra de Kate para urdir una conversación entre los hermanos. Las cámaras les siguieron mientras subían la colina hacia el castillo. Los reportajes posteriores oscilaron entre una conversación de dos horas entre Harry, Guillermo y Carlos, y un intercambio superficial antes de que todos se marcharan. Pocos se dieron cuenta de que Harry no tenía ningún interés en la reconciliación. Quería volver a California lo antes posible. Los tres príncipes hablaron brevemente antes de que Carlos se dirigiera a su casa de campo en Brecon Beacons, en Gales. A Guillermo le entregaron la carga de rescatar la monarquía del daño causado por su hermano y su tío Andrés.

El 14 de mayo, el Palacio de Buckingham comprendió por fin que los Sussex estaban fuera de control. Apple TV publicó la serie de Harry. Titulada *The Me You Can't See (El yo que no puedes ver)*, en la que Harry denunció a Guillermo, a quien antes había elogiado como la única persona en la que «podía confiar», y deshonró a Carlos, a quien antes había agradecido por ser tan «amable», por causar un ciclo de «dolor genético». Incluso criticaba a la reina, a pesar de decir que era «enormemente admirada».

Todos fueron considerados villanos responsables de sus «ciclos de sufrimiento» y de su «ira no resuelta». Comparando su vida con «una mezcla entre *El show de Truman* y estar en un zoológico», dijo de su familia: «He visto detrás de la cortina. He visto el modelo de negocio. Sé cómo funciona esta operación... No quiero formar parte de esto».

En lugar de reconciliarse con su familia, había monetizado su angustia. El desencadenante de su ira fue, una vez más, la «total desatención» de su familia hacia Meghan mientras ella tenía tendencias suicidas. «Ella iba a acabar con su vida. No debería llegar a eso», dijo, y añadió: «Esa fue una de las mayores razones para irme, sentirme atrapado y controlado por el miedo, tanto por los medios de comunicación como por el propio sistema, que nunca animó a hablar de este tipo de traumas. Me daba vergüenza acudir a mi familia. Porque sé que no voy a obtener de mi familia lo que necesito».

Reforzando sus acusaciones anteriores emitidas en la entrevista con Oprah Winfrey, Harry describió cómo él y Meghan se sintieron «intimidados a permanecer en silencio... Pensé que mi familia me ayudaría, pero cada petición, solicitud, advertencia, lo que sea, solo se encontró con el silencio total, la negligencia total. Pasamos cuatro años intentando que funcionara. Hicimos todo lo posible por permanecer allí y seguir desempeñando el papel y hacer el trabajo. Meghan estaba luchando». Incluso mientras negociaban su salida, «perseguidos e indefensos» en Londres, había «fuerzas trabajando contra nosotros». No se sabe quiénes rechazaron las súplicas de Harry.

Mientras el palacio se esforzaba por entender por qué Harry debía criticar públicamente a la reina y a su difunto abuelo por la crianza de Carlos, Harry disfrutaba de los informes que lo situaban en el número uno de las redes sociales. Los hombres de Estados Unidos quedaron prendados de la defensa de la terapia por parte de Harry. Se le atribuyó el mérito de haber eliminado el estigma de admitir la ansiedad y la depresión. Por el contrario, los responsables de palacio decidieron que no había forma de razonar con un hombre que «compartía» su ira para ayudar a otros a tener un «impacto positivo».

El abismo entre los Windsor y Harry se estaba ampliando. Cinco días antes, Harry declaró abiertamente sus opiniones en una campaña política.

En Vax Live, un concierto benéfico en Los Ángeles, Harry dijo a la audiencia que Pfizer y otros pioneros de las vacunas contra el Covid deberían abandonar sus derechos de propiedad intelectual y dejar libres las patentes a los países más pobres.

El presidente Biden apoyó ese gesto, pero se opusieron a él Gran Bretaña y la UE. La participación de Harry habría sido imposible como miembro de la familia real. Al igual que el vídeo de dos minutos de Meghan. Ella intervino afirmando que las mujeres de color se habían visto afectadas de forma desproporcionada por el Covid. El progreso de las mujeres, dijo Meghan, había sido «eliminado» durante una generación. No ofreció ninguna prueba de esta afirmación.

Harry sabía que el activismo político de la pareja y la monetización de su ira estaban causando dolor a Carlos. Impotente ante los acontecimientos de California, Carlos sabía que tenía una buena razón para despojar a los Sussex y a sus hijos de sus títulos. El estatus de los Sussex dependía totalmente de sus títulos reales. Todas las apariciones o declaraciones se hacían bajo la etiqueta «El duque y la duquesa de Sussex». Ninguno de los dos consideraba extraño honrar a la reina y a la vez condenarla como mala madre de Carlos, o etiquetar a toda su familia como racista y negligente con Meghan. En Estados Unidos, suponían los Sussex, nadie se daría cuenta de esas contradicciones. Pero Harry no podía dar por sentado que Carlos toleraría la enemistad sin retribución. En el posiblemente breve tiempo que quedaba antes de la muerte de la reina, Harry necesitaba cimentar su estatus.

Para permanecer en el ojo público, los Sussex crearon un sitio web de Lilibet antes de que naciera su hija. Lilibet fue el nombre utilizado por Jorge V, el abuelo de la reina, al imitar los intentos de su joven nieta por decir su propio nombre. Tras su muerte, en 1936, el nombre se mantuvo, pero solo fue utilizado por los miembros más cercanos de la familia de la reina.

La hija de Harry nació en el Hospital Cottage de Santa Bárbara el 4 de junio. Ese mismo día, pero dos días antes de que se anunciara el nacimiento, los abogados de Meghan registraron el sitio web lilibetdiana. com. Después del nacimiento, pero antes del anuncio público, Harry llamó a la reina. Le contó a su abuela el nacimiento y su decisión de llamar a su hija Lilibet.

Para frenar a los Sussex, el palacio dijo a la BBC que a la reina «nunca se le pidió permiso» para el uso de su nombre. En su llamada telefónica, Harry estaba «informando» a la reina sobre el nombre. Una vez que la BBC emitió ese informe, la máquina de la «verdad» de los Sussex se activó. Toya Holness, portavoz de Meghan, aseguró que Harry no habría elegido el nombre si la reina no le hubiera «apoyado». Enardecido por el enfado de los Sussex, Schillings anunció que, a menos que la BBC se disculpara y retirara ese informe, los Sussex los demandarían por difamación. Poner a Harry en contra de la reina fue una táctica extrema para controlar la imagen de los Sussex. El palacio apoyó a la BBC. Ante la verdad de los hechos, los Sussex retrocedieron. La amenaza de Schillings se evaporó. Los Sussex fueron derrotados.

Las disputas legales en Londres podrían olvidarse fácilmente en California. Solo cuando toda la familia real acudió a la cumbre del G7 organizada por el primer ministro en Cornualles el 12 de junio, y Kate fue filmada riendo con Jill Biden, Meghan comprendió la desigual lucha por la atención. Para los británicos, la visión de Guillermo, Carlos y la reina paseando por un jardín, junto a los líderes mundiales, representaba la fuerza duradera de la monarquía, y Guillermo y Kate representaban su futuro. Los Windsor se sintieron reconfortados por los elogios internacionales. Los Sussex planeaban su contraataque. Todas sus futuras apariciones públicas se programaron cuidadosamente y se insertaron en una red, construyendo un clímax a finales de ese año en Nueva York. Su propio evento real fue planeado para consolidar su estatus en América.

En su plan, la inauguración de un monumento de bronce a Diana en el Jardín Hundido del Palacio de Kensington en su sexagésimo cumpleaños se convirtió en un acto secundario para Harry. En la amargura desatada por los Sussex, solo la familia Spencer estuvo presente junto a los hermanos. Todos los demás, incluidos los nietos de Diana, se mantuvieron al margen. La ausencia de Meghan pasó desapercibida, excepto en aquellas partes de Estados Unidos donde Diana era venerada.

De pie frente a una representación poco inspiradora de Diana, Guillermo y Harry desafiaron las especulaciones. La ceremonia no desencadenaría una reconciliación. La reticencia de Guillermo a asistir a la ceremonia era bien conocida. Para entonces sabía que era inútil apaciguar a los Sussex. El destino de Harry se basaba en socavar a los Windsor. La reinvención de Harry requería una ruptura limpia, una retribución y una posible reconciliación en los términos de los Sussex. El único problema era el riesgo de que la verdad saliera a la luz.

A finales de julio de 2021, el abogado del *Mail on Sunday* escribió a Jason Knauf. Le preguntó al funcionario si, después de todo, podría prestar declaración para la próxima vista judicial contra Meghan. La respuesta de Knauf llegó al día siguiente. Para evitar cualquier cuestionamiento de su veracidad, envió posteriormente una declaración basada enteramente en su intercambio de mensajes de texto y correos electrónicos con Meghan y Harry. La declaración de Knauf y la posterior de Meghan supusieron un salto mortal en la opinión pública. Knauf reveló que había comentado el borrador de la carta de Meghan a su padre y que, a petición de Meghan, también había informado a Omid Scobie. Además, se cree que el equipo de comunicación del Palacio de Kensington entregó al periodista una copia de la carta de Meghan a Thomas Markle. Al parecer, Scobie comentó posteriormente la carta con uno de los amigos estadounidenses de Meghan. En realidad, Scobie se puso furioso cuando la revista *People* se llevó la primicia.

En aquel momento, insinuó Knauf, el personal del palacio estaba preparado «para contar la verdad» en el juicio de Meghan. Los otros tres exmiembros del personal de Meghan también habían preparado declaraciones como testigos. Los cuatro cuestionarían la veracidad de Meghan. La declaración de Knauf se entregó simultáneamente a los abogados del *Mail* y de los Sussex. Los Sussex tenían buenas razones para estar temerosos.

De forma reveladora, Knauf había cambiado de abogado. El palacio también contrató a un nuevo bufete de abogados para investigar el supuesto acoso de Meghan. En la declaración de Knauf no se menciona su memorándum, en el que se recogen las alegaciones del personal sobre el acoso de Meghan. Para los Sussex, evitar que los medios de comunicación dieran a conocer la «verdad» de Knauf se había convertido en algo esencial.

40

GRANDILOCUENCIA

Los *trolls* de las redes sociales difundían incesantemente chismes despiadados. Sus mensajes eran implacables: Meghan había insultado al personal de Tyler Perry y los Sussex habían abandonado su casa tras una discusión; Meghan odiaba que Harry pasara mucho tiempo con «británicos» que vivían en Los Ángeles; George Lucas, el director de cine y vecino de Montecito, estaba irritado por los Sussex; Meghan escribía en papel de carta con una «M» bajo una corona dorada; Netflix y Spotify estaban descontentos por la falta de producto de los Sussex; a Archie nunca se le veía jugar con los niños de la zona, y a Harry se le veía cada mañana fumando hierba en su jardín. Richard Mineards, un antiguo periodista que vive cerca de Montecito, dio al *London Evening Standard* el informe contrario. Los Sussex, dijo, estaban felizmente integrados en el barrio.

Los Sussex tenían buenas razones para ignorar a los *trolls*. Su astuto equipo estaba completando el puzle para establecerlos como importantes famosos en Estados Unidos. Faltaban tres meses para que se cumpliera el plazo.

Las negociaciones estaban casi terminadas para firmar un acuerdo de cuatro libros. El primer título, que se publicaría a finales de 2022, serían las memorias «íntimas y sentidas» de Harry. Escrito por el periodista estadounidense J.R. Moehringer, el libro de Harry prometía ofrecer un «relato definitivo, preciso y totalmente veraz» sobre las «pérdidas y lecciones de vida que han contribuido a hacerle quien es». Para ganar el anticipo estimado de unos veinte millones de libras, Harry tendría que dar a Moehringer confesiones emotivas y detalles secretos. Estos ajustarían sus cuentas con su familia y amigos. Se esperaba que Meghan ayudara al escritor a entender el dolor infligido por la familia real a ella y a Harry.

Entre los objetivos, además de Guillermo, Kate y Carlos estaría Camilla. Meghan la había identificado como racista. La publicación se programó sensiblemente para después del final de las celebraciones del Jubileo de Platino de la reina en junio. Por definición, Harry excluyó la descripción de las ventajas concedidas a sí mismo. Desde cualquier punto de vista, Harry era uno de los hombres más privilegiados del mundo. La amenaza adicional era el anuncio de que su segundo libro se publicaría después de la muerte de la reina.

El anuncio del acuerdo con Harry coincidió con la publicación del libro infantil ilustrado de Meghan, *The Bench*. Ella esperaba un sensacional éxito de ventas por las treinta y cuatro páginas inspiradas en un poema que escribió para Harry el Día del Padre tras el nacimiento de Archie. Dedicado «Para el hombre y el niño que hacen que mi corazón se ponga en marcha», escribió sobre la inspiración «para representar el vínculo especial a través de una lente inclusiva». En particular, quería destacar la «suavidad de la masculinidad y la paternidad» a través de «la calidez, la alegría y el confort de la relación entre padres e hijos». Meghan no se dio cuenta de la ironía de que ella y Harry estuvieran alejados de sus propios padres.

Las críticas fueron duras. Meghan era demasiado polémica para atraer la generosidad. El *Daily Telegraph* comentó que su libro «semianalfabeto» «deja a Harry con el bebé en brazos». Otro se quejó de que el «proyecto de vanidad semilegible… cojea». Otros cuestionaron el notable parecido del libro con *The Boy and the Bench*, publicado en 2018. Situado en el puesto cuatro mil novecientos treinta y cuatro en el Amazon británico después de dos semanas, *The Bench* llegó al Top 2000 en Estados Unidos. A los pocos días las malas críticas carecían de importancia. Meghan había ejecutado con éxito otras dos apariciones.

En su cuadragésimo cumpleaños, emitió un vídeo de lanzamiento de su iniciativa 40x40. Filmado en su casa detrás de una gran mesa repleta de ejemplares de su libro, explicó cómo se había reclutado a un grupo de mujeres famosas para que cada una de ellas dedicara cuarenta minutos a ayudar a una mujer a volver al trabajo después de la pandemia. Aunque no explicó lo que se podía conseguir en cuarenta minutos, y el humor del breve vídeo de la actriz cómica Melissa McCarthy no fue muy gracioso, la instantánea elevó su perfil y reafirmó su compromiso con el empoderamiento de las mujeres. Los resultados nunca se revelaron. La siguiente pieza del rompecabezas fue más profunda.

Dos senadoras republicanas, Susan Collins de Maine y Shelley Moore Capito de Virginia Occidental, recibieron llamadas inesperadas. Presentándose como «Meghan, la duquesa de Sussex», pidió a las sorprendidas políticas que votaran a favor del permiso parental remunerado. Quería que más madres tuvieran tiempo libre remunerado para pasar con sus bebés. Ambas senadoras parecieron poco impresionadas por las peticiones. Además, ambas encontraron «irónico» que Meghan utilizara su título real. Al fin y al cabo, ella había declarado a *Vanity Fair* que «nunca me he definido por mi relación». No obstante, la maquinaria publicitaria de Sussex difundió con éxito la noticia del sorpresivo golpe de Meghan.

Las dos llamadas telefónicas fueron precedidas por cartas de Meghan a la presidenta de la Cámara de Representantes, Nancy Pelosi, y al líder de la mayoría del Senado, Chuck Schumer. Para apoyar su causa, la duquesa de Sussex describió a los políticos su infancia como pobre: «Crecí con la barra de ensaladas de cinco dólares en Sizzler». También repitió una vez más que había trabajado a los trece años en la tienda local de yogures.

Harry y Meghan estaban en una buena racha. Expresaron su preocupación porque «el mundo es excepcionalmente frágil»; se sintieron «sin palabras» con «muchas capas de dolor» después de que los talibanes comenzaran su victorioso avance hacia Kabul, y se mostraron «asustados» por las nuevas variantes y la constante desinformación sobre el Covid. Les preocupó menos que, tras un partido de polo, Harry volara en un jet privado de Aspen a Santa Bárbara, a pesar de haber dicho a Oprah Winfrey que el cambio climático era «uno de los problemas más apremiantes» a los que se enfrentaba el mundo.

El clip de la entrevista de Oprah Winfrey a los Sussex fue abucheado en la ceremonia de los National TV Awards en Londres en septiembre. Se discutió si los abucheos eran para los Sussex o para Oprah por buscar premios por la entrevista. En cualquier caso, los Sussex contaban con Toya Holness para sofocar cualquier voz negativa dirigida contra ellos.

Holness contrató en Nueva York a Genevieve Roth, fundadora de Invisible Hand, para promocionar a la pareja. A Roth se le pagó para que supervisara la «estrategia de narración» de los Sussex. En 2020, Roth declaró a la revista *Good Housekeeping*: «Estoy plagada de racismo interiorizado y prejuicios inconscientes». Casada con un hombre afroamericano, confesó que «la raza es un problema en nuestro matrimonio porque, como mujer blanca privilegiada, tengo tendencias racistas inscritas a nivel celular». En el ambiente imperante en Nueva York, Roth recibió la ayuda de los editores de la revista *Time*.

Cada año, *Time*, históricamente una de las publicaciones más prestigiosas de Estados Unidos, nombra a las cien personas más influyentes del país. El personal de los Sussex había trabajado duro para convencer a los editores de *Time* de que Harry y Meghan eran el «icono» número uno de Estados Unidos. Lo consiguieron. En el pasado lejano, la nominación la escribía una personalidad política o cultural famosa. Lo mejor que *Time* pudo producir para nominar a los Sussex fue José Andrés, un chef pionero de la organización benéfica World Central Kitchen (WCK), financiada en parte con veinticinco mil dólares de Archewell. La operación de Andrés desmentía el título. Fuera de Estados Unidos, WCK solo había abierto pequeñas cocinas en Haití, Puerto Rico y Tonga.

Los elogios de Andrés hacia los Sussex fueron efusivos. La pareja, escribió, fue «bendecida por el nacimiento y el talento, y quemada por la fama. El duque y la duquesa tienen compasión por la gente que no conocen. No se limitan a opinar. Corren hacia la lucha. Dan voz a los que no la tienen a través de los medios de comunicación». Los críticos podrían cuestionar la asociación de los Sussex con la «lucha», pero Clare y Nina Hallworth, famosas por crear la imagen de Jennifer Aniston en 2019, fueron contratadas para producir una imagen perfecta para la foto de portada de los Sussex.

Los estilistas colocaron a Harry, todo de negro, de pie detrás de Meghan vestida de blanco. Estaba claro que Meghan había cambiado de opinión sobre los estilistas. Tres años antes, le había dicho a Knauf que no utilizaba estilistas: «Ya sabes lo frustrante que me resulta personalmente la narrativa de la «estilista» (ya que es lo único sobre lo que parece que todavía tengo algún control: mi estilismo personal)».

La revista *Time* fue el preludio del próximo gran evento de los Sussex: una minigira de tres días por Nueva York que comenzó el 22 de septiembre. Llegaron en un jet privado con Mandana Dayani, recién nombrada directora de operaciones de Archewell, que anteriormente había trabajado para Hillary Clinton. Los medios de comunicación se limitarían a hacer fotos. Nada de entrevistas.

Con base en el Carlyle, el hotel favorito de la princesa Diana, los Sussex tenían asegurada la máxima seguridad por parte de los agentes de la ciudad. Su convoy de todoterrenos estaría rodeado de motociclistas de la policía —sellando las carreteras— mientras atravesaban Manhattan. En su primera visita, al Observatorio de las Torres Gemelas, a primera hora de la mañana del jueves, fueron recibidos por Bill de Blasio, alcalde de Nueva York, y la gobernadora del estado, Kathy Hochul. Tratados como miembros de la familia real británica, fueron escoltados hasta el Memorial del 11-S y el piso 102 de la Torre de la Libertad del World Trade Center. Tras presentar sus respetos, salieron del edificio y se dirigieron a su convoy custodiado por la policía.

Los espectadores se sorprendieron de que Meghan llevara cuello alto y un grueso abrigo a pesar del clima húmedo de veintiséis grados. A lo largo de los tres días, llevó ropa pesada de invierno, piezas de Armani, Loro Piana y Max Mara, sobre vestidos de Valentino. Los accesorios eran de Valentino, Cartier y Manolo Blahnik. Mientras Meghan caminaba con Harry se les escuchó en un micrófono que Harry llevaba para un documental de Netflix. Hablando con voces tensas discutían un plan para llevar a Lilibet a Gran Bretaña para su bautizo. Eso no ocurrió.

La siguiente parada fue el edificio de la ONU para reunirse con la embajadora de la ONU por Estados Unidos, Linda Thomas-Greenfield. A continuación, fueron a un debate sobre la equidad de la vacuna contra el Covid con Chelsea Clinton en las oficinas de la Organización Mundial de la Salud, que incluyó la aparición virtual del director general de la OMS, el Dr. Tedros Adhanom Ghebreyesus.

Al día siguiente, la pareja visitó la escuela primaria Mahalia Jackson de Harlem. Meghan fue filmada leyendo *The bench* a una clase de niños.

Se informó a los periodistas de que los Sussex habían donado una lavadora y una secadora, dos cajas llenas de verduras y hierbas, y ejemplares
de su libro. Los críticos se preguntaron si los escolares, procedentes de
hogares desestructurados, acogerían bien la narración de una familia feliz, y si el atuendo de quince mil dólares de Meghan era apropiado. Desde
allí, fueron a almorzar pollo frito sureño y gofres en Melba, un restaurante de comida casera de Harlem. Se comprometieron a donar veinticinco
mil dólares al fondo de ayuda del Covid.

El punto culminante de la gira fue el sábado por la tarde. Ante sesenta mil personas en Central Park, un concierto de Global Citizen Live
promovió la equidad en las vacunas. Los Sussex fueron aclamados por
instar a los fabricantes a donar vacunas gratuitas a los países pobres. «Las
empresas farmacéuticas ultrarricas no comparten las recetas para fabri-
carlas», dijo Harry a la multitud. «Recetas» es la palabra que utilizó.
Adoptando el lenguaje de Meghan, continuó: «Cuando empezamos a
tomar decisiones a través de esa lente, todas las personas merecen tener
el mismo acceso a la vacuna». Ninguno de los asistentes pareció cuestionar cómo Harry, amparándose en su título y riqueza heredados, estaba
cualificado para lanzar una campaña socialista.

Antes de que terminara el concierto, la pareja fue conducida al aeropuerto de Teterboro. Mientras volaban en su jet privado de vuelta a Santa Bárbara, la cumbre del clima Cop-26 se reunía en Glasgow. «El duque
y la duquesa de Sussex tienen un compromiso establecido con el planeta»,
anunció Archewell. Los Sussex, añadió la organización benéfica, reducirían sus emisiones a cero para el 2030 y compensarían su huella de carbono.

Un mes más tarde, los Sussex regresaron a Nueva York en un jet para
protagonizar una gala en favor de los veteranos. Entrando en la sala con
un impresionante vestido rojo de diseño, Meghan fue aclamada por el
New York Times como una celebridad de primera línea y activista social.

El mismo periódico invitó a la duquesa de Sussex a aparecer en una
tribuna con Mellody Hobson, presidenta de la junta de Starbucks, codi-
rectora ejecutiva de un fondo de inversión y esposa del director de *Star
Wars*, George Lucas. Juntas, instaron al gobierno de Biden a que pague
las bajas familiares como una «cuestión humanitaria». El mismo día, en

una conferencia de Re-Wired, Harry atacó a los medios de comunicación británicos por «crear noticias con intereses personales» para provocar la prematura muerte de Meghan. «Los incentivos de la publicación», leyó Harry de su guion, «no están necesariamente alineados con los incentivos de la verdad. La desinformación es una crisis humanitaria global».

Sus dos discursos en Nueva York coincidieron con la apertura del tribunal de apelaciones del caso de Meghan contra el *Mail on Sunday*.

41

VICTORIA

Desde el principio, el 9 de noviembre de 2021, los tres jueces de apelación en Londres mostraron poco interés en los argumentos para permitir un juicio ofrecidos por Andrew Caldecott en nombre del periódico. A la cabeza de los tres jueces, Geoffrey Vos, el juez del tribunal de apelación, nunca había mostrado en su carrera una especial preocupación por la libertad de prensa.

Junto a él, Victoria Sharp era una reconocida crítica mordaz de los medios de comunicación. Al principio de su carrera había representado con entusiasmo al magnate de la prensa Robert Maxwell para aplastar las críticas de los periodistas. Y lo que es más revelador, en una sentencia anterior Sharp había socavado una protección legal crítica de los medios de comunicación en casos de difamación. El Tribunal Superior la anuló.

Como clase, los jueces británicos no simpatizaban con el grupo periodístico *Mail*, cuyo titular de 2016 *Enemigos del pueblo* había condenado al poder judicial por supuestos prejuicios contra el Brexit. (Dos jueces habían declarado que el referéndum a favor del Brexit solo podía aplicarse con la aprobación del Parlamento. En un parlamento dividido, conseguir ese voto era poco realista). En el caso del juicio de Meghan, la falta de simpatía de los tres jueces por el *Mail* se hizo patente en sus expresiones de impaciencia mientras Caldecott exponía su caso. «Están perdiendo el tiempo del tribunal», fue la impresión que dieron los jueces.

Justo cuando Meghan visitaba una base militar estadounidense en Nueva Jersey como parte de sus deberes «reales», Caldecott explicó la importancia de la declaración de Jason Knauf. Sostuvo que el juez Warby había sido engañado por la declaración artificiosa de Meghan. También mostró cómo Warby había ignorado algunos de los mensajes de texto de Thomas Markle. El juez se equivocó, dijo Caldecott, al negar al *Mail* el derecho a interrogar a Meghan y a presentar el testimonio de los Cuatro del Palacio en un juicio.

Los jueces desestimaron abiertamente el argumento de Caldecott sobre la importancia de la descripción de Jason Knauf de sus «múltiples» discusiones con Meghan. Los jueces prefirieron aferrarse a las excusas de Meghan por haber engañado al tribunal en su declaración firmada.

«Me había olvidado de los intercambios de correos electrónicos que tuve con el Sr. Knauf», escribió Meghan en una nueva declaración arrepentida «y de su reunión con los autores». Continuó: «Cuando aprobé el pasaje... no tuve la oportunidad de ver estos correos electrónicos y me disculpo ante el tribunal por el hecho de no haber recordado estos intercambios en ese momento. No tenía en absoluto ningún deseo o intención de engañar al acusado o al tribunal».

Los jueces aceptaron la explicación de Meghan. Su declaración engañosa, dijo Vos, fue «en el mejor de los casos, un desafortunado lapsus de memoria». El periódico perdió su apelación. Según los jueces, Meghan estaba facultada para determinar la narrativa y los medios de comunicación no podían cuestionar su verdad en un juicio. El derecho a la intimidad de Meghan era más importante que la libertad de prensa y el interés público. El periódico no tendría la oportunidad de defenderse.

Inevitablemente, la reacción de los medios de comunicación a la sentencia fue crítica. «¿Cómo pudo olvidar sus intercambios con Knauf?», se preguntaron muchos. Era culpable de una «falsedad» y de «mentiras». Ningún otro demandante en un tribunal inglés había escapado a un juicio y a la justicia por «un desafortunado lapsus de memoria». Muchos estaban indignados porque, una vez más, los ricos y poderosos habían ganado. Los enterados dijeron que el destacado vencedor era el juez Warby, protegido por sus compañeros. La víctima fue Thomas Markle. No pudo resarcirse de la difamación publicada por la revista *People*. «Los Markle mueren a los ochenta años», dijo. «Solo me quedan tres años de vida. No volveré a ver a mi hija, ni a mis nietos».

Meghan Markle se mostró eufórica: «Esta es una victoria no solo para mí, sino para cualquiera que alguna vez haya sentido miedo de defender lo que es correcto». Acusó al *Mail on Sunday* de alargar el caso y tergiversar los hechos para generar más titulares: «un modelo que premia el caos por encima de la verdad». Añadió: «En los casi tres años que han transcurrido desde que empezó esto, he sido paciente ante el engaño, la intimidación y los ataques calculados... Estas prácticas dañinas no ocurren de Pascuas a Ramos, son un hecho cotidiano que nos divide y todos merecemos algo mejor». Instó a cambiar la ley: «Aunque esta victoria sienta un precedente, lo más importante es que ahora somos lo suficientemente valientes colectivamente como para reformar una industria sensacionalista que condiciona a la gente a ser cruel y se beneficia de las mentiras y el dolor que crea».

El diario londinense *The Times* criticó a la duquesa por atacar a los medios de comunicación: «Es impropio explotar la plataforma que le otorga el privilegio hereditario, en su caso a través del matrimonio, para presionar un caso político».

Un argumento sustancial contra los medios de comunicación británicos y en defensa de Meghan fue escrito para *New York Magazine* por Safiya Umoja Noble, profesora asociada de Estudios de Género y Estudios Africanos en la UCLA, directora del Center for Critical Internet Inquiry y autora de *Algorithms of Oppression: How Search Engines Reinforce Racism*. Noble afirmó que Meghan había sido objeto de una campaña sexista y racista sin precedentes, alimentada por el «acoso y el odio», en Twitter. Las mujeres negras, escribió, fueron «implacablemente atacadas en línea» por la «misoginia». El ataque a una «mujer negra que demanda su privacidad y gana es demasiado para que los tabloides lo soporten», escribió Noble. No mencionó en su artículo que sus estudios fueron parcialmente financiados por la Fundación Archewell para «iluminar los problemas de desigualdad y racismo estructural».

El triunfo de Meghan se selló con su aparición en el programa de entrevistas de Ellen DeGeneres. Ambas mujeres, vecinas en Montecito, estaban unidas por las acusaciones de acoso. Ambas estaban también desesperadas por seguir siendo relevantes para el público estadounidense. En la economía de la celebridad, las mujeres de mediana edad debían realizar un notable esfuerzo adicional para asegurarse la publicidad que mantenía su estatus en la cima del índice. Muchos, Meghan lo sabía, despreciaban la voluble superficialidad de mantener la propia celebridad, pero, desde su infancia en el estudio de ABC, ella había abrazado ese mundo. El truco consistía en evitar la obsolescencia refrescando constantemente su atractivo.

Temiendo que su éxito en Nueva York dos meses antes quedara en el olvido, Meghan accedió a una extraordinaria subversión de su imagen real. En primer lugar, apareció en el estudio para una entrevista con De-Generes que abarcó todos los hitos muy conocidos de su vida.

A continuación, vestida con un top de Oscar de la Renta, Meghan abandonó el estudio y salió a la calle. Con instrucciones a través de un auricular conectado a DeGeneres, se le ordenó que interactuara con los comerciantes del mercado que vendían cristales de cuarzo y salsas picantes. «Cojamos lo más picante, cojamos lo más caliente», gritó Meghan en una payasada sorprendente. Ordenada por DeGeneres para «comer como una ardilla», coreó a los desconcertados comerciantes: «Oh lordy, lordy, lordy». El público del estudio aplaudió. Los espectadores estaban desconcertados. «Me siento caliente, caliente, caliente», gritó Meghan mientras bailaba sola. Obedeciendo las órdenes de DeGeneres de ponerse en cuclillas y tocarse la nariz mientras daba un trago al biberón, entonó: «Mamá quiere leche». El público del estudio se animó a vitorear más. Los espectadores se quedaron perplejos. Su final fue actuar como un gato. Durante un minuto, recitó: «Soy un gatito, miau, miau, miau».

42

VENGANZA

El escenario estaba ahora preparado para el divorcio final entre los Sussex y la familia real.

Harry disparó el primer tiro. Su negativa a buscar una reconciliación en el memorial de Diana o a volar a Londres para el servicio conmemorativo del príncipe Felipe el 29 de marzo de 2022, confirmó que los Windsor de Montecito no tenían ninguna intención de reconstruir su relación con la familia real, excepto en sus propios términos. Asimismo, parecía estar buscando una excusa para no volar a Londres para las celebraciones del Jubileo de Platino de la reina en junio.

Aunque la reina había invitado a Harry y Meghan a unirse al gran espectáculo de la nación, la pareja parecía buscar razones para evitar la humillación. Como ciudadanos particulares, no podían esperar ser invitados al balcón del Palacio de Buckingham ni montar en los carruajes. Aislados en la periferia, la imagen socavaría su estatus real en Estados Unidos.

Para forjar una excusa válida, Harry solicitó al Tribunal Superior de Londres una orden para obligar a la policía metropolitana a proporcionarle protección durante su visita, o permitirle pagar por la protección policial. Como era de esperar, su demanda de cuatrocientas mil libras fracasó. Como ciudadano particular, se le dijo a Harry que no podía obligar al gobierno a proporcionar protección policial. No mostró ninguna decepción, ni vergüenza por visitar Holanda para los Juegos Invictus en abril.

Cualquier duda sobre el antagonismo de Harry hacia su país y su familia se disipó con su silencio sepulcral después de que la reina anunciara

el Día de la Adhesión que Camilla sería la próxima reina de Gran Bretaña. Diecisiete años después de su controvertido matrimonio, Carlos había
convencido a su madre y a la mayoría de los británicos de que Camilla
debía ser coronada durante su propia coronación. La negativa de Harry
a reconocer la decisión de la reina presagiaba los problemas que se avecinaban. Carlos tenía buenas razones para temer que la aversión de Harry
hacia Camilla se hubiera reavivado con Meghan. La sospecha de los Sussex de que la duquesa de Cornualles había hecho comentarios racistas
sobre el nonato Archie había alimentado su temible denuncia de toda la
familia real.

La mayoría de los británicos no podían entender la hostilidad de
Harry hacia su país y su familia. Su deslealtad hacia su abuela era especialmente desconcertante. De vez en cuando, parecía dispuesto a traicionar todos los valores que antes apreciaba. Nadie se dio cuenta de cómo
había crecido su hostilidad durante sus conversaciones con John Moehringer, el escritor fantasma de sus memorias. Para conseguir grandes ventas
y recuperar el enorme anticipo, los editores habían animado a Harry a
criticar a su familia en los términos más extremos posibles. Fácilmente
persuadido, Harry se inclinó por traicionar a su padre, a Camilla, a los
Cambridge e incluso a la reina. Y entonces, el daño estaba hecho. Para
ganar el anticipo del editor, nada ni nadie había sido sagrado.

Carlos tuvo un indicio de los horrores que se avecinaban a principios
de 2022. Dos periódicos dominicales afirmaron que Carlos había aceptado un millón y medio de libras de un multimillonario empresario saudí,
Mahfouz Marei Mubarak bin Mahfouz, en circunstancias dudosas. Mahfouz
había dado el dinero para ayudar a mantener el proyecto escocés de Carlos, Dumfries House. A cambio, Carlos se había reunido con Mahfouz en
Escocia y Arabia Saudí, y luego, en 2016, en una ceremonia privada en el
Palacio de Buckingham, Carlos había concedido al saudí el nombramiento de Comendador de la Orden del Imperio Británico (CBE) por caridad.
Esas transacciones no eran inusuales en la vida de Carlos. Durante más
de treinta años de recaudación de fondos para sus organizaciones benéficas, Carlos había animado a los ricos a pagar por el acceso a su persona.
La excepción inusual en el caso Mahfouz es lo que siguió en 2017. Durante ese año, Carlos no había impedido que su cercano ayudante Michael

Fawcett escribiera al saudí una carta comprometedora. Después de reconocer los regalos financieros del saudí, Fawcett se ofreció a apoyar la solicitud de Mahfouz para la ciudadanía británica y se comprometió a que la oficina de Carlos intentaría aumentar el CBE concedido a Mahfouz en un título de caballero o KBE. Una vez que la carta de Fawcett fue expuesta por los periódicos, Scotland Yard se vio obligado a abrir una investigación sobre el pago de honores a cambio de dinero, un delito penal desde 1925. El destino de Carlos dependía de que Fawcett negara que el príncipe estuviera al tanto de su oferta escrita.

En medio de la crisis de Carlos, Harry apuntó un golpe a su padre. Publicó correos electrónicos que mostraban que, a diferencia de Carlos, él había roto su propia relación con el empresario saudí. En 2014, Mahfouz había prometido un millón de libras a la organización benéfica de Harry, Sentebale. Después de que Harry ofreciera su agradecimiento, el representante de Mahfouz estipuló que, como condición previa al regalo, Harry debía visitar al empresario y a su familia en Arabia Saudí. Por parte de Harry, la invitación a visitar Arabia Saudí fue rechazada por ser una oferta cuestionable de dinero a cambio de acceso. No hubo más comunicación. Carlos había hecho lo contrario. Para aumentar el apuro de Carlos, Harry destacó su «preocupación» por la conducta de su padre.

Esa incómoda noticia se conoció la misma semana en que el príncipe Andrés aceptó pagar a Virginia Giuffre, la mujer estadounidense que le había acusado de abusos sexuales cuando era menor de diecisiete años. El multimillonario acuerdo evitó un devastador juicio en un tribunal de Nueva York. La maldición de Jeffrey Epstein fue muy perjudicial. Andrés fue despojado al instante de sus honores y cargos públicos, expulsado de la vida pública y relegado permanentemente a las sombras. En combinación, todas esas vergüenzas desestabilizaron la reputación de la monarquía a medida que la salud de la reina se deterioraba notablemente. Tal y como temía Carlos, Harry probablemente no apoyaría su ascenso y el de Camilla al trono. Sospechaba que Camilla sería citada en las memorias de Harry como una razón para que la pareja se alejara de Gran Bretaña. Bajo la influencia de Meghan, Harry había abrazado la tóxica batalla política estadounidense sobre la raza como plataforma para el avance de su esposa y el suyo propio.

A través de asiduos contactos, Meghan había forjado relaciones con los líderes afroamericanos de los Estados Unidos. Pocos fueron más polémicos que la abogada y profesora de Brandeis, Anita Hill. Ella había intentado sin éxito en 1991 impedir que el conservador negro Clarence Thomas fuera nombrado juez del Tribunal Superior. Treinta y un años más tarde, Meghan se encargó de dar la bienvenida a Hill a la nominación de Ketanji Brown Jackson como primera mujer negra en la Corte Suprema.

En su artículo, Hill se refirió a otra «mujer negra de talla y credencial: Meghan, la duquesa de Sussex». Citando extensamente a Meghan, Hill describió a la duquesa como una figura histórica en el empoderamiento de las mujeres negras. «La historia de los derechos civiles del mañana se está escribiendo hoy», declaró Hill. En el contexto de los logros de las mujeres negras, atestiguó Hill, Meghan estaba inscrita en los libros de historia. Meghan representaba «una parte fundamental de la crónica de la historia estadounidense».

No fue una coincidencia que la elevación de Hill a Meghan como defensora política de los estadounidenses negros se publicara simultáneamente con la aparición estelar de los Sussex en la quincuagésima tercera edición de los premios de imagen de la NAACP en Beverly Hills. La Asociación Nacional para el Progreso de las Personas de Color (NAACP), creada en 1909, es la mayor organización de derechos civiles de Estados Unidos. En el relanzamiento teatral de Meghan, la pareja estuvo notablemente acompañada a la ceremonia por Doria, la madre de Meghan. Justo antes de subir al escenario con un brillante traje azul, los periódicos británicos revelaron que los índices de aprobación de Meghan habían caído al 8 %. El índice de Harry era de apenas un 13 %.

Su aparición en los premios fue parte de un acuerdo negociado por el personal de Meghan. El Premio del Presidente de la NAACP se concedió a los Sussex en «reconocimiento a su distinguido servicio público y sus contribuciones filantrópicas». Entre los galardonados previos se encontraban Muhammad Ali, Jesse Jackson, Colin Powell y Rihanna. El logro de Meghan parecía impresionante hasta que la organización anunció en la misma ceremonia un nuevo Premio Digital de Derechos Civiles NAACP-Archewell. Dotado con cien mil dólares, los galardonados serían reconocidos por inspirar a la próxima generación de activistas.

La primera persona en ser reconocida fue Safiya Noble, la profesora de la UCLA que ya había sido financiada por Archewell para estudiar cómo las tecnologías digitales se cruzan con la cultura, la raza y el género. La publicidad del evento fue organizada por Sunshine Sachs. Al igual que José Andrés, el cocinero que propuso a los Sussex como icono de la revista *Time* habiendo recibido él mismo veinticinco mil dólares de Archewell para su cocina benéfica, la organización benéfica de los Sussex había promocionado a la pareja y sus causas con la NAACP.

Los acuerdos transaccionales para promocionar a los Sussex eran cuestionables y posiblemente contrarios al Código de Impuestos Internos. Había límites legales para dar ayuda financiera a un individuo asociado a una organización benéfica y la fuente de los cien mil dólares era inexplicable. En sus cuentas del primer año, Archewell había recaudado menos de cincuenta mil dólares. Las finanzas de la organización benéfica seguían rodeadas de misterio. Pero su objetivo principal estaba claro: dar publicidad a los Sussex.

43

REPERCUSIONES

A finales de marzo de 2022, Kate y Guillermo fueron víctimas de la febril autopromoción de Meghan y Harry. A las pocas horas de llegar a Jamaica —la segunda parada de una visita de ocho días al Caribe— el sentimiento antibritánico echó por tierra su gira de buena voluntad. Ninguno de los dos había sido debidamente advertido de que el mensaje de Meghan Markle sobre el racismo de la familia real estaba arraigado en toda la región.

Planificada durante meses como celebración del Jubileo de Platino de la reina, la gira de los duques de Cambridge se centró en tres países de la Commonwealth —Belice, Jamaica y Bahamas— donde la monarca seguía siendo jefa de Estado. Para desgracia de los Cambridge, sus principales asesores en el Palacio de Kensington, el Ministerio de Asuntos Exteriores británico y el Consulado Británico de Kingston en Jamaica no habían captado algunos sentimientos de hostilidad hacia los británicos. Ninguno de ellos había comunicado a palacio la consecuencia de los sermones de Meghan. Es decir, que la Commonwealth era una reliquia del colonialismo blanco y que la familia real carecía de simpatía por los descendientes de los esclavos.

La denuncia de Meghan contra la familia real alimentó las demandas existentes de reparación de Gran Bretaña por la esclavitud y las protestas de los antimonárquicos para que sus países se convirtieran en repúblicas. Los funcionarios británicos habían dejado caer a los incautos Cambridge, la futura esperanza de la monarquía, en medio de un campo de batalla.

Tras la humillante aparición de los Cambridge ante el primer ministro de Jamaica, Andrew Holness, en Kingston, se produjeron insensibles oportunidades fotográficas. En un afectado evento televisado, los Cambridge se vieron obligados a escuchar a Holness reprendiendo a la monarquía británica para promover su agenda republicana y sus ambiciones políticas.

La incomodidad de los Cambridge se agravó después de que Guillermo, con un uniforme de gala blanco adornado con medallas militares, realizara un saludo en un Land Rover descubierto. Criticados como arrogantes caricaturas de colonialistas, los Cambridge fueron condenados una vez que los críticos antibritánicos destacaron la ropa cara y las joyas brillantes de Kate, y aparecieron fotografías de ella hablando con los niños locales a través de una alambrada metálica. La crisis llegó a su punto álgido cuando Guillermo hizo una lamentable disculpa de la esclavitud. Sus palabras irritaron a la mayoría de los británicos y no satisficieron a los jamaicanos que desaprobaban la visita. Tontamente, a su regreso a Londres, Guillermo no siguió el ejemplo de la reina y guardó silencio. En su lugar, emitió una avergonzada declaración en la que reconocía que el destino de la Commonwealth debía ser reconsiderado.

La actuación de Guillermo puso de manifiesto otra de las quejas de Meghan: la familia real estaba rodeada de asesores incompetentes. Las protestas contra la monarquía habían sido predichas por los medios de comunicación de Jamaica y Nueva York. El corresponsal real de *Newsweek*, Jack Royston, preveía problemas para los Cambridge en el Caribe tras la alegación de Meghan de que la piel morena de Archie le había negado el título. El *Gleaner*, el principal periódico de Jamaica, se había preguntado: «¿Por qué debe persistir Jamaica en merodear por las instalaciones coloniales?», siendo que la reina era «la matriarca de una familia británica disfuncional». El oprobio vertido sobre los Cambridge se inflamó con el recuerdo de la aclamada visita de Harry a Jamaica en 2012 y con la exitosa e informal gira de los Sussex por Sudáfrica en septiembre de 2019.

Tras ello, muchos especularon que las visitas reales e incluso la propia monarquía eran reliquias. Herido por las críticas, Guillermo parecía un alma perdida. Por el contrario, los inteligentes Sussex estaban pisoteando lo que quedaba de la prístina reputación de los Cambridge.

Durante los meses anteriores, Harry había estado preparando los Juegos Invictus que se celebrarían en La Haya en abril de 2022. Su participación se plasmaría en una serie de Netflix. En los sucesivos episodios de

Netflix, los Sussex aparecerían como miembros de la familia real. Mantener visiblemente su relación con la reina era de vital importancia para el estatus y los ingresos de los Sussex.

En marzo de 2022, la monarca, de noventa y cinco años y enferma, había cancelado repetidamente sus compromisos públicos. La excepción fue su aparición en el funeral del príncipe Felipe. Para desgracia de la familia real, el evento se vio eclipsado por la audaz aparición de Andrés en el centro del escenario, escoltando a su madre hasta su asiento en la Abadía de Westminster. Desafiando su destierro de las funciones públicas, Andrés también indicó que esperaba aparecer en el centro de atención durante las celebraciones del Jubileo de la reina en junio.

Mantener a Andrés fuera de la vista era un problema. Otro era la exigencia de Harry y Meghan de aparecer también con la reina en el balcón del Palacio de Buckingham. Si los tres parias aparecían con éxito en el centro de atención, el foco de los medios de comunicación ya no serían los logros de la reina durante setenta años, sino su hijo y su nieto disfuncionales. Inevitablemente, la reacción del público sería poco entusiasta.

Los obstáculos para que Meghan y Harry aparecieran en el centro del escenario fueron considerables, sobre todo porque su presencia contó con la oposición de Carlos. Carlos prefería que los Sussex, como ciudadanos particulares, no fueran invitados a subir al balcón o a montar en un carruaje real. En su lugar, estarían confinados en los recintos VIP. En opinión de Meghan, esa óptica no era satisfactoria, en parte porque su valor para Netflix era estar cerca de la reina.

Para lograr este objetivo, Harry acosó a los resistentes asesores de la reina. Al no conseguirlo, pidió a la reina visitarla en Windsor de camino a los Países Bajos. Para asegurar su acuerdo, Harry dio la impresión de que la reunión ofrecería una «rama de olivo» para «aclarar las cosas». En el último momento, deseosa de ver a su nieto y perdonando instintivamente a Meghan, la reina aceptó reunirse con la pareja el 14 de abril. Carlos se mostró receloso, mientras que Guillermo evitó el problema con un acuerdo previo para esquiar con su familia en Francia.

Tras pasar la noche con su prima Eugenia, Harry y Meghan fueron conducidos al castillo de Windsor. Algunos dirían que por el camino se les vio pasear por el parque iluminado por el sol para que Netflix grabara su «viaje». Ante la insistencia de la reina, se reunieron con Carlos y Camilla antes que con ella. Los Sussex llegaron tarde. Su primer encuentro fue civilizado, pero no logró resolver las tensas relaciones creadas por su entrevista con Oprah Winfrey. En cambio, no hubo tensión al tomar el té con la reina. Sin embargo, la cuestión de su aparición en el balcón siguió sin resolverse. Su visita se filtró a *The Sun* después de que llegaran a los Países Bajos el mismo día. El peligro de permitir la reunión salió a la luz seis días después.

Seguidos por las cámaras de Netflix, los Sussex demostraron ser modernos y compasivos al mezclarse sin problemas en La Haya con los atletas. Siempre sonriente y vestida con infinitas mudas de ropa cara mientras observaba los acontecimientos, Meghan hizo de anfitriona despampanante prometiendo ofrecer «servicio» al mundo. Pero su furia supuraba porque el palacio había rechazado todas sus demandas de un papel destacado en el Jubileo a cambio de volver a Gran Bretaña con sus hijos. Harry no pudo resistirse a desahogar su ira ante un reportero de la cadena de televisión estadounidense NBC.

Su relación «especial» con la reina, dijo al mundo, significaba que la reina le confiaba secretos desconocidos para otros miembros de su familia. Sus cuatro hijos y otros siete nietos, insinuó, estaban excluidos de su confianza. Más incendiario, declaró que su deber era asegurarse de que su abuela estuviera «protegida y tuviera a las personas adecuadas a su alrededor». Carlos, Ana, Guillermo y todo el personal de la reina, sugirió Harry, eran inadecuados para la tarea. Parecía hablar desde el corazón, no como un hombre irreflexivo totalmente manipulado por su esposa. Harry, al igual que Meghan, había reanudado la guerra contra su familia. La «rama de olivo» del titular mediático sobre su visita a Windsor se astilló.

Como era de esperar, la afirmación de Harry de su estatus especial suscitó acusaciones sobre su «impresionante arrogancia» sin «límites para su autoengaño». En respuesta a la furia pública, Downing Street llegó a emitir un comunicado en el que afirmaba que la reina estaba bien protegida.

Claramente poco dispuesto a limitar el daño, el momento más hiriente de su aparición en televisión fue su negativa a responder si echaba de menos a su «hermano y a su padre». Ignorar a su familia, sabía, sería compensado entre la mayoría de los televidentes estadounidenses con una respuesta cálida a cualquier mención de su madre. Preguntado por la «presencia» de Diana en su vida, respondió: «Es constante. Lo ha sido en los últimos dos años, más que nunca». En un intento de apropiarse de Diana, añadió: «Es casi como si ella hubiera hecho su parte con mi hermano y ahora me esté ayudando mucho. Ella lo puso en marcha, y ahora me está ayudando a mí».

De forma poco convincente, el multimillonario relacionó implícitamente a su madre con una petición de «un mundo más igualitario». Por último, declaró voluntariamente que Estados Unidos era su «hogar». Esto era una contradicción directa a su reciente declaración ante el Tribunal Superior al apelar a la protección especial. Su abogado dijo a los jueces que Gran Bretaña «es y siempre será su hogar».

En esos pocos minutos en televisión, Harry había indicado el peligro de su aparición en las celebraciones del Jubileo. Todo giraba en torno a él y a Meghan. Desleales a la familia real, los Sussex pusieron en duda que se pudiera confiar en ellos.

Apenas cuatro años después de su boda, los Sussex habían transformado a la familia real, que había pasado de ser un grupo relativamente armonioso, que abrazaba el multiculturalismo como parte de su servicio a Gran Bretaña y a la Commonwealth, a una institución atormentada y con un futuro incierto. Sin ayuda de nadie, y con un considerable beneficio económico, los Sussex habían empañado la reputación mundial de la reina por su intachable decencia. Para sus críticos más duros, se habían convertido en agentes de destrucción.

Meghan nunca pareció entender que la reina era mucho más que una celebridad. Ella representaba la identidad nacional y los valores benéficos de Gran Bretaña. La monarquía constitucional era la razón de las libertades históricas y la estabilidad de Gran Bretaña mientras muchos estados europeos vecinos sucumbían a las dictaduras. En todas las crisis, la reina simbolizaba la continuidad para los británicos.

Incapaz de comprender que no podía compartir el protagonismo con la reina, Meghan había acelerado su regreso a California. Desleales a los Windsor, ella y Harry no mostraron ninguna preocupación por el hecho de que su entrevista con Oprah Winfrey hubiera comprometido la eventual transición de la reina a Carlos. Parecían encantados de que su audaz venganza hubiera complicado la gestión de un momento inevitablemente difícil.

El reto de Carlos sería desarmar a los Sussex, que no se quedarían callados y conformes. La credibilidad y las arcas de los Sussex requerían que se alzaran desde California como miembros de la misma familia a la que condenaban incesantemente. Quedaba la duda de si Carlos tenía la habilidad o la crueldad para expulsar a los Sussex de la familia real, y despojarlos de sus títulos. Sin embargo, cualquier cosa menos que eso ponía en peligro su reinado y la herencia de Guillermo. El problema de Carlos era la determinación de la reina de unir a su familia en, posiblemente, su última ocasión de estado.

El 6 de mayo, la familia real y sus funcionarios finalmente se pusieron de acuerdo para actuar. A las 3 de la tarde, el palacio anunció que Meghan, Harry y Andrés tenían prohibido salir al balcón para el *Trooping the Colour* (Desfile del Estandarte). Solo los miembros activos de la realeza estarían de pie junto a la reina para el inicio de las celebraciones el 2 de junio frente a los británicos leales. La reina y Carlos habían puesto fin a la perjudicial farsa creada por los Sussex.

Los medios de comunicación habían sido avisados del anuncio una hora antes. Entre los notificados estaba Omid Scobie. Alertados por su portavoz no oficial, los Sussex se desesperaron. Habían perdido la batalla. Su estatus y Netflix exigían su presencia en Londres. Con pocas dudas, Harry abandonó sus demandas para la protección especial y Meghan aceptó el papel rebajado. Dieciocho minutos después del anuncio del Palacio de Buckingham, Scobie reveló que, después de todo, los Sussex irían a Londres con sus hijos. «Emocionados y honrados», fue su frase para salvar las apariencias. El siguiente problema para los funcionarios del palacio era limitar cualquier daño que los Sussex pudieran causar durante el fin de semana en medio de su enfadada familia. Cualquier intento de exprimir el Jubileo para Netflix provocaría un escándalo.

Inesperadamente, financiado por una empresa de televisión, Thomas Markle decidió visitar Londres durante el Jubileo. «Vengo a ver a la reina», dijo desde México, consciente de que se arriesgaba a interrumpir las celebraciones. Su principal objetivo, lo sabía, sería avergonzar a su hija, ansiosa ella misma de ser filmada con sus hijos conociendo a la reina. La repentina dimisión de Toya Hollness justo antes de la llegada de los Sussex a Londres reflejó los problemas de la pareja para mantener su programa en marcha. Los intereses de Netflix, sabían los Sussex, iban en contra de los del palacio. Si los funcionarios de la reina no conseguían reprimir la disputa familiar de los Markle, el fin de semana amenazaba con convertirse en un baño de sangre mediático.

Entonces, de repente, la amenaza fue evitada. El 23 de mayo, Thomas Markle sufrió un derrame cerebral. Conducido al otro lado de la frontera, a un hospital californiano, había perdido la capacidad de hablar. Su viaje a Londres, financiado por una cadena de televisión británica, fue abandonado. El peligro de que la disputa de la familia Markle dominara el Jubileo desapareció. En lugar de conducir tres horas hacia el sur para ver a su padre enfermo, Meghan voló en un jet privado a Uvalde, en Texas, para depositar flores en un santuario por diecinueve escolares y dos de sus profesores, masacrados por un adolescente armado. En su ausencia, el palacio y Harry acordaron que los Sussex visitarían a la reina en el primer cumpleaños de Lilibet, pero sin buscar el protagonismo. Aunque fueron invitados al servicio de Acción de Gracias en la Catedral de St. Paul, no buscarían más atención.

Durante las celebraciones del Jubileo, pocos creyeron que Gran Bretaña abandonaría la monarquía. Pero, igualmente, no pocos reconocieron que el entusiasmo del público por la familia real había disminuido en solo cuatro años. Esto fue causado por el comportamiento de Andrés, y en parte por el *Megxit*.

En sus propios términos, la carrera de Meghan había sido un éxito asombroso. Gracias a su padre había prosperado a pesar del divorcio de sus padres y, durante sus años escolares, de la frecuente ausencia de su madre. Después, su carrera como actriz y sus relaciones personales habían tenido un éxito desigual. A los treinta y cuatro años se había enfrentado a un futuro incierto. Conocer a Harry le proporcionó la fama y la fortuna que había buscado desde su infancia. La ingeniería de ese encuentro y sobreponerse a los justificados escépticos de la familia de Harry pusieron de manifiesto la determinación de una superviviente de Hollywood. La dureza tenía un precio.

Ocultar la humillación para alcanzar el éxito había transformado a una joven compasiva en una oportunista despiadada. Para progresar, no solo había abandonado a su padre y a sus amigos íntimos, sino que primero dañó las relaciones de Harry y luego fue acusada de mentir a Oprah Winfrey. Las consecuencias para los Windsor eran irrelevantes para Meghan. Solo consideraba las ventajas para sí misma. Su aparición en televisión con Winfrey había reforzado su celebridad mundial. La cuestión era si su daño a los demás, en venganza por su negativa a satisfacer sus demandas, acabaría por destruirla.

Incluso los críticos más acérrimos de Meghan no pudieron predecir de forma convincente el resultado tras la entrevista con Oprah Winfrey. A corto plazo, ella y Harry seguirían siendo una familia feliz que disfruta bajo el sol de una riqueza extraordinaria.

A medio plazo su destino es incierto. Hasta ahora, el único ingreso garantizado de los Sussex es comerciar con la familia a la que han traicionado. Pero a sus cuarenta años, Meghan sigue siendo ambiciosa, aunque solo sea para financiar su estilo de vida. El dinero sigue siendo un incentivo permanente. Ganar millones de dólares cada año depende de la originalidad y la celebridad de los Sussex. Ambas están limitadas por la realidad y el tiempo. Su único movimiento audaz sería una carrera política.

Los demócratas de California podrían estar preparados para elegir a la duquesa de Sussex como candidata al Congreso. Aunque su título real se haya retirado temporalmente, posee el atractivo de una celebridad. Su aparición y discurso en los Juegos Invictus confirmaron su soltura y encanto. No se sabe si su interés personal es lo suficientemente sólido como para ignorar los inevitables conflictos y críticas que suscita la política, pero eso no la disuadiría de entrada.

La suerte de Meghan es que no parece tener cargo de conciencia por el daño que ha causado a la reina y a su familia, ni por la decepción de millones de británicos. Ella conserva el poder de dañar la institución a la que se han visto obligados por nacimiento a dedicar sus vidas.

Con su sonrisa fija de Hollywood, Meghan fue demasiado inteligente para revelar sus sentimientos al entrar en la Catedral de St. Paul. Harry parecía tenso. Meghan apenas dejó de frotarle la espalda. Estaban sentados en la segunda fila, al otro lado del pasillo, con los miembros más veteranos de la familia real. Carlos, Guillermo y Kate evitaron cuidadosamente mirar en su dirección. Los Cambridge habían asegurado que no se encontrarían con los Sussex durante el fin de semana. A Netflix también se le negó el plano que asociaría a la pareja con la reina. Incapaz de caminar, la monarca vio el servicio desde el castillo de Windsor. Sin embargo, para el deleite de las miles de personas que se agolparon desde Admiralty Arch hasta el Mall y frente al palacio, la reina había aparecido el día anterior con los miembros activos de la realeza en el balcón del Palacio de Buckingham para un *Trooping the Colour* ampliado. Los Sussex se limitaron a una fotografía instantánea mirando el desfile desde la ventana de una pequeña oficina. Esa fue la totalidad de su exposición.

Con una habilidad inusual, los funcionarios del palacio habían excluido a los Sussex de cualquier otra aparición pública. Calificada como realeza de segunda división, Meghan ocultó cualquier signo de pesar. Por el contrario, la sombría expresión de Harry denotaba decepción por su exclusión de la primera línea. Durante el fin de semana, el mensaje que él presenció fue el de la sucesión: de la reina a Carlos, de Guillermo a Jorge. Harry fue eliminado de la escena. Él y Meghan fueron espectadores mientras los Cambridge se deleitaban con el aplauso universal durante el soleado viaje en autocar con sus hijos a St. Paul y con su protagonismo durante el espectacular concierto del sábado por la noche fuera del palacio. Antes de que comenzara el desfile del domingo, los Sussex abandonaron el cielo gris de Gran Bretaña y se embarcaron en su jet privado para regresar a la soleada Santa Bárbara. Sin duda, Meghan se sentía aliviada de estar en casa. Harry se había enfrentado a la realidad de la exclusión y el exilio. Su viaje de ida y vuelta de dieciséis mil kilómetros no terminó con sonrisas sinceras.

La aparición de Meghan vengándose perjudicará a la reina. Astuta, modesta y frugal, la madre, abuela y bisabuela querría terminar sus días en medio de una familia feliz. Meghan y Harry parecen decididos a negar a la monarca más querida y longeva de Gran Bretaña esa felicidad final.

AGRADECIMIENTOS

Varias personas me instaron a escribir este libro, pero nadie fue más insistente que Tom Mangold. A lo largo de los últimos cincuenta años, Tom me ha dado consejos pertinentes, tanto cuando viajamos juntos por el mundo para *Panorama* como, más recientemente, como amigos. Tenía razón sobre Meghan Markle. Le estoy agradecido por eso y por mucho más.

Descubrir la verdadera historia mientras se te niega el acceso al sujeto del libro depende de la confianza de testigos fiables y de la determinación de indagar en profundidad. Afortunadamente, muchos aceptaron ayudar. Nadie fue más importante en la redacción de este libro que Claudia Wordsworth, una investigadora excepcional y decidida, y una guía inestimable para conocer aspectos hasta ahora no contados de esta historia extraordinaria.

Para una obtener más detalles esenciales a la investigación, me apoyé en Mary Jo Jacobi en Washington y en Barbara McMahon en Los Ángeles. Ambas fueron aliadas incondicionales. En Toronto, me ayudó Shinan Govani, columnista de sociedad de la ciudad. Desde el principio, consulté a un notable grupo de periodistas. Entre ellos, Patrick Jephson, Matthew Drake, Andrew Morton, Ingrid Seward, Camilla Tominey, Katie Hind, David Jones, Hugo Daniel, Caroline Graham, Alison Boshoff, Charlotte Griffiths, Richard Kay, Hugo Vickers y Dan Wootton. También agradezco a David Ambrose, Clive Sydall y Anne Marie Thompson su ayuda.

Muchos me dieron información pero pidieron no ser nombrados. De hecho, este libro destaca por el número de personas que lo pidieron. Muchos hablaron sobre la base de que sus identidades nunca serían reveladas. Estoy en deuda con todos ellos.

Como siempre, estoy especialmente agradecido a mi leal agente Jonathan Lloyd, de Curtis Brown, amigo y aliado. Mis editores, Blink Publishing, me han apoyado enormemente.

El agradecimiento más importante se lo debo a Verónica, mi esposa, mejor amiga, sabia *consigliore* y apoyo insustituible. Sin ella, este libro no se habría escrito.

LONDRES, JUNIO DE 2022